普通高等教育"十二五"规划教材

农产品营销学

主　编　王杜春　张永强
副主编　杨子刚　杨肖丽　王刚毅
参　编　赵　建　张亚娟　马增林　毛文坤
　　　　刘文杰　杨　辉　杨　环　张春燕

机械工业出版社

本书以市场营销学和农业经济学为基础，系统阐述了农产品营销学的研究对象、研究内容和研究方法，详细分析了农产品市场和农产品消费者行为，总体介绍了农产品营销的产品策略、价格策略、渠道策略和促销策略，分类介绍了粮食类农产品营销、园艺类农产品营销、畜牧类农产品营销和水产类农产品营销，根据农产品营销的新发展，介绍了农产品绿色营销、农产品网络营销和农产品国际营销。

本书贯穿两大主导思想：一是将知识传播与理论探讨相结合，根据社会热点在关键章节研究一些热点、难点问题；二是将专业教育与职业教育相结合，强调知识与技能并重的原则，在每章后设技能训练环节，侧重实务操作。

本书可以作为高等院校市场营销专业、农业经济管理专业及相关专业的教材，也可以作为政府部门干部、农业企业经营人员及广大农民朋友的参考书。

图书在版编目（CIP）数据

农产品营销学/王杜春，张永强主编. —北京：机械工业出版社，2014.1
（2023.6重印）
普通高等教育"十二五"规划教材
ISBN 978-7-111-44742-9

Ⅰ.①农… Ⅱ.①王… ②张… Ⅲ.①农产品—市场营销学—高等学校—教材
Ⅳ.①F762

中国版本图书馆 CIP 数据核字（2013）第 269238 号

机械工业出版社（北京市百万庄大街22号　邮政编码100037）
策划编辑：曹俊玲　责任编辑：曹俊玲　马碧娟
版式设计：常天培　责任校对：赵　蕊
封面设计：张　静　责任印制：邵　敏
北京富资园科技发展有限公司印刷
2023年6月第1版第7次印刷
184mm×260mm·20.5印张·505千字
标准书号：ISBN 978-7-111-44742-9
定价：45.00元

凡购本书，如有缺页、倒页、脱页，由本社发行部调换

电话服务	网络服务
服务咨询热线：010-88379833	机 工 官 网：www.cmpbook.com
读者购书热线：010-88379649	机 工 官 博：weibo.com/cmp1952
	教育服务网：www.cmpedu.com
封面无防伪标均为盗版	金 书 网：www.golden-book.com

前 言

农产品营销学在20世纪初产生于美国,它是由市场营销学与农业经济学交叉融合而形成的新兴应用科学,也是一门经验性、实践性和综合性极强的学科。它是研究农产品生产与经营企业、个人以及相关社会组织如何从满足消费者或社会需求出发,有计划地组织农产品生产、集货、分类、加工、包装、运输、储藏、销售和服务,从而实现盈利目标的活动以及这些活动的内在联系和规律的学科。过去在计划经济条件下,我们没有农产品营销学,也不需要农产品营销学。改革开放后,由国外引入的市场营销科学和理论首先惠泽了工业和其他非农产业,在许多人眼里,市场营销并非农业产业的科学,可以说当时农产品营销学在我国市场营销学科中尚无一席之地。

直到20世纪80年代末,农产品营销理论和知识才在我国开始传播,我国有些高校(尤其是农科类院校)也开设了"农产品营销"课程,但课程和教材内容中的"计划经济"色彩及"市场营销学一般原理"色彩太浓,对"现代农产品营销学"本身的专业特性反映不够。

随着我国工业化、城市化、农业现代化和经济国际化进程的加快,农产品市场需求面临新的形势,农业产业化组织出现了新的变化,农产品市场国内外竞争形成了新的格局,这些都呼唤着农产品营销理论的指导,同时也需要对农产品营销实践进行及时总结。从总体上说,农产品营销学的发展比市场营销学要慢得多,滞后于实践的发展和需求。因此,需要更多的专家学者对农产品营销理论和实践加以研究、总结和推广,以促进本学科的发展。

本书在参考国内外著名农产品营销学著作的同时,充分考虑到研究生、本科生、专科生的教学实际,并努力将完整的知识体系与热点问题研究相结合、专业教育与职业教育相结合,旨在阐述农产品营销学基本原理和实务的同时,突出对热点问题的思考和对实战操作技能的训练,培养社会主义市场经济发展所需要的研究型和应用型人才。本书在编写过程中,力求体系完整、内容精练、语言流畅、深入浅出,适合高等院校教学及有关专业人员培训和自学的需要。

本书由东北农业大学王杜春、张永强担任主编,王杜春设计编写大纲并负责总纂定稿,张永强负责协调统筹。参加本书编写的有:东北农业大学王杜春(前言及第一章);吉林农业大学杨子刚、毛文坤(第二章和第六章);沈阳农业大学杨肖丽(第三章和第七章);东北农业大学张永强、张春燕(第四章和第十二章);东北农业大学张亚娟(第五章);东北农业大学马增林(第八章);东北农业大学刘文杰(第九章);东北农业大学赵建(第十章);东北农业大学王刚毅(第十一章);东北农业大学杨辉(第十三章);东北农业大学杨环(第十四章)。在统稿过程中,张春燕老师做了大量工作。

在本书编写过程中,借鉴了国内外农产品营销学者大量的最新研究成果,特别是参考了一些研究论文,选用了一些文件制度,除注明出处的部分外,未能一一说明。在此,谨向农产品营销学界的老师、同行及有关作者致谢。

为方便教学，制作了与教材配套的电子课件，凡使用本书作为教材的教师，可登录机械工业出版社教育服务网（www.cmpedu.com）注册后下载。

由于农产品营销学是一门发展较快的新兴学科，并且编者学术水平有限、时间有限，书中难免有不尽如人意之处，敬请有关专家和读者批评指正。

编　者

目 录

前言

第一章 农产品营销学导论 …………… 1
第一节 农产品的概念与分类 ………… 1
第二节 农产品营销的基本概念 ……… 10
第三节 农产品营销学的研究对象与研究内容 ………………… 17
重要概念 ……………………………… 24
复习思考题 …………………………… 24
技能训练 ……………………………… 24

第二章 农产品市场 …………………… 25
第一节 农产品集贸市场 ……………… 25
第二节 农产品批发市场 ……………… 28
第三节 农产品期货市场 ……………… 31
重要概念 ……………………………… 35
复习思考题 …………………………… 35
技能训练 ……………………………… 36

第三章 农产品消费者分析 …………… 37
第一节 农产品消费需求分析 ………… 37
第二节 农产品购买行为分析 ………… 44
重要概念 ……………………………… 53
复习思考题 …………………………… 53
技能训练 ……………………………… 53

第四章 农产品营销的产品策略 ……… 55
第一节 农产品整体概念与产品组合 … 55
第二节 农产品生命周期 ……………… 72
第三节 农产品开发 …………………… 78
第四节 农产品包装 …………………… 82
第五节 农产品品牌 …………………… 86
重要概念 ……………………………… 93
复习思考题 …………………………… 93
技能训练 ……………………………… 93

第五章 农产品营销的价格策略 ……… 94
第一节 蛛网模型与价格波动 ………… 94
第二节 农产品定价的依据 …………… 98
第三节 农产品定价的方法与策略 …… 108
附录 农产品批发价格指数计算方法 … 115
重要概念 ……………………………… 116
复习思考题 …………………………… 116
技能训练 ……………………………… 116

第六章 农产品营销的渠道策略 ……… 117
第一节 农产品分销渠道的基本组织形式 … 117
第二节 农产品供应链管理 …………… 120
第三节 农民合作社与农产品经纪人 … 136
重要概念 ……………………………… 142
复习思考题 …………………………… 142
技能训练 ……………………………… 143

第七章 农产品营销的促销策略 ……… 144
第一节 农产品促销组合 ……………… 144
第二节 农产品促销新形式 …………… 156
重要概念 ……………………………… 163
复习思考题 …………………………… 163
技能训练 ……………………………… 163

第八章 粮食类农产品营销 …………… 164
第一节 稻谷市场营销 ………………… 164
第二节 小麦市场营销 ………………… 172
第三节 玉米市场营销 ………………… 178
第四节 大豆市场营销 ………………… 183
重要概念 ……………………………… 187
复习思考题 …………………………… 187
技能训练 ……………………………… 188

第九章 园艺类农产品营销 …………… 190
第一节 水果市场营销 ………………… 190
第二节 蔬菜市场营销 ………………… 198
第三节 花卉市场营销 ………………… 207
重要概念 ……………………………… 216
复习思考题 …………………………… 216
技能训练 ……………………………… 216

第十章　畜牧类农产品营销…………217
第一节　畜牧类农产品营销概述…………217
第二节　猪肉市场营销…………219
第三节　禽蛋市场营销…………224
第四节　奶产品市场营销…………232
重要概念…………236
复习思考题…………236
技能训练…………236

第十一章　水产类农产品营销…………237
第一节　水产品市场供给…………237
第二节　水产品市场需求…………243
第三节　水产品流通状况…………248
第四节　水产品国际贸易…………254
第五节　水产品价格…………261
重要概念…………268
复习思考题…………268
技能训练…………268

第十二章　农产品绿色营销…………269
第一节　农产品绿色营销概述…………269
第二节　农产品绿色营销策略…………274
第三节　农产品绿色营销的发展…………278
重要概念…………282

复习思考题…………282
技能训练…………282

第十三章　农产品网络营销…………283
第一节　农产品网络营销概述…………283
第二节　农产品网络营销策略…………285
第三节　农产品网络营销的发展…………289
重要概念…………296
复习思考题…………296
技能训练…………297

第十四章　农产品国际营销…………299
第一节　农产品国际市场营销环境…………299
第二节　农产品国际目标市场的选择…………304
第三节　农产品国际营销策略…………306
第四节　我国农产品国际营销的发展…………310
附录 A　世界贸易组织《农业协议》的主要规定…………314
附录 B　"绿箱"措施与"黄箱"措施…………316
重要概念…………317
复习思考题…………317
技能训练…………317

参考文献…………319

第一章 农产品营销学导论

第一节 农产品的概念与分类

一、农产品的概念

农产品是指来源于农业的初级产品,即在农业活动中获得的植物、动物、微生物及其初级加工品。

初级农产品是指种植业、畜牧业、渔业产品,不包括经过加工的这类产品。初级农产品包括谷物、油脂、农业原料、畜禽及其产品、林产品、渔产品、海产品、蔬菜、瓜果和花卉等。

初级加工农产品是指必须经过某些加工环节才能食用、使用或储存的加工品,如消毒奶、分割肉、冷冻肉、食用油、饲料等。

有机农产品是指根据有机农业原则和有机农产品生产方式及标准生产、加工出来的,并通过有机食品认证机构认证的农产品。有机农业的原则是,在农业能量的封闭循环状态下生产,全部过程都利用农业资源,而不是利用农业以外的能源(化肥、农药、生产调节剂和添加剂等)影响和改变农业的能量循环。有机农产品生产方式是利用动物、植物、微生物和土壤四种生产因素的有效循环,不打破生物循环链的生产方式。有机农产品是纯天然、无污染、安全营养的食品,也可称为"生态食品"。

绿色农产品是指遵循可持续发展原则、按照特定生产方式生产、经专门机构认定、许可使用绿色食品标志的无污染的农产品。可持续发展原则的要求是,生产的投入量和产出量保持平衡,既要满足当代人的需要,又要满足后代人同等发展的需要。绿色农产品在生产方式上对农业以外的能源采取适当的限制,以更多地发挥生态功能的作用。

我国的绿色食品分为 A 级和 AA 级两种。其中,A 级绿色食品生产中允许限量使用化学合成生产资料,AA 级绿色食品则较为严格地要求在生产过程中不使用化学合成的肥料、农药、兽药、饲料添加剂、食品添加剂和其他有害于环境和健康的物质。按照农业部发布的行业标准,AA 级绿色食品等同于有机食品。

无公害农产品是指产地环境、生产过程和产品质量均符合国家有关标准和规范的要求,经认证合格获得认证证书并允许使用无公害农产品标志的未经加工或者初加工的农产品。

绿色食品 70% 为加工产品,30% 为初级农产品;有机农产品和无公害农产品都以初级农产品为主。有机农产品的价格比普通农产品高 50% 至几倍,绿色农产品的价格比普通农产品高 10%~20%,无公害农产品的价格略高于一般农产品。

转基因农产品是指利用基因转移技术,即利用分子生物学的手段将某些生物的基因转移到另一些生物的基因上,进而培育出人们所需要的农产品。

我国 2001 年 5 月 23 日颁布实施的《农业转基因生物安全管理条例》规定,所有转基因农产品在进入大田生产之前必须向国务院农业行政部门申请领取农业转基因生物安全证书。同时，为了尊重消费者的知情权和选择权，我国从2002年3月20日起开始实施《农业转基因生物标识管理办法》，要求在中华人民共和国境内销售的转基因农产品及其加工品要做好标记。

二、农产品的一般分类

（1）联合国粮农组织将农产品分为广义农产品和狭义农产品两类。其中，广义农产品包括农作物粮食和经济作物、水产品、畜产品、林产品；狭义农产品则主要指粮食、水产品、畜产品以及经济作物中的油料作物、饮料作物和糖类作物，而不包括林产品和经济作物中的橡胶和纤维。

（2）从流通组织角度看，农产品可以划分为三类：粮食油料类、轻工原料类和生鲜食品类。第一类是粮食和油料，包括口粮、饲料粮、其他工业用粮和各类食用植物油；第二类是轻纺工业原料和需要加工的一切工业原料，包括棉、麻、丝、绒毛、皮张、糖料、烟、茶以及加工用的猪、牛、羊、禽、蛋、果蔬和水产品；第三类是可以直接上市的鲜肉、禽蛋、蔬菜、水果和水产品等生鲜食品。

（3）依据农产品质量特点和对生产过程控制要求的不同，农产品可以分为一般农产品、认证农产品和标识管理农产品。

一般农产品是指为了符合市场准入制、满足百姓消费安全卫生需要，必须符合最基本的质量要求的农产品。

认证农产品包括无公害农产品、绿色农产品和有机农产品。对于我国市场上目前存在的无公害农产品、绿色农产品和有机农产品，政府应积极推动无公害农产品的生产，同时依据各地的自然环境条件，引导企业有条件地开展绿色农产品和有机农产品的生产，使我国农产品质量安全上一个台阶。

标识管理农产品是一种政府强制性行为。对某些特殊的农产品，或有特殊要求的农产品，政府应加以强制性标识管理，以明示方式告知消费者，使消费者的知情权得到保护，如转基因农产品。

三、我国主要农产品的具体分类与分布

按传统和习惯，一般把农产品分为粮油、果蔬及花卉、林产品、畜禽产品、水产品和其他农副产品六大类。

（一）粮油

粮油是对谷类、豆类、油料及其初加工品的统称。粮油产品是关系到国计民生的农产品，它不仅是人体营养和能量的主要来源，也是轻工业的主要原料，还是畜牧业和饲养业的主要饲料。粮食是人类生存和发展的最基本的生活资料。离开粮食，人类就无法生存，整个社会再生产就无法进行。我国人口众多，耕地面积少，解决和保证吃饭问题显得尤为重要。

我国粮食有20多种，产地分布广泛，长江流域和长江以南是稻米主要产区，黄河两岸是小麦主要产区，东北、内蒙古和华北地区盛产玉米、大豆和杂粮，东北水稻、玉米、大豆誉满全国。我国利用植物种子作油料原料的有大豆、芝麻、花生仁、棉籽、菜籽、葵花籽、

玉米胚等，而芝麻油是一种香料油，又称为香油。

按粮油植物学科属或主要性状、用途，可将粮油分为原粮（禾谷类、豆类、薯类）、成品粮、油料（草本油料、木本油料及非食用油料、食用油料）、油脂（食用油脂、非食用油脂）、粮油加工副产品、粮食制品和综合利用产品七大类。粮油还可分为主粮和杂粮、粗粮和细粮、夏粮和秋粮、贸易粮、混合粮等。

农业是我国国民经济的基础，而粮油产品的生产是农业的基础。研究粮油产品的生产、加工、检验、储存和养护，对有效利用粮油产品资源，充分发挥粮油原料及其产品在人民生活和工业生产、农业生产中的作用，是我国经济建设的一项重要任务。

（二）果蔬及花卉

1. 蔬菜和果品

蔬菜和果品，尤其蔬菜是人们日常生活中不可缺少的副食品，它们所含有的营养成分对人类有特殊的食用意义，新鲜果蔬含有丰富的维生素和矿物质。食用果蔬不仅使人体摄取较多的维生素来预防维生素缺乏症，而且大量的钠、钾、钙等矿物质的存在使果蔬成为碱性物质，在人体的生理活动中起着调节体液酸碱平衡的作用。果蔬中所含有的糖和有机酸可以供给人体热量，并能形成鲜美的味道。果蔬中的纤维素虽不易被人体吸收，但它们能促进胃肠蠕动，刺激消化液分泌，有助于人体的消化吸收及废物的排泄。很多果蔬还能调节人体生理机能，有辅助治疗疾病的作用。

我国地域辽阔，地跨寒、温、热三带，自然条件优越，气候、土壤和地形等自然环境条件适合果蔬的生长发育，果树和蔬菜资源极其丰富，也培育了许多优良品种，使我国果蔬因种类多、品种全、品质佳而闻名于世。例如，胶州的大白菜，章丘的大葱，北京的心里美萝卜，四川的榨菜，湖南的冬笋，山东的香蕉、苹果和大樱桃，辽宁的国光苹果，河北的鸭梨，吉林延边的苹果梨，山东和辽宁的山楂，浙江奉化的玉露水蜜桃，山东肥城的佛桃，广东和台湾的香蕉、菠萝，广东和福建的荔枝、龙眼，四川江津的鹅蛋橘，江西南丰的蜜橘，广西的沙田柚等。这些果蔬风味各异，是享有盛誉的名果蔬。近年来，我国培育和改良了很多果蔬品种，同时引进了很多国外果蔬品种，丰富了国内果蔬资源，更满足了市场需要。

蔬菜按食用器官可分为：①根菜类，如萝卜、豆薯。②茎菜类，如莴笋、竹笋、莲藕、芋头。③叶菜类，如小白菜、大白菜、大蒜、大葱。④果菜类，茄子、黄瓜、菜豆。⑤花菜类，主要有黄花菜、菜花。⑥食用菌类，如香菇、木耳。

按农业生物学可分为根茎类、白菜类、芥菜类、甘蓝类、绿叶菜类、葱蒜类、茄果类、瓜类、豆类、水生菜类、多年生菜类和食用菌类 12 类。

果品按果实构造可分为：①仁果类，如苹果、梨、山楂。②核果类，如桃、枣。③浆果类，如葡萄、香蕉。④坚果类，如核桃、板栗。⑤柑橘类，如柑、橘、甜橙、柚、柠檬。⑥复果类，如菠萝、菠萝蜜、面包果。⑦瓜类，主要指甜瓜、西瓜。

按商业经营习惯，果品可分为鲜果、干果、瓜类以及它们的制品四大类。鲜果是果品中最多和最重要的一类。为了经营方便又把鲜果分为伏果和秋果，还分为南果和北果。

2. 花卉

花卉中的花和卉是两个含义不同的字，花是高等植物繁殖后代的器官，卉是百草的总称。花卉一词从字面上讲，就是开花的植物。《辞海》中解释花卉是"可供观赏的花、草"。

随着科学技术的发展和人们审美意识的发展,欣赏已不仅限于花,因而花的概念也随之扩大。广义上的花卉是指凡是花、叶、果的形态和色彩、芳香能引起人们美感的植物,统称为观赏植物。但花卉一词人们已形成习惯,可一并使用。

根据形态特征和生长习性,花卉可分为草本花卉、木本花卉、多肉类植物、水生类花卉和草坪类植物:①草本花卉可分为一年生草花(如一串红、鸡冠花等)、二年生草花(如金鱼草、石竹等)、多年生草花(如菊花、荷花、大丽花等)。②木本花卉可分为乔木花卉(如梅花、白玉兰等)、灌木花卉(如月季、牡丹等)、藤本花卉(如凌霄、紫藤等)。③多肉类植物常见的有仙人掌科的昙花、令箭荷花、蟹爪兰,龙舌兰科的龙舌兰、虎尾兰,萝藦科的大花犀角、吊金钱,凤梨科的小雀舌兰等。④水生类花卉常见的有荷花、睡莲、王莲、凤眼莲、水葱、菖蒲等。⑤草坪类植物常见的有红顶草、早熟禾、野牛草等。

根据观赏器官,花卉可分为:①观花类,如菊花、仙客来、月季等。②观叶类,如文竹、常春藤、五针松等。③观果类,如南天竹、佛手、石榴等。④观茎类,如佛肚竹、光棍树、珊瑚树等。⑤观芽类,常见的有银柳等。

根据经济用途,花卉可分为:①观赏用花卉:花坛用花,如一串红、金盏菊等;盆栽花卉,如菊花、月季等;切花花卉,如菊花、百合等;庭院花卉,如芍药、牡丹等。②香料用花卉,如白兰、水仙花、玫瑰花等。③熏茶用花卉,如茉莉花、珠兰花、桂花等。④医药用花卉,如芍药、牡丹、金银花等。⑤环境保护用花卉,具有吸收有害气体、净化环境的花卉,如美人蕉、月季、罗汉松等。⑥食品用花卉,如菊花、桂花、兰花等近百种,花粉食品方兴未艾。

(三) 林产品

林产品是指把开发森林资源变为经济形态的所有产品。近代林产品主要是木材及其副产品,可分为两大类:一类是木材及各种木材加工制品;另一类是经济林及森林副产品。近代林产品把木材作为主产品,把其余产品称为副产品,这样,势必产生对其他林产品的强烈排他性,使林产品种类少、精品更少,林产业日趋萎缩。现代林产品是指把森林资源变为经济形态的所有产品,在不同的时空条件下,不是固定不变的,对林产品的生产有积极的作用。

木材是林业的基本产品。由于木材有良好的物理性能和多种化学成分,使它成为经济建设和人们生活中用途最广的材料。工业、农业、交通运输、建筑业等行业的生产都需要木材。例如,煤矿业的坑木、枕木、建筑用木材、纸浆造纸原料、机械工业用材料、化工业材料,人们日常生活中所需的家具、工具、器皿、文化、体育用具、乐器等。木材不仅是国民经济各方面基本的原料,而且自古以来就是人类社会的重要能源之一。虽然随着科学技术的进步,煤、石油、天然气、原子能、太阳能等飞速发展,但随着人口的增加,在今后较长的时期内,薪材的需要量仍然相当大。综上所述,木材及其加工品是国民经济中最广的一种基本材料,与国民经济各方面都有着密切的联系,木材的充分供给,是保证国民经济迅速发展的重要条件。

我国经济林分布广泛,从南到北、从东至西,各处都有。主要有乌桕、油桐、漆树、杜仲、毛竹、油棕、椰子、油橄榄、巴旦果、油楂果、香榧、油茶、山苍子、青檀、五倍子等。经济林产品主要有:①木本油料,如核桃、茶油、橄榄油、文冠果油等木本食用油及桐油、乌桕油等工业用油。②木本粮食,如板栗、柿子、枣、银杏及多种栎类树种的种子。③特用经济林产品,如紫胶、橡胶、生漆、咖啡、金鸡纳等。林化、林副产品种类更是繁多,如松香、栲胶、栓皮及各种药材、芳香油、纤维原料、编织原料、淀粉、食用菌等。此外,林区丰富的野生动物资源所提供的动物蛋白质、毛皮、药材以及观赏动植物等,都有着重要的经济意义和科研价值。

我国劳动人民从事经济林产品和林副产品的生产有着悠久的历史。这些产品对国计民生有着重大意义,很多产品是机械、电器、化工、国防军工、医药、食品、日用品加工等工业部门的重要原料,而且有的还是我国传统的出口物资。例如:①油桐是我国特有的油料树种,早在唐朝就有栽培记载。采用桐籽生产的桐油是优质工业用油,为制造油漆、防水制品、人造汽油等产品的重要原料,此外,在农业、医药上也有广泛用途。我国油桐林面积133万余公顷,每年可产桐油15万t,占世界桐油产量的比重很大,是我国换汇率很高的大宗出口物资之一,在国际市场上享有很高的声誉。②松香是重要的化工原料,用于肥皂、造纸、油漆、塑料、医药、电气、化工、橡胶等行业,也是我国重要的出口物资。2005年,我国松香年产量约40万t,占全世界产量的40%左右。③紫胶也是重要的工业原料,广泛用于国防、电气、油漆、塑料、医药等30多个工业部门。由于其具有绝缘性强、粘合力大、易溶于酒精和易干坚固等优点,其他原料无法代替。世界紫胶原胶年产量约3万t,我国产量约3 500t,其中云南占全国80%以上。④油茶是我国特有的木本油料树种。2009年,我国现有油茶种植面积为302万hm^2,年产茶油总量约27.7万t,茶油占我国食用油总消费量的1.23%。茶油色清味香,不饱和脂肪酸的含量高,是优质的食用油。目前,世界上已经有一些国家实现或基本实现了食油木本化,所以积极发展油茶、核桃、油橄榄等木本油料,是解决我国食用油不足的重要途径。⑤生漆也是我国著名特产,为传统出口商品。我国漆树林面积46万多公顷,年可产生漆2 800t。此外,林区出产的木耳、香菇、竹笋、干鲜果品、禽兽野味及珍贵毛皮、中草药材及野生观赏植物等产品,除了满足人们生活多方面的需要外,还是出口换汇的重要物资。

(四)畜禽产品

畜禽产品从广义上讲,主要是指肉、乳、蛋、禽、脂、肠衣、皮张、绒毛、鬃尾、细尾毛、羽毛、骨、角、蹄壳及其初加工品等。但从狭义上讲,即从我国商品经营分工的角度来看,肉、乳、蛋、脂、禽属食品和副食品范畴,也就是这里所说的畜禽产品;皮张、绒毛、鬃尾、细尾毛、羽毛、肠衣属畜产品,而骨、角、蹄壳分别属废旧物资和中药材产品。

畜禽产品作为食品是人类动物性蛋白质的主要来源,为人类提供丰富的营养。但这类食品由于富含蛋白质、脂肪、糖等,故易于腐败变质,人们食用可能会中毒,并且患病动物还带有致人患病的病源,动物肿瘤与人的癌症有一定的相关性。肉食品加工烹调不当,会严重影响人的健康,故需要严格的卫生检验。近几年来,国民经济迅猛发展,农业和运输业逐渐实现了机械化,促进了饲养业的发展,为畜禽产品资源开辟了广阔的道路。我国在解决了人民温饱后,生活水平必然向更高标准发展,对畜禽产品的需求量越来越大,因而对畜禽产品的质量也提出了更高的要求。

(五)水产品

水产品是指水生的具有一定食用价值的动植物及其腌制、干制的各种初加工品。水产品,特别是鱼、虾、贝类等,自古就是人们的重要食物之一。随着人们生活水平的不断提高和对蛋白质需求量的不断增长,水产品作为动物性蛋白质的来源,其重要性日益显著。

水产业是以栖息、繁殖在海洋和内陆淡水水域的鱼类、虾蟹类、贝类、藻类和海兽类等水产资源为开发对象，进行人工养殖、合理捕捞和加工利用的综合性社会生产部门。2007年，我国大陆架渔场面积就有 150 万 km^2，占世界浅海渔场的 1/4，居世界第一位。我国海洋鱼类约有 1 700 种以上；淡水鱼类有 800 种以上，其中有经济价值的有 250 多种，体型较大、产量较高的有 50 多种。我国发展水产业的方针是以养殖为主，养殖、捕捞、加工并举，因地制宜，重在保护。近年来我国采取了积极有效的措施，严格采取休渔制度，使我国的海水、淡水捕捞和海水、淡水养殖业持续稳定健康发展。

水产品按生物学分类法可分为藻类植物（如海带、紫菜等）、腔肠动物（如海蜇等）、软体动物（如扇贝、鲍鱼、鱿鱼等）、甲壳动物（如对虾、河蟹等）、棘皮动物（如海参、海胆等）、鱼类（如带鱼、鲅鱼、鲤鱼、鲫鱼等）、爬行类（如中华鳖等）；按商业分类可分为活水产品（包括海水鱼、淡水鱼、甲鱼、河蟹、贝类等）、鲜水产品（含冷冻品和冰鲜品，包括海水鱼、淡水鱼、虾、蟹等）、水产加工品（按加工方法分为水产腌制品和水产干制品；包括淡干品、盐干品、熟干品；按加工原料分为咸干鱼、虾蟹加工品、海藻加工品、其他水产加工品）。

（六）其他农副产品

其他农副产品主要是指除农产品的粮油、果蔬、花卉、林产品、畜禽产品、水产品的主产品外的烟叶、茶叶、蜂产品、棉花、麻、蚕茧、畜产品、生漆、干菜和调味品、中药材及野生植物原料等。

1. 烟叶

烟叶是烟草的叶片，经过初步加工（烤、晒、晾）即可供人们吸用，有兴奋神经、解除疲劳的作用，是卷烟、雪茄烟、皮丝烟、鼻烟、嚼烟等烟制品的基本原料。烟、烟蒂、烟籽、烟结、烟筋经过加工可提取烟碱，有杀虫、灭菌的功效，烟茎可用于造纸、压制纤维板和提取活性炭等。

我国烟叶的种类很多，根据烟草品种和加工制作方法不同可分为：①经过人工控制热能并在专门的烤房内进行烘烤而成的烟叶的烤烟（初烤烟、复烤烟；清香型烟、浓香型烟、中间香型烟），烤烟主要用于制作烤烟型卷烟，少数用于制作混合型卷烟、斗烟丝和雪茄烟。②用日光露天晒制成的晒烟（晒黄烟、晒红烟、梧晒烟、香料烟、黄花烟），晒烟主要用于制作旱烟丝、水烟丝、雪茄烟、斗烟丝，香料烟叶主要用做晒烟型卷烟的配料。③在晾房内自然干燥而成的晾烟（白筋烟、武鸣整株晾烟、雪茄包中烟），晾烟主要用于生产混合型卷烟、雪茄烟、水烟丝和雪茄烟外包皮的原料。

2. 茶叶

茶叶是从茶树上采摘下来的鲜叶或嫩叶，经过加工，制成可供人们饮用，具有不同色香味且形状各异的成品茶。茶树属于茶科，属多年生常绿植物。按树型可分为乔木型、灌木型和半乔木型三种。

鲜茶叶或嫩叶采摘后，必须经过加工才能成为商品茶。茶叶经过各种技术处理促使叶内的有效成分发生变化，形成具有不同的色、香、味、形的毛茶，称为鲜叶加工或称初制；毛茶经过筛分、拣剔、复火等技术处理后，分别加工成符合商品茶规格的各种花色和等级的成品茶，称为毛茶加工或称精制；还能用毛茶加工成不同等级的茶坯，与各种鲜香花配合，通过窨制技术处理加工成为花茶。

茶和咖啡、可可是世界三大饮料，其中，茶作为饮料的历史最久、饮用的地区和人口最广、最多。我国是饮用和生产茶叶历史最悠久的国家，也是传统的茶叶出口国，享有"茶的祖国"之誉。茶叶含有水、矿物质、茶多酚、生物碱、糖类、蛋白质、芳香物质、色素、维生素、酶等物质。茶叶中的许多物质对人体健康都非常有益。常饮茶对人体大有好处，能起到营养保健的作用，可止渴散热、清心明目、提神解乏、溶脂除腻、利尿排毒、杀菌消炎、强心降压、补充维生素及预防辐射伤害等功效。据研究，茶叶里所含的多酚类成分能吸收放射性物质Sr（锶），多酚类中的儿茶素还具有近似于维生素P的作用，能增强人体心肌活动和血管弹性，有预防动脉硬化的作用，对于某些类型的高血压也有一定的疗效。儿茶素制剂对肾炎、慢性肝炎和白血病也有辅助疗效。茶叶还有降低胆固醇、抗凝血和促进纤维蛋白溶解的作用，对冠心病患者有良好的作用。近几年的研究认为，茶叶更具有抗癌的作用。

茶叶按制茶方法结合成品茶的品质特征分为七大类：①鲜茶叶经萎凋揉捻或揉切、发酵、干燥制成的红茶类，红茶按制法分为工夫红茶、小种红茶和红碎茶三种。②鲜茶叶经高温杀青、揉捻、干燥制成的绿茶，绿茶按制法分为锅炒杀青绿茶（炒青绿茶：炒干，如珍眉、贡熙、雨茶、秀眉、龙井；烘青绿茶：烘干，如毛峰、瓜片、碧螺春）和蒸气杀青绿茶（如玉露、蒸青）。③鲜茶叶经晒青、做青、炒青、揉捻、干燥制成的乌龙茶类，按制法和成品茶品质特征分为水仙（如武夷山水仙、闽北水仙、凤凰水仙、闽南水仙）、奇种（如武夷奇种）、铁观音、色种（如色种、包种）、乌龙。④茶叶经萎凋、干燥制成的白茶类，按茶树品种及叶子老嫩可分为白毫银针（大白茶顶芽制成）、白牡丹（大白茶，小叶种一芽二、三叶制成）、贡眉（大白茶，小叶种一芽二、三叶制成）、寿眉（小叶种单片制成）。⑤素茶（花茶坯）经花窨制成的花茶类，按所用素茶品种可分为绿茶花茶（如茉莉花茶、珠兰花茶、白兰花茶、玳玳花茶等）、乌龙花茶（如桂花铁观音、树兰色种、茉莉乌龙等）、红茶香茶（如玫瑰红茶、荔枝红茶等）。⑥毛茶经筛分整形、蒸压成形的紧压茶类（如米砖、青砖、黑砖、茯砖、沱砖、花砖、紧茶、六堡茶等）。⑦用毛茶或鲜茶直接制成，可用于冷水或温水而无残渣的速溶茶类（如速溶红茶、速溶绿茶、调味速溶茶等）。

3. 蜂产品

蜂产品主要包括蜂蜜、蜂王浆和蜂蜡。

蜂蜜是蜜蜂采集蜜源植物花中蜜腺上的花蜜或其他分泌物，经过充分酿造而储存在巢脾中的甜物质。

蜂蜜有良好的药物用途。蜂蜜不含脂肪，适于心脏病患者服用。蜂蜜可补中益气，润燥滑肠，止咳解毒。对肺病、高血压、眼病、肝脏、痢疾、便秘、贫血、神经系统疾病、胃和十二指肠溃疡病等均有良好的辅助疗效。蜂蜜外用可以治疗烫伤、滋润皮肤和防治冻伤。蜂蜜还有矫正不良气味和防腐作用，是中药丸的主要原料。蜂蜜是良好的营养食品，其主要成分是单糖，可直接被肠胃吸收，热量很高，强体力劳动者和运动员服用蜂蜜能减轻或解除疲劳。蜂蜜中含有蛋白质、维生素，能增强人体营养。蜂蜜中有多种矿物质，易被人体吸收利用。蜂蜜还广泛用于制作果脯、糕点、糖果、冷饮及酒类食品工业中。由于蜂蜜富含果糖，有吸湿性，因此，用蜂蜜制作的糕点甜润酥松，富有特色。

按蜜源可将蜂蜜分为花卉蜜（又称自然蜜）和甘露蜜。花卉蜜就是人们日常所说的蜂蜜，是从花卉中获取的花卉蜜，可分为单花蜜和杂花蜜。单花蜜如椴树蜜、枣花蜜、荔枝蜜等，杂花蜜又称混合蜜和百花蜜。甘露蜜是从同翅目的蚜虫、介壳虫等一类昆虫的排泄物中采集的蜜。

按蜂蜜的颜色可分为水白色、白色、浅琥珀色、黄色、琥珀色、深琥珀色、深棕色。

此外，还有一种毒蜜，虽很少见，但危害较大。一般认为雷公藤、藜芦、乌头、杜鹃蜜等是有毒的，要特别注意。

4. 棉花

棉花是纺织工业的重要原料，又是人们必需的生活资料。商品棉花指的是棉农出售的籽棉、皮棉和絮棉。带有棉籽的棉纤维叫籽棉。籽棉不能直接使用，需进行轧花加工使纤维与棉籽分离。经过轧花机把棉籽轧掉，所得的棉纤维叫皮棉，也叫原棉。皮棉是纺织工业的重要原料。皮棉经再加工可弹成絮棉。

按棉花的类别（即按棉纤维的粗细、长短）可将棉花分为细绒棉（又称陆地棉，细度为 $18\sim25\mu m$，长度为 $25\sim31mm$）、长绒棉（又称海岛棉，细度为 $14\sim22\mu m$，长度为 33mm 以上）、粗绒棉（又称亚洲棉或非洲棉，细度为 $20\sim30\mu m$，长度为 $13\sim25mm$）；按棉花色泽可将棉花分为白棉、黄棉和灰棉；按棉花的初步加工状态可将棉花分为皮辊棉、锯齿棉。

5. 麻

麻是麻类植物的总称，属于一年或多年生的草木纤维植物。麻纤维是指麻的韧皮纤维和叶纤维或经过加工（剥制和脱胶）制成的可用纤维。麻纤维是纺织工业的重要原料之一，在国民经济中占有重要地位。

麻按采用的部位不同可分为韧皮纤维和叶纤维。韧皮纤维是从双子叶植物茎部剥下来的纤维，质地柔软，又称软质纤维，如苎麻、黄麻、红麻、亚麻、大麻、青麻等。叶纤维是从单子叶或叶鞘中取出来的管束纤维，质地粗硬，又叫硬质纤维，如剑麻、蕉麻、假菠萝麻等。

韧皮纤维根据含木质纤维的多少分为木质纤维和非木质纤维两种。木质纤维比较粗硬，如红麻、黄麻、青麻，可制成麻布、麻袋、绳索等。非木质纤维品质柔软，如苎麻、亚麻、大麻等，可作为纺织原料。叶纤维粗硬，主要用于制绳索、造纸、织渔网等的原料。

6. 蚕茧

蚕茧是蚕在化蛹前用吐出的丝结成的茧。用蚕茧缫得的生丝称为蚕丝。我国是蚕茧的发源地。远在五千年前，我们的祖先就利用蚕茧取丝织帛了。蚕丝纤维强韧而富弹性、细而柔软，具有良好的吸湿性、保暖性、绝缘性、耐腐性和化学稳定性。其制品光滑优美，染色鲜艳，穿着舒适，是优质纺织原料，是我国传统的出口商品。

蚕茧按蚕的品种可分为改良蚕、土改良蚕（又称自留蚕）、土蚕；按生产季节可分为春蚕、夏蚕、秋蚕；按蚕的初步加工可分为鲜茧、半干茧、干茧；按茧的质量可分为上茧、次茧、下脚茧；按茧的大小可分为大茧、中茧、小茧、特大茧和特小茧。

7. 畜产品

畜产品是畜禽产品的副产品，是指具有实际经济意义的皮张、绒毛、鬃尾、细尾毛、羽毛、肠衣等产品。畜产品在国民经济中有着重要的作用。畜产品是工业的重要原料，如毛纺、地毯、制革、毛皮及制刷、制肠衣等轻工业；还是国防建设的重要物资，如背带、炮衣、马鞍用皮、武装带、子弹盒、军用皮包、飞行服、皮大衣、皮帽、皮靴、皮鞋、皮手套、滤油皮、拖拉重武器的皮带、各种炮刷、军舰卫生用刷、油漆刷等；人们生活水平的提高不仅表现为对肉、乳、蛋等动物性蛋白质的需求量的大小，而且很大程度上反映在人们对畜产品占有量的高低，如人们日常穿戴的毛衣、毛料服装、长短皮大衣、皮帽、皮手套、镶头围巾、皮鞋、皮包、腰带、毛笔、水彩笔、油画笔、化妆笔、胡刷、牙刷、衣服刷、油漆刷、各种丝竹乐器的弓弦、各种劳保服装以及多种药品等都是畜产品制品；畜产品是我国传统的出口商品，如猪鬃、肠衣、小湖羊皮、山羊板皮、山羊绒、兔毛、羽毛等。大力发展畜产品的生产不仅满足我国现代农业、工业、国防、人民生活的需要，还能换回大量外汇，促进国民经济的发展。

8. 生漆

生漆是天然漆，也称国漆、大漆。生漆是从漆树的韧皮部割流出来的乳白色黏稠液体，是漆树的一种生理分泌物。漆树属于漆树科漆树属，是一种落叶乔木。生漆是我国著名的特种林产品，产区遍布全国十几个省，主要产地是湖北、四川、陕西、贵州和云南等省。

生漆漆膜坚硬而富有光泽，具有独特的耐久性、耐磨性、耐油性、耐水性、耐溶剂性、耐腐蚀性以及绝缘性等优良性能。这些优良性能是目前合成涂料所不能比拟的，故有"涂料之王"之称。可广泛用于国防工业、石油化工工业、采矿工业和地下工程、纺织印染工业以及漆制工艺品、研制新型涂料、修缮古代文物建筑等，经炮炙后的干漆可作为中药用于治疗疾病和外伤止血等。

生漆按产地可分为毛坝漆（湖北利川、恩施、宣恩、咸丰、来凤等地）、建始漆（湖北建始、巴东、鹤峰、五峰、长阳、宜都等地）、西北漆（我国西北部）；按生漆的特性可分为大木漆和小木漆两类。

9. 干菜和调味品

干菜和调味品包括干菜、食用菌和调味品三类。

食用菌是指能形成显著的肉质或胶质子实体并可供人类食用的大型真菌。人们从古至今都以菇、蕈、菌、蘑、耳等称之，如香菇、平菇、玉蕈、木耳、银耳、口蘑、松口蘑、凤尾蘑、猴头菌、羊肚菌、牛肝菌等。目前，全世界可食用的大型真菌有2 000多种，被人类所利用的有400多种，能进行人工栽培的有50多种，其中形成大规模商业性栽培的有20多种。食用菌是一种营养丰富并兼有食疗价值的食品，蛋白质含量丰富，介于肉类和蔬菜之间，所含的氨基酸种类较多。矿物质的含量也较多，尤其是磷的含量较高，有利于人体各种生理机能的调节。食用菌还含有较多的核酸和多种维生素，包括维生素B1、维生素B2、维生素pp、维生素C和维生素D原等。此外，香菇、木耳、银耳、灰树花、猴头菌等许多食用菌还兼有多种特定的滋补保健作用和医疗功效。广义的食用菌还包括利用发酵作用进行食品加工的丝状真菌和酵母菌。

目前，我国是食用菌生产的第一大国，食用菌种类繁多，有1 000多种大型真菌，其中具有食用价值的约有200多种。并且，近年来不断开发栽培新品种和从国外引进新品种进行人工栽培，使我国的食用菌种类和栽培的品种更加丰富。按照我国的经营习惯可将食用菌分为木耳类和蘑菇类，木耳类包括黑木耳、银耳、黄木耳、金耳等，蘑菇类包括除木耳类以外所有的大型食用菌类，如香菇、口蘑、猴头菌等。

干菜和调味品在我国有着丰富的自然资源，广泛分布于全国的山林、草原和农村，是一项重要的农副产品。干菜和调味品不仅是国内的消费品，也是传统的、享有盛誉的出口产品。

10. 中药材及野生植物原料

中药材是指中医作为调剂处方、配制中成药所用的原料。其中大部分是只经过初步加工的原生药。根据性质不同可分为植物药、动物药和矿物药三大类。

我国地大物博，自然条件优越，中药材资源极其丰富，是巨大的天然药库。已知的可供药用的植物、动物和矿物药有 5 000 多种，其中植物药约占 90%。中药材的用途广泛，除了主要供医疗保健用外，在食品、饮料、香料、化妆品、染料以及农药等方面也广为应用。同时，中药材又是重要的出口物资，全国可供出口的中药材有近 500 种。

野生植物原料种类繁多，分类方法很多。根据用途可分为以下几类：野生纤维类（主要是指各种禾草和竹子）、野生脂肪油料及芳香油料。

第二节　农产品营销的基本概念

一、农产品营销的内涵和特点

（一）农产品营销的内涵

农产品营销可以从宏观和微观两个层次来理解和定义。

1. 宏观农产品营销

宏观农产品营销（Macro-marketing of Agricultural Products）是为了有效满足国内外市场的需要，并达到社会的目的，把农产品从生产者转移到消费者手中的社会流通过程。它从社会角度以调节企业行为与社会利益关系来研究营销问题。它强调的是社会系统为了实现农业资源的有效运用和农产品的合理分配所应完成的进程，反映了国民经济各部门与农产品创造和交易活动的相互关系。国民经济各行业如工业、农业、商业、交通、运输、金融保险、饮食服务等，从各自不同的侧面执行不同的职能，从事不同的营销活动，以引导和调节农产品营销的正常运行。同时，宏观农产品营销通过社会宏观系统来实现。在这个社会宏观系统中，政府、农产品生产者、商业企业和消费者各自对不同利益的追求，使社会整体福利最大化的目标得以实现。这个系统反映了农产品营销活动与国民经济各行业、各部门密不可分，与生产、流通及社会服务密不可分，与政府、企业及消费者密不可分。同样，它与生产要素市场、商品、货币及信息资源以及外在的政治、经济、文化环境和目标环境密不可分。在宏观农产品营销系统中，政府扮演着一定的角色。在完全的市场经济条件下，政府虽然不直接介入具体的农产品营销活动，但是政府通过经济手段、法律手段及必要的行政手段调控农产品市场，通过市场正确引导农产品营销个体的经营活动，以促进宏观农产品营销的正常运行。

2. 微观农产品营销

微观农产品营销（Micro-marketing of Agricultural Products）是指农产品营销主体包括农产品经营组织和个人，为了实现盈利目标，有计划地引导农产品从生产者流向消费者的全部活动。微观农产品营销是单个营销组织在一个系统内的活动，讨论的是单个营销组织进行营销计划、营销决策和营销管理的过程。当然这个过程的活动不可避免地涉及与其他相关主体和营销组织的利益和行为交流。

传统观点认为，农产品营销管理仅仅指农产品从生产者手中转移到消费者餐桌上的过程，即流通过程的管理活动。但随着微观农产品营销概念的发展，这些微观营销主体在生产领域中的相关活动，尤其是作用于生产及生产过程前的计划、信息服务等也被看做是微观农产品营销内容的一个重要组成部分。

农产品营销作为一门独立学科，主要是从微观角度来研究。本书将农产品营销定义为：农产品生产经营者，以盈利为目的，以满足顾客需要为前提，围绕着市场所进行的整体性经营销售活动。

农产品营销是包括农业生产活动在内的一个整体营销过程，通过各个活动环节不断创造多种产品效用，加工环节为消费者创造了形式效用，运输环节创造了产品的区域效用，储藏环节创造了产品的时间效用，交易过程产品的所有权由卖方转移至买方，从而产生占有效用。

可从以下几方面把握农产品营销的内涵：

（1）农产品营销的主体是农产品的生产者与经营者。在国外，农产品营销的主体一般来说是企业，具体而言是农产品经营企业。而在国内，农产品营销的主体不仅包括农业经营企业，而且包括更多的农产品创造和交易活动的行为主体，如农产品生产者（农户、农场）、农产品收购企业、农产品批发和零售商、中介商、农产品加工企业、运输公司、仓储企业、餐饮店以及农产品专卖店等。农产品营销主体人数更为众多，人员的组织成分更为复杂。因为我国农产品中介组织发展滞后，使农户成为独立、分散进入市场的农产品经营者；同时，由于我国农业或多或少还带有计划经济色彩，政府主管部门对农业生产的管理和计划（包括主要农产品购销者）有直接或间接的影响，因此，政府主管部门或多或少承担一些农产品营销职能，不像发达市场经济国家，政府仅仅是为市场营销服务。

（2）农产品营销的目的是盈利。作为微观农产品营销主体，无论其阶段性目的如何确定，其最终目标肯定是盈利。只有盈利，投资者才能获得合理的收益；只有盈利，经营者才能获得持续经营所需的费用。利润指标也是衡量营销成败与否的关键标准。

（3）农产品营销的前提是农产品及其相关服务能满足顾客某一方面的需要。只有满足顾客需要的农产品才能顺利实现让渡，这是实现农产品营销的必要条件，某些农产品出现销售困难，主要原因就是其品质、价格、包装、服务等某一方面或某几方面在满足顾客需要上的问题，要满足顾客对农产品的需要，就要真正了解顾客的需要，搞市场调研，而不是从生产经营者主观愿望出发去猜测顾客的需求。另外，要把必要条件转化为充分条件，仅仅满足顾客需要是不够的，因为同类农产品大都能满足顾客的基本需要，要在众多的同类商品中让顾客挑选你的产品，就必须比竞争者更多地、更好地满足顾客的需要。

（4）农产品营销的中心是市场。要围绕市场搞营销，"眼睛盯着市场看，脑子围着市场转，工作跟着市场干"，关注、跟踪农产品市场的变化，进而开发新产品引导市场的需求。而且，要有全球视野，我国加入世界贸易组织（WTO）后，"国内市场国际化，国际市场国内化"已成大趋势，要在占领国内农产品市场后，进军国际农产品市场。同时，也要有长远眼光，分析现货市场的供求状况，了解期货市场的未来趋势。

（5）农产品营销的过程是整体性经营销售活动。不仅包括农产品离开农户（农场）后到消费者手中的流通领域活动，而且还包括农产品生产前农业生产计划的制订和决策，新产品的培育和开发，农业生产资料的供应，以及农产品生产者按生产计划进行的符合市场和社会需求的产品生产（或产品制造）。在这一点上，农产品营销的概念内涵要远远超过农产品销售和农产品运销的概念，贯穿于农产品生产和流通交易的全过程。

（二）农产品营销的特点

农产品与工业品在自然属性以及市场表现等方面都不一样，这就决定了农产品营销活动与工业品营销活动的差异性。

1. 营销产品的生物性、自然性

农产品大多是生物性自然产品，如蔬菜、水果、鲜肉、牛奶、花卉等，具有鲜活性、易腐性（不易储存），并容易失去其鲜活性。例如，花卉的鲜活性仅有几天。农产品一旦失去其鲜活性，其价值就会大打折扣。而且某些农产品的体积较大，单位重量的价值低，如木材、冬瓜等。

2. 农产品供给的季节性强，短期总供给缺乏弹性

农产品的供给在时间上具有季节性而且生产周期长。如在我国，水稻一年一般收获 1～2 次，在南方日照时间长的地区最多也只能收获 3 次，棉花采摘时间集中在 9 月份之内，西瓜、葡萄等水果一般集中在 7～9 月上市。虽然现代科学技术缩短了农产品的生长周期，改变了农产品的上市时间，出现了一些反季节的蔬菜、水果，但总来说农产品供给的季节性是其主要特点。

加拿大曼尼托巴大学的诺曼·比顿（Norman J. Beaton）综合有关学者的研究得出，农业中短期供给曲线的弹性一般在 0～0.3 之间，长期供给曲线弹性也只有 0.4，因此无论是短期还是长期，农业供给都是高度缺乏弹性的。

3. 农产品需求的大量性、连续性、多样性和弹性较小

（1）对农产品的需求是人类吃、穿等基本的生活需求，具有普遍性和大量性，而且人们每天都必须消费以农产品为原料的食品、服装用品，所以对农产品的需求是连续的。

（2）由于人们的不同偏好，因而对农产品的需求是多样性的，同时，许多农产品效用彼此又是可以替代的。例如，牛肉和羊肉都可以满足人们对于动物性蛋白质的需求；用棉花、羊毛织成的面料都可以制成衣服供人御寒等。

（3）由于人们每日需要的蛋白质和热量是基本不变的，因而农产品尤其是食品的需求弹性较小。人们不会因为农产品价格的变化，而使某一期间对农产品的基本需求量发生大的改变。

4. 大宗主要农产品品种营销的相对稳定性

农产品生产多是有生命的动物和植物的生产，其品种的改变和更新需要漫长的时间，因而农产品经营在品种上具有相对稳定性。当然，不排除在现代技术进步条件下某些新产品的迅速产生，但在一定时间里，人们消费的农产品品种是相对稳定的。

5. 政府宏观政策调控的特殊性

农业是国民经济的基础，农产品是有关国计民生的重要产品，更由于农业生产的分散性和农户抵御市场风险能力的有限性，所以政府采取特殊政策来扶持或调节农业生产经营活动。

二、农产品营销的功能和职能

市场营销功能反映了市场营销活动在营销系统中所发挥的作用，而市场营销职能则强调市场营销活动所执行的任务。

(一) 农产品营销功能（Functions of Agricultural Products Marketing）

根据市场营销功能主义学派的观点，农产品营销是一个彼此相关、互为条件的结构性动态关系构成的系统。农产品营销的功能是指系统某要素或营销活动在农产品营销系统中发挥的作用，农产品营销功能之间是相互依存的。

1950年，埃得蒙德·麦加利（Edmund Nacquarie）提出市场营销的六大功能，即沟通功能、商品功能、定价功能、宣传功能、物流功能和终端功能。随着市场营销实践和理论的发展，农产品营销功能也发生了新的变化。现代农产品营销的基本功能包括：

1. 交易功能（Exchange Functions）

交易功能是指农产品营销过程中农产品交易双方产品所有权和使用权的转换。通过买卖双方的交易活动，农产品价值得以实现，农产品需求者对产品的效用得以满足。农产品一般要经过多次交换易手，发生多次买卖行为，才能最终让渡给消费者。交易功能是农产品营销活动的核心，包括购买功能和售卖功能。

2. 形态改变功能（Physical Functions）

形态改变功能是指通过一定的方式和手段使农产品的物理形态发生改变，包括农产品的外观形状、体积、颜色改变等。例如，液态牛奶，经过加工可变成奶粉、奶糖、奶酪；小麦经过加工可变成面粉、面包。农产品加工、整理、包装等活动是农产品的物理形态改变的基本方式和手段，大多数农产品必须经过加工、整理、包装才能提供给人们消费。同时，农产品加工、整理、包装等活动可以扩大农产品用途（效用）和增加农产品的附加值。

3. 空间转移功能（Place Changing Functions）

空间转移功能是指农产品地域转移的效用。农产品从生产领域流向消费领域过程中要经历地域转移。例如，南方的水稻运往北方，北方的小麦销售到南方；美国佛罗里达州的柑橘运入中国，中国的纺织纤维品运往美国。运输及其运输技术的发展使农产品营销的空间转移功能得以实现。如果没有铁路和航空技术的发明和应用，农产品的跨省、跨州和跨国营销及全球营销将不可能实现。

4. 价值增值功能（Value Adding Functions）

价值增值功能是指通过营销提高农产品的附加值。例如，乳品企业从奶户手中收购鲜牛奶，通过冷处理保证牛奶的新鲜质量，再经过加工制成奶粉、奶糖等奶产品，这中间的每一个环节都实现了牛奶的价值增值。

5. 满足消费者需求功能（Functions to Satisfy the Needs of Consumers）

农产品营销的最终结果是满足消费者需求。无论农产品经营企业营销的最初动机如何，在客观上都将带来消费者需求的最终满足。

6. 组织和风险回避功能（Risk Bearing Functions）

农产品营销组织功能即通过营销活动将农产品经营者（组织和个人）联系起来，实现生产、分配、消费的紧密结合。在我国现阶段，农产品营销的组织功能具有更为实际的意义。我国农产品生产者生产规模小，经营分散，可以说是"全世界最小的农户"，农产品生产、销售等各个环节都需要组织与联合。组织起来的农产品生产者和经营者则在一定程度上减轻或者化解了经营风险，包括自然风险，尤其是市场风险。例如，组织起来包办了农户农产品90%销售量并形成全国农产品营销网络的日本"农协",谷物销售额占全国总额51.9%的德国"农协"。它们不仅在营销中具有较强的谈判能力,而且还具有其他组织所没有的销售优势(如较强的货源组织能力和网络等)。这些组织是农户联合进入农产品销售市场的组织保证,同时可以通过农产品期货市场及期货交易等营销方式和活动规避市场风险。

(二)农产品营销的基本职能

农产品营销职能是营销组织和主体在农产品营销活动中所必须执行的基本任务。1932年,弗莱德·克拉克(Fred E. Clark)和韦尔法(Vailfa)在《农产品市场营销》一书中把农产品营销基本职能分为集货(收购)、加工、分级、包装、储存、运输、融资、承担风险、标准化和销售等职能。随着农产品营销理论的发展,农产品营销职能也相应发生了变化,其基本职能包括:

1. 集货职能(Assembling)

集货职能是指原料和商品集中的职能。由于农产品广泛分散于远离农产品市场和加工企业的各个生产区域,因此农产品集中对市场交易和农产品加工十分重要。在一定区域内加工的粮食是从许多分散的地区集中起来的,一个大中型大米加工企业,其稻谷原料来源可辐射数县、数省。它需要将分散于方圆千里地域的稻谷收集起来,集中运送给中心市场或加工企业。

2. 分级职能(Grading)

由于农产品营销中的标准化广泛推行,农产品在收集过程中一般都要经过分级。农产品分级保证了进入消费者市场的农产品和农产品加工原料的品质、规格的标准化,还减少了农产品加工的难度,也提高了农产品的视觉效果。在国际农产品营销中,农产品的分级与标准化条件更为严格。

3. 储藏职能(Storage)

多数农产品的生产都具有季节性,农产品收获后必须安全储藏,在较长的时间内保证农产品品质,以满足人们长期的消费。例如,果汁加工企业对原料(鲜果和果酱)持续性的需求,因农产品收获的季节性导致原料不能满足持续性使用,所以建立仓库及其他储藏设施变得十分必要。

4. 加工职能(Processing)

市场营销的加工职能赋予农产品以更加吸引消费者的表现形式。例如,肉用动物(猪、鸡等)经过屠宰变成鲜肉;鲜肉经过加工变成零售商店里各种形式的火腿肠、熏肉、肉罐头等加工品;谷物则可经过碾磨并加入其他配料制成各种糕点、饼干等。对于纤维产品来说,多级加工变得越来越普遍,棉花纤维加工成纱,纱再纺成衣料,经过染色最后加工成光彩夺目的服饰。

5. 包装职能(Packing)

包装能保护产品并使其大小适宜、方便使用,同时,也能促进销售。例如,为了减少苹果暴露于阳光和在搬运过程中受损,瓦楞纸箱包装的采用十分普遍。尤其是经历更远的路程和更长的时间,包装的作用则显得更为重要。

6. 运输职能(Transportation)

农产品运输几乎连接农产品营销系统的所有环节,从农产品的集中到最终农产品的消费。一般来说，农产品往往集中在一定的产区，如南方种植水稻，北方种植小麦。北方的消费者要消费水稻，南方的消费者要消费小麦，运输是唯一的实现手段。不同的农产品对运输方式的选择是不同的。例如，谷物、棉花、干果等可采用火车、舟船运输；而牛奶、冷饮食品等则只能通过所谓的"冷链"冷藏运输线，运送到不同区域的市场和消费者手中。

7. 分销职能（Placing）

分销是通过不同销售渠道和方式将农产品分配到零售商和消费者手中的职能。农产品分销渠道包括经销商、代理商、批发市场、城市销地市场、直接采购于产地的超级市场等，它们构成一个完整的农产品营销网络。分销能够减少公司和企业的存货成本，从而提高农产品的流通效率。例如，有"中国乳业第一品牌"美称的伊利牛奶，由企业分销给地区批发商或代理商，然后由这些代理商批发给零售商或直接向消费者销售，减少企业在流通环节的投资，使企业能够集中关注生产。

8. 消费者服务职能（Servicing）

消费者服务是农产品营销职能的新发展，市场营销者不仅将农产品销售给消费者，同时，还必须为消费者提供必要的消费服务。随着买方市场的到来，消费者服务职能日益成为农产品营销的一个重要组成部分，以前的市场营销者的单赢模式将逐步转向市场营销者和顾客的双赢模式，这是现代商品经济发展的必然趋势。

三、当前农产品营销的基本形势

1. 市场结构的变化给传统农产品营销带来了很大的冲击

20世纪90年代后期以来，我国农业进入新的发展阶段，农产品供给由短缺转为结构性过剩，虽然总量上并不充裕，但除少数品种外，大部分农产品都出现滞销价廉的局面。

农产品产销的市场环境发生了根本变化，总体上已由供求平衡，转向了供给总量有余，开始由卖方市场向买方市场转变。这给生产者和经营者原有的思维和经营模式带来较大的冲击，给农产品产销带来以下新的矛盾和问题：

（1）买方市场条件下，生产者与消费者地位发生转变，消费者在市场中掌握了购销主动权，从被动变为主动。如果不对农产品营销进行及时调整，则会最终损害农产品生产者、消费者乃至整个社会的利益。

（2）农产品供求格局发生变化，结构性矛盾愈加突出。消费者需求差异表现得越来越明显，对农产品的需求已从数量转向质量。农产品市场在供大于求的同时，供求结构性矛盾日益加剧。

（3）农产品营销手段落后，经营风险加大。目前，我国农产品产销中依然存在着重视生产，忽视集中、平衡和分散的问题。营销手段陈旧，不注重市场调研和产品标准化，轻视产品品牌和包装的重要作用，缺乏农产品必要的产后加工、储运等技术和能力，往往在竞争中处于不利地位，农产品市场稍有变化，对生产者和经营者的收入就会产生非常大的影响，使农产品产销面临更大的风险。

（4）市场发育不全，亟待完善流通体系。买方市场条件下，日益增多的、充足的农产品要顺利、及时地进入消费市场，客观上要求有完善的市场体系和高效率的中介组织。近些年，我国的农产品批发市场虽然发展了不少，但存在不均衡、层次低的问题。市场建设滞后，不仅增加了交易成本，减缓流通速度，而且导致了生产的盲目决策，因此农产品需要现代的流通体系。

2. 我国国内农产品需求环境提供了营销创新的良机

随着经济的发展、社会的进步和人们生活水平的不断提高，人们的消费观念、消费结构、消费质量都发生了巨大的变化，绿色食品越来越受到人们的欢迎，市场越来越大。从国内市场看，在高收入、高消费的地区和人群中，形成了对绿色食品巨大的市场需求。一些绿色食品售价高出普通食品50%甚至1倍以上，仍然供不应求。很多工业化国家因受资源条件限制，供给能力很小，绝大多数绿色食品依赖进口。

绿色食品是一种安全无污染的食品，其潜在需求很大，但有效需求明显不足，我国绿色食品的产品供应数量和市场消费数量占食品生产和消费总量的比重相当低，因此我国绿色食品的市场规模有进一步扩大的潜力；绿色食品企业数的增长呈上升趋势。增长的主要原因是企业逐渐认识到绿色食品市场存在的商机，加大了对绿色食品的开发力度，因此我国绿色食品企业规模不断扩大；在生产绿色食品的企业中，批准为国家和省级农业产业化重点龙头企业的企业具有较高的投资价值，因为其能够获得财税等方面的政策扶持。由于绿色食品消费对价格比较敏感，因此那些具有成本优势、资源优势的绿色食品企业具有较强的竞争力。

网络经济时代的到来，互联网一跃成为继电视、广播、报纸、杂志之后的第五大媒体，一夜之间，世界大有被一网打尽之势。网络向人们展示着新的生产、生活方式画面，改变着人们的生存方式。农产品生产经营者通过网络，可以迅速、及时、准确、全面地获取世界范围内的有关农产品供求信息、价格信息、新的生产技术、生产方式、新产品信息，作为经营决策的依据。通过网络双向沟通功能，可以发布自己的农产品信息，做农产品广告，联系购销业务，不受时间、地域和国界的限制，费用支出则相对较低。随着互联网的发展，信息技术在我国农业上的应用越来越广泛。近几年，各级政府部门十分重视农业信息网站的建设，虽然农业信息网站建设起步较晚，但是发展速度很快。

据农业部信息中心统计，中国的农业网站在数量上可以排在世界前5名以内。农业网站主办者大体分成三类：一是各级农业政府部门建立的农业信息网站，主要是对本地区的农业发展进行宏观指导，提供农业实用技术、市场信息，宣传农业政策法规，介绍农业招商引资项目等信息服务，具有信息权威性、服务综合性、服务范围地域性的共同特点。二是农业科研和教育部门建立的农业信息网站，主要提供农业科技相关信息，具有专业权威性的特点。三是涉农企业建立的信息网站，一般是围绕企业经营范围，宣传与推销自身产品及技术服务，开展电子商务活动，具有广告性、服务性等特点，以企业自身盈利为最终目标。目前在我国广大农村计算机的普及率至少已达到乡一级政府，但计算机的用途单一，仅限于打字和储存资料，并没有真正实现其广泛的功能，因此，尽快实现农村、农业系统的联网是改变农业生产经营封闭状态的最佳渠道，也是农产品购销、促销最有效的手段。

3. 农业产业化经营呼唤农产品营销创新

农业产业化经营是农业产业的一次伟大的革命，而从微观角度上看，则是农业产业的微观组织拓展其经营范围，利用农业产业化经营系统内部的"非市场安排"与系统外部的市场机制的结合方式，是更加有效也更加低成本地满足目标市场需求的业务扩张方式和经营模式。因此，农业产业化的目的不是为了单纯地追求产业链的延伸与完善，也不是单纯为了追求提升农产品附加值，而是通过农业产业经营系统内部的整合，使得农产品的品种、规格、数量、质量与服务更好地符合目标市场的需求，从而获得组织的壮大和利润的实现。不管是哪一种模式的农业产业化经营，其主体都是龙头企业。农业产业化经营既不是政府的行为也不是分散农户的个体行为，而是龙头企业根据市场需求和自身业务的需要进行的一种市场行为。这个龙头企业既可以是生产环节的企业，也可以是供应或销售环节的企业；既可以是农民个人或合伙办的企业，也可以是外部的其他企业。

农业产业化经营的实践本身就是一项伟大的系统创新工程。一个农业产业化经营系统的经营效率如何，主要取决于以龙头企业为核心的多元经济复合体的活力。而一个企业或一个多元经济复合体的活力则取决于其创新能力的高低。企业的创新是一种综合创新，不仅包括狭义的技术创新，而且包括与之相伴而生的组织创新、生产创新、管理创新和营销创新。但在目前的实践中，农产品营销创新尚处于萌芽状态，缺乏理论准备和经验积累。所以，目前提高农业产业化经营活力的最为迫切的问题，不是组织创新和技术创新，而是营销创新问题。对于农业产业化经营而言，农产品营销创新的意义尤为重大，事关中国农业未来的发展。各地正在进行的"订单农业""市场农业""农产品名牌战略"等实践就是农业产业化组织进行营销创新的有力例证。随着农业产业化经营的深入推进，客观上迫切要求产业化经营系统全面审视自己的经营思想和营销理念，彻底地从计划经济时代的以生产为中心的农产品运销观念的桎梏中摆脱出来，全面导入现代市场营销创新，这是农业产业化经营的客观要求和必然选择。

第三节　农产品营销学的研究对象与研究内容

一、农产品营销学的产生与发展

1. 农产品营销学在国外的发展历程

欧美现代农产品营销的理论奠基于美国。

19世纪上半叶，美国遇到了第一个过剩农产品——烟草产品的营销问题，当地的面粉加工也面临垄断问题、假冒伪劣产品问题，政府和生产者试图用价格手段及其他简单的营销办法来解决问题。南北战争以后，西部大开发使美国农业生产规模迅速扩大，农场用地从1850年的29 400万hm^2增加到1880年的53 600万hm^2，农场个数由150万个增加到3 400万个。农业生产规模的扩张和产品剩余，使现代的农产品市场体系和农产品市场营销体系形成，芝加哥于1848年建立了美国最大的谷物农场。得益于当时科学技术的发展，许多先进的加工、运输、储藏技术应用到营销之中，使农产品营销迅速发展。例如，1870年冰块用于肉品的储藏；1880年冷藏铁路运输投入使用，使明尼阿波里斯成为美国最大的现代化的奶业中心；罐头及灌装技术的应用，也使更大量的水果和蔬菜走向了全美国市场。第一次世界大战结束后，美国等主要资本主义国家经济迅速恢复，农产品过剩问题也严重起来。人们寻求各种营销技术和营销方法，于是形成了现代农产品营销理论和农产品营销学。

1903年，本杰明 H. 希巴德（Benjamin H. Hibbard）在威斯康星大学开设了"农产品合作市场营销"课程；1916年，L. D. H. 韦尔德（L. D. H. Weld）出版了《农产品运销学》（Marketing of Farm Products）；1921年，本杰明 H. 希巴德出版了《农产品营销学》（Marketing of Agricultural Products）；与此同时，西奥多·麦克林（Theodore Macklin）出版了《有效的农业市场营销》（Efficient Marketing for Agriculture）。这些先驱们及其著作奠定了现代农

产品营销理论的基础。

第二次世界大战后，随着科学技术的快速发展，农产品市场营销在市场经济发达国家广泛开展。20世纪30年代期间发明的快速冷冻技术对市场营销的发展起着关键的作用，它使食品加工与市场逐渐分离，食品经加工、冷冻、储藏可以运送到数千里之外的市场。同时，超级市场迅速取代食品零售小店，农产品营销向高效率发展。尤其是20世纪60年代，农产品营销得到充足发展，与农产品营销的实践发展相一致，农产品营销的理论主要是关注农产品的加工、运输、储藏和销售问题即"运""销"问题。

20世纪七八十年代以后，尤其是进入21世纪以来，农产品营销理论有了新的发展。人们重视工农业生产给自然环境带来的污染问题、生态问题、人类自身的健康问题、高质量生活服务问题等。农产品营销从过去的主要解决"运""销"问题，进一步发展到解决农产品产前、产中和产后全部生产和流通领域营销问题，包括国际间营销问题。许多市场营销的新理念、新方法应用于农产品营销实践，如服务营销、关系营销、绿色营销和网络营销等，反映了农产品营销理论的新发展。

美国农产品营销学者及其理论代表了世界农产品营销的发展水平和发展方向。美国普渡大学教授理查德·库尔斯（Richard L. Kohls）博士是现代农产品营销学的代表者。理查德·库尔斯于1955年出版了其《农产品营销学》第1版，随后在1961~2002年40年间相继推出了第2~9版。该书至今是美国最权威的农产品营销学教科书。

1998年由美国加州州立理工大学、澳大利亚莫纳什大学和新西兰梅西大学三所大学教授联合出版的《食品营销学——国际的视野》，反映了现代农产品营销学国际合作研究的新成果。

日本在第二次世界大战后农产品营销（主要是流通）理论也迅速发展，尤其在蔬菜和水果产品流通及渠道方面的研究颇有特色。日本学者认为，"经济学""经营理论"等几乎所有的社会科学，都是以欧美社会的现实为背景，由欧美学者们亲自创造出来的，而流通理论是日本人自己的学问。

2. 农产品营销学在国内的发展历程

过去在计划经济条件下产品短缺，我们没有农产品营销学，也不需要农产品营销学。改革开放后，由国外引入的市场营销科学和理论首先惠泽工业和其他非农产业，在许多人眼里，市场营销并非农业产业的科学，可以说农产品营销学在我国市场营销学科中尚无一席之地。

20世纪90年代后期以来，我国农业发展进入了新阶段，农产品供给由短缺转为相对过剩，农产品面临严重的需求不足。除少数产出规模不大的品种外，我国大部分农产品都面临滞销价廉的困境。1998年、1999年，我国粮食产量连续突破50 000万t；1999年棉花产量压库7 000万担，全年棉花资源可满足全国消费2年；此外，畜产品、糖料、油料、蔬菜、水果等主要农产品都出现了滞销价廉的情况。农产品滞销价廉的严峻形势，突出了农产品营销理论研究与实践的必要性和紧迫性。就像20世纪20~30年代美国农产品过剩导致农产品营销学迅速发展一样，最近几年我国农产品营销问题的突出，使越来越多的学者尤其是政府官员、农民企业家认识到农产品营销理论和方法的重要性。一些地区和一些农业企业已经开始摸索农产品营销的方式和方法，解决农产品难卖的问题。例如，我国水果产品这些年来一直是滞销价廉，水果年产量早已突破4 600万t大关，水果价格下降10%~30%，是否我国的水果市场已经饱和？事实并非如此，世界水果人均占有水平为70kg，美国为120kg，我国只有38kg（北京、天津、上海等大城市也只有50kg），可以说我国水果消费市场还大有潜力，这需要我们做好水果的营销工作，营销工作做得好，不易销售的水果也能找到销路。山东威海1995年苹果大丰收，产量由上年的3亿kg增加到6.5亿kg，但一开始只售出了0.75亿kg。当地政府做好营销工作，包括在中央电视台播出威海水果专题后，剩下的5.75亿kg苹果全部售出。

总的来说，我国农产品营销理论发展远远滞后于农产品营销的实践。我国引进了国外许多营销理论，但这些理论严重脱离我国农业实际，且我国很少有学者把这些理论应用于农业，产生本土化的中国农产品营销学。另外，不要说用营销理论去指导我国农产品的营销实践，即使对我国各地在农产品营销实践中创造出来的行之有效的成功方法和经验也缺乏系统总结和理论提升。没有系统科学的中国农产品营销学，缺乏对农产品营销理论的研究和对农产品营销实践的总结，这是我国市场营销学科的不成熟和不完善之处。我国农业发展新阶段呼唤建立具有中国特色的（本土化的）、现代科学的中国农产品营销学。

1989年9~10月，著名留美归国学者、老一辈农业经济管理学专家沈达尊教授在华中农业大学举办了"农产品营销（运销）学讲习班"，邀请了加拿大曼尼托巴大学的学者以及其他专家授课，这是国内较早正规开展的专门介绍和研讨农产品营销学理论和知识的学术活动之一。我国有些高校（尤其是农科类院校）也开设有"农产品营销"课程，但课程和教材内容中的"计划经济"色彩及"市场营销学一般原理"色彩太浓，对"现代农产品营销学"本身的专业特性反映不够。直至2004年，才出版了李崇光主编的第一本《农产品营销学》教材。

二、农产品营销学的研究对象

农产品营销学是一门研究农产品营销整体活动及其规律性的学科，即研究农产品生产与经营企业、个人以及相关社会组织如何从满足消费者或社会需求出发，有计划地组织农产品生产、集货、分类、加工、包装、运输、储藏、销售和服务，从而实现盈利目标的活动以及这些活动的内在联系和规律的学科。

农产品营销学的学科基础是农业经济学和市场营销学的理念、方法和特点，并广泛吸收了经济学、管理学、心理学、社会学以及其他学科的精华，使之成为一个新型的交叉型的边缘学科。

农产品营销学是农业经济学研究的深化和扩展。农业经济学研究如何提高农业资源配置的效益，以满足社会需要，即研究人们如何进行抉择，以便使用稀缺的农业资源来生产各种农产品和服务，并把它们分配给不同的社会成员以供消费。农产品营销学对农产品经营企业（组织或个人）如何策划占领目标市场、扩大市场占有率等相关战略问题进行研究，是为此目的围绕营销观念进行的环境分析、战略和战术规划、策略和技巧的研究，因此实质上是一门企业经营哲学。

农产品营销学借助市场营销学的一般原理和方法，致力于详尽分析农产品流通机构与流通过程的运行机制，并对消费者和供应商的行为进行系统和深入的研究。讨论导致农产品最低价格和消费水平形成的复杂过程，包括农产品收购、集散、分类、储藏、销售、运输、风险环节及其从中贯穿的营销主体（组织和个人）的计划、组织、执行和控制活动。

三、农产品营销学的研究内容

在我国，农产品营销学是在20世纪80年代后才真正发展起来的一门学科。无论是在农产品营销的理论方面还是实践方面，与发达市场经济国家相比都有较大差距。一般的农产品营销学教科书只是市场营销学一般原理和方法在农业和农产品方面的具体应用，理论上缺乏整体性和系统性，也与农产品营销实践相差甚远。建立和发展科学的中国现代农产品营销学，任重而道远。

农产品营销学作为一个独立的学科，研究内容至少应该包括以下四个方面：

1. 农产品市场体系研究

规范和健全的市场体系是农产品营销的载体。成熟发达的市场经济是以规范健全的市场体系为基础的，应建立纵横交错的农产品市场网络。货物的集散，按产销流程、集散序列有序进行：在集货方面，有初级市场、中心市场和终点市场；在散货方面，有批发市场和零售市场。按成交方式分，有现货市场和期货市场。不同的市场类型对促进流通、合理定价具有不可替代的作用，从最有效促进流通和合理定价的角度看，批发市场和期货市场尤其不可或缺。发达国家的经验表明，大部分现货农产品都是通过批发市场成交，非现货农产品一般是通过远期合同，在期货市场上交易的。

2. 农产品营销策略研究

结合我国农产品的供求现状和营销环境，运用现代营销学理论，结合各种营销策略，以产品策略和营销渠道策略为重点，强调可行性及生产和销售信息的实时流通，推动农产品销售。从营销策略的发展趋势看，营销策略并不一定就是4P，营销组合的变革趋势明显。"4P"是以产品（Production）、价格（Price）、地点（Place）、促销手段（Promotion）为代表的，以生产为中心的营销四要素组合的总称。在整个20世纪80年代与90年代，企业的营销更多地运用"4P"策略，后来在"4P"营销观的基础上，加上了权力（Power）与关系（Public Relation）形成"6P"营销策略组合。近年来，营销学者从顾客的角度又提出了新的营销观念与理论，即"4C"组合理论，包括 Customer（顾客的需求和期望）、Cost（顾客的费用）、Convenience（顾客购买的方便性）以及 Communication（顾客与企业的沟通）。最近随着高科技产业的迅速崛起，高科技企业、高技术产品与服务不断涌现，营销新组合出现，即"4V"营销组合。所谓"4V"，是指差异化（Variation）、功能化（Versatility）、附加价值（Value）、共鸣（Vibration）的营销组合理论。它强调的是顾客需求的差异化和企业提供商品的功能的多样化，以使顾客和企业达到共鸣。如今美国营销学教授舒尔茨（Schultz）提出了"4R"营销组合，即与顾客建立关联（Relevance）、提高市场反应速度（Response）、运用关系营销（Relationship）、回报是营销的源泉（Reward）。"4R"营销组合的最大特点是以竞争为导向，在新的层次上概括了营销的新框架。

3. 农产品分类营销研究

本书将农产品分为粮食类农产品、园艺类农产品、畜牧类农产品和水产类农产品，每一类农产品又包括多个具体小类，每一个具体小类又包括多个品种，不同种类的农产品有着不同的自然属性和市场属性，只有在农产品营销一般原理指导下，分类具体研究，才能使研究细化、深化。

4. 农产品营销发展研究

随着市场环境的变化、人们思想观念的变化和科技的进步，农产品营销的手段和方式也在不断地创新，绿色营销、网络营销、品牌营销、体验营销等新的营销形式产生，有力地推动了农产品营销学科的发展，农产品营销学应包括这些创新内容。研究国际农产品营销规划和规范，研究国外农产品营销的方式、方法，研究如何运用两大市场资源制定科学的农产品国际营销战略，同时研究知识经济时代新的农产品营销形式和手段，包括农产品超市、商业连锁、农产品配送、农产品期货、农产品拍卖、农产品电子商务等，推进农产品营销的观念创新、市场创新、方式手段创新、服务创新和组织创新等。

四、农产品营销学的研究方法

1. 产品研究法（Commodity Approach）

一方面，产品研究法可以将农产品看成是一个整体，从总体产品的角度来分析其供求问题、市场问题和消费问题；另一方面，也可以从农产品的具体分类中，对单品种的、具体的农产品的营销进行研究，分析产品的加工、运输、储藏、分级、销售等。

2. 功能研究法（Functional Approach）

功能研究法是指对农产品营销的各种功能及作用进行研究，如农产品营销的交易功能、形态改变功能、空间转移功能等。同时还将农产品营销执行的具体职能即任务进行分类研究，如农产品营销的集货职能、分级职能、储藏职能、加工职能等。

3. 系统研究法（System Approach）

系统研究法是指将农产品营销作为一个整体的、复杂的系统，考察该系统中要素和要素之间的关系，或者系统内的结构关系。农产品营销系统分为宏观农产品营销系统和微观农产品营销系统。宏观农产品营销系统包括农产品创造和交易的相关因素及其相互关系等，如农产品营销的目标、农产品营销环境，包括管理制度、法律环境以及消费者群体等因素及其相互关系。微观农产品营销系统是农产品营销单个主体、单个组织内部要素及其相互关系。

4. 机构研究法（Institutional Approach）

机构研究法是指对农产品营销过程中不同企业和组织的结构及行为进行研究。功能研究法是回答营销过程中"做什么"的问题，而机构研究法则回答"谁在做什么"的问题。这些组织主体包括经纪人、代理商、加工者和零售商等。

5. 营销管理研究法（Marketing Management Approach）

营销管理研究法是指从管理决策的角度对农产品营销或活动进行研究。例如，对农产品市场细分策略、定价策略、分销策略、促销策略以及营销组合决策的研究，实现农产品营销管理及决策的科学化。

6. 历史研究法（Historify Approach）

历史研究法是指从发展变化的过程来分析阐述农产品的营销问题，从中找出其发展变化的原因和规律性。例如，分析农产品营销理论的演变、农产品营销管理体制的演变等。

7. 比较研究法（Compared Approach）

比较研究法是指通过比较分析发达国家农产品营销的管理体系与运作模式，为我国农产品营销策略的制定提供经验和借鉴。

五、农产品营销学研究的新趋势

张卫东（2005）发表《市场营销学科前沿发展动态刍议》一文，总结了 20 世纪末 21 世纪初市场营销学科研究发生变化的几个主要方面，这对农产品营销学的研究也有很强的启示作用。

1. 营销理论传播丛林化

20 世纪 80 年代以后，营销学界专家学者、实践工作者提出了大量新的营销观念与理论。有大市场营销、关系营销、整合营销、伙伴营销、战略性竞争导向营销、内部市场营销、绿色市场营销、生态市场营销、顾客让渡价值、直复市场营销、体验营销、定制营销、整体市场营销、合作营销等理论。

在欣喜营销理论层出不穷、学术流派蓬勃发展的同时，应该谨防各学派、各理论众说纷纭、莫衷一是、语义混乱、观点重复、术语不一等问题给学术界和实践界带来的混乱。如何整合不同观点、不同流派的营销理论，形成一套经典的、能反映企业营销活动普遍规律的、指导企业营销普遍实践的营销理论是营销学界需要考虑的问题。

2. 营销理论研究方向专门化

从营销理论研究的深度与广度来说，营销理论研究实现了由"包治百病"的基本原理性研究和普遍应用向分门别类、"对症下药"的细分化方向发展，可以说市场营销学本身也在进行着一场从市场细分、选择目标市场、市场定位到规划营销组合策略的目标市场营销革命。

近年来产生了大量研究特定的商品或产品大类营销问题的××产品或××市场营销学，如，服务市场营销学、旅游市场营销学、铁路运输市场营销学、房地产市场营销学、保险市场营销学、商业银行市场营销学、医药市场营销学、电子产品市场营销学、汽车市场营销学，甚至还提出了城市营销、国家营销、地点营销、高校营销、政府市场营销或其他非营利组织市场营销等理论。但是，仔细分析这些不同领域市场营销理论的著作或教材，可以发现有些要么是营销原理的重复，要么是专业市场理论与营销原理的简单嫁接，远未形成自成体系、体现专业市场特色、能有效指导专业市场营销实践的实用、管用的营销理论。这是能否发挥市场营销优势、体现市场营销威力的关键，也是营销学界任重而道远的使命。

3. 营销理论研究重点务实化

由于我国企业界长期受计划经济体制影响而形成的"思维惯性"，许多企业对市场营销的认识和运用还很不完善，因此，在从 20 世纪 80 年代初到 20 世纪末这一阶段，我国企业市场营销应用主要完成了洗心换脑、转变思维、树立现代营销观念、培养现代营销意识、形成营销战略的重大使命，大部分企业已经初步建立起市场营销的概念体系，也逐步认识到营销在企业市场竞争中的重要性。

21 世纪，我国营销学界工作的重点是，如何把营销工作推向深入、落实到位、贯彻细致，如何切实把现代营销观念及营销战略深入贯彻到营销实践中去，如何帮助特定市场领域企业研究、制定并实施一套系统、实用且有竞争力的营销策略。

目前，营销学界已经把目光转向了终端市场营销、渠道管理、广告策划、促销策划、公关策划、产品推广等具体细致且实用有效的营销理论，甚至开始关注并专门研究营销活动中的色彩管理、会展营销、街演营销等具体策略问题，这无疑是营销学界走向理性、走向务实的一个良好开端。但此项工作烦琐细致、涉及面广、内容具体、随机性强，需要营销学界各领域人士长期而艰苦细致的努力。

4. 营销理论应用研究本土化与国际化相结合

我国从20世纪80年代重新引进市场营销理论后，用了将近20年的时间，主要解决的是国外营销理论在我国的翻译引入、推广介绍和人才培养工作。

我国加入WTO（世界贸易组织），使我国市场在更大程度上与国际市场接轨，与此相适应，市场营销理论的研究和应用，势必要求更好地实现国际化与本土化的完美结合。对营销学界来说，一方面要密切关注国外市场营销研究的最新进展，广泛吸收我国市场经济建设中既需要又可行的前沿理论和观点；另一方面则要密切关注国内市场营销研究与应用的发展，积极吸纳营销学界的新成果，努力形成既具有中国特色、能解决中国本土问题，又适应国际市场竞争要求的中国企业市场营销理论。例如，当前已经出现了营销理论舶来引进后开花结果形成的三十六计与营销、孙子兵法与营销、毛泽东兵法与营销等理论。

5. 营销理论研究主体多元化

对于市场营销理论研究的主体，20世纪80年代以后的20年，研究主体主要是学院派学者专家在书房内的翻译引进；但是对于市场营销这样一门实践性极强的应用科学来说，只有走产学研相结合的道路，才能形成一套"能健身、会去病"的营销理论。20世纪90年代以后，海尔、娃哈哈、长虹、联想、新东方、双星、亚细亚、巨人集团、红高粱、爱多、活力28、百龙矿泉壶等企业营销成败案例都被引入教科书，许多企业还撰写出版了一本甚至好几本自己摸爬滚打"心领神会"得来的营销"秘籍"。例如，海尔在学习现代营销理论的同时，结合国情与企业实际，总结心得体会与经验教训提出了许多独到的营销理论与方法，还出版了好几本介绍海尔经营理念与实践经验的外售读物。

21世纪，对于营销学界来说，在关注学习国内外营销新成果的同时，还要注意归纳总结企业营销实践中的成败经验与教训，努力总结出一套能体现中国特色、指导中国企业实践、适应中国营销环境的自成体系的营销理论。营销理论研究也由学院派单一主体案头研究向学院派归纳概括与实务派心得总结配合默契、相得益彰的多元化主体方向发展。

6. 营销理论研究领域创新化

传统的营销模式，主要依靠传统的四大媒体（广播、报纸、杂志、电视）解决信息流，依靠传统的现金交易、支票结算实现资金流，依靠传统的人流带动物流与商流实现商品交换。但随着电子信息技术、计算机网络技术的日新月异与广泛应用，企业的营销模式也与时俱进，积极引用新技术、新手段，创造了许多新的营销模式，也为营销理论与实践提出了许多新课题和新领域。例如，20世纪末，随着互联网络技术商业化应用的迅猛发展，出现了网络营销、电子支付、及时生产、电子商务、第三方物流、供应链管理、顾客关系管理、手机支付、虚拟经营、原厂委托制造（OEM）、手机营销、电话商务等营销模式。

7. 营销理论研究导向共赢化

传统的市场营销学，往往把"企业如何通过商品交换实现自己盈利"作为最核心的问题来研究。在这种营销理论指导下，企业与消费者、社会之间占主导的是一种博弈、竞争、较量的关系，甚至是"钩心斗角""你争我夺""弱肉强食"的活动。但是，进入21世纪后，营销理论研究的核心问题是如何形成一种企业、社会、消费者共同构建命运共同体的营销文化。营销理论对企业实践的指导，更重要的是使企业真正认识到自己与社会、消费者之间其实是一种彼此合作的伙伴关系、相互依赖的鱼水关系、唇亡齿寒的相互依存关系。如何形成营销理论利益导向由以"唯利是图"达成交易为目标向"关心民生"实现共赢的营销文化营造的转变，是营销界崇高与神圣的使命。

重要概念

农产品　初级农产品　绿色农产品　有机农产品　农产品营销

复习思考题

1. 简述我国农产品的分类方式。
2. 简述农产品营销的功能。
3. 简述我国农产品营销的基本形势

技能训练

要求：

（1）了解当前我国农产品市场营销的理论热点。
（2）如果要将北京顺义的草莓销售出去，你认为可以通过哪些途径？

第二章 农产品市场

农产品市场（Agricultural Market）是指在一定交易场所上进行的农产品交换关系的总和。一方面，由于我国农业的主要生产主体为分散的、单个的农户，单个农户的产量无法达到一个经济的运输单位，只有通过地区性的市场解决这个问题；另一方面，农产品的消费市场具有分散性和广泛性的特点，也需要有区域性的市场，以达到分散农产品来满足生活所需的目的，这种供需双方的需求就导致了农产品市场的产生。由农产品市场的定义和农产品的特性，可知农产品市场具有竞争相对自由、供给的季节性和周期性、分散性和广泛性等特点。按照不同的划分标准，农产品市场可以划分为不同的类型：按交易场所的职能性质不同，可分为产地市场、销地市场、集散与中转市场；按销售方式不同，可分为批发市场和零售市场；按交易形式的不同，可分为现货市场和期货市场；按市场内交易产品的不同，可分为粮油市场、果品市场、水产品市场、蔬菜市场、肉禽蛋市场等。本章着重介绍农产品集贸市场、农产品批发市场和农产品期货市场，了解它们的概念、功能、发展现状和存在的问题以及发展思路。

第一节 农产品集贸市场

一、农产品集贸市场的概念和特点

（一）农产品集贸市场的概念

农产品集贸市场是在一定的区域范围和交易场所，农产品的生产者和消费者主要以当地农产品为交易对象，以零售为主要形式而进行的各种交换关系的总和。作为一种传统的交易形式，农产品集贸市场是农副产品零售交易的主要场所，是农民直接进入流通领域销售农产品的主要渠道；它在提高农民收入、方便居民生活、推动商品经济的发展、加快小城镇建设等方面发挥了不可忽视的作用。

（二）农产品集贸市场的特点

（1）完全竞争性。在农产品集贸市场上存在着大量的、分散的销售同一农产品的销售者，他们的产品差异性不大，提供服务的能力基本一致；同样，消费者主要以零散的居民为主，这样形成相对自由的市场环境。

（2）价格自行调节。销售者在销售商品时并没有明码标价，而是根据市场情况确定一个潜在销售价格，在交易过程中双方会讨价还价，最终形成合理价位。

（3）多元主体参与。农产品集贸市场的卖方包括个体种养殖户、商贩、批发商等多元主体，其中在卖方和卖方之间有时还会有经纪人的参与。

二、农产品集贸市场的发展现状与存在的主要问题

(一) 农产品集贸市场的发展现状

农产品集贸市场是改革开放的产物,改革开放后,中央对农产品购销政策进行了改革,确定了集市贸易的合法性;1985年后大部分农产品可以上市销售,但是主要集中于干鲜蔬菜、果品、畜禽以及肉制品、水产品等。随着经济的发展和社会的进步,农产品集贸市场已成为商品流通和满足城乡居民生产、生活和消费的重要场所,成为商品市场和商品流通的重要组成部分。

(1) 农产品集贸市场总量和市场交易额不断扩大。首先,农产品集贸市场的数量迅速增长。据农业部统计,截至"十五"期末,农产品集贸市场数量大约为25 000家,并且呈不断增长态势。其次,销售的商品品种和数量不断增加。销售的产品由20世纪90年代的干鲜蔬菜、果品、畜禽以及肉制品、水产品扩大到现在的农产品、食品、日常消费品和日用品等丰富多样的商品,以满足人们多样化的需求。最后,市场交易额不断扩大。

(2) 农产品集贸市场主体日益多样化。一方面,初期的集贸市场投资主体主要是政府,随着社会主义市场经济的建立和不断完善,现阶段,投资主体日益多元化,除了政府相关部门外,社会民营投资或其他经济组织投资成为农贸市场建设的主体;另一方面,初期农产品集贸市场的销售主体大多为单个的种养殖户,现阶段的销售主体绝大部分为专门从事农产品经营的个体商户。

(3) 农产品集贸市场环境有所改善。近几年来,为贯彻落实中央关于推进社会主义新农村的战略举措,完善农产品现代流通体系,政府加大了对农贸市场基础设施建设的补贴力度,农贸市场改造步伐升级加快,露天的马路市场和简易市场逐渐被具有固定场所和设施的规范市场取代。农贸市场脏、乱、差的问题得到有效遏制,卫生状况明显改善,购买和交易环境得到规范,矛盾纠纷不断减少。

(4) 农产品集贸市场交易模式和市场功能发生转变。①市场购销方式已由零售交易为主向批发与零售相结合的方向转变,有的集贸市场的规模日益扩大,逐渐演化成批发市场。②交换性质已由水平交换为主向垂直交换和水平交换相互交织的复合式交换系统转变。③市场功能已由小范围的地区性交易、短途运销功能向跨地区、跨城市、深购远销、远距离辐射功能转变。

(二) 农产品集贸市场存在的主要问题

(1) 基础设施差,仍需改善。虽然农贸市场设施有一定改善,但据统计,目前仍有16%的大型农贸市场仍然在露天交易,半封闭式的农贸市场数量占到20%左右。农产品储存、交易平台设施比较简陋,造成农产品的损耗率高,在一定程度上限制了农产品流通和农产品集贸市场的繁荣发展。

(2) 服务能力有限。服务能力有限主要表现在市场主体规模普遍偏小和时间不统一两方面。农产品集贸市场的主体是个体商户、运销大户和经纪人,经营条件较差,经营方式传统,经营能力不高,难以适应大市场、大流通的需要。不同类型的集贸市场,经营时间的早晚、长短也不尽相同,消费者只能在规定的时间进行交易。

(3) 服务质量较差。一方面,商品大众化,商品以人们消费的普通品种为主,高档商品

较少，且产品一般只进行简单的初加工，不能很好地满足消费者多样化、多层次的需求；另一方面，矛盾纠纷易发，在集贸市场中，买者与卖者之间时常会出现缺斤少两、以次充好、以假充真等问题而引发矛盾纠纷。

三、农产品集贸市场发展的思路

（1）加快农产品集贸市场的建设与改造升级步伐。积极改造农贸市场，实行退路进厅，取消马路市场，建设场所相对固定的大厅式交易市场，完善场地、道路、水电、垃圾处理等必要设施；继续在有条件的地方积极推行"农改超"，提升市场档次，大力发展社区便利店。政府应该加大对农贸市场基础设施建设的补贴力度，加快城乡集贸市场改造升级，逐步构建布局合理、功能完善的现代农产品流通网络体系。

（2）政府加大对集贸市场建设的财政投入力度。增强政府使用财政、信贷杠杆对集贸市场建设的调控能力，加大政府直接投入和扶持力度，各级财政设立集贸市场建设引导资金，把集贸市场建设与改造纳入城市和农村公益性基础设施建设范围，进入年度财政预算。

（3）优化市场环境，提升服务质量。在改善基础设施的前提下，加大对交易环境的监督与管理，规范市场主体的交易行为，提升他们的经营素质，改善服务质量，同时，监管部门应加强对市场产品质量和安全方面的监管力度。

四、关于"农改超"的讨论

"农改超"即将农贸市场改为"生鲜超市"，是指以超市形式来经营生鲜农副食品，实现农贸市场经营主体的组织化、经营方式的超市化、产品的标准化和服务的规范化。近年来，我国学者通过对比研究农贸市场农产品经营模式及超市农产品经营模式，认为超市具有替代农贸市场的趋势，并对未来"农改超"发展前景作出了展望与分析。

王宇、乌拉平（2010）在对城市农贸市场运行机制及"农改超"前景的研究中指出，目前城市农贸市场在就近方便满足消费者需求的前提下，其经营模式也日益显露出诸多不足，难以从质量控制、物流配送等方面保证产品质量，满足消费者更高层次的需求，而超市农产品经营模式则在上述方面具有其特有的优势。超市农产品供应链主要采用"生产基地——配送中心——超市——消费者"模式，流通环节少，便于降低成本。超市农产品经营管理体系完善，对于农产品的质量管理有效而严格。

茹志英、安玉发（2012）在对北京市49家"农改超"市场进行实地调查的基础上，对所获得的279份消费者问卷进行分析，研究都市"农改超"市场消费者购物行为及食品安全认知影响因素，以提高该类市场食品安全水平和消费心理。研究结果表明，市场管理规范，安全检测设备、产品来源信息，商贩服务质量对消费者食品安全认知有正的显著相关关系，食品安全关注度等则与之呈负的显著相关关系，消费者年龄、收入等个性特征及购物频率的相关性不显著。

李梦阳（2011）在研究"农改超"发展对策中指出，由于收入因素对城市消费者农产品购买渠道的选择、超市农产品价格支付意愿的影响较大，考虑到收入的地区性差异，应该因地制宜建立农产品加工和集散中心，通过连锁经营，集中采买，大力发展农产品规模化生产，以加快流通，减少储运成本。超市通过降低销售成本既增加了农民收入，又能增加消费者在超市购买农产品的消费者剩余，从而降低农产品超市的价格，吸引更多消费者到超市购买农产品。

第二节 农产品批发市场

目前城市消费的生鲜农产品80%左右是通过批发市场提供的，农产品批发市场的大力发展对于搞活农产品流通，增加农民收入，满足城镇居民农产品消费需求发挥着积极作用。

一、农产品批发市场的概念和功能

（一）农产品批发市场的概念

农产品批发市场（Agricultural Product Wholesale Market）是指进行批发交易的场所和相关服务组织的综合。农产品批发市场主要从事大宗农产品交易，相对于零售而言，它具有流通范围广、交易数量和金额大、周转快等特点。按照不同的划分标准可以分为不同类型。具体来说，按市场形成方式，可分为自发形成的农产品批发市场、政府开办的农产品批发市场、企业开办的农产品批发市场；按经营商品不同，可分为综合性的农产品批发市场、专业性的农产品批发市场；按交易时间不同，可分为常年性农产品批发市场、季节性农产品批发市场；按经营方式不同，可分为纯批发农产品批发市场和批零兼营农产品批发市场。

（二）农产品批发市场的功能

农产品批发市场在整个农产品流通体系中处于中心地位，是连接亿万小规模生产者与消费者的重要桥梁，是商流、物流、信息流的集散中心；在促进农业生产规模化、标准化、专业化和农产品大市场、大流通格局的形成，以及在引导农民调整农业结构、实现增产增收和保障城镇居民的"菜篮子""米袋子"供应等方面发挥着不可替代的重要作用。它在市场经济中的功能主要表现在以下几个方面：

（1）形成合理市场价格的功能。在批发市场上，由于在较大范围内集散农产品，来自全国各地的农产品同场竞争，同一种农产品就可以通过比较按质论价，从而有利于反映农产品商品价值和供求关系的价格迅速形成。这种真实价格可以起到对全国各类市场农产品价格的指导和稳定作用，有效地解决了农产品销售中经常出现的不等价交换问题，避免了"谷贱伤农"的现象。同时，农产品批发市场形成的反映市场真实供求情况的价格也能引导生产者对产品种植面积及种植品种的选择。

（2）调节市场供求的功能。由于农产品受自然条件影响大，它的生产和供给不确定性较大，但农产品消费则是比较均衡的。季节性生产、常年性消费使得农产品达到市场供求平衡成为一件非常困难的事情。农产品批发市场可以调节供求，有效地引导农民对农产品进行反季节种植和生产，引导农户对农产品进行储藏保鲜，对农产品的生产和消费起到很好的调节作用。

（3）信息传导的功能。市场信息对农产品生产者和经营者都非常重要。农产品批发市场连接产销两头，农产品市场信息来源较多，信息质量比较真实、可靠，批发市场内多样化的信息传递手段使信息传播快捷方便，所有这些使批发市场成为一个良好的信息收集、整理和发布的场所。由于这些先天的优势，农产品批发市场已经成了农产品信息中心，对农产品的生产、运销、消费具有良好的指导作用。

(4) 集散产品的功能。在农产品批发市场产生以前，跨地区的农产品交易往往存在交易次数多、批量小、成本高、风险大、效率低的问题，使得农产品的生产和流通经常出现此地积压而彼地脱销的情况。例如，冬春交替季节，北方无菜可吃而南方则将新鲜蔬菜倒入粪池沤肥。农产品批发市场的强大生命力就在于它能够吸引和汇集各地的客户和农产品，极大地降低了流通主体在产品收集和销售中为寻找交易对象所花费的时间和精力，从而使产品流通半径迅速扩大，产品价值得以实现，使用价值顺利让渡，有效地解决了农产品的小规模生产与大市场的对接。

二、农产品批发市场的发展现状与存在的主要问题

（一）农产品批发市场的发展现状

据农业部2009年的不完全统计，全国共有农产品批发市场3 600多个，年交易总额为14 488.9亿元；其中年交易额亿元以上的共计1 709个，占农产品批发市场总数的46.9%。在这些农产品批发市场中，粮油类有212个，蔬菜类有992个，水果类有390个，畜禽类有320个，水产品类有182个，特产类有246个，综合类有1 264个。现阶段农产品批发市场的发展状况主要表现在以下几个方面：

（1）市场基础设施建设日益完善。我国许多地区正在新建、改建、扩建农产品批发市场，加强市场的硬件建设，完善基础设施，改善市场交易条件，逐步构建信息网络平台。

（2）市场不断规范和服务不断强化。市场布局更加合理，初步形成分区域、分层次、分类别的市场体系；行业标准法规体系逐渐建立健全；实施了第三方体系认证；以点带面推动标准化市场建设。经过多年来的建设和发展，部分批发市场功能逐步向提供交易场地、储运、代理、结算、质量检测和信息咨询等综合性方向发展。

（3）市场影响和辐射半径逐渐扩大。部分农产品批发市场通过充分利用地方的有利政策，大力整合优势资源，加快行业收购、兼并步伐，规模和影响不断扩大。许多市场采取多种途径和立体式宣传方式努力提高在全国的影响力和知名度，从区域范围走向全国市场，一些市场形成了"买全国、卖全国"的营销格局。

（4）市场投资和运作方式不断创新。近年来，越来越多的批发市场在建设和发展中，借鉴现代企业运作方式，改革产权制度，采用多渠道筹集资金方式，解决了自身发展的问题。

（5）农产品批发市场信息化水平明显提高。截至2010年，我国已有450多个影响较大的农副产品批发市场实现了计算机联网；直接和网络连接的集散点已经超过7 000家，采集信息的商品已达600多个品种。可以实现市场供求、预测分析、产销动态等多项信息服务，对引导产销、搞活农产品流通发挥了重要的作用。

（二）农产品批发市场存在的问题

我国农产品批发市场基本形成了全国的批发市场网络，市场的面貌也有了明显变化。但是由于我国农产品批发市场的发展与快速的经济发展还有很多不适应的地方，还存在着很多问题。

（1）基础设施建设相对滞后。虽然部分规模大的批发市场进行了升级改造，但从总体上看，大部分农产品批发市场交易场地和设施简陋，水、电、消防安全等配套公共设施保障

能力不足；信息服务、质量检测、电子统一结算、安全监控、垃圾处理等配套服务设施不完善；农产品分选包装、冷藏保鲜、冷链物流和配送等设施欠缺，满足不了现代流通业对相关设施的需求。

（2）服务层次低，市场管理落后。大多数农产品批发市场的服务停留在一般的物业管理、卫生、保安等层面上，交易结算、信息查询、冷藏保鲜等配套服务缺失；对市场内商流、物流、人流缺乏及时有效的控制管理，由于管理制度不够规范和健全，欺行霸市、假冒伪劣等现象时有发生。

（3）流通主体规模小，各方关系相对独立。农产品批发市场中的多数经销商营销规模小、效率低、实力差、信誉难以保证，因此不能形成稳定的、规模化的农产品供应链条；经销商与生产者之间没有建立良好的伙伴关系，是一种买断关系，他们之间时常发生纠纷。

（4）流通成本费用偏高。通常来说，农户将生产的农产品运送到附近的产地批发市场出售或由市场收购商直接到地头收购，然后由长途运销商运到大中城市销地批发市场，经过这些批发市场将农产品扩散到社区集贸市场、超市及团体消费单位。中转环节多，费用高，农产品流通环节层层加价、层层盘剥的问题成为顽症。

（5）法律法规缺失。关于农产品批发市场的法律法规还未健全，农产品批发市场的性质、地位不明确，对行业发展和政府行为都缺乏法律法规的支撑和约束，相关合法权益缺乏保障等问题仍需解决。

三、农产品批发市场升级改造的思路

（1）完善配套扶持政策。加强与相关部门的协调，继续采取投资补助、财政贴息和税费优惠等措施，支持农产品流通的公益性设施建设；引导金融机构加大对市场和企业的信贷支持，吸引社会资金投入农产品流通、质量安全、冷链系统基础设施建设；鼓励有条件的地方减免农产品流通相关费用。

（2）加快农产品流通法制建设。重点加强农产品批发环节管理，会同有关部门研究制定农产品批发市场管理办法，明确市场主办者、经营管理者和经销商的职责；规范农产品批发市场交易秩序，保障农产品质量，维护农产品流通及消费安全。

（3）推进农产品批发市场现代化建设。培育一批符合国家标准、面向国内外市场的、现代化的大型农产品批发市场和能够有效带动农产品出口的大型农产品流通企业，提高农产品集中采购、统一配送的能力；鼓励交易方式的变革和创新，积极稳妥地推行拍卖制、销售代理制、配送制和电子商务等；健全农产品价格形成机制，建立新型、高效的农产品营销网络，初步构建与国际市场接轨的农产品现代流通体系。

（4）推进农产品市场信息化建设。强化软件建设，提高市场管理水平；健全农产品质量标准体系和农产品市场信息网络，提高市场交易效率；逐步完善市场监测体系，建立有权威的农产品供给、需求、市场价格变动的预测预报系统和信息发布制度。

四、关于农产品批发市场现代化的讨论

农产品批发市场是农产品流通的中心环节，推进农产品批发市场现代化建设，构建农产品流通新模式，不但有利于提高农产品市场竞争力，更能带动我国农业结构调整，促进农民增收，保障农产品的质量安全。

王杜春、王金德（2010）在对农产品批发市场现代化评价指标体系的研究中提出，农产品批发市场是农产品流通体系的重要组成部分，农产品批发市场的现代化建设不仅有利于发展农村经济、推动农业产业化进程、提高农产品流通效率，而且对推动农村经济结构战略性调整、确保农业和农村经济稳定增长、统筹城乡和农村经济社会的协调发展、完善社会主义市场经济体制具有重要意义。

潘宪生、王波（2010）认为，强化农产品批发市场建设是推动江苏省发展特色农业，保障城乡居民日常供应，净化市场环境，实现绿色发展，拉动内需的重要环节。为加快推动江苏省农产品批发市场建设，应该依照发展要求和设置条件，归并、规范现有农产品批发市场，加强政策扶持，完善市场功能，增强辐射能力，加强相关法律法规建设。

郭崇义、庞毅（2011）依据商业创新的12个维度，提出应该从解决方案、顾客、获得价值、呈现、网络等六个维度来创新北京市农产品批发市场，即建立采购中心，物流、配送、仓储中心，展销中心，拍卖中心，网上交易中心，向零售终端"制造业"服务业延伸等。

莫少颖（2011）在引入多级模糊综合评价法的基础之上，构建了评价农产品批发市场竞争力的模型，并对广州江南果菜批发市场进行了实证分析，认为广州江南果菜批发市场具有很强的竞争力，其总体发展态势良好，只是财务状况及管理组织能力还有待进一步加强。

张海燕（2009）对民族区域农产品批发市场竞争力进行了研究，得出提升民族区域农产品批发市场的竞争力，需要培育壮大市场主体，加快农产品批发市场发展，完善农产品市场信息系统，加强民族区域商品市场一体化建设，发挥政府宏观调控职能，规范农产品市场建设与管理等。

莫少颖（2010）认为，发达国家在建设农产品批发市场方面积累了很多成功的经验，对我国建设现代化的农产品批发市场具有以下重要启示：①进一步完善农产品批发市场法律法规体系建设。②加强政府对农产品批发市场建设的调控和规划，加大扶持力度。③完善农产品批发市场的配套服务功能。④积极培育市场主体，提高农民组织化程度。⑤积极推进农产品批发市场拍卖交易方式创新。

第三节　农产品期货市场

在农产品现货市场上，农产品交易量大，交易环节多，直接交易难以满足买卖双方的需求；另外，农产品供给和需求的季节性特征导致农产品价格波动比较大；在这种情况下，可以通过期货市场，一方面进行远期交易，另一方面在农产品供给和需求的矛盾之中建立起一种缓冲机制，防止农产品价格大起大落。

一、农产品期货市场的概念和功能

1. 农产品期货市场的概念

农产品期货市场（Agricultural Futures Market）是在特定的场所内，按照一定的条件和程序，由买卖双方预先签订农产品买卖合同，而货款的支付与货物的交割则要在约定远期进行各种交易关系的总和。其中，场所包括农产品期货交易所、农产品期货交易结算所、农产品期货经纪公司。从概念中可以看出，农产品期货市场有特殊性。首先，交易对象的特殊性。双方买卖的是一种特殊的商品，即农产品期货合约。在合约中，农产品商品的规格、品质、数量、交货时间和地点都是稳定的，唯一的变量是价格，期货价格在交易所内以公开竞价方式达成。其次，上市农产品的特殊性。农产品期货市场上交易的农产品是一种代表性的商品，商品一般具有可储藏、品质可评价、批量大、价格波动等特点，如大豆、小麦、豆饼等。再次，交易目的的特殊性。人们参与期货交易的目的，不是为了获得商品的价值和使用价值，有的是为了利用期货市场规避风险或套期保值，有的则是为了投机。最后，交易保障制度的特殊性。农产品期货市场设立了农产品期货保证金制度，保证金一般为合约值的5%~10%，与现货交易和股票投资相比，投资者在农产品期货市场上投资所需的资金要少得多。

2. 农产品期货市场的功能

（1）降低风险功能。降低风险的功能表现在规避风险和套期保值。所谓规避风险，是指农产品生产经营者通过在期货市场上进行套期保值业务，有效地规避、转移或分散现货市场上价格波动的风险。套期保值是指在期货市场上买进或卖出与现货数量相等但交易方向相反的商品期货，以期在未来某一时间通过卖出或买进期货合约而补偿因现货市场价格不利变化带来的损失。套期保值之所以能有助于规避价格风险，其基本经济原理就在于某一特定商品的期货价格与现货价格在同一时空内会受相同的经济因素的影响和制约，因而一般情况下两个市场的价格变动趋势相同；套期保值就是利用两个市场上的这种价格关系，取得在一个市场出现亏损，而在另一个市场获得盈利的结果，套期保值并不能消灭风险，而只是将风险转移。

（2）资源配置功能。期货市场资源配置功能的发挥，主要不是通过直接实物交割来体现，更重要的部分是通过启用期货市场杠杆的作用，间接调配商品物资在期货市场体外流转；根据同品种异地期货市场的差价，结合运输、损耗等因素，调整该商品乃至上游产品或原材料和下游产品或副产品的异地流动，例如，农民可以根据农产品期货市场的情况调整农业产业结构，实现资源的优化配置。

（3）发现价格功能。它是指在期货市场通过公开、公正、高效、竞争的期货交易运行机制形成具有真实性、预期性、连续性和权威性价格的过程。期货市场形成的价格的真实可靠性基于以下三点：①期货交易的参与者众多，除了会员以外，还有他们所代表的众多的商品生产者、经营者和投机者，这些成千上万的买家和卖家聚集在一起进行竞争，可以代表供求双方的力量，有助于真实价格的形成。②期货交易中的交易人士大都熟悉某种商品行情，有丰富的经营知识和广泛的信息渠道以及一套科学的分析、预测方法。这样形成的期货价格实际上反映了大多数人的预测，因而能够比较接近地反映供求变动趋势。③期货交易的透明度高，竞争公开化、公平化，有助于形成公正的价格。在现货市场条件下，农民只能根据上一周期农产品的市场价格情况安排下一周期的生产，而交易时却按即期价格交易，且农产品的生产周期长，使农民面临较大的市场风险。农业生产经常陷入"蛛网循环"的怪圈，生产能力受到较大的伤害，也影响了农民增收。期货市场的出现解决了上述问题，期货价格具有较强的预见性和真实性，它能预先反映未来市场的供求状况，也能对未来一定时期的潜在需求进行超前调节。农户根据农产品期货市场提供的较为真实的远期价格信息来安排生产，便能减少生产前的不确定性，合理安排种植结构，提高预期收益。

（4）促进农业生产标准化和农产品流通国际化。期货市场上，合约严格的交割标准能够促使农民自觉地了解标准化，提高对标准化的思想认识，从而在生产的过程中始终自觉地遵循标准化生产，进而提升农产品的质量，增加农民的收入。农产品期货价格纳入了世界农产品价格体系中，有利于我国农产品参与国际竞争，促使农产品的国际化流通。

二、农产品期货市场的发展现状与存在的主要问题

（一）农产品期货市场的发展现状

经过 20 年的探索，我国农产品期货市场有了一定的发展，目前，我国四家期货交易所中，大连商品交易所与郑州商品交易所现阶段以农产品期货交易为主。大连商品交易所经批准交易的品种有大豆、豆粕、玉米、棕榈油等；其中大豆品种是目前国内最活跃的大宗农产品期货品种，大连商品交易所现已成为国内最大的农产品期货交易所，是世界非转基因大豆期货交易中心和价格发现中心。郑州商品交易所批准交易的品种有小麦、棉花、白糖、菜籽油、早籼稻等。我国农产品期货发展主要表现在以下几个方面：

（1）交易规模迅速增长，在国际市场的地位不断提升。截至 2007 年年底，全国有期货经纪公司约 182 家，上市交易期货品种达 16 种，其中交易比较活跃的农产品主要有大豆、豆粕、豆油、天然橡胶、玉米、小麦、白糖等。据相关部门统计，2009 年全国农产品期货市场成交量达到 12.35 亿手，占全国期货成交量的 57.23%，远远高于能源类和金属类商品的期货交易规模。我国已成为仅次于美国的全球第二大农产品期货市场；2007 年，仅大连商品交易所农产品期货交易量即占全球农产品份额的 29%，大连商品交易所成为紧跟美国芝加哥商品交易所（CME）之后的全球第二大农产品期货交易所。

（2）投资者数量迅速增长，结构不断完善。近年来，期货市场投资者数量快速增长。以大连商品交易所为例，2008 年 9 月底客户数量为 55.1 万户，比 2007 年增加 17.6 万户，同比增长 47%。同时，投资者结构也在不断完善。在大连期货市场，目前以粮食企业为主的法人户尽管只占 5% 左右，但其交易量却占市场总体规模的一到两成、持仓量在一半左右，在持仓规模中占主导地位。

（3）交割环节日益通畅，期现货市场紧密融合。近年来，针对现货市场的不断变化，不断优化期货市场交割库的管理和布局，使得交割环节日益通畅。在对市场认识不断深化、对市场建设不断反思和积累经验的过程中，期货市场管理者努力促进期现融合、完善机制、降低交易交割成本、促进市场功能的发挥。

（4）市场运行稳健，价格合理有效。近年来，农产品期货市场有效度显著提高，期现货价格趋势一致，期货价格领先于现货价格，超前反映现货趋势并与国际市场保持联动，体现了期货市场的价格发现功能，说明期货市场价格合理有效，期现货市场对接状况良好。

（二）农产品期货市场存在的问题

（1）期货市场监管机制仍存在缺陷。监管机制的缺陷表现在以下几方面：①监管手段政策化，政府过多介入期货品种上市的审批和监管等环节，干预二级市场价格。②交易头寸限制不严，不能有效防止大户对市场价格的垄断，缺少对中小投资者的保护制度，缺乏投资者诉讼机制和赔偿机制。③缺乏市场风险预警机制及事前控制能力，往往在矛盾激化时才被动地出台风险控制政策等。④对违法者的处罚不力，对有关的违法违规行为一般都采用行政

处罚的办法解决，极少追究刑事责任。

（2）上市品种少，制约期货市场合理发展。目前，我国商品期货市场上市交易的品种有27个，其中农产品期货13个；与国际市场相比，我国农产品期货的覆盖面还不够广，还不能满足期货参与者广泛的避险需求。过少的品种导致很多有意进入期货市场的企业，由于没有所需的农产品品种而无法进行交易，制约了套期保值功能的发挥。品种少、市场容量小，在入市资金大增的情况下，资金过于集中，交易规模大，并受国际炒作定价的控制，容易引发价格波动，从而使期货市场风险增高。

（3）参与主体弱小。农产品期货公司规模普遍偏小，竞争能力差；期货公司的业务单一，绝大多数仅能从事单一的代理业务；当前在国内农产品期货市场上，投资者绝大多数是中小散户，投资机构以民营企业和民间闲散资金为主，投资主体结构很不合理；市场主流资金是受大户控制的投机资金，而作为重要市场制衡力量的套保资金的发展相对严重不足。

（4）农民未受惠于农产品期货。就目前我国的实际情况来看，在农产品期货市场上参与交易的大都是农产品购销商、农产品加工企业以及各种投机机构及个人，几乎没有农民或代表农民利益的组织直接参与。现有的交易者从期货市场中获得利益，很难说有多大比例渗透到农民身上。可以说，我国目前的期货市场并未能有效地保护农民的利益。

三、农产品期货市场发展的思路

（1）完善品种上市机制，增加期货品种，满足实体经济发展要求。尽管国内农产品期货市场近年来增加多个新品种，但与国际市场相比仍有较大差距，也不能满足国内实体经济发展的要求。对于那些上市条件成熟的商品期货品种，特别是那些市场化程度高、价格波动大、在国民经济中作用明显、关系国计民生的农产品，有条件的要尽快上市。国家在政策上也应该完善新品种上市机制，减少不必要的行政干预。只有有了市场，才有可能形成自己的价格，有了自己的价格，才能不被国际市场所左右。同时，期货市场要想巩固发展，必须在开发交易的品种上下工夫，开发生产量和消费量大的大宗商品。

（2）完善投资者结构，稳步发展机构投资者，大力推动现货企业进入期货市场管理风险。一方面要稳步发展机构投资者，积极引导和培育商品投资基金，开展设立专业商品期货投资基金试点工作；在严格监管的基础上，有条件、有步骤、有限度地允许证券投资基金、合格的境外机构投资者（QFII）、证券公司等机构投资者进入期货市场交易。另一方面，还需要继续大力推动现货企业进入市场，实施鼓励企业利用期货市场套期保值、规避风险的税务和财务政策，形成有利于期货市场发展的外部环境。

（3）进一步完善相关法律及规则制度，加强对期货市场的监管。在当前资本市场扩大开放的新形势下，相关制度建设和监管工作必须尽快跟上。通过期货立法，可明确期货市场参与者的权利和义务，使不法交易者的损人利己行为受到应有的法律制裁，从而使交易者更加理性地从事交易活动，利人又利己，从而节约交易费用，提高交易效率，保证期货市场经济功能的有效发挥。在加强期货立法的同时，要建立健全交易所与经纪公司的自律管理和行业管理。只有每个风险管理层次都重视、加强风险管理工作，才能有效防范风险的发生。牢固确立切实保护投资者的合法权益的监管观念，坚决打击市场操纵者，坚决依法打击违规行为。

（4）扩展农产品期货公司的业务范围，提高其市场竞争力。《期货交易管理条例》中规定允许农产品期货公司开展管理咨询业务，且我国目前无论是农户还是农业企业，都缺乏独立进行期货市场操作的能力和经验，因此，期货公司可以开展管理咨询业务，在满足客户咨询需求的同时，也扩大了公司的收入来源。除此之外，还可以借鉴国际期货公司的模式，扩展我国农产品期货公司的业务范围，如开展自营业务、从事资产管理业务和允许优质客户进行透支交易等。

另外，还应健全现货、期货市场信息发布和传递制度，加快农业信息化建设；加快发展现货市场，为期货市场的进一步发展和完善打下良好的基础；加强对农产品期货市场的宣传教育，提高对农产品期货市场的认识。

四、关于生猪期货的讨论

目前来看，我国已具备了发展生猪期货的市场需求及经济基础，虽然部分条件有待完善，但整体而言已相对成熟。如何推进生猪期货顺利开展？是否可以借鉴美国等发达国家的经验？我国学者对这类问题进行了深入的研究。

李庆明、李宗洙（2012）提出期货市场的主要功能是价格发现功能和规避风险功能。生猪期货合约的价格一般会预测未来1年到1年半的价格走势。生猪期货的参与者都是理性的市场分析者，在参与期货的远期交易时，会对市场上的各种信息作出理性的分析来为未来期货定出合理的价格。生猪期货的市场功能将对现货市场产生较大的经济作用。

黄文君、乔娟（2012）提出，美国生猪期货市场的发展过程划分发育、震荡发展、平稳发展三个阶段；并通过分析美国生猪期货市场发展的经验，得到两个重要启示：①套期保值者的参与是生猪期货市场有效运行的基础。②不断适应现货市场发展需要是生猪期货功能有效发挥的关键。

徐欣、何志良（2009）认为国际猪类期货市场发展历程和经验对我国猪类期货发展具有一定的启示作用：①推动生猪产业链横向与纵向整合。②根据现货基础合理设计猪类期货合约。③加强对生猪期货潜在交易者的教育培训。④引导小型养殖户（场）利用生猪期货间接管理价格风险。

周爱民、梅传伟、赵广山（2010）提出，我国生猪价格剧烈波动，为生猪期货的推出提供了很好的契机。国外的经验证明，生猪期货通过价格发现功能以及风险规避功能的发挥，可以很好地解决生猪价格剧烈波动的问题。不过，上述功能的发挥，不仅需要现货市场具备一定的条件，生猪期货自身的一些因素也可能对其产生不利影响。他们还从生猪现货市场的价格形成机制、整合程度以及生猪期货的交易主体结构、合约设计、交易方式的选择等五个方面论述了生猪期货市场功能的影响因素，以便为生猪期货的推出提供一些有价值的信息。

重 要 概 念

农产品集贸市场　农产品批发市场　农产品期货市场

复习思考题

1. 简述农产品集贸市场的发展现状，并指出农产品集贸市场存在哪些主要问题。

2. 农产品集贸市场发展的思路有哪些?
3. 农产品批发市场的主要功能有哪些?
4. 简述农产品批发市场发展现状,并指出农产品批发市场存在哪些主要问题。
5. 农产品批发市场升级改造的基本思路有哪些?
6. 农产品期货市场的主要功能有哪些?
7. 简述农产品期货市场的发展现状,并指出农产品期货市场存在哪些主要问题。
8. 发展我国农产品期货市场有哪些基本思路?

技 能 训 练

要求:
(1) 查阅《期货交易管理条例》。
(2) 参观农产品批发市场和集贸市场,了解功能分区。
(3) 上网了解期货交易流程。

第三章 农产品消费者分析

现代市场营销理论认为,市场是企业营销活动的出发点和归宿点。了解和认识消费者的需要,准确把握消费者的购买行为,才能确定农产品的销售对象,有针对性地制定农产品销售策略。企业必须认真研究农产品市场的消费需求、消费者的偏好和购买行为以及影响消费者购买行为的因素,才能为企业的一系列农产品营销决策提供依据,使企业在竞争中获得优势,发展壮大。

第一节 农产品消费需求分析

一、农产品需求的特点

农产品需求是指消费者在某一特定时期内,在每一价格水平上愿意而且能够购买的农产品数量。这一概念包含了构成农产品需求的三个必备条件:①有足够多的消费群体。②消费者具有购买欲望。③消费者在现有价格条件下具有支付能力。

农产品消费需求与其他市场需求相比,有其特殊的要求和规律性,主要体现在以下几个方面:

1. 普遍性

民以食为本,农产品毫无疑问是每一个消费者的需求对象。不论在何时、何地,消费者对农产品的需求都不会大幅度变动,因此,农产品,尤其是粮食、蔬菜等,作为基本生产、生活资料,被每个消费者所广泛需要。

2. 稳定性

农产品属于生活必需品,消费者每天购买农产品的数量是一定的,需求量不会发生明显变化。即农产品需求价格弹性很小,尤其是粮食、蔬菜、食盐、食用油等,无论价格高低,每天的消费量几乎都是稳定的。

3. 零散性

零散性包括购买个体的零散性和单次购买数量的零散性。购买个体的零散性是指多数农产品的消费属于普通大众消费,消费者之间没有联合,自我零散购买居多。由于大部分农产品具有保鲜期短、难储藏、占据空间等特性,加之农产品消费对象大多是家庭,而我国家庭有日益小型化的趋势,人口较少,因此,多数消费者对农产品的单次购买量不会很多,但购买的次数较多,属于量少次多型购买。

4. 多样性

由于地域、生活习惯、收入水平等的差异,使农产品消费呈现出多样性。在各种条件一定的情况下,消费者对农产品的需要及满足需要的方式等方面存在着高、中、低档等不同层次的需求,呈现出因人而异的现象。这就要求生产经营者区别服务对象,根据自己的生产经营能力,提供不同层次的农产品和服务,更好地满足不同层次的消费者需求。

5. 可诱导性

消费观念的更新、社会时尚的变化、工作环境的改变、文化艺术的熏陶、广告宣传的诱导、消费现场的刺激、服务态度的感召等，都会不同程度地使消费者的兴趣发生转移，并不断产生新的消费需求。由于绝大多数消费者属于非专家购买，即不了解农产品的内在质量，缺乏农产品购买的专门知识，在购买过程中要经历一个收集有关信息的过程。因此，营销人员可以通过向社会公众传播农产品和服务信息，帮助消费者学习、认识农产品，引导消费需求发生变化和转移，将潜在需求变成现实需求，使微弱的购买欲望变成强烈的购买行为。

6. 季节性

由于每种作物的生长周期、季节不同，使得农产品的生产具有明显的季节性，因此农产品需求也呈现季节性特点。例如，北方玉米的收获时间在9月、10月，小麦生长在华北地区，一般在夏季收获等。季节性决定了消费者对农产品的消费需求呈现明显的季节差异，或者说是农产品的生产季节性引导了消费需求的差异性。如今，农业生产技术的开发和创新使得农产品生产克服了季节性特点，出现了反季节生产的蔬菜、瓜果等农产品，这也是一种对季节性的调节和改变，有利于农产品的供需平衡。

7. 地区性

农产品需求的地区性是由消费习俗、生活习惯、营养保健观念及便利程度决定的。同一地区消费者的消费需求有较大的相似性，而不同地区消费者的消费需求则表现出较大的差异性。例如，东北人喜爱吃米，中原地区的消费者则喜爱吃面，等等。

除上述特点外，消费者市场需求还具有便利性、无限性、发展性、连带性和替代性等特点。

二、农产品需求的类型

消费者对农产品的需求，归纳起来主要有以下类型：

1. 对农产品基本功能的需求

消费者购买农产品主要是用于食用，而农产品的基本功能能够满足消费者这一需求。即使不同农产品有不同的食用方法、味道、外观和作用，但归根究底，农产品具有满足温饱和提供人体基本营养的功能。

2. 对农产品品质的需求

在农产品基本功能得到满足后，随着人们生活水平的日益提高，消费者往往追求更高品质的农产品。高品质的农产品一般体现在营养成分的含量、纯度、水分含量、口感、外观新鲜程度等多个指标上。

3. 对农产品安全性能的需求

近年来，由于农产品质量安全事件屡屡发生，导致农产品质量安全问题普遍存在，消费者对农产品质量安全倍加关注。农产品质量安全已成为影响当今农产品消费需求的主要因素，绿色、鲜活农产品越来越受到消费者的推崇。

4. 对农产品便利程度的需求

这里的便利性主要包括农产品购买过程的便利性和使用过程的便利性两个方面。购买过程的便利性是指消费者希望自己需要的农产品能够很容易获得，因此他们通常选择距离较近的市场购买农产品。使用过程的便利性是指消费者愿意选择食用方便的农产品，减轻劳动负担，如搭配好的蔬菜、不用过度加工即可使用的农产品等。

5. 对农产品外观的需求

人人追求美好的事物，消费者对农产品的需求亦是如此。良好的外观给人以美的享受，会得到消费者的青睐。多数消费者在选择农产品时，会挑选外观较好的农产品购买。

6. 对农产品情感功能的需求

情感亦是影响消费者购买农产品的一个因素。在基本功能、品质、安全性等方面得到满足后，消费者会考虑农产品的情感功能，通过购买某种农产品能够获得情感上的补偿或满足。例如，购买鲜花送给朋友，以增进友谊；购买绿色有机农产品送给长辈，希望长辈身体健康等。

7. 对农产品社会象征的需求

由于社会地位的不同，部分消费者在选择农产品时会考虑到农产品的社会象征。像鲍鱼、燕窝等数量少、价格昂贵的农产品，消费者购买后作为礼物赠送他人，正是为了证实自己或对方的社会地位或社会身份，体现了对农产品社会象征的需求。

8. 对农产品良好服务的需求

农产品与服务已成为不可分割的整体，消费者在购买农产品的同时，还购买了与农产品相关的服务。优质的服务是所有消费者的期盼，尤其是越高端的农产品，消费者对其相应服务的要求也越高，服务质量会影响消费者的购买决策。

三、农产品需求的趋势

（一）农产品需求的影响因素

1. 价格

农产品主要分为三大类，粮食、蔬菜、肉禽蛋。根据调查数据统计分析可知，粮食和蔬菜的价格弹性要远小于肉禽蛋类农产品，说明粮食、蔬菜对居民来说是基础性食物，受价格影响较小。而肉禽蛋是居民的蛋白质供给源，属于营养性食物，受价格影响较大。

2. 收入

这里主要是指个人收入。各地区居民收入总额可以衡量当地消费市场的容量，人均收入多少反映了购买力水平的高低。我国统计部门每年采用抽样调查的方法，取得城镇居民家庭人均年购买主要农产品数量的数据，如表3-1所示。

表3-1 按收入等级划分城镇居民家庭人均年购买主要农产品数量（2011年） （单位：kg）

指标	总平均	最低收入户（10%）	低收入户（10%）	中等偏下户（20%）	中等收入户（20%）	中等偏上户（20%）	高收入户（10%）	最高收入户（10%）
食用植物油	9.26	8.40	8.79	9.46	9.70	9.50	9.31	8.89
猪肉	20.63	15.21	18.13	20.38	21.53	22.45	23.18	23.51
牛肉	2.77	1.79	2.27	2.59	3.01	3.20	3.27	3.18
羊肉	1.18	0.90	0.86	1.10	1.31	1.37	1.40	1.30
鲜蛋	10.12	7.54	8.59	9.90	10.89	11.34	11.44	11.01
鲜菜	114.56	94.52	102.27	113.11	120.06	123.36	124.78	120.42

数据来源：《中国统计年鉴2012》。

从表 3-1 可以看出，从低收入户到高收入户，随着收入依次增加，城镇居民对农产品的消费也依次呈现增大趋势，但除了猪肉外，最高收入户的主要农产品消费则有下降趋势。原因可能是由于随着收入的增加，消费者对农产品的食用开支越来越高，但最高收入人群对一般农产品的消费需求反而会下降，再加上此类人群在外就餐较多等原因，可能导致最高收入人群购买农产品的数量反而会减少。

3. 人口因素

人口的数量和结构在消费水平一定的条件下是影响农产品需求总量的最直接因素。人口多的地区，自然对农产品的需求就多；相反，人口少的地区，对农产品的需求也就相对较少。

4. 消费者偏好

消费者偏好不仅受经济因素的影响，还会受社会因素、心理因素等的综合影响。在社会生产和消费水平达到较高程度时，必须从人类学、社会学、心理学、行为学的角度综合分析消费者偏好，尽管对一些偏好现象至今仍难以解释，但消费者偏好确实是影响农产品需求的一个重要原因。

5. 其他

除以上因素外，还有诸多因素影响着消费者对农产品的需求，如烹饪技术、产品功能、民族习惯和宗教信仰等。

（二）农产品需求的未来发展趋势

20 世纪 90 年代末期以来，随着城乡居民收入水平的进一步提高，消费需求也在发生新的变化。消费者在选购农产品方面，越来越注重其特色、营养成分、安全卫生性和易加工性等；在购买地点上，由于生活节奏的加快，消费者更倾向于在节省时间、方便的场所购买；在消费倾向方面，品牌消费意识逐渐形成。农产品消费出现了指牌认购（如大米、豆油、肉类加工品等）现象。消费者对农产品的需求差异越来越明显。

随着农产品买方市场的到来，我国农产品生产经营者的营销观念逐渐发生了变化，从过去以生产或推销为中心的传统营销观念逐步向以顾客为中心、以建立各方良好长期关系的现代营销观念转变。现代营销理论开始在农产品营销中得到应用。

我国农产品需求的发展趋势，概括起来主要有以下三个方面：

一是公众对农产品的品质要求越来越高。随着农产品供求关系的变化和城乡居民安全消费意识的提高，人们对农产品的需求已由"吃得饱"向"吃得好、吃得安全"转变，公众更多地考虑农产品是否有利于身体健康、是否有营养。农产品质量安全已成为人们最关心的问题之一。

二是农业科技创新和现代信息技术的发展对农产品的消费需求影响越来越大。随着农业科技创新，农产品的种类日益增多，农产品的生产加工技术革新也给了人们更多的选择。另外，现代信息技术的发展，特别是网络技术和媒介的发展，信息传播速度日新月异，对农产品信息化的宣传在很大程度上影响着消费者对农产品的需求。

三是外部市场要求越来越高。受国际金融危机影响，贸易保护主义有所抬头，质量安全已经成为一个制约国际农产品贸易的重要因素，与农产品贸易关联度越来越大，各国对进口国的农产品质量安全要求越来越严格、越来越苛刻。我国很多农产品进出口国际贸易近两年出现了逆差，一个重要原因就是受国外质量安全、环境保护等方面的技术壁垒制约。就农产品而言，要稳定和扩大出口市场，除必要的政策扶持外，最为重要的就是要练好内功，提高农产品质量安全水平、生产过程的质量控制水平，确保农产品质量安全。

四、关于粮食安全的讨论

（一）粮食安全问题的提出

20世纪70年代世界范围内粮食危机爆发，粮食安全问题成了全球瞩目的问题。1974年11月，在第一次世界粮食首脑会议上，联合国粮食及农业组织正式提出了粮食安全的概念，并将其定义为："保证任何人在任何时候，都能得到为了生存和健康所需要的足够食物。" 1983年，该组织又将"粮食安全"修改为"确保所有的人在任何时候既能买得到又能买得起所需要的基本食品"。1996年11月，第二次世界粮食首脑会议对粮食安全内涵作了新的表述："只有当所有人任何时候都能在物质和经济上获得足够、安全和富有营养的粮食，来满足其积极和健康生活的膳食需求及饮食爱好时，才实现了粮食安全。"粮食安全问题在我国不仅是一个经济问题，更是一个社会问题和政治问题，保障粮食安全不仅需要政策扶持，更需要法律支持（秦守勤，2012；高璐，高云龙，2012）。

（二）当前我国粮食安全存在的主要问题

粮食安全问题关乎国计民生、经济发展及国家安危。我国地域辽阔、人口众多、国内市场广阔、经济总量大，对世界经济有很大影响，属于典型的经济大国。我国在粮食经济领域面临着非常复杂的情况，不仅人口多、耕地少、自然灾害频繁，而且区域经济发展差异大，这对粮食风险管理、保证国家粮食安全提出了很高的要求。而我国的经济大国地位、粮食生产与流通风险、外国粮商的控粮布局、粮食生产者面临的自然及市场风险以及国家粮食安全应急体系的不完备，都是粮食安全的影响因素。

众所周知，我国一直坚守着粮食耕种面积18亿亩（1亩=666.6m^2）的底线。在坚持耕种面积不减少的基础上，我国目前粮食安全仍然存在粮价趋高、产量增长空间减少、结构不平衡等诸多问题，具体表现为以下几个方面：

1. "粮价洼地"变"粮价高地"，进口剧增令人担忧

近几年，我国为了保障国家粮食安全，调动农民种粮积极性，多次提高最低收购价格水平，已经悄然成为"国际粮价高地"。目前，越南大米进口到江西，只需要3.4元/kg，而江西本地产常规早籼米成本至少需要3.8元/kg。"粮价高地"已造成进口大增。海关数据显示，2012年1~7月，我国进口谷物和谷物粉868万t，同比增长261%。

2. 粮食生产实现"九连增"，"高台增长"空间缺乏

由于工业化、城镇化快速推进带来的需求较快增加，粮食等农产品供求关系一直处于紧平衡状态，今后随着人口总量增长、城镇人口比重上升、居民收入水平提高和农产品的工业及能源用途拓展，全社会对农产品数量、质量、品种的需求将进一步提升，基本保障粮食总量平衡、结构平衡的压力越来越大。近年来，我国粮食产量连创新高，粮食生产实现"九连增"，我国粮食综合生产能力已历史性地稳定跃上了万亿斤新台阶。

3. "大豆依赖"凸显"手中无粮"困局，"结构平衡"难度大

2012年夏季，国际粮食减产涨价，我国受影响最大的是大豆和玉米。目前，我国大豆的对外依存度极大，玉米已经从纯出口国变为纯进口国。我国大豆的自给率已经跌到20%

以下，且未来还将继续走低。大豆主产省黑龙江的大豆种植面积已连续3年减少。近年来，我国市场玉米价格已经超过小麦，逼近水稻。作为猪饲料的主要成分，大豆、玉米大量进口、价格高已经对我国畜牧业造成严重影响，业内亏损严重。我国粮食也走入了一些资源品那样"中国缺啥啥涨价""中国进口啥啥涨价"的怪圈，安全堪忧。要在确保总量平稳的同时努力确保结构均衡，并采取措施增强我国在国际粮食市场的定价权（林艳兴，2012）。

4. 国内粮食生产比较效益偏低，种粮缺少内在动力

我国粮食主产区政府财力紧张，农民种粮和地方政府抓粮的积极性不高，缺少内在动力，种粮比较效益偏低的状况在一定程度上影响未来粮食产量的稳定和提高。据一项调查显示：2011年河南农民种粮亩均生产成本达958元，加上粮食补贴后的亩均净收益只有700元，户均种粮的年收入只有3 500元，不及一个农民工外出两个月的收入。这种高成本、低收益状况的存在，不仅影响了农民种粮的积极性，而且直接导致种粮粗放现象的发生，进而影响粮食增产的后劲（李钧德等，2012）。

（三）保障我国粮食安全的建议

尽管历史上我们具有革命战争时期及新中国成立以来的保障粮食安全的不少成功做法，但在新形势下，必须结合国际国内形势进行新探索。

1. 建立适合我国新时期国情的国家粮食发展新战略

根据对我国粮食等农产品市场的预测和趋势判断，未来我国农产品需求结构将发生显著变化，在受到自然资源限制和生产结构变化约束的情况下，建议政府根据新时期我国的国情重新审视我国粮食安全面临的机遇和挑战，在新时期对国家粮食安全的目标和战略作适当的调整。实施国家食物安全新战略，即三个转变、四个目标。三个转变是：从"粮食安全"观念向"食物安全"观念转变，为保障国家粮食（食物）安全提供更大的发展空间和供给渠道；从"粮食安全"向"口粮安全"转变，把中心任务转向口粮安全，切实保障在危机时可能影响国家安全的大米和小麦的国内供给能力；从"进口畜禽产品"向"进口饲料粮"转变，隐性进口"土地和水资源"，提升畜禽产品国内生产能力，增加国内农业就业和农民收入。到2020年的四个目标是：使我国食物总体自给率保持在95%以上；大米和小麦自给率基本达到100%；作为饲料粮的玉米自给率保持在85%以上；肉蛋奶保持基本自给（黄季焜、杨军、仇焕广，2012）。

2. 加大对农业投入品的市场监管

人类的食物90%以上是从耕地上获得的，化肥和农药具有副作用，但在农作物生产中具有举足轻重的作用。应科学合理地使用化肥和农药，以减少农业面源污染，保护耕地质量。

首先，要大力推广测土配方施肥技术。对化肥、农药的类型、用量、使用方法等进行动态检测。在化肥和农药使用上，大力推广测土配方施肥技术，充分考虑农田土壤特征和农作物生长状况，根据农作物对养分和农药的需求量、对养分的吸收和需求，安排施肥量、施肥方式和时间。其次，要加强灌溉区的污水处理。要设法通过改变农田环境来减少农田污染，在农田中增加一些湿地面积，能够对农田中的氮、磷、钾肥和有害重金属等起到截留作用，降低农田的污染。最后，要改善农村的环境和居住条件。要对生活垃圾进行集中处理，探索有效利用畜禽有机肥的途径。要以清洁家园为基础、清洁田园为核心，努力改善农村居住环境和农民生活质量（欧胜彬，苏雪华，2012）。

3. 加强粮食流通领域建设

粮食流通领域存在渠道不畅通、市场化程度较低、法律法规不完善、粮食运输方式落后、粮食运输效率低下等方面的问题，另外，国内粮食信息化网络平台建设滞后，动态信息系统、监测预警信息系统、仓储企业管理信息系统等方面建设依然面临很大难题。

因此，2013年1月11日，国务院办公厅下发《降低流通费用提高流通效率综合工作方案》，确定10项措施降低流通费用。具体包括：降低农产品生产流通环节用水、用电价格和运营费用，规范和降低农产品市场收费，强化零售商、供应商交易监管，完善公路收费政策，加强重点行业价格和收费监管，加大价格监督检查和反垄断监管力度，完善财税政策，保障必要的流通行业用地，便利物流配送，建立健全流通费用调查统计制度。

工作方案的出台有利于降低我国农产品市场流通费用，促进粮食流通领域加快改革和建设步伐，以保障国家的粮食安全。

4. 着眼未来构建全球农产品供应链

在国际化趋势不断增强的情况下，应正确看待我国粮食进口量不断增长的趋势，进口数量的增长，确实有国内需求的拉动，例如，大豆的进口，国内供不应求的现象十分明显，大豆产业的发展应该引起相关部门的重视，但就现在来讲，完全实现大豆的自给，要付出极大的资源、环境和经济代价，种植的潜在成本相当高昂。

保障我国粮食安全，应该从全局的角度、综合考虑各方面因素，在确保国内粮食安全的前提下，合理利用国际资源。国家要积极构建全球农产品供应链，合理利用国际分工，开拓多元化的粮食进口渠道。布局全球农产品供应链，需要国家在财政、税收、金融等方面给予政策扶持，为企业在境外开展农产品加工、仓储物流、国际贸易等经济活动提供必要的支持。

5. 加强粮食安全法制建设

首先，强化粮价调控，建立粮食价格预警制度。粮食价格预警是粮食宏观调控体系的重要组成部分，是为了防止粮价运行偏离正常轨道而建立的报警和实施系统。通过粮价预警制度以及建立在预警制度基础上的反馈体系，可以及时收集粮食行情，准确判断粮食市场运行的现状和未来走向，及时采取有效的调控措施，从而有效地防范粮食危机的爆发和蔓延。

其次，完善农业投入财政体制划分，加强融资担保等相关政策的制定。农业基础设施投入较大，投资主体既包括中央和地方政府，也包括内外资企业，因此，要先明确中央和地方政府对农业投入的财政体制划分，并对各种投资项目欲实现的目的、项目实施程序、绩效评价方法、监督管理规程等从法律上作出原则性的规定。由于涉及粮食生产的农业基础设施投入周期长、资金数目大、受自然灾害影响大、利润低，对于企业和农户投资者来说，国家应给予一定的政策和法律优惠。另外，应创新农业融资担保手段，通过立法，对担保的设定、当事人的权利义务、担保权的实现方式等问题作出明确规定，从根本上解决粮食生产的投入问题。

最后，完善体制机制，推进粮食产业市场机制的法制建设，包括完善有关法律制度，推进粮食的组织化、规模化生产，保障粮食流通渠道的畅通，强化粮食储备（秦守勤，2012）。

第二节 农产品购买行为分析

一、农产品购买行为模式

（一）消费者研究要解决的问题

消费者研究要解决的根本问题是"消费者是如何进行购买决策的"，如果能够掌握消费者的决策过程及其影响因素，就可以设法通过影响和控制这些因素来影响消费者的购买行为，从而达到提高营销绩效的目的。对消费者市场的分析，市场营销学家们归纳出以下七个问题，形成了"7O"研究法：

消费者市场由谁构成？（Who）	购买者（Occupants）
消费者市场购买什么？（What）	购买对象（Objects）
消费者市场为何购买？（Why）	购买目的（Objectives）
消费者市场的购买活动有谁参与？（Who）	购买组织（Organizations）
消费者市场怎样购买？（How）	购买方式（Operations）
消费者市场何时购买？（When）	购买时间（Occasions）
消费者市场何地购买？（Where）	购买地点（Outlets）

营销人员在制定针对消费者市场的营销组合之前，必须先研究消费者购买行为。例如，某面粉生产企业生产和销售面粉，必须分析以下问题：①面粉市场由哪些人构成？②目前消费者市场需要什么样的面粉？③消费者为什么购买这种面粉？④哪些人会参与面粉购买行为？⑤消费者怎样购买这种面粉？⑥消费者何时购买这种面粉？⑦消费者在何处购买这种面粉？在回答了上述问题之后，面粉生产加工企业才能知道生产什么配方何种包装的面粉更受欢迎，知道通过哪种途径采取哪种促销方式更容易被消费者所购买。

（二）消费者购买行为模式

现代社会经济生活中，每个人都是消费者。由于对农产品的购买目的、方式与习惯的差异，各个消费者的购买行为也具有差异性，但在千差万别的消费者购买行为中，仍然有着某种共同的带有规律性的特征。这种消费者购买行为中的共性或一般规律，就称为消费者购买行为模式，也称刺激—反应模式，如图 3-1 所示。

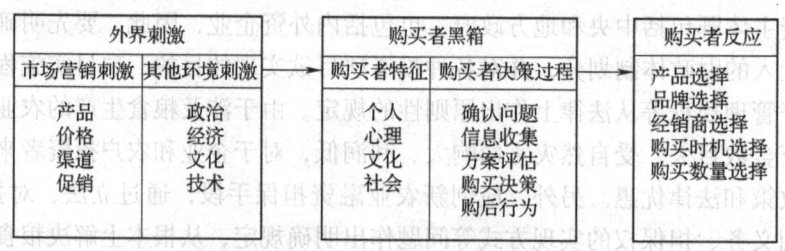

图 3-1　消费者购买行为模式

（三）消费者购买决策过程

在复杂的购买行为中，消费者购买决策过程由引起需要、收集信息、评价方案、决定购买、购后感觉和行为五个阶段构成，如图 3-2 所示。

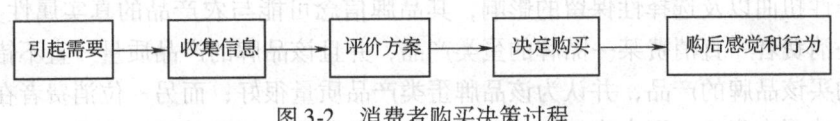

图 3-2 消费者购买决策过程

1. 引起需要

消费者的需要往往由两种原因引起，即内部原因和外部原因。营销人员应注意识别引起消费者某种需要和兴趣的原因，有针对性地进行需求诱导。一般来说，引发消费者购买需要的内部原因有两个，缺少产品是最常见、最主要的原因，对于多数农产品销售来说，该原因是消费者购买的主因，还有消费者生活水平发生变化引起的新需要，如收入上升则对高档、高端农产品的需要会增加。外部原因一般有三个：一是新产品的出现，会刺激消费者产生购买需要；二是营销因素带来的需要增加，如节日期间农产品的买赠活动会刺激消费者增加购买；三是相关产品的购买，如消费者购买了肉制品，为了荤素搭配，可能会增加蔬菜的购买等。因此，企业要善于安排诱因，促使消费者对农产品产生强烈的需求，并立即采取购买行动。例如，某一蔬菜经销商在销售其蔬菜时大力宣传其蔬菜的绿色安全和营养成分，尤其针对 30~45 岁的女性进行宣传，这个年龄段的女性普遍有孩子，并且格外重视孩子的健康成长，愿意出更高的价钱购买安全食品。

2. 收集信息

一般来讲，引起的需要不能马上得到满足，消费者需要寻找有用的购买信息。消费者的信息来源主要有个人来源（家庭、朋友、邻居、熟人）、商业来源（广告、推销员、经销商、包装、展览）、公共来源（大众传播媒体、消费者评审组织等）、经验来源（处理、检查和使用农产品）等。一般而言，消费者最信任从个人来源获得的信息，其次是经验来源，而对商业来源的信息信任度较低，但商业来源的信息量却是最多的。营销人员应对消费者的信息来源认真加以识别，并评价各自的重要程度，以及询问消费者最初得到产品信息时有何感觉等。可以采用问卷调查的形式，对不同消费者进行访问，以获得其购买信息的真实来源。

3. 评价方案

消费者对农产品的判断大都是建立在自觉和理性基础之上的。消费者的评价方式有多种，一般采用多目标下的多种选优的方式进行方案评价，主要涉及以下几个问题：

（1）农产品属性，即农产品能够满足消费者需要的特性，如西瓜的防暑功能、解渴功能、补充维生素功能等。但消费者不一定将农产品的所有属性都视为同等重要。营销人员应分析农产品具备哪些属性，以及不同类型的消费者分别对哪些属性感兴趣，以便进行市场细分，对不同需求的消费者提供具有不同属性的农产品。

（2）属性权重，即消费者对农产品有关属性所赋予的不同的重要性权数。消费者被问及如何考虑某一农产品属性时立刻想到的属性，称为农产品的特色属性。但特色属性不一定是最重要的属性。在非特色属性中，有些可能被消费者遗忘，而一旦被提及，消费者就会认识到它的重要性。因此，应更多地关心属性权重。例如，鸡蛋最重要的属性是食用安全可靠，除了食用，鸡蛋还可以用于做面膜、消肿等，而这些属性的权重则要低于鸡蛋食用的安全可靠性。

（3）品牌信念，即消费者对某品牌的某一属性已达到何种水平的评价，对多个属性的总体评价则构成了消费者对某品牌优劣程度的总的品牌信念。由于消费者个人经验、选择性注意、选择性扭曲以及选择性保留的影响，其品牌信念可能与农产品的真实属性并不一致。例如，某一消费者一直消费某一品牌的蛋类产品，并且该品牌的产品质量一直不错，则他会选择一直购买该品牌的产品，并认为该品牌蛋类产品质量很好；而另一位消费者在一次购买中发现部分鸡蛋有裂纹，则会直接影响他对该产品的评价，导致其不再购买。

（4）效用函数，即描述消费者所期望的农产品满足感随农产品属性的不同而有所变化的函数关系，品牌信念是消费者对某一属性的评价，而效用函数则表明消费者要求该属性达到何种水平才能接受。例如，对于普通农产品，消费者并没有过多要求，只要能够食用就会购买，而针对有机农产品，消费者则要求它口感好、有营养才购买。

（5）评价模型，即消费者对不同品牌进行评价和选择的程序方法。消费者采用效用函数对所选择的多个品牌进行分析比较，最终得到每个品牌的效用值。

4. 决定购买

评价方案会使消费者对可供选择的品牌形成偏好，形成购买意图，最终消费者会选择购买效应值最大的产品。但要注意的是，在购买意图和购买行为之间，有两种因素会起作用：一是别人的态度；二是意外情况。也就是说，偏好和购买意图并不总是导致实际购买，尽管二者对购买行为有直接影响。消费者修正、推迟或者回避作出某一购买决定，往往是受到了可察觉风险的影响。可察觉风险的大小随着冒这一风险所支付的价格高低、不确定属性的比例以及消费者的自信程度而变化。营销人员必须了解引起消费者有风险感的因素，进而采取措施来减少消费者的可察觉风险。

5. 购后感觉和行为

消费者在购买农产品后会产生某种程度的满意感或不满意感，进而采取购后行为。所以农产品在被购买后，就进入了购后阶段。购买者对其购买活动的满意感（S）是其对农产品期望（E）和该农产品可察觉性能（P）的函数。若 $E > P$，则消费者不满意；若 $E = P$，则消费者会满意；若 $E < P$，则消费者会非常满意。消费者根据自己从卖主、朋友以及其他来源所获得的信息形成农产品期望。如果卖主夸大农产品的优点，消费者将会感受到不能证实的期望。这种不能证实的期望会导致消费者的不满意感。E 与 P 之间的差距越大，消费者的不满意感也就越强烈。所以，卖主应使其农产品真正体现出其可察觉性能，以便使购买者感到满意。事实上，那些有保留地宣传其农产品优点的企业，反倒使消费者产生了高于期望的满意感，并树立起了良好的产品形象和企业形象。

消费者对购买的农产品是否满意，将会影响到其以后的购买行为。如果对农产品满意，则在下一次购买中可能继续采购该农产品，并向其他人宣传该农产品的优点。如果对农产品不满意，则会产生不和谐感，可能通过放弃或退货来减少不和谐感，也可以通过寻求证实农产品价值比其价格高的有关信息来减少不和谐感。营销人员应采取有效措施尽量减少购买者购后不满意的程度，因为过去的品牌产品选择对于未来偏好起着强化作用。

二、农产品购买行为的影响因素

（一）文化因素

1. 文化

文化是区分一个社会群体与另一个社会群体的主要因素，是人们通过学习获得的区别于其他群体行为特征的集合。文化所包含的潜在元素有：价值观、文字、语言、伦理道德、风俗习惯、宗教仪式、法律及服务等。它们是人类欲望和行为最基本的决定因素，对消费者的行为具有最广泛和最深远的影响。文化不仅影响人们对特定农产品的购买，还作用于消费者的信息收集和价值判断，即文化以多种方式作用于个人购买决策。虽然商家可以通过广告、促销等策略来影响这一阶段，但这种文化的力量是难以克服的，至少在短期内如此。例如，一种文化强调人与人之间的自由、平等、独立，另一种文化则认为集体的重要性胜过个人的重要性，这导致有的人购买时强调自我感受，有的人则考虑群体的接受程度。

2. 亚文化

亚文化是在较大文化内与其他群体共存的一个群体，其成员具有共同信仰、特征或经历等，能提供更为具体的认同感，如民族文化、宗教文化、种族文化或区域文化等。对企业开展营销活动而言，最重要的亚文化中包括民族、语言、种族文化，因为许多消费者都强烈认同自己身上所具有的遗传特质，并接受能够体现这些特质的产品，排斥违背特质的产品。例如，满族人不吃狗肉。

3. 社会阶层

社会阶层是指社会中具有相对同质性和持久性的群体，它们是按等级排列的，每一阶层成员具有类似的价值观、兴趣爱好和行为规范。社会各阶层具有特定的社会地位，不同等级的成员都被培养成一定的购买和行为习惯。通常，社会阶层可以划分为三层，分别是上层、中层和下层。上层社会又可以分为上上层和上下层，中层则可以划分为中上层、中产阶层和劳动阶层，下层可以分为下上层和下下层。各个阶层可以从收入、职业、个人威望、联系和社会化程度、权力、自我阶层意识和变动迁移等方面进行区分。一般认为，如果中层群体占比较大，则社会较为稳定。各个国家的社会阶层的人口比例各不相同，以美国为例，其各阶层人数占比约为：上上层（人口不到1%）、上下层（约2%）、中上层（12%）、中产阶层（32%）、劳动阶层（38%）、下上层（9%）、下下层（7%）。社会阶层的界限并非固定不变，人们可能会升到上一层或降到下一层。

营销人员关注社会阶层是因为同一阶层的人具有类似的购买行为。例如，上层阶层在农产品消费方面更注重安全营养健康，中层阶层则可能偏向于方便快捷，下层阶层可能只能满足最基本的温饱需要。

（二）社会因素

人们在作出购买决策时，一般乐于听取所依赖的人的意见，以降低购买决策中的潜在风险，并从了解他们的想法和行为中获取慰藉。因此，消费者购买行为也受到诸如参照群体、家庭、社会角色与地位等一系列社会因素的影响。

1. 参照群体

所有能对消费者的态度和行为产生直接或间接影响的群体称为该消费者的参照群体。参照群体可分为直接参照群体和间接参照群体，如表3-2所示。

表 3-2　参照群体的划分

参照群体	直接参照群体	首要群体
		次要群体
	间接参照群体	向往群体
		厌恶群体

直接参照群体又称成员群体，即与其有直接关系的群体。直接参照群体又分为首要群体和次要群体两种。首要群体是指某人直接、经常接触的一群人，一般都是非正式群体，如家庭成员、亲戚朋友、同事、邻居等。次要群体是并不经常对其产生影响，但一般都较为正式的群体，如宗教组织、职业协会等。间接参照群体是指某人的非成员群体，即此人不属于其中的成员，但受其影响的一群人。这种参照群体又分为向往群体和厌恶群体。向往群体是指某人推崇的一些人或希望加入的集团，例如，体育明星、影视明星就是其崇拜者的向往群体。厌恶群体是指某人讨厌或反对的一群人。一个人总是不愿意与厌恶群体发生任何联系，在各方面都希望与其保持一定距离。随着信息与网络技术的发展，社会生活中又诞生了一个新的群体——虚拟群体，它主要基于虚拟社区而非地域性社区。网络从时间和空间上根本改变了传统的社会交往和人际沟通方式，形成了许多独特的观念和准则。虚拟群体对消费者来说，既可能是直接参照群体，也可能是间接参照群体，视虚拟群体与消费者之间的关系及接触程度而定。

参照群体对消费者购买行为的影响，表现在以下三个方面：①参照群体为消费者展示出新的行为模式和生活方式。②由于消费者有效仿或反对其参照群体的倾向，因而消费者对某些事物的看法和对某些农产品的态度也受到参照群体的影响。③参照群体促使人们的行为趋于某种一致化，从而影响消费者对某些农产品的选择。企业应善于运用参照群体对消费者施加影响，扩大农产品销售。

2. 家庭

家庭是指居住在一起，由拥有血缘、婚姻或者领养关系的两个人或更多人组成的群体。家庭是社会的基本单位，也是社会中最重要的消费者购买组织，它强烈地影响着人们的价值观、人生态度和购买行为。一个人在其一生中一般要经历两个家庭。第一个是父母的家庭，在父母的养育下逐渐长大成人，然后又组成自己的家庭，即第二个家庭。当消费者作出购买决策时，必然要受到这两个家庭的影响，其中，受原有家庭的影响比较间接，受现有家庭的影响比较直接。

家庭购买决策大致可分为三种类型：一个人独自做主；全家参与提意见，一个人做主；全家共同决定。这里的"全家"虽然包括子女，但主要还是夫妻二人。夫妻二人购买决策权的大小取决于多种因素，如生活习惯、就业情况、双方工资及受教育水平、家庭内部的劳动分工以及农产品种类等。孩子在购买决策中的影响力也不容忽视，尤其我国的独生子女在家庭中受重视的程度越来越高。随着孩子的成长、知识的增加和经济上的独立，他们在家庭购买决策中的权力逐渐加大。孩子在家中的决策权随着年龄的增长而不断加大。

3. 社会角色与地位

社会角色是指个人在群体、组织及社会中的地位和作用。一个人在其一生中会参加很多群体，如家庭、工作单位、同学会、俱乐部及其他各种组织。每个人在各个群体中所扮演的角色不同，地位也会有差别。地位随着不同群体、不同阶层和地理区域等因素发生变化。社会角色与社会地位的不同在某种程度上会影响消费者购买行为。例如，一位消费者，作为企业的经理在选择农产品作为礼品时，需要考虑该农产品是否符合自身的身份地位，在作为父亲购买农产品用于家庭食用时，需要考虑该农产品是否有利于身体健康，是否有营养和安全。

（三）个人因素

消费者购买决策受其个人特性的影响，特别是受其年龄、性别、职业、经济状况、生活方式、个性以及自我观念的影响。

1. 年龄与性别

消费者的年龄和性别会对消费行为产生明显影响，消费者的年龄通常是决定其需求的重要因素。人从出生到死亡要经历婴儿期、儿童期、少年期、青年期、中年期和老年期六个阶段，处于不同年龄段的消费者有着不同的需求心理和行为，而不同的农产品和服务通常只吸引某个特定年龄段的人群，例如，老年人倾向于购买和食用软烂的有营养的食物，而中年人则倾向于购买安全、健康、无污染的食品。

男性和女性在生理上的先天差别导致了不同的心理和行为，使两性在消费农产品及购买决策过程方面差异显著。男性消费者购物目的明确，决策比较理性，接受质量可靠的农产品，追求快捷、简单的购物过程；而女性消费者往往购物目的不够明确，通常有更多的计划外购物，喜爱造型、包装等时尚可爱的农产品，决策偏于感性，常常乐于货比三家。因此，不少农产品的加工品都按照性别对产品进行了细分，如女性豆粉就是专门针对女性特点开发的具有美容养颜功效的速溶食品。

2. 职业与经济状况

不同职业的消费者扮演着不同的社会角色，承担并履行着不同的责任和义务，有着不同的价值观和行为准则，对农产品的需求和兴趣也各不相同。

经济状况的好坏、收入水平的高低对消费者的购买行为有着更为直接的影响，人们的消费心理和购买模式往往随着其经济状况的变化而变化。不同的收入水平决定了不同的购买能力，决定了需求的不同层次和倾向。经济状况好的消费者比较容易接受价格较高的农产品，对于有机食品、绿色食品等的消费倾向较高，而经济状况一般的消费者则对价格很敏感，对价格高出一般食品多倍的有机食品、绿色食品的购买愿望就较低。

3. 生活方式、个性及自我观念

生活方式包括人们的衣、食、住、行、劳动工作、休息娱乐、社会交往、待人接物等物质生活和精神生活的价值观、道德观、审美观以及与之相关的各个方面，反映了人们的个人活动、兴趣和态度。不同生活方式有着不同的购买需求。目前，较为完善的细分生活方式的方法有两种：AIO 模式（Activity，Interest，Opinion）和 VALS 分类方法（Values And Lifestyles）。AIO 模式通过描述消费者的活动、兴趣和态度来度量生活方式的实际形式，而 VALS 分类方法则按照自我导向和资源丰缺两个标准，定义了 8 个类别的生活方式，将消费者细分为现实者、满足者、信念者、成就者、奋斗者、经历者、工作者和挣扎者，这种细分有助于农产品生产加工企业根据自己的产品特点选择目标顾客，明确农产品的市场定位。

个性是一个人所特有的心理特征，它导致一个人对其所处环境的相对一致和持续不断的响应。每个人都有影响其购买行为的独特个性，如自信、自卑、冒险、谨慎、勇敢、胆小等。以食品为例，消费者个性与食品选择之间有着某种联系，人们越来越倾向于购买有独特卖点、不同风格的食品以表达和维护自己的个性。但也有研究显示，个性仅可以解释 10% 左右的消费行为变化，虽然个性是消费者决策过程中的影响因素之一，却难以应用到营销策略中。

自我观念是指人们由于自身特性而进行自我认知的一种方法。不同的人对自己有不同的认识，从而形成自己属于哪类人的观念。自我观念包括理想自我观念和现实自我观念。理想自我观念是指个体期待自己是怎样的，即在个体自我概念中定位成应该是什么样的人。现实自我观念是现实生活中个体的真实情况反映,是个体在现实生活中获得的真实感觉。人们总是不断努力,试图实现理想自我观念。现实自我观念与理想自我观念,哪一个更能影响消费者的购买行为呢?在这一问题上,目前研究者仍有分歧,但较为一致的观点是:现实自我观念与理想自我观念都与购买注意力有着很高的相关性。这表明,二者都是影响消费者选择过程的重要因素。

(四)心理因素

消费者购买行为受动机、知觉、学习以及信念和态度等主要心理因素的影响。

1. 动机

动机是一种驱使人满足需要、达到目的的内在动力,是一种升华到足够强度的需要,它能够及时引导人们去探求满足需要的目标。美国心理学家亚伯拉罕·马斯洛(A. H. Maslow)认为,人是有欲望的动物,只有尚未被满足的需要才会影响人的行为,已满足的需要不再是一种动因。他提出了"需要层次理论",认为人的需要是以层次的形式出现的,按其重要程度的大小,由低级需要逐渐向上发展到高级需要,依次为生理需要、安全需要、社会需要、尊重需要和自我实现需要。只有低层次需要得到一定程度的满足,较高层次的需要才会出现并要求得到满足。此外,美国行为科学家弗雷德里克·赫茨伯格(Fredrick Herzberg)于1959年提出的双因素动机理论也表示,人的行为受到两种因素的影响:保健因素和激励因素。保健因素是指凡是这类因素引起的需要没有能够得到满足的话,人就会产生"不满意",并会导致破坏性行为。激励因素是指这类因素引起的需要如果得到了满足,就会"满意",因而会积极行动。

2. 知觉

知觉是指人对事物传递或表现出的信息的一种综合性反应。知觉包括嗅觉、视觉、味觉、触觉,而它们相对应的感觉则是气味、颜色、味道、软硬等。

处于相同的激励状态和目标情况下的两个人,其行为可能大不一样,这是由于他们对情况的知觉各异。人们之所以对同一刺激物产生不同的知觉,是因为人们要经历三种知觉过程,即选择性注意、选择性曲解和选择性记忆。

(1)选择性注意。人们在日常生活中接受众多的刺激,不可能全部加以注意,而只会注意那些自己感兴趣或者对自己有意义的事物和信息。研究表明,人们更多地关注那些与当前需要有关的刺激物、期待的刺激物以及与一般相比有较大差别的刺激物。例如,人们习惯了一般西瓜的大小,如果市场上突然出现如乒乓球大小的小西瓜,他们则会非常惊奇,会立刻注意到。

(2)选择性曲解。选择性曲解是指人们将接收到的信息加以扭曲,使之合乎自己的认识或意愿的倾向。选择性曲解使顾客对信息的理解不一定符合信息的原貌,例如,年轻人对小西瓜表现出很浓的兴趣,购买可能性高,老年人则会认为小西瓜不符合自然规律,不够安全。

(3)选择性记忆。选择性记忆是指人们倾向于保留那些能够支持其态度和信念的信息,而可能忘记与自己的信念不一致的信息。

人们对于刺激物的理解是通过感觉进行的。所谓感觉,是指通过视、听、嗅、味、触五种感官对刺激物的反应。随着感觉的深入,感觉到的材料通过大脑进行分析综合,从而得到知觉。

3. 学习

人们要行动就得学习。学习是指由于经验而引起的个人行为或行为潜能的持续性改变。人类行为大都来源于学习。一个人的学习是通过驱使力、刺激物、诱因、反应和强化的相互影响而产生的。由于市场营销环境不断变化，新农产品、新品牌不断涌现，消费者必须经过多方收集有关信息之后，才能作出购买决策，这本身就是一个学习过程。

4. 信念和态度

通过学习，人们获得了自己的信念和态度，而信念和态度又反过来影响人们的购买行为。所谓信念，是指一个人对事物所持有的确定性看法。人们根据自己的信念采取行动，如果一些信念妨碍了购买行为，企业就要运用某些手段去影响或修正这些信念。所谓态度，是指一个人对某些事物或某种观念长期持有的好与坏的认识上的评价、情感上的感受和行动上的倾向。态度是具有价值性的，是不易改变的。

三、关于消费者购买行为的调查

（一）关于消费者行为调查的研究概述

消费者行为调查研究是市场调研中最普通、最经常实施的一项研究。

对消费者行为调查研究一般包括几个方面：消费者对产品认知状况的调查与研究、消费者对产品态度与满意度评价的研究、消费者购买行为与态度的调查与研究、消费者使用行为与态度的调查与研究、产品促销活动的认知及接受程度的调查与研究、产品相关信息来源的调查与研究、消费者个人资料信息的调查与研究。

也有的研究机构把消费者行为研究归纳为三个方面：消费者需求研究、消费行为与态度研究以及客户满意度研究。消费者需求研究是对目标消费者（包括个体和组织）进行全面研究，挖掘出消费者的潜在需求，帮助企业正确地进行产品定位和目标市场定位，减少企业在产品选择和市场选择上的失误。消费行为与态度研究，是通过研究不同群体的消费者对某一类产品的消费心理、消费行为、消费需求、消费动机、消费决策过程以及信息获取渠道等，来作为企业产品市场定位以及营销决策的重要依据。客户满意度研究是考察消费者对企业产品和服务的满意程度，包括满意率、顾客忠诚度、顾客抱怨率以及他人推荐率等重要评价指标。

企业开展消费者行为调查主要采用两种方式：一是委托专业市场调查公司来做；二是企业拥有自己的市场调查部门和人员来进行消费者调查。

（二）消费者行为调查的步骤

1. 确定调查目的

为了有针对性地进行市场调查，避免盲目行动所造成的人力、财力的浪费，必须先找出需要解决的问题以及问题的关键所在，确定调查的目的。

2. 制订调查计划

调查计划主要包括如下内容：①调查目的。②调查项目，根据调查目的决定所需要调查的资料的类型，决定所需要调查的项目及内容。③调查方法。④经费估计，经费估计一般是根据文件资料费、交通费、调查费、出差补助费、杂费等项目来进行估计。⑤调查日程安排,根据调查过程中所需要做的各项工作、所需时间及先后顺序,作出调查日程安排,列出调查进度表。

3. 收集调查资料

调查资料的收集一般按照调查内容的需要,遵循从内到外、从现有到实地的原则进行。首先查阅内部资料,然后根据调查课题的需要到有关部门去查阅有关的现有资料,最后进行实地调查,取得所需要的第一手资料。

4. 整理分析资料

资料的整理主要包括以下方面:①清除错误资料,检查是否有由于样本选取错误或计算错误、询问表设计不当、询问记录不全等原因造成的错误资料。②分类编号,为了便于归档和统计,必须将资料按适当的分类进行编号。③统计分析,根据不同类型资料的要求,制成统计表、统计图,计算百分比、平均值等。

5. 撰写调查报告

根据调查情况和分析结论,写出调查报告,供决策者参与。调查报告主要包括五个方面:调查目的、调查方法、调查数据分析及调查结果、建议和附录,将有关调查方法和调查结果的详细资料、统计表等附后,以便决策者查阅。

（三）购买行为调查的调查方法

1. 询问法

询问法是指将拟调查事项,以当面或书面或电话的形式向被访者询问,以获得资料的调查方法。这是消费者行为调查的常规方法,也是获取原始资料的主要方法。询问调查的方式主要有电话调查、邮寄问卷调查和人员访谈调查。

2. 观察法

观察法是指由调查人员或机器（如相机、录音机或某种特定仪器）在现场通过观察并记录被调查者行为的一种收集资料的方法。观察法的特点是使被调查者感受不到正处在被调查之中。这种方法不直接向被调查者提出问题,而是直接观察事实或通过仪器进行收录,以判别被调查者在某种情况下的行动、反应和感受。观察法可分为:直接观察法、亲身经历法、痕迹观察法、行为记录法、展销观察法等。

3. 实验法

实验法是指通过试点取得经验,再由点到面进行推广的工作方法。在因果关系的研究中,实验法是一种非常重要的工具。当要推出一种新的农产品的营销策略时,按调查的项目选择一定的地点、对象、规模,开展小范围的实验,对其结果进行全面的分析、评价,看有无大规模推广的价值、应如何改进才最有效等。常用的实验法有:实验室实验、销售区域实验、模拟实验。

（四）抽样方法

1. 非概率抽样

非概率抽样是依赖研究人员的个人判断而按非随机原则选择样本。非概率样本简便、易行,但其总体不明确,每个样本单位被抽中的概率不详,因此无法运用概率论和统计方法来推断总体,也无法计算抽样误差。这种抽样方法常用于探索性研究和预调查。

（1）便捷抽样。这种抽样选择容易接触的个体作为研究对象,所以抽样单位的选择主要由访谈人员完成,是一种很常用的抽样方法。例如,一个蔬菜销售商在调查其蔬菜口感是否符合大众口味及购买习惯时,可以采用此方法,客观且便捷。

(2) 判断抽样。它也称主观抽样,是由研究人员根据判断选出能够代表总体的样本。当样本量很小或者对调查对象有很严格的要求时,常用判断抽样方法。例如,调查者在对其生产的水果是否满足家庭成员不同需要进行抽样时,可选择家庭中负责购买的成员进行调查。

(3) 配额抽样。它是指根据事先确定好的配额,抽取一定数量的具有某种特征的样本,使得样本的构成与总体的构成尽可能接近。例如,针对不同性别的消费者调查鲜花购买的不同情况时,需要用到配额抽样,以保证男性与女性样本比例与总体接近。

(4) 滚雪球抽样。这是指先抽取少量的符合要求的样本,然后在访谈之后要求这些被访者推荐一些符合条件的其他人,一轮接一轮地推荐下去,样本就像滚雪球一样越滚越大。例如,在调查高端农产品的消费状况时,由于不清楚哪户人家购买并食用高端农产品,因此可以使用滚雪球抽样的方法,以得到符合要求的被访者。

2. 概率抽样

(1) 简单随机抽样。这是最基本的概率抽样方法。该抽样方法保证每一抽样单位都有相同的非零抽中概率,并给出总体参数的自加权估计值。

(2) 分层抽样。这是将总体按某些重要特征分为数个子群(层),各层之间既不能重复也不能有遗漏,然后用简单随机抽样或系统抽样的办法从每层抽取一定数量的样本。

(3) 系统抽样。这是随机抽取第一个样本单位,然后每隔 k 个单位抽取一个样本单位的抽样方法。

(4) 整群抽样。这是将总体分为不同的群组,然后随机抽取一定数量的群组作为样本。

重 要 概 念

农产品需求 "7O"研究法 社会阶层 参照群体 知觉 态度 观察法 实验法
非概率抽样

复习思考题

1. 影响农产品需求的因素有哪些?
2. 如何保障我国的粮食安全?
3. 简单阐述消费者购买的决策过程。
4. 影响农产品购买行为的主要因素有哪些?
5. 对消费者行为进行调查需要采取哪些步骤?

技 能 训 练

根据所附《市场调查及预测工作管理制度》的规定,要求:
(1) 设计一份农产品市场调查问卷。
(2) 完成一次对农贸市场的实地调查。

市场调查及预测工作管理制度

搞好市场调查及预测工作,并据此作出正确的经营方针,是企业提高经济效益十分重要的环节。为对广泛的市场信息进行有效的管理，从而作出近乎实际的市场预测，特制定本工作管理制度。

第一条 市场调查及预测工作在经营主管领导下由销售部门归口，其他各有关部门参与共同完成此项工作。

第二条 市场调查及预测的主要内容及分工：

（1）调查国内各厂家同类农产品全年的销售总量和同行业年生产总量，用以分析同类农产品供需饱和程度和本企业农产品在市场上的竞争能力。此项资料每年6月前由信息中心提供。

（2）调查同行业同类农产品在全国各地区市场占有量以及本企业农产品所占比重。此项资料每年6月前由信息中心提供。

（3）了解各地区消费者对农产品质量、功能等的反馈，以提高农产品质量，开发新品种，满足用户要求。此项资料由质量监督部门和产品研究部门分别在每年6月前提出。

（4）了解同行业农产品更新及改进方面的进展情况，用以分析农产品发展新动向。此项工作由产品研究部门在每年6月前提出。

（5）预测农产品全国各地区及外贸销售量，平衡分配关系。此项工作由销售部门在每年6月前予以整理并作出书面汇报。

（6）搜集国外同行业同类农产品更新发展情报，外贸对本企业农产品销售意向，国外用户对农产品的反映及信赖程度，用以确定对外市场开拓方针。国外技术更新资料由产品研究部门提供，外贸资料由销售部门提供。

第三条 市场调查方式：

（1）抽样调查：对各类型用户进行抽样书面调查，征询对本企业农产品质量及销售服务方面的意见。根据反馈资料写出分析报告。

（2）组织企业负责人、设计人员、销售人员进行用户访问，每年进行一次，每次一个月左右，访问结束，填好用户访问登记表并写出书面调查汇报。

（3）销售人员应利用各种订货会与用户接触的机会，征询用户意见，收集市场信息，写书面汇报。

（4）收集日常用户来函来电，进行分类整理，需要处理的问题应及时反馈。

（5）不定期召开重点用户座谈会，交流市场信息，反映质量意见及用户需求等情况，巩固供需关系，发展互利协作，增加企业农产品竞争能力。

（6）建立并逐步完善重点用户档案，掌握重点用户需要的重大变化及各种意见与要求。

第四条 市场调查用户预测所提供的各方面资料，销售部门应有专人负责管理、综合、传递并与信息中心密切配合，做好该项工作。

第四章　农产品营销的产品策略

农业生产经营企业的一切活动都是围绕农产品进行的，农产品营销的产品策略是农产品市场营销的主体，正确理解农产品整体概念、产品组合、农产品生命周期、农产品的开发与创新、产品品牌以及农产品的分级标准、质量认证等知识，是企业开发生产满足消费者需求的农产品的前提。

第一节　农产品整体概念与产品组合

一、农产品整体概念

农产品营销中的农产品整体概念是指提供给市场，用于满足人们某种欲望和需求的与农产品有关的生产、加工、运输、销售实物、服务、场所、组织、思想等一切有用物，如图4-1所示。

具体说来，农产品整体概念包括以下三个层次：

1. 农产品的核心产品

农产品的核心产品是指消费者购买某种农产品时所追求的效用，是消费者真正的购买目的所在。例如，消费者购买鸡蛋，是为了从鸡蛋中获得蛋白质；购买蔬菜、水果是为了获取维生素等。消费者购买的是农产品的营养而不是农产品本身。营销人员的根本任务是向消费者介绍农产品的实际效用。

2. 农产品的形式产品

农产品的形式产品也称有形产品。农产品的有形产品是农产品核心产品实现的形式，即向市场提供的农产品实体的外观。它由五个标志组成，即农产品的质量、特征、形态、品牌和包装。其中农产品质量是农产品能否畅销的关键因素。农产品的特征、形态、品牌和包装也是农产品畅销的重要因素。例如，五彩辣椒、樱桃番茄等的出现，打破了人们对传统农产品的认识，这些农产品在外观、形状等方面进行创新后，深受消费者欢迎，尽管价格高但销量却很好。

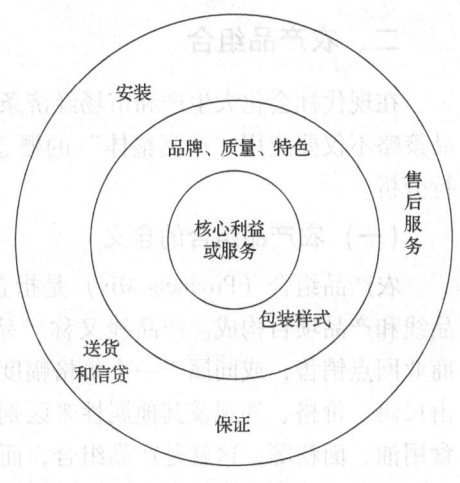

图4-1　农产品整体概念

3. 农产品的附加产品

农产品的附加产品也称延伸产品，是指消费者在取得农产品或使用农产品过程中所能获得的形式产品以外的利益，它包括提供农产品的信贷、免费送货、保证售后服务、农产品知识介绍、种子栽培技术指导等。例如，农民购买大型农资设备可以申请贷款，国家也于2004年出台了相关的补贴政策。

随着生活水平的提高，人们对农产品的需求日益多样化、个性化，从而对各层次意义上的农产品要求更高。首先，消费者购买农产品追求的核心利益是能够买到营养价值高、口感味道好、卫生安全性高以及无污染的优质绿色产品。其次，农产品的质量、特性、包装、品牌等形式特征也是农产品能否畅销的重要因素。最后，良好的服务是整体产品中日益重要的一部分。加强农产品服务，不仅能增强农产品的竞争力，而且能提高农产品的附加值。农业生产经营者必须树立农产品整体概念：一是通过科技创新逐步建立农产品技术质量标准体系，加快"绿色产品"生产，使农产品在营养价值、口感、口味、卫生安全等方面达到市场需求标准。二是重视农产品的包装，使其做到"多样化、组合化、小型化、精品化、透明化、绿色化、国际化"。三是搞好农产品商标注册、宣传和保护，加强品牌推广与扩展，树立农产品的品牌形象。四是增强对农产品的服务意识，搞好农产品的分级、切割、保鲜等工作，建立配送服务等售后服务体系。

农产品整体概念是在市场经济条件下对农产品概念的完整、系统、科学的表述，对于农产品市场营销管理具有重要的指导意义。它以消费者基本利益为核心，指导整个市场营销管理活动，是农产品生产经营企业贯彻市场营销观念的基础；农产品生产经营企业只有提供产品三层次的最佳组合才能确立农产品的优势市场地位；农产品生产经营企业要想在激烈的市场竞争中取胜，就必须致力于创造自身农产品的特色。

二、农产品组合

在现代社会化大生产和市场经济条件下，大多数企业都生产和销售多种产品。因此，产品策略不仅要应用"产品整体"的概念，而且要对企业生产经营的全部产品的组合情况进行分析。

（一）农产品组合的含义

农产品组合（Products Mix）是指企业生产经营的全部农产品的结构。农产品组合由产品线和产品项目构成。产品线又称产品大类，是指产品类别中具有密切关系（或经由同种商业网点销售，或同属于一个价格幅度）的一组产品。产品项目是指某一品牌或产品大类，由尺码、价格、外观及其他属性来区别的具体产品。例如，某农业综合企业生产经营大米、食用油、面粉等，这就是产品组合，而其中的大米、食用油、面粉等大类就是产品线，食用油中的豆油、棉籽油、花生油等就是产品项目。

企业的农产品组合有一定的宽度、长度、深度和关联性。所谓农产品组合的宽度，是指一个企业生产经营的产品线的数目。例如，上述农产品组合中，企业经营大米、食用油、面粉三条产品线，其宽度为3。长度是指一个企业的农产品组合中所包含的产品项目的总数。如上所述，如果大米有粳米和籼米，食用油有豆油、菜籽油、花生油，面粉有强精粉、弱精粉，那么，农产品组合的长度为7。深度是指每一条产品线中所含产品项目的多少。例如，花生油有生食油（凉拌）和烹调油，其农产品组合的深度为2。综合性的花卉商场经营的花卉不仅有盆花、干花、鲜切花，而且还有种球、盆景等，其农产品组合的深度为5。关联性是指一个企业的各个产品线之间在最终用途、生产条件、分销渠道或其他方面存在的相关程度。

（二）农产品组合分析

农产品组合是由不同的产品线构成的，而产品线则由该农产品组合中的许多产品项目构成。竞争者不断进入市场和改变市场营销决策，使得企业周围的市场营销环境不断变化。这些变化，有可能给企业带来风险和机会。农产品组合分析主要是分析现有农产品组合是否和企业的利润等目标要求一致。企业只有不断分析、评价、调整和优化农产品组合，才能扩大销售，提高企业盈利。

（1）分析产品线中各个产品项目的销售和盈利情况，并实施相应策略。每一个产品线中不同的产品项目的销售额和利润额是不同的，假设某农业综合企业的某产品线中包含有五个产品项目，第一个产品项目占整个产品线总销售额的50%，占总利润额的35%，第二个产品项目的比率分别为30%、30%，即这两个产品项目的总销售额和总利润额占整个产品线的80%、65%。如果这两个项目突然受到竞争者的打击，该产品线的总销售额和利润额就会急剧下降。因此，把销售额集中在少数几个产品项目上，意味着产品线具有脆弱性，企业必须密切监视。另外，如果第五个产品项目的销售额和利润额均只占产品线销售额和利润额的4%，则可以考虑停止生产经营这种滞销、效益低下的农产品。

（2）分析同一市场上本企业各个产品线的产品项目与竞争者同类产品的对比情况，并采取相应对策。企业必须针对竞争者产品线的情况，分析自己产品线的定位问题，以实现农产品最佳组合。假设某企业的一条产品线是乳制饮料，它的主要优良属性一个是营养价值，一个是味道。企业的乳制饮料有A公司、B公司两个竞争者。A公司生产较高营养价值、味道甜的饮料和一般营养价值、味道甜的饮料。B公司生产高营养价值、味道甜的饮料，一般营养价值、味道甜的饮料，较高营养价值、味道甜的饮料和高营养价值、味道微酸的饮料。企业根据市场上这两个竞争者的分布情况，权衡利弊，决定生产一般营养价值、味道微酸的饮料，把市场定位在B公司的旁边和B公司进行竞争。一般营养价值、味道微酸的饮料没有竞争者，是"产品空白点"。造成这种"产品空白点"的原因可能是生产这种饮料不合算，也可能是这种饮料市场需求不足，抑或其他公司没有发现，而某企业首先发现。可见，进行产品项目市场定位分析，对于企业了解产品线、不同产品的竞争状况以及抓住市场机会意义重大。

（三）农产品组合定量评价方法

农产品组合决策首先必须确定企业所经营产品的现状。这仅靠前述的定性分析还不够，需要进行进一步的定量评定。

四象限评价法又称波士顿矩阵，是根据农产品的市场占有率和销售增长率评价产品的方法，如图4-2所示。

波士顿咨询公司主张，一个经营单位的相对竞争地位和销售增长率是决定整个经营组合中每一经营单位应当奉行什么样战略的两个基本参数。以这两个参数为坐

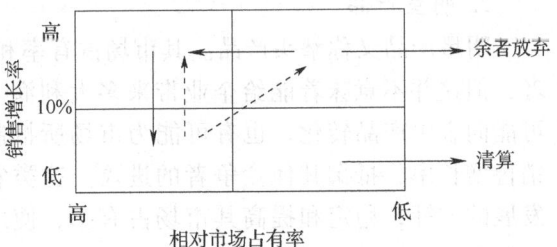

图4-2　销售增长率—市场占有率矩阵

标，波士顿咨询公司设计出一个具有四象限的网格图，如图4-2所示。横轴代表经营单位的相对竞争地位，它以经营单位相对于其主要竞争对手的相对市场占有率来表示。相对竞争地位决定了该经营单位获取现金的速度。因为如果一个经营单位较之竞争对手有较高的市场占有率，它就应该有较高的利润率，从而能得到较多的现金流量。在这里，以相对市场占有率

而非绝对市场占有率来代表竞争地位，是由于前者更好地说明了与主要（或最大）竞争对手的关系。例如，如果企业的一个经营单位具有10%的市场占有率，那么在一个主要竞争对手分别有12%的市场占有率和45%的市场占有率两种不同的情况下，具有10%市场占有率的企业就意味着具有不同的竞争地位。显而易见，第一种情况表明企业较第二种情况更具有竞争性。因此，以相对市场占有率来表示竞争地位更具合理性。而任意一年某经营单位的相对市场占有率计算公式如下：

$$相对市场占有率 = \frac{经营单位的绝对市场占有率}{主要竞争对手的绝对市场占有率} \times 100\%$$

在波士顿矩阵中，纵轴表示销售增长率。销售增长率代表着对一个经营单位来说市场的吸引力大小，也就是说，它决定着投资机会的大小。如果销售增长迅速，就为迅速收回资金、支付投资收益提供了机会。当然，由于销售增长得越快，维持其增长所需的资金就越多，因而这样的机会也可能带来一些问题。销售增长率的计算公式如下：

$$销售增长率 = \frac{当年市场需求 - 去年市场需求}{去年市场需求} \times 100\%$$

一般说来，高销售增长率被认为是高于10%，而高与低相对市场占有率的分界线是1.5倍，也就是说，如果某一经营单位的销售额是其主要竞争对手的1.5倍或更多，则它被认为具有较高的相对市场占有率。然而，这种划分并非绝对，根据不同行业的需要，可以采用不同的划分界限。

需要指出的是，市场占有率和销售增长率这两个界限的划分是相对的，在实际工作中应根据市场状况、企业能力和规模以及产品属性等具体情况和以往经验来确定。处于不同象限的各类农产品的特征和策略如下：

1. 金牛产品

金牛产品又称厚利产品。一般表现为市场占有率高，但销售增长率缓慢下降，偶见缓慢增长。这类农产品有很好的市场基础，销售量大，是企业利润的主要来源。它往往处于市场生命周期的成熟期，发展前途不大，企业应重点保护，加强管理，设法延长其市场生命周期，防止其过早衰退。一般应提供足够的投资，使资金周转顺利，保持其企业利润主要提供者的地位。在此基础上，再求改进，提高其盈利水平。

2. 明星产品

明星产品又称拳头产品。其市场占有率和销售增长率都高。它是高成长市场中的领先者，但这并不意味着能给企业带来多大利润。由于它处于市场生命周期的成长期，既有可能向金牛产品转化，也有可能为市场所抵制，因此企业常常要投入大量资金来维持其销售增长率，抵御其他竞争者的进攻。这类农产品往往是企业的希望所在，应采取积极发展的方针，稳定和提高其市场占有率，使之转化为金牛产品，促使其为企业创造更高的利润。

3. 问题产品

问题产品又称风险产品。这类农产品的销售增长率高但市场占有率很低，表明其处于成长期，今后可能有前途但目前缺乏竞争力。企业的大多数农产品都是从这类农产品起步的，一般需要大量投资，添置厂房、设备和人员，以适应迅速成长的市场需要并赶超主要竞争对手。这类农产品理论上有3个移动方向，即可能成为拳头产品、厚利产品或衰退产品。企业必须分析造成其高销售增长率、低市场占有率的原因，研究市场需求和竞争状况。在投资上应当慎重，不宜过多经营该类产品。一般是集中于一个或两个这类产品，并准备多种预案。

4. 瘦狗产品

瘦狗产品又称衰退产品。这类农产品的销售增长率往往呈急剧下降或缓慢增长趋势，市场占有率也很低，一般是微利或无利可图的农产品，继续经营，可能得不偿失。对这类农产品，企业必须考虑其销售增长率是否可能回升，或是否可能重新成为市场领先者，否则应迅速放弃。

（四）农产品组合策略

企业在调整和优化农产品组合时，依据不同的情况，可选择如下策略：

1. 缩减农产品组合

当市场不景气或原料、能源供应紧张时，较长、较宽的农产品组合不一定会为企业带来盈利机会，反而可能带来风险。此时，缩减农产品可能使总利润上升。这是因为从农产品组合中剔除了那些获利很小甚至亏损的产品线或产品项目，使企业集中精力发展有活力的产品线或产品项目。

2. 扩大农产品组合

扩大农产品组合策略包括拓展农产品组合的宽度和增强农产品组合的深度。前者是在原农产品组合中增加一个或几个产品线，扩大农产品经营范围；后者是在原有产品线中增加新的产品项目。当企业现有产品线的销售额和利润额可能下降时，则可在现行农产品组合中增加新的产品线，或加强其中有发展潜力的产品线。当企业准备为更多的子市场提供满足多种需求的农产品时，则可选择在原有产品线内增加新的产品项目。一般而言，扩大农产品组合，可使企业充分地利用人、财、物等资源，分散风险，增强竞争能力。

3. 农产品延伸

每一企业的农产品都有其特定的市场定位。农产品延伸策略是指全部或部分地改变企业原有农产品的市场定位，具体做法有向上延伸、向下延伸和双向延伸三种。

（1）向上延伸。向上延伸是指企业在原来生产低档农产品的基础上，增加高档农产品。主要原因有：①高档农产品畅销，销售增长较快，利润率高。②企业估计高档农产品市场上的竞争者的竞争实力较弱，容易被击败。③企业想使自己成为生产产品种类齐全的企业。采取向上延伸战略也要承担一定的风险，如：可能引起生产高档农产品的竞争者进入低档农产品市场，进行反攻；未来顾客可能不相信企业能生产高档农产品；企业的销售代理商和经销商可能没有能力经营高档农产品。

（2）向下延伸。向下延伸是指企业在原来生产高档农产品的基础上，增加低档农产品。例如，某花卉企业原来只生产高档花卉，现在根据市场需要又同时生产一些中低档花卉。企业采取这种策略的主要原因有：①企业发现其高档农产品的销售增长缓慢，因此不得不将其产品线向下延伸。②企业的高档农产品市场竞争激烈，必须用侵入低档农产品的方式来反击竞争者。③企业当初进入高档农产品市场是为了建立其质量形象，然后再向下延伸。④企业增加低档农产品是为了填补空隙，阻止竞争者的介入。

（3）双向延伸。双向延伸是指原定位于中档农产品市场的企业掌握了解市场优势以后，决定向农产品大类的上下两个方向延伸，一方面增加高档农产品，另一方面增加低档农产品，扩大市场阵地。

三、农产品质量与认证

（一）农产品质量与标准

1. 农产品质量

人类从远古时代开始，就逐渐学会了利用天然物和存在于自然界的各种资源条件生产各种农产品，既包括种植的稻、粟、黍、稷、麦、菽（豆科总称）、瓜、果、菜、花、桑、麻、药，饲养屠宰用的猪、狗、牛、羊、马、鸡等畜禽，也包括一些加工品，如布匹、丝麻织品、酒等。

人们对农产品的最基本也是最重要的要求就是，在食用（使用）时，农产品能真正满足消费者的需要。从这一概念出发，就引出了适用性这一名词。农产品质量的定义也就由此产生。农产品质量是指反映农产品满足明确和隐含需要的能力的特性总和。为了能够定性定量地用农产品质量特性这个名词来具体反映农产品的适用性，一般把农产品质量特性分为以下五类：

（1）内在特性。它由农产品的理化性能体现，如稻米的直链淀粉、胶稠度、糊化温度、蛋白质、食味，米粉和米面的自然断条率、弯曲断条率、烹调性等，小麦的蛋白质、面筋、赖氨酸含量等。

（2）加工特性。如稻米的加工精度、杂质总量、不完善粒、碎米总量、出糙率、整粳米率等。

（3）感官特性。如稻米的外观品质（垩白粒率、长宽比、垩白度、透明度、色泽等）、市场品质（气味、手感）等。

（4）安全卫生状况。如农产品重金属元素（如砷、汞、镉、铅等）和黄曲霉毒素 B_1 等的含量、农药残留量以及细菌等其他有害物质的含量。

（5）农产品使用的指标值。它主要是指可靠性，如保质期、保鲜期、货架期、储存方法、干重等商业特性。可靠性是指在规定的时间和条件下完成规定功能的能力。

社会地位、经济收入和购买力不同的人，对农产品质量的要求也不同。同一种农产品，由于质量特性的水平不同，其满足消费者的需要也不同。这种质量水平的差异称为农产品质量等级。

农产品质量中的"质量"是一个术语，不应作为一个单一的术语来表示在比较意义上的优良程度，也不应用于定量意义上的技术评价。为了表达这些含义，应适用下列术语：

（1）"相对含量"，表示农产品在优良程度和比较意义上按相对的基准排序。

（2）"质量水平"和"质量度量"，表示在定量意义上进行精确的技术评价。

（3）在某些文献中，质量是指"适用性""适合目的性""顾客满意"或"符合要求"，这些仅表示了质量的某些方面。

所谓的农产品品质，实质上指的就是农产品质量，其内涵是营养品质、加工品质和商业品质等的总称。其中，营养品质是农产品的物质基础和核心，商业品质是农产品的外在客观要求。

2. 农产品标准中的质量要求

作为农产品生产、加工、流通等各项活动的准则和依据的标准，需要明确提出一些应该达到的并能够运用一定方法进行检验的质量要求，这些质量要求构成了农产品标准的核心。

(1) 农产品标准中的质量要求内容。不同类型的农产品标准有着不同的质量要求内容，其中每一个具体的农产品标准的质量要求也是各异的。表 4-1 列举了农产品标准中的质量要求内容。

表 4-1 农产品标准中的质量要求内容

质量特性	质量特性要求	示　　例
1. 性能	使用性能要求	新鲜度、干重、储存方法等
	外观和感官性能要求	色泽、气味、食味品质、手感、包装等
	理化性能要求	直链淀粉、胶稠度、糊化温度、蛋白质、食味、容重、硬度、矿物质含量、营养成分等
2. 可靠性	可靠性要求	保质期、保鲜期、货架期等
3. 安全性	安全要求	农药残留量、重金属含量等
	卫生要求	砷、汞、镉、铅、亚硝酸盐等限量卫生标准，致病菌、传染病、寄生虫等
	环境保护要求	大气、水质、土壤污染限制等
4. 适应性	环境条件要求	温度、光照、水体、土壤、大气等
	稳定性要求	对酸害、盐害、冷害、热害的反应，耐储运性、耐储藏性、耐病性等
5. 经济性	投入品要求	水、电、肥料、饲料、添加剂、农药、兽药、渔药、疫苗和其他农业生产资料等

(2) 制定农产品标准中质量要求的注意事项。主要有以下三点：

1) 农产品标准中的质量要求应以系统最佳为目标。农产品标准中的各项质量要求可以看做是一个系统，这个系统的目的或特定功能是由许多目标或指标形成的。因此，不能只从某一质量要求出发，要着重从系统的整体性对农产品标准中的质量要求进行优化组合，选出最佳方案。

2) 农产品标准中的质量要求应尽可能具体和量化。农产品标准中的质量要求也就是规定的质量特性和特征，它们有的直接反映消费者的要求，有的间接反映消费者的要求。无论是直接反映消费者要求的"真正特性"，还是间接反映消费者要求的"代用特性"，它们在农产品标准中的指标都需要以量化结果加以表示，形成质量特性值。

3) 农产品标准中的质量要求应能够测试和便于检验。农产品标准中经过量化的质量要求，常常体现为一些计量或计数的质量特性值。这些质量特性值应该能够用检测手段和符合要求的监测技术与方法来完成实验和检验工作，并且这些质量特性值检测所应用的手段、技术和方法在经济上是合理的。在选择质量特性和确定质量特性值的过程中，应同时制定质量特性值的检测方法和规则，并做到检测方便、费用少。

（二）产品质量认证及其特点

1. 产品认证在农业领域的运用

（1）产品认证在农业领域的运用及发展。认证在农业生产中的运用是从开展有机农业及有机农产品认证开始的，大致经历了三个发展阶段。第一个阶段是第二次世界大战后至20世纪70年代初，一些追求有机农业生产方式的农场主自发组合形成区域性的社团组织或协会等民间团体，自行制定规则或标准指导有机农业生产，并相应产生了一些专业民间认证机构，对自愿接受认证的农场进行评审，认定其生产方式是否符合有机农业生产方式的要求，并对来源于有机农业的农产品进行标识。第二个阶段是20世纪70年代中期至80年代后期，随着一批洲际性和区域性有机农业组织的成立，特别是1972年国际有机农业运动联盟（IFOAM）的成立，国际性的民间组织开始制定世界范围的非政府性"有机农业基本标准"，民间认证机构跨国跨区域开展有机农产品认证。这一阶段还出现了其他一些农业特别栽培方式的农产品认证，如日本、韩国的减农药、减化肥栽培方式的农产品认证等。第三个阶段是20世纪90年代以后，美国、日本、澳大利亚以及欧洲一些国家的政府纷纷对有机农业和有机农产品认证实施立法、制定标准、设立政府监管机构，规范有机农业生产和有机农产品认证及标签标识。同期，我国也先后开展了绿色食品、有机食品和无公害农产品的认证工作。

（2）农产品质量安全认证在我国的兴起与发展。无公害农产品认证是为适应当前我国农产品质量安全工作需要和完成"无公害食品行动计划"目标，由各级农业行政主管部门组织开展的一项重要的农产品质量安全工作。2001年，部分省、市农业部门开始试验性地开展无公害农产品认证相关工作；2002年，国家政府部门开始制定统一的法规和标准；2003年，经中央机构编制委员会办公室批准成立农业部农产品质量安全中心，并经国家认证认可监督管理委员会核准，负责全国无公害农产品认证工作，这项工作是采用行政性运作模式、实行产地认定与产品认证相结合的公益性认证制度。我国绿色食品认证是20世纪90年代初，农业部为顺应"高产、优质、高效"农业发展的要求和国民消费水平不断提高的要求而开展的一项农产品认证工作，采取的是"政府推动，市场运作"的方式，即政府统一制定管理规范、技术标准，建立专门的机构，实行质量认证与证明商标使用许可相结合的资源性认证制度。有机食品认证是20世纪90年代中期为能够因地制宜地发挥部分地区生态环境良好、人力资源充足的劳动密集型农业的优势和针对国外部分特别消费群体的消费需求而开展的认证，采用的是纯市场运作方式，即由社会中介性质的各家认证机构，借鉴国外一些认证机构的标准和规范进行经营性认证，具有典型的民间行为特征。

目前，无公害农产品认证、绿色食品认证和有机食品认证各有特色，相互补充，在我国形成了"三位一体，整体推进"的农产品认证发展格局。

2. 我国农产品认证认可工作体系

国家认证认可监督管理委员会、国家质量监督检验检疫总局、农业部、国家经济贸易委员会、对外贸易经济合作部（现为商务部）、卫生部、国家环境保护总局（现为环境保护部）、国家工商行政管理总局和国家标准化管理委员会九部委在《关于建立农产品认证认可工作体系的实施意见》（国认注联〔2003〕15号）中提出，建立农产品认证认可工作体系的指导思想是：坚持国务院确定的统一规划、强化监管、规范市场、提高效能和与国际接轨的认证认可工作原则,在国家认证认可监督管理委员会统一管理、监督、综合协调和各有关方面共同实施的工作机制下,建立并完善我国农产品认证认可工作体系,提高农产品认证评价的一致性和有效性,促进农产品等"菜篮子"产品的质量卫生安全水平的提高,为农业结构调整、增加农民收入,改善我国生态环境和扩大农产品出口创汇服务。

实施意见中还提出了建立我国农产品认证认可工作体系的工作重点,主要包括:

一是建立统一、规范的农产品认证认可体系。我国农产品认证要借鉴和引入工业产品认证认可的经验和有关做法,统一认可制度、统一认可机构、统一认可标准和认可程序,保证认可工作的公正、公开、公平,加快农产品认证工作的步伐。

二是实行统一的农产品认证机构、认证咨询机构和认证培训机构的国家认可制度。按照国家认证认可监督管理委员会、国家质量监督检验检疫总局、国家工商行政管理总局、对外贸易经济合作部《关于印发〈认证机构及认证培训、咨询机构审批登记与监督管理办法〉的通知》(国认可联〔2002〕21号)的有关规定,从事农产品认证、认证咨询和认证培训等业务的机构要办理审批和登记注册;农产品认证机构应当取得国家认证认可监督管理委员会授权的认可机构的资质认可;对农产品认证培训机构、农产品认证人员实施注册、备案制度。

三是以与国际接轨为目标,结合我国国情,建立国家农产品认证标准。以现阶段我国已经开展的无公害农产品、绿色食品和有机食品等认证为基础,统一、完善相关的认证标准体系,逐步使我国农产品认证与国际通行的认证标准和认证形式接轨。

四是制定有利于社会监督和促进有序竞争的农产品认证标志(标识)管理办法。通过认证标志,建立认证质量的可追溯制度,认证机构要对其认证结果的有效性承担责任。根据国家有关规定,适时对直接食用的农产品实行强制性产品认证制度和出口验证制度。

五是加强对农产品认证机构、认证咨询机构与认证培训机构的管理和监督检查。通过政策引导和加强监督管理,引入市场竞争机制,培育一批运作规范、社会信誉高、符合国际通行规则要求的农产品认证机构。加强对境外相关认证机构、认证咨询机构和有关代理机构以及独立检查员的监督检查。

六是在农产品生产、加工企业中积极推行 HACCP(危害分析与关键控制点)管理体系及认证。调动全社会的积极性,通过认证帮助、指导企业在生产过程中建立并调整关键控制点限值,及时纠正偏差,保证产品的质量卫生安全符合规定要求,提高企业的科学管理水平。

七是推动建立贯穿农产品种植、养殖、加工、储运、经销全过程的质量卫生安全管理体系。在农产品生产、加工、储运、经销企业(包括种植业、养殖业、加工业、储存运输业、批发零售业等)中开展质量管理体系认证、环境管理体系认证、职业健康安全管理体系认证,促进农产品生产、加工、经销企业质量管理水平的全面提高。

2003年9月3日,国务院颁布了《中华人民共和国认证认可条例》,该条例的实施是推进我国认证认可监督管理体制改革的重大举措,在依法监督和规范认证认可工作方面迈出了重要的一步,也为我国农产品质量认证工作提供了法律依据。

3. 现阶段我国的农产品质量认证

在我国,农产品质量认证是农业系统为适应农业发展新阶段的需要而拓展的一项新工作,是针对农产品质量进行的一种认证性质的管理活动。

目前，我国农产品质量认证的主要对象有无公害农产品、绿色食品和有机食品。这三种认证基本形式构成了当前我国农产品质量认证的基本框架。从认证方式上看，无公害农产品认证采取产地认定和产品认证相结合的方式；绿色食品认证采取质量认证和商标管理相结合的方式；有机食品认证则主要按照国际通行的做法，一年一认证，注重的是过程。

无公害农产品是一种代表我国农产品整体质量水平的质量标志，有机食品也是各认证机构独有的代表不同机构特征的质量标志，而绿色食品则不仅仅是一种质量标志，同时还是一种注册商标，拥有自己的专用知识产权，即把标志作为一种特定的产品质量证明商标注册，从而使该标志使用在产品或产品包装上以后，既具有认证标志的作用，又有证明商标的作用。

无公害农产品、绿色食品和有机食品认证都是"无公害食品行动计划"的有机组成部分，在认证实践中，实行"三位一体，整体推进"的发展策略。但三类产品认证的指导思想是有区别的：无公害农产品认证是当前的主导认证工作，也是"重中之重"；绿色食品认证要不断扩大规模，培育市场；有机食品认证则是在有条件的地方逐步开展，以促进出口。

在国际上，与农产品质量相关的认证有HACCP（危害分析与关键控制点）认证、GMP（良好生产规范）认证、GAP（良好农业规范）认证、SSOP（卫生标准操作规程）认证、ISO 9000（质量管理和质量保证体系系列标准）认证、ISO 14000（环境管理和环境保证体系系列标准）认证等，但它们都侧重于产品质量管理体系认证。

综上所述，农产品质量认证的特点可概括为：①认证的对象是初级农产品及其加工品。②认证的依据是不同称谓的产品所执行的标准。③认证的实质是针对农产品进行全面质量管理的一种活动，是农业管理部门在推进农产品质量升级过程中所采取的一种工作方式和手段。④认证的目的是提高农产品质量，维护消费者权益，进而达到农业增效、农民增收、农产品竞争力增强的目的，使农业可持续发展。

四、农产品分级与标准化

（一）农产品分级的概念及目的、意义

1. 农产品分级的概念

农产品分级（Classification of Agriculture Products）是指按农产品质量的高低划分商品等级。它是生产者能否将产品投入市场的重要依据，也是经营者便于质量比较和定价的基础。分级应根据事先制定的质量标准进行。

2. 农产品分级的目的及意义

农产品收获以后应该经过一系列商品化处理，再进入流通环节。分级的主要目的是使农产品商品化。

通过分级可区分产品的质量，为其使用性和价值提供参数、等级标准，在销售中可作为一个重要的工具，给生产者、收购者和流通渠道各环节提供贸易语言。等级标准是评定产品质量的技术准则和客观依据。分等分级有助于生产者和经营者在产品上市前的准备工作和标价。等级标准还能够为优质优价提供依据，能够以同一标准对不同市场上销售产品的质量进行比较，有利于引导市场价格及提供信息，有助于解决买方和卖方赔偿损失的要求和争论。

分级不仅可以贯彻优质优价的政策，还可以促进农产品管理技术的改进，推动农产品生

产向良性化发展。通过分级，剔除伤、病、虫害农产品，不仅可以减少储运中的损失，还可以减轻一些病虫害的侵染传播。总之，分级是农产品生产、销售及消费之间互相促进、互相监督的纽带，是农产品商品化的必要环节，是提高农产品质量及经济效益的重要措施。

（二）农产品分类分级

1. 粮食的分级

粮食的原始品质主要决定于粮食品种、完善粒状态、杂质和水分。不同的品种，由于其成分不同，品质不同，用途也不同。即使是同一品种，由于完善粒及杂质的比例不同，其耐储性能及加工出的产品质量也不同。因此，为了保障加工产品质量的一致性，更好地进行粮食营销，有必要对收购的粮食进行分级分等，分别管理。

不同粮食品种分级依据不同。例如，小麦和玉米以容重定等级，下面以小麦为例具体介绍国标是如何给粮食分级的，如表4-2所示。

表4-2　国标中小麦的分级

等级	容重/(g/L)	不完善粒(%)	杂质(%) 总量	杂质(%) 矿物质	水分(%)	色泽、气味
1	≥790	≤6.0	≤1.0	≤0.5	≤12.5	正常
2	≥770	≤6.0				
3	≥750	≤6.0				
4	≥730	≤8.0				
5	≥710	≤10.0				

注：水分含量大于表中规定的小麦收购，按国家有关规定执行。

2. 果蔬的分级

果蔬的分级方法有人工分级和机械分级两种。目前我国普遍采用的分级方法是人工分级。

（1）人工分级。人工分级有两种：一是单凭人的视觉判断，按果蔬的颜色、大小将产品分为若干级。用这种方法分级的产品，容易受心理因素的影响，往往偏差较大。二是用选果板分级，选果板上有一系列直径大小不同的孔，根据果实横径和着色面积的不同进行分级。采用这种方法分级的产品，同一级别果实的大小基本一致，偏差较小。人工分级能最大限度地减轻果蔬的机械损伤，但工作效率低，级别标准有时不严格。

（2）机械分级。采用机械分级，不仅能够消除人为的心理因素的影响，更重要的是显著提高了工作效率。各种选果机械都是根据果实直径大小进行形状选果，或者根据果蔬的不同质量进行的质量上的选果，或是按颜色分选而设计制造的。

我国目前果蔬的商品化处理与发达国家相比差距甚远，只在少数外销商品基地才有选果设备，绝大部分地区使用简单的工具，按大小或质量人工分级，逐个挑选、包装，工作效率低。而有些内销的产品则不进行分级。

水果分级标准因种类、品种而异。我国目前的做法是在果形、新鲜度、颜色、品质、病虫害和机械伤等方面已符合要求的基础上再按大小进行手工分级，即根据果实横径的最大部分直径，分为若干等级。例如，我国出口的红星苹果，直径从65mm到90mm，每相差

5mm，为一个等级，共分为 5 等。河南省的分级标准为从 60mm 到 85mm 的苹果，每相差 5mm 为一个等级。葡萄分级主要以果穗为单位，同时也考虑果粒的大小。根据果穗紧实度、成熟度、有无病虫害和机械伤，能否表现出本品种固有颜色和风味进行分级。一般可分为三级：一级果穗大小适中，穗形美观完整，果粒的大小均匀，充分成熟，能呈现出本品种固有色泽，全穗没有破损粒和小青粒，无病虫害；二级果穗大小形状要求不严格但要充分成熟，无破损粒和病虫害；三级果穗即为一二级淘汰下来的果穗，一般用做加工或就地销售，不宜储藏。

蔬菜由于食用部分不同，成熟标准不一致，所以很难有一个固定统一的分级标准，只能按照对各种蔬菜品质的要求制定个别的标准。蔬菜分级通常根据坚实度、清洁度、大小、质量、颜色、形状、鲜嫩度以及病虫感染和机械伤等分级，一般分为三个等级，即特级、一级和二级。特级品质最好，具有本品种的典型形状和色泽，不存在影响组织和风味的内部缺点，大小一致，产品在包装内排列整齐，在数量或质量上允许有 5% 的误差。一级产品与特级产品有同样的品质，允许在色泽和形状上稍有缺点，外表稍有斑点，但不影响外观和品质，可允许 10% 的误差。二级产品可以呈现某些内部和外部缺点，价格低廉，采后适合于就地销售或短距离运输。

经分级后的果蔬商品，大小一致，规格统一，优劣分开，从而提高了商品价值，降低了储藏与运输过程中的损耗。

3. 绿色农产品的分级

我国的绿色农产品分为 A 级和 AA 级两种。其中，A 级绿色农产品生产中允许限量使用化学合成生产资料，AA 级绿色农产品则较为严格地要求在生产过程中不使用化学合成的肥料、农药、兽药、饲料添加剂、食品添加剂和其他有害于环境和健康的物质。按照农业部发布的行业标准，AA 级绿色农产品等同于有机农产品。

（三）标准与标准化的概念

标准（Standard）是为在一定范围内获得最佳秩序，对活动或结果规定共同的和重复使用的规则的文件，该文件需经协商一致制定并经一个公认机构批准方可生效。国际标准化组织（ISO）、国际食品法典委员会（CAC）和世界贸易组织（WTO）关于农业标准化的文件是国际最权威的法规和标准。标准化是为在一定范围内获得最佳秩序，对实际的或潜在的问题制定共同的和重复使用的规则的活动。

自标准实施之日起，至标准复审重新确认、修订或废止的时间，称为标准有效期，又称标龄。由于各国情况不同，标准有效期也不同。以国际标准化组织（ISO）为例，ISO 标准每 5 年复审一次，平均标龄为 4.92 年。我国在《国家标准管理办法》中规定国家标准实施 5 年要进行复审，即国家标准有效期一般为 5 年。

（四）标准的分类

从世界范围来看，标准分为国际标准、区域性标准、国家标准、行业标准、地方标准与企业标准。

在我国，按标准的制定和管理划分，将标准分为国家标准、行业标准、地方标准和企业标准四级。我国的国家标准由国务院标准化行政主管部门制定；行业标准由国务院有关行政主管部门制定；地方标准由省、自治区和直辖市标准化行政主管部门制定。对没有国家标准和行业标准而又需要在省、自治区、直辖市范围内统一的产品的安全、卫生要求，可以制定地方标准，代号为"DB"加上地区代码前两位数组成，地方标准在相应的国家标准和行业标准实施后自行废止；企业标准由企业自行制定，企业生产的产品没有国家标准、行业标准的，应当制定相应的企业标准，作为组织生产的依据，企业的产品标准须报当地政府标准化行政主管部门和相关行政主管部门备案。已有国家标准或者行业标准的，国家鼓励企业制定严于国家标准或者行业标准的企业标准，在企业内部适用。

按标准的法律效力划分，可分为强制性标准和推荐性标准。具有法律属性，在一定范围内通过法律、行政法规等手段强制执行的标准是强制性标准，其他标准是推荐性标准。国家强制性标准的代号为"GB"，国家推荐性标准的代号为"GB/T"，字母"T"表示"推荐"的意思。

按标准的内容划分，可分为术语标准、符号代号标准、产品标准、化学分析方法标准、包装标准、信息分类编码标准等。

按标准的形式划分，可分为实物标准和用文字表达的标准。用文字表达的标准又称为文件标准。

（五）农产品标准

农产品标准是对农产品的质量、规格以及与质量有关的各个方面所作的技术规定、准则。在进行农产品收购、调拨、储运以及销售的整个商品化过程中，应当严格执行国家对农产品制定的质量、规格标准。农产品标准除了质量标准、环境标准、卫生标准、包装标准、储藏运输标准、生产技术标准以外，还包括添加剂的使用标准、农产品中黄曲霉毒素的允许量标准和农药残留量标准等。农产品标准将会随着科技的进步和市场需求的变化不断增删，不断完善。

我国将农产品大致分为普通农产品、绿色农产品、有机农产品和无公害农产品。不同农产品的生产标准各不相同。

1. 普通农产品的标准

（1）说明标准所使用的对象。这是指首先要说明该标准应用于什么农产品，采用的是什么工艺以及分类或等级。有的还指出这种农产品的用途或使用范围。

（2）规定农产品商品的质量指标及各种具体质量要求。这是标准的中心内容，包括技术要求、感观指标、理化指标等项目。技术要求一般是对农产品加工方法、工艺、操作条件、卫生条件等方面的规定。感观指标是指以人的口、鼻、目、手等感官鉴定的质量指标。理化指标包括农产品的化学成分、化学性质、物理性质等质量指标。许多农产品还规定了微生物学指标及无毒害性指标。

（3）规定抽样和检验的方法。抽样方法的内容包括每批农产品应抽检的百分率、抽样方法和数量、规定抽样的工具等；检验方法是针对具体的指标，规定检验的仪器及规格、试剂种类及规格、配制方法、检验的操作程序、结果的计算等。

（4）规定农产品的包装、标志以及保管、运输、交接验收条件、有效期等。值得特别指出的是，大多数农产品是人们日常生活必不可少的主要食品，为了保障人民群众的身体健康，必须坚决贯彻执行《中华人民共和国食品卫生法》的规定。规定明确指出，要禁止生产、经营腐败变质、油脂酸败、霉变、生虫、污秽不洁、混有异物或者其他感观性状异常而可能对人体健康有害的食品；禁止生产经营含有有毒有害物质或者被有毒有害物质污染而可能对人体健康有害的食品。在制定和推行农产品标准中，应当把国家制定的食品卫生标准作为重点，为确保农产品安全服务。

2. 绿色农产品的标准

绿色农产品（Green Agriculture Products）是遵循可持续发展原则、按照特定生产方式生产、经专门机构认定、许可使用绿色农产品食品标志的无污染的农产品。可持续发展原则的要求是，生产的投入量和产出量保持平衡，既要满足当代人的需要，又要满足后代人同等发展的需要。绿色农产品在生产方式上对农业以外的能源采取适当的限制，以更多地发挥生态功能的作用。

绿色农产品标准是应用科学技术原理、结合绿色食品实践、借鉴国内外相关标准所制定的，在绿色农产品生产中必须遵守绿色农产品食品质量认证时必须依据的技术性文件。它既是绿色农产品生产者的生产技术规范，也是绿色农产品食品认证的基础和质量保证的前提。绿色农产品标准是国家行业标准，对经认证的绿色农产品生产企业来说，是强制性标准，必须严格执行。

绿色农产品标准主要包括绿色农产品产地的环境标准（《绿色食品 产地环境质量标准》）、绿色农产品生产技术标准、绿色农产品产品标准、绿色农产品包装标准、绿色农产品储藏运输标准等。

以上标准对绿色农产品产前、产中、产后全程质量控制技术和指标作了明确规定，既保证了绿色农产品无污染、安全、优质、营养的品质，又保护了产地环境，并使资源得到合理利用，以实现绿色农产品的可持续生产，从而构成一个完整的、科学的标准体系。

3. 有机农产品的标准

有机农产品（Organic Agriculture Products）是根据有机农业原则和有机农产品生产方式及标准生产、加工出来的，并通过有机食品认证机构认证的农产品。它的原则是，在农业能量的封闭循环状态下生产，全部过程都利用农业资源，而不是利用农业以外的能源（化肥、农药、生产调节剂和添加剂等）影响和改变农业的能量循环。有机农业生产方式是利用动物、植物、微生物和土壤四种生产因素的有效循环，不打破生物循环链的生产方式，生产的是纯天然、无污染、安全营养的食品，也称为"生态食品"。

有机农产品执行的是国际有机农业运动联盟的"有机农业和产品加工基本标准"。有机农产品在我国尚未形成大的消费群体，产品主要用于出口。虽然我国也发布了一些有机农产品的行业标准，但我国有机农产品执行的标准主要是出口国要求的标准。目前，欧盟、美国、日本、澳大利亚、加拿大、墨西哥、阿根廷、韩国等都已制定了有机农业及产品生产、加工准则性的标准。有机农产品的标准集中在生产加工和储运技术条件方面，无环境和产品质量标准。

4. 无公害农产品的标准

无公害农产品是产地环境、生产过程和产品质量均符合国家有关标准和规范的要求，经认证合格获得认证证书并允许使用无公害农产品标志的未经加工或者初加工的农产品。

无公害农产品执行的是国家质量监督检验检疫总局发布的强制性标准及农业部发布的行业标准。产品标准、环境标准和生产资料使用准则为强制性国家或行业标准，生产操作规程为推荐性行业标准。目前，国家质量监督检验检疫总局和国家标准化管理委员会已发布了4

类无公害农产品的 8 个强制性国家标准，农业部发布了 200 余项行业标准。

5. 农产品的检验

农产品检验是根据标准对农产品的质量进行科学鉴定以判断其质量的高低、使用价值的大小。农产品检验的宗旨应坚持为生产服务，促进农产品生产的发展和农产品质量的提高；坚持为消费者服务，保护消费者的经济利益和身体健康；坚持为市场服务，贯彻国家按质论价政策，进行公平交易和公平竞争，促进市场经济健康有序发展。

农产品检验与标准相互联系，密不可分。任何一种产品标准的制定，必须以大量的检验结果、正确的检验数据为依据；标准发布后，要确定其产品的质量和分等划级，必须依据标准中规定的质量指标，通过检验来确定。

农产品的检验方法一般分为感观检验和理化检验两大类。感观检验在农产品检验中使用十分广泛，其优点是快速简便，有一定准确性，无需专门仪器、设备。对于农产品的新鲜度、成熟度、色香味的判断都具有使用价值。理化检验是利用各种仪器设备、器械和化学试剂来鉴定农产品的质量。它与感观检验相比，结果较准确，能用具体数值表示，并且可用以测定农产品的成分、结构和性质。随着现代科学技术的发展，农产品检验必须向科学化、仪器化和快速、少损或无损的方向发展。

（六）农产品分级与标准化体系的建立和推行

1. 农产品分级与标准制定带有明显的特殊性

与工业品标准化生产相比，农产品生产因受地域、时间、气候等因素影响，其品质很难划一，即便是同一品种、同一地区、同一季节之下生产的农产品，其成果的大小、粗细、长短、高矮、成色、肥瘦、成分含量等都不相同，加上生产技术的不同，产品品质更是千差万别。因此，农产品分级与标准化相对困难。

就农产品分级与标准制定原则而言，既要符合社会主义市场经济现代化建设要求，又要符合经济、实用、安全的要求，体现国家的经济政策与技术政策，适应生产发展与消费水平提高的需要。有些商品标准的制定还要适合我国国情，既要从实际出发，考虑目标顾客的需要，又要考虑到科学技术的发展情况，以促进农产品商品质量的不断提高，提高农业经营现代化水平。

就农产品标准化体系范围确定而言，农产品标准体系是农业标准体系的重要组成部分，它包括农业、畜牧业、水产业、林业等产品，如粮、棉、油、麻、果、蔬、茶、肉、蛋、奶、鱼、烟、糖、菌、花、木、竹、皮、毛等。具体要抓好以下几个方面的标准化工作：

（1）农副产品等级标准。

（2）种子、苗木、种畜禽、水产品种苗等品种和用种质量标准以及农用生产资料质量标准。

（3）农艺技术规范。

（4）农副产品包装、储存（冷藏）和运输标准。

就农产品质量检测体系建立与完善而言，农产品质量监测体系是为提高农产品质量，由各类具有农业专业技术和监测能力的检验、测试机构组成的监测网络，是农产品标准化的重要组成部分。今后，健全并完善农副产品和农用生产资料监测体系，对农副产品和农业生产资料及各类农业标准的实施进行监测，将成为农业标准化工作的重点。

就农产品分级与标准级别和性质而言，粮食、棉花、油料三大主要农作物以及其他农副产品，种子、化肥、农药等几种重要的农用生产资料标准的制定，由国家负责，以利于规范粮食、棉花、油料等主要农产品的收购、贸易的市场秩序，打击制售假冒伪劣农用生产资料的行为，保护农民和消费者的利益。地方农业标准主要针对当地农业生产优势品种，制定种子和产品标准，以及具有区域性的农艺生产过程技术规范，以利于推广先进适用的种植、养殖生产技术，促进区域农业经济发展。

随着我国农业生产结构调整和加入世界贸易组织，国家加强了对农产品标准制定与修订工作，积极为今后我国农产品分级与标准化提供技术与法律保障，这将有助于加速我国农业产业化发展进程，提升我国农业生产发展水平，提高我国农产品市场竞争力。

2. 农产品分级与标准化的推行

农产品分级与标准化是一项复杂而艰巨的系统工程，其实施需要涉及多个部门，需要农产品生产者、经营者、消费者和政府部门的通力合作。

（1）加强农业产业化经营以及各成员对农产品分级与标准化的认识。农产品分级与标准化要通过广大农技人员、农产品商品检验员、农产品生产经营者以及广大消费者来执行。如果农产品分级与标准不被农民群众所了解和掌握，农产品分等分级与标准化工作就不可能全面、完整地实施。因此，必须组织广大农民、农业经营企业、农业技术管理人员学习各项技术标准，树立严格执行标准的科学态度。

（2）严格强化农产品生产、加工、销售各环节的标准化工作。农产品的生产经营过程十分复杂，生产、加工、包装、储存、运输、销售各环节既要有分工，又有联系，互相制约，互相影响，无论在哪一环节出了问题，都会影响农产品商品质量。所以必须把农产品商品质量标准分解落实到各个环节，建立起明确的质量责任制，确保农产品的质量。解决农产品分级标准问题，最有效的办法就是在农产品生产阶段进行，如在某一地区集中推广某一作物品种，则农产品的质量相对容易符合标准要求。

（3）抓好农产品分级与标准化的推广示范工作。长期以来，我国农业生产经营部门很少对农业及农产品实施标准化，农产品分级与标准化程度低，目前仍然缺乏执行农业及农产品标准、农产品分等分级与标准化的群众意识与实践基础。因此，要使农业企业，尤其是广大农民群众提高农产品商品标准意识，接受并不厌其烦地执行标准，必须做好对他们的说服、教育与示范工作。通过龙头企业、农业基地、农业科技园、农业示范区的开发项目（如绿色产品、生态产品、基因产品项目等）标准执行示范，逐步推广，让农民学好、用好农产品计量、标准化技术，在农业产业化中广泛实施农产品分级与标准化，提高农产品的科技含量、质量、价值和市场竞争力。

（4）加快农产品标准化开发项目的建设。农产品种类繁多，有种植业产品、林产品、水产品以及畜产品等，其中有满足个人或家庭消费需要的，也有满足轻工业加工需要的；有满足国内需要的，也有满足国外需要的。要在农业产业化的生产、加工、销售过程中全面实施农产品分级与标准化工作，难度很大，也不切实际。因此应有所侧重地推行农产品分级与标准化，要以顾客订单项目为重点，抓好出口农产品以及内销农产品的分级与标准化，然后循序渐进。

（5）加强先进、适用农产品标准的交流、引进和推广。采用国标标准和国外先进标准（如国际标准化组织"ISO"和国际食品法典委员会"CAC"等），是当前世界各国技术经济发展的普遍趋势。由于先进、适用标准是当代科学技术的结晶，代表了先进生产力，因此根据本国国情与实际，加强国与国、地区与地区、企业与企业之间先进、适用农产品标准的交流、引进和推广，能够提高自身农产品质量和经济效益，增强农产品在地区间、企业间以及国际市场上的竞争力，加速我国农产品标准化工作的进程，提高国民经济各部门技术装备水平，有利于使我国形成一个门类齐全、协调统一、相互配套的标准体系，促进国民经济的发展。

（6）加强对农产品标准化执行情况的监督管理。在农产品生产过程中，尤其是在有机农产品生产过程中，要使其选种、繁育、栽培（养殖）、施肥（喂养）等都达到规定的技术质量标准，必须加强各环节的质量检验工作，加强对农产品标准化执行情况的监督管理。农产品商品检验是根据农产品商品标准规定的质量指标确定商品质量优劣的工作，是农产品商品质量应把的第一道关，是农产品生产、加工、流通各环节中各自应做好的一项工作。加强国内农产品的质量监督，可以保证整个农产品市场秩序的正常化，防止急功近利和短期化行为，防止少数见利忘义的不法分子损害国家和消费者的利益。加强对外贸易农产品的质量监督，可以保证出口农产品商品质量符合对外贸易需要，提高其国际市场信誉和竞争力；对进口农产品中出现的质量问题，及时发现、处理，提出索赔，可以避免国家与农产品生产经营企业的经济损失。因此，必须加强政府部门、消费者团体对农产品商品质量的监督管理，防止不合格的农产品及其加工品流入市场。

农产品分级与标准化不仅是促进我国农业产业结构调整的重要手段和基础工作，也是增强我国农产品国内外市场竞争力，促进我国农业生产，繁荣农村经济的重要手段和基础工作。

五、关于农产品质量安全的讨论

20世纪90年代，国内逐步开始了对农产品质量安全的研究，最初的研究主要偏重于阐述农产品质量安全的重要性，比较我国与其他国家的政策体制，提出我国农产品质量安全的发展思路。进入21世纪后，国内对农产品质量安全的相关研究逐步深入，主要集中在以下几个方面：农产品质量安全问题产生的原因、政府的宏观监管及存在的问题与对策。

屈冬玉（2003）、范小建（2004）等指出，我国没有建立起有效的质量安全管理工作体系是影响农产品质量安全的主要原因。赵春明（2005）把影响农产品质量安全的有害物质生成过程归纳为从农田到餐桌的八个过程。王宁（2012）从法律、农产品流通及政府监管三个角度出发，总结我国农产品质量安全存在的主要问题。他认为农产品产地的大气、水源、土地等环境因素，生产者为追求利益最大化使用大量的化肥与农药，销售者为保持质量外观、延长保质期使用添加剂等现象都为农产品质量安全埋下了隐患。而我国的法制化进程刚刚起步，农产品质量安全方面的法律法规暂不健全，执法机构责任划分不清，对自己的角色定位不清晰，执法过程缺乏规范性，加之我国农产品安全监管模式存在缺陷，农产品质量安全认证体系不完善，农业标准化建设体系不健全等，这些问题都无法使得我国农产品的质量得到有效保证。刘俊华等（2003）在分析美国、加拿大、欧盟和日本农产品（食品）安全监督管理体系的基础上提出我国农产品（食品）安全监督管理体系的发展应该实现从单一对产品的监督管理向对企业和产品双重对象监督管理转变；从产品最终监督检验向食品生产全过程监督转变。周应恒等（2008）指出，蔬菜从农场到餐桌要经过生产、加工、流通等诸多环节,供给体系应该趋于复杂化和国际化。应华(2013)指出,提高农产品质量安全首先应提高认识,加强组织领导;其次要突出重点,实施综合整治;最后,要通力协作,强力推进农产品安全监管工作。

第二节　农产品生命周期

产品在市场上的销售情况及其获利能力会随着时间的推移而变化。这种变化的规律就像人和其他生物的生命一样,从诞生、成长到成熟,最终将走向衰亡。企业应根据产品特性和市场需求相应地改变产品的市场营销战略,只有这样才能在动态市场中生存和发展。

一、农产品的市场生命周期概念及特点

农产品的市场生命周期是指农产品从进入市场到退出市场所经历的市场生命循环过程。产品的市场生命周期指的是市场寿命,而不是产品的使用寿命。产品经过研究开发、试销,只有进入市场后,它的市场生命周期才算开始,产品退出市场,虽然它可能仍然能够使用,但它的产品生命周期已结束。在一般情况下,根据农产品销售变化的情况,可以把整个农产品的市场生命周期划分为四个阶段,即投入期、成长期、成熟期、衰退期,如图4-3所示。

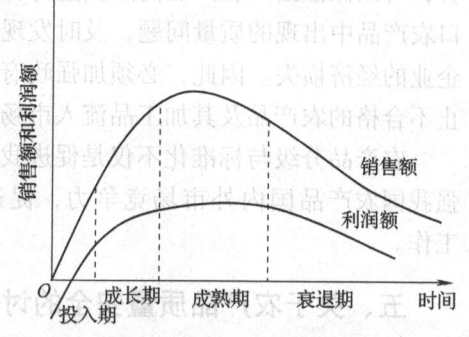

图4-3　农产品的市场生命周期曲线

1. 投入期

投入期是指农产品刚刚进入市场,处于向市场推广介绍的阶段。此时,消费者对农产品还不了解,销售量很低,可能只有少数追求新奇的消费者购买,销售增长率低,一般不超过10%。为了扩大销售,需要大量的促销费用,对农产品进行宣传推广。在这一阶段,由于技术方面的原因,农产品不能大批量生产,因而平均到每个产品上的成本高,农业企业的销售额增长缓慢,利润少,甚至有可能亏损。例如,有机蔬菜的生产和销售,在刚刚进入市场时,由于广大消费者对它还不太了解,消费意识不够,导致有些企业出现微利,所以应加强宣传。

2. 成长期

成长期是指农产品已为市场的消费者所接受,销售量迅速增加的阶段。随着投入期销售取得成功,农产品开始进入成长期。此时,消费者对农产品已经了解并熟悉、接受,消费者大量购买,市场逐步扩大。农产品已具备大批量生产的条件,生产成本相对下降,农业企业的销售额迅速增加,增长率超过10%,利润额也迅速增长。但是,在这一阶段,竞争也随之出现并逐渐激烈。销售和利润的迅速增长使得有些企业看到有利可图,纷纷进入市场,参与竞争,使同类农产品供给量增加,价格随之下降,企业利润增长速度逐渐减慢,最后达到生命周期利润的最高点。

3. 成熟期

成熟期是指农产品在市场上已经普及,市场容量基本达到饱和,销售量变动较少的阶段。经过成长期以后,市场需求趋于饱和,潜在的消费者已经很少,农产品销售量增长缓慢

甚至有可能停滞或下降，标志着农产品进入了成熟期。在这一阶段，竞争达到白热化，价格战非常激烈，促销费用增加，利润下降。

4. 衰退期

衰退期是指农产品已过时，新产品或新的代用品出现，销售量迅速下降的阶段。竞争的加剧，导致有些农业企业经营陷入困境，新的农产品或代用品逐渐代替原有的农产品，使消费者的消费习惯发生改变，转向消费其他产品，从而使原有的农产品销量迅速下降，利润额迅速减少，标志着农产品已经进入衰退期。

需要说明的是，图4-3给出的是农产品市场生命周期的一般规律，实际上由于受到各种主客观因素的影响，某些产品并不一定按照生命周期的正常规律变化。有的农产品由于决策失误，刚上市不久就被淘汰，没有经过成长期、成熟期而直接跨入衰退期，有些农产品因长期无新产品或代用品与之竞争，或虽有新产品或代用品上市，但不能完全取代而淘汰原有的农产品，致使原农产品的成熟期无限延长。例如，20世纪60年代，早生水蜜桃曾经在西安红火一时，但是不久就在市场上销声匿迹了。而"红富士"苹果却一直畅销不衰。

二、农产品市场生命周期各阶段的策略

1. 投入期的市场营销策略

在农产品投入期，由于消费者对农产品的陌生，企业必须通过各种手段把农产品投放市场，力争提高本企业农产品的知名度。此时，营销的重点主要集中在促销和价格上。可采取以下四种策略：

（1）快速掠取策略。这是指高价格、高促销费用策略。农业企业在制定高价格的同时，开展大规模的促销活动，以求迅速扩大销售量，取得较高的市场占有率。这一策略采用的条件是：大多数潜在消费者根本不了解该产品，已经了解的消费者急于求购，愿出高价；企业面临潜在竞争者的威胁，急需造势，以高价优质树立声誉，建立消费者对自己产品的偏好。例如，绿色蔬菜、微型番茄等在上市之初大多采用这种策略。

（2）缓慢掠取策略。这是指高价格、低促销费用策略。这种策略可使农业企业获取更多的利润。其采用的条件是：农产品的市场规模较小，竞争威胁不大，市场上大多数消费者愿意支付高价。

（3）快速渗透策略。这是指低价格、高促销费用策略。目的是迅速扩大市场、占有最大市场份额。其采用的条件是：该农产品市场容量大；潜在消费者对产品不了解，且对价格十分敏感；潜在竞争比较激烈；农产品单位成本随着生产规模和销售量的扩大而迅速下降。

（4）缓慢渗透策略。这是指低价格、低促销费用策略。目的是在市场竞争中以廉取胜，稳步前进。其采用的条件是：市场容量大；消费者对价格比较敏感；有相当多的潜在竞争者。

2. 成长期的市场营销策略

农产品进入成长期后，消费者的使用量大量增加，企业的销售量和利润都大幅度增加。但是，竞争也逐渐加剧。此时，企业的重点是继续扩大市场占有率，树立农产品和企业形象。可选择策略有：

（1）改善农产品品质。例如，改进农产品质量，增加绿色农产品和有机农产品的品种

等。提高农产品的竞争能力,满足消费者更广泛的需求,吸引更多的顾客。

(2) 寻求新的子市场。加强市场调研,通过市场细分,找到新的尚未满足的子市场,根据子市场的需要组织生产,不断开辟新市场。例如,运用地理细分标准,夏天将北方的蔬菜销售到南方市场。

(3) 改变广告宣传的重点。广告促销要从介绍农产品转移到宣传特色、树立新产品形象上来,确立农产品的"知名度",维系老顾客,吸引新顾客。

(4) 在适当的时机采取降价策略。这样可以激发那些对价格比较敏感的消费者产生购买动机和采取购买行为。

3. 成熟期的市场营销策略

农产品进入成熟期后,市场容量基本饱和,销售增长率较低。在成熟期后期,销售增长率可能出现负增长。这一阶段,企业重点应放在保持农产品的市场份额上,并努力延长农产品的市场生命周期。企业可采取的策略有:

(1) 调整市场。这种策略不是要改变农产品本身,而是发现农产品的新用途或改变推销方式等,以使农产品销售量得以扩大。采用这种策略可从三个方面考虑:①寻找新的细分市场,把产品引入尚未使用过这种农产品的市场,重点是要发现农产品的新用途,应用于其他领域,延长成熟期,如顾客购买花卉是为了欣赏,但当企业发现某些花卉除了欣赏之外,其发出的香味还具有驱蚊功能,就可以重新细分市场,宣传其新的功效,以此扩大市场占有率。②寻找能够刺激消费者、增加农产品使用频率的方法。③市场重新定位,寻找有潜在需求的新顾客。

(2) 调整产品。即以产品自身的改变来满足消费者不同的需要,吸引有不同需求的消费者。营销中的农产品任何一层次的调整都可视为农产品再推出。

(3) 调整市场营销组合。即通过对农产品产品、定价、渠道、促销四个市场营销组合因素加以改良,延长农产品的成熟期。例如,在提高农产品质量、增加农产品花色品种的同时,通过降低价格、加大购买折扣、补贴运费、延期付款、增加广告宣传、增设分销网点、增加人员推销的规模等,提高企业的竞争力。

4. 衰退期的市场营销策略

当农产品进入衰退期时,企业既不能一弃了之,也不能恋恋不舍,需要认真地研究分析,决定采用什么策略、在什么时间退出市场。可选择的策略有:

(1) 继续策略。继续沿用过去的策略,在目标市场、价格、分销渠道、促销活动等方面保持原状。由于众多的竞争者纷纷退出市场,现有的顾客会集中到少数保持经营的企业,企业通过提高服务质量,发扬经营特色,销售量有时不一定减少。

(2) 集中策略。企业把能力和资源集中到最有力的细分市场和销售渠道上,缩短经营路线,从中获取利润。

(3) 缩减策略。精简营销人员,大力降低促销费用,并从忠实于本企业农产品的顾客中获取眼前利润。

(4) 放弃策略。对于衰退比较迅速的农产品,企业应放弃经营,把农产品完全转移出去或立即停止生产,也可以采取逐步放弃的方式,使其所占有的资源逐步转移到其他产品。例如,企业原来生产盆花,现可转向生产切花或其他农产品。

三、农产品生命周期的管理

（一）产品生命周期管理（Product Lifecycle Management）的定义

产品是制造企业和客户之间产生关系的纽带，因此产品生命周期管理与客户关系管理之间也有着天然的联系。通过分析各研究机构和企业对产品生命周期管理的定义可以更好地理解两者之间的关系。如何定义产品生命周期管理是一个十分重要的问题。由于不同行业、企业的需求和特点不同，产品生命周期管理的具体含义和实施内容也有所不同。到目前为止，并没有一个公认的产品生命周期管理的定义。以下是几个有代表性的国际著名咨询机构、产品生命周期管理公司和组织关于产品生命周期管理的定义：

（1）专注于产品生命周期管理研究的咨询公司 CIMdata 认为，产品生命周期管理是一种企业信息化的商业战略，其应用一整套业务解决方案将企业中的人（包括客户、设计人员及供应商等）、过程和信息有效地进行集成，作用于产品从概念设计至报废的整个生命周期，支持与产品有关的协作研发、管理、分发和使用的所有信息。

（2）IBM（国际商业机器公司）认为，产品生命周期管理是一种商业哲理，认为产品数据应该可以被管理、销售、市场、维护、装配、购买等不同领域的人员共同使用；产品生命周期管理系统是工作流和相关支撑软件的集合，其允许对产品生命周期进行管理，包括协调产品的计划、制造和发布过程。

（3）电子数据系统公司（EDS）认为，产品生命周期管理是一种以产品为核心的商业战略，其应用一系列商业解决方案协同地支持产品信息的生成、管理、分发和使用；地域上横跨整个企业和供应链；时间上覆盖从产品的概念设计至报废的全生命周期。

（4）四家资深的工业分析公司给产品生命周期管理下的定义是：产品生命周期管理是提高产品开发效率的必要的企业基础结构，它描述了一个复杂的技术和服务框架，允许制造公司及其合作伙伴和客户，可以贯穿整个生命周期对产品进行分析、设计、制造和管理。

（5）软件公司 MSC Software 给的定义是：产品生命周期管理是采用一种全新的方法和视角连接起来的一组已有技术的集合，使产品信息可以被组织中任何需要的人员获取和使用。

（二）产品生命周期管理的核心功能

产品生命周期管理解决方案中所需要的功能可以按照不同的方式进行分类和描述，不同的企业会关注不同的功能。产品生命周期管理主要包括以下功能：

1. 数据管理

数据管理是产品生命周期管理的核心功能之一，用来管理所有与产品相关的信息（包括零件信息、配置、文档、CAD（计算机辅助设计）文件、结构、权限信息等）和所有与产品相关过程（包括过程定义和管理）的技术。

2. 产品结构与配置管理

产品结构与配置管理是以电子仓库为底层支持，以物料清单（BOM）为组织核心把定义最终产品的所有工程数据和文档联系起来，实现对产品数据的有效组织、控制和管理。

3. 过程管理

过程管理用于管理产品生命周期各个阶段的任务、人员和数据。通过过程管理控制设计人员对产品数据的修改,包括项目管理、工作流管理和产品生命周期管理。项目管理主要面向项目负责人,对过程的划分是粗粒度的,对产品开发过程执行不提供支持。

工作流管理系统对产品开发过程执行提供有效的支持。它对任务的描述是细粒度的,产品生命周期管理提供与产品有关的所有信息及其相关过程的各种功能,这些功能是目前项目管理和工作流管理中所不能涉及的。

4. 可视化与浏览

可视化、浏览、打印产品和过程相关数据,包括浏览器、虚拟原型以及数字样机系统等技术。

5. 数据交换

数据交换技术是使产品和过程相关数据从应用于某一系统的一种形式转化为应用于另一系统的另一种形式。

6. 协同软件

协同软件是使人员在产品和过程相关数据的支持下协同工作的系统,包括电子邮件、讨论组、聊天室、内联网、外联网、项目共享空间、门户和项目目录等。

7. 系统集成

集成技术包括产品生命周期管理组件之间的集成以及与企业资源计划系统(ERP)、供应链管理系统(SCM)、客户关系管理系统(CRM)等其他应用系统之间的集成,实现应用系统之间的信息共享和数据转换。支持产品生命周期中企业内部和外部的资源共享,实现以产品为核心的协同开发、制造和管理。

(三)产品生命周期管理的应用

产品生命周期管理应用是一个或多个产品生命周期管理核心功能的集合体,提供一套可满足产品生命周期具体需求的功能,它代表了产品生命周期管理解决方案的某一视图。随着产品生命周期管理在企业的推广应用,许多不同的产品生命周期管理功能应用被开发出来,如配置管理、工程变更管理、文档管理等,现在都已成为产品生命周期管理的标准功能。这些应用缩短了产品生命周期管理的实施时间,并将许多成功的实施经验融合在这些应用中。典型的产品生命周期管理应用有:

1. 变更管理

变更管理使数据的修订过程可以被跟踪和管理,它建立在产品生命周期管理核心功能之上,提供一个打包的方案来管理变更请求、变更通知、变更策略,最后到变更的执行和跟踪等一整套方案。

2. 配置管理

配置管理建立在产品结构管理功能之上,它使产品配置信息可以被创建、记录和修改,允许产品按照特殊要求被建造,记录某个变形被使用来形成产品的结构。同时,也为产品周期中的不同领域提供不同的产品结构表示。

3. 工作台

工作台将完成特定任务必需的所有功能和工具集成到一个界面下,使最终用户可以在一个统一的环境中完成诸如设计协同、数据样机、设计评阅和仿真等工作。

4. 文档管理

文档管理提供图表、文档、实体模型安全存取、版本发布、自动迁移、归档、签审过程中的格式转换、浏览、圈阅和标注，以及全文检索、打印、邮戳管理、网络发布等一套完整的管理方案，并提供多语言和多媒体的支持。

5. 项目管理

项目管理是指管理项目的计划、执行和控制等活动，以及与这些活动相关的资源，并将它们与产品数据和流程关联在一起，最终达到对项目的进度、成本和质量的管理。

6. 产品协同

产品协同是指提供一类基于因特网的软件和服务，能让产品价值链上每个环节的每个相关人员不论在任何时候、任何地点都能够协同地对产品进行开发、制造和管理。

7. 产品构型

产品构型管理是应对系列化产品设计和生产的有效方法。通过构型管理避免产品发生局部修改，或更换选件时重新构造物料清单表和数据准备等繁重的任务。

四、关于品种生命周期的讨论①

良种繁育是种子工作的基础，只有繁育出质量高、适销对路的品种，各级种子公司才能产生比较好的经济效益。而每一个作物品种在其从推广到淘汰的经营生命中都呈周期性变化，即经过试验示范期、推广期、稳定期和淘汰期。在品种经济生命周期性变化中，良种繁育工作应针对品种各个时期的特点采取相应的策略，以适应市场的需要。

1. 试验示范期

试验示范期是指品种从培育到区试、示范直至投入市场的阶段。此阶段的主要特点有：①性状还未稳定，一部分品种还有分离现象。②种子数量比较少，材料不全面。③品种比较多，群众还没有掌握各个品种的特征、特性及栽培技术要点。此阶段时间比较短，一般为2~3年。良种繁育策略是：

（1）试验示范相结合。每年应搞好新品种的引进试验示范，做好试验总结、材料收集、信息整理。对于适应本地气候条件、高产优质、有发展前途的品种应立即着手建立"三圃田"，扩大繁殖系数，力争在此品种开始大面积推广时已生产出足够本地使用及外销的种子，以新取胜。

（2）编写品种介绍及栽培技术要点，扩大宣传。

（3）对表现好的示范田，组织有各级领导参加的现场会、鉴定会，扩大影响，引起领导重视。

2. 推广期

推广期是指品种从投放市场到大面积种植的阶段。此阶段的特点有：①性状已经稳定，群众反映好。②种子数量大，需种量呈直线上升，供种缺口大，面积上升速度快。③群众基本掌握了品种特征、特性及栽培技术要点。④良种繁育部门增加，市场竞争激烈。此阶段时间短，一般为2~3年。良种繁育策略是：

---

① 张瑜，张宏泽，桑景红. 品种经济生命周期与良种繁育策略[J]. 种子科技，1994（4）.

（1）扩大繁殖面积，增加人力、物力，疏通渠道，加强县乡联营、村组结合，扩大对外宣传。此阶段时间短，需种量大，力争短时间内多产优质种子，以满足市场需求。

（2）加强原、良种田管理，保证种子质量。

（3）改进选择方法，提高选择水平。

（4）编写栽培技术要点，做到良种良法一起推广。

（5）制定合理的价格。

3. 稳定期

稳定期是指品种从推广到面积稳定的阶段。此阶段的特点有：①推广栽培面积及种子销售数量基本稳定。②销售成网络，市场呈饱和状态。稳定期时间较长，一般为4~5年或者更长。良种繁育策略是：

（1）了解品种饱和的原因：①饱和在品种退化上。②饱和在品种茬口上。③饱和在价格上。④饱和在种子质量上。针对不同的饱和原因采取相应的措施，提高原良种质量，搞好品种提纯复壮，采用合理的价格，扩展销路。

（2）增加销售网点，提高服务质量，采用多种多样的促销手段扩大销售。

（3）做好后备品种梯队建设，搭配其他新品种。

4. 淘汰期

淘汰期是指品种从种植面积开始下降到淘汰的阶段。此阶段的特点有：①栽培面积下降。②销售数量减少。③价格开始下降。④品种的退化现象表现明显，抗逆性、增产潜力、纯度下降。⑤群众不愿种植。淘汰期前一二年面积下降缓慢，后期下降速度加快。良种繁育策略是：

（1）逐年减少良种繁育面积，保证种子质量，严格控制种子积压。

（2）进行市场和生产情况调查，了解淘汰原因，收集品种资料，为以后良种繁育提供参考。

（3）搞好新品种的更新换代工作，选择其他的适宜品种。

第三节　农产品开发

一、农产品新产品的含义

市场营销中的"新产品"的概念比科学技术领域的"新产品"的内容要广泛得多。它是指在原理、结构、物理性能、化学成分、材料、功能和用途等某一方面或几个方面，与原有产品比较有显著特点的产品。具体地说，新产品可分为以下四种：

1. 全新产品

这是指应用新原理、新技术、新材料、新结构制造的前所未有的产品，如转基因大豆等食品的发明。像这样的新产品是极为难得的。因为一项科学技术上的发明从理论到技术，从实验室到工业生产，需要经历很长时间，花费巨大的人力和资金。绝大多数企业是难以提供此类新产品的。

2. 换代新产品

这主要是指在原有产品的基础上，部分采用新技术、新材料制成的性能有显著提高的新产品。例如，"红冠龙"抗病西瓜是在西瓜枯萎病和炭疽病抗性人工接种鉴定筛选及其遗传规律研究的基础上杂交组合而成，其品质、抗病性、丰产性、瓤色均优于对照品种"西农8号"。这种新产品属于换代新产品。

3. 改进新产品

这是指对原有产品在结构、包装或款式等方面作出改进的新产品。例如，新疆哈密瓜过去只能鲜销和做成哈密瓜干，为扩大市场，又开发出瓜脯、瓜酱、瓜汁等，这类产品与原有产品的差距不大，进入市场后也容易为消费者所接受。但由于这种创新比较容易，企业之间的竞争也就更加激烈。

4. 仿制新产品

这是指对市场上已有产品仿制后加上企业自己的品牌和商标后第一次生产的产品。从市场竞争和企业经营上看，在新产品的发展中，部分仿制和全面仿制是不可避免的。仿制产品能缩短产品开发的时间，降低设计成本，同时又能保证市场接受。例如，山东寿光市的番茄，原来都是大果形的品种，近年来引进了以色列"圣女""朱丽"等樱桃番茄小果形品种，其形状好，口感佳，深受消费者喜爱。但由于仿制产品需要付出一定的代价购买专利，因此企业从中得到的收益不一定很大。

二、农产品新产品的开发

为使新产品尽可能成功和发展，满足市场要求，新产品开发应遵循以下原则：

1. 新产品必须有市场潜力

新产品开发是从营销观念出发所采取的行动，因此首先必须是适应社会经济发展需要、适销对路的产品。没有市场的产品，对企业而言再新也没有意义。因此，新产品要符合以下要求：

（1）有特色。有特色包括式样新、功能全或高能化等。新产品应给消费者以特殊的感受，使其产生购买欲望。尤其在市场上产品品种繁多、消费者信息有限的情况下，有特色的新产品才能起到吸引消费者的作用。

（2）节能、小型、标准化。新产品能耗小，可以减少消费者的使用成本。小型化是指在功能不变的情况下能细小轻便，便于使用，或者是体积重量略增而功能大大提高。标准化则是指产品结构、形式等力求精简、标准，达到产品系列化、标准化、通用化，便于使用，如西瓜小型化、番茄微型化。标准化生产满足了顾客求新、求方便以及生产集约化的要求。

（3）使用安全、质量可靠。新产品必须有一定的安全性，保证常规使用不会给消费者造成伤害。消费者对新产品缺乏了解，产品中的一些安全隐患因为新也不易察觉，因此，新产品开发必须严格遵守国家的有关规定，经受各种测试和检验，实验成熟后再推向市场。同时新产品不应是假冒伪劣产品，应保证使用质量，维护消费者权益。无公害蔬菜、水果之所以受到顾客的欢迎，与其遵循安全可靠原则、满足市场需求有很大关系。

2. 新产品开发必须有开发和生产能力

新产品开发是一项高风险、高投入的活动，不能盲目进行，而必须同时考虑企业的开发能力以及开发出来后的生产能力。要研究新产品研制出来后，企业的生产条件（资金、技术、原材料等）是否具备。如果有了新产品而不能生产，新产品开发的经济效果就会大大降低。

3. 抓好新产品开发管理

新产品开发也是一项非常复杂的活动，资源消耗大，因此必须抓好开发管理，提高开发效率。它包括对开发计划、可行性研究、开发规划制定、实施过程的管理以及营销方案的制订等一系列工作。抓好管理是新产品开发成功的重要保证。

三、农产品新品种的认定

为了减少新产品开发中的风险，开发工作不但要遵循正确的原则，还要坚持科学的过程。尽管目前还很难找到一套现成的过程适用于所有的企业，但新产品开发一般应经过以下几个阶段：

1. 寻求创意

产品设想来源于各个方面：一是顾客，顾客的需求是寻求新产品构想的重要来源。企业可以通过直接向顾客调查以及接待顾客来信来访，了解他们的需求。二是科技人员，他们的科技攻关对企业开发新产品非常重要。三是竞争对手，从竞争对手的产品中可以看出哪些产品是受顾客欢迎的。四是企业的推销人员和经销商，由于他们经常和顾客接触，因此他们了解市场需求。五是发明专利权代理人、大学及科研机构、市场营销研究机构等。不管构想来自哪里，其产生不外乎四种方式：灵感、偶发事件、顾客需求与创造技巧。企业应注意发现顾客需求，广泛收集新产品的开发素材。

2. 甄别创意

企业在形成对新产品构想的基础上，必须对出现的新产品构思进行筛选，以便将目标集中在有开发前途的产品上。企业在对新产品构想进行筛选时，既要防止对那些好的设想的潜在价值估计不足，以致漏选而失去机会，又要防止误选了缺乏营销前途的设想，以致导致失败。为此，应制定新产品设想评价表，就质量目标、技术水平、市场规模、竞争状况、技术能力、资源状况等项目逐一进行评价。要尽可能地吸收企业各个部门有经验的管理人员和有关专家参加，正确地确定、评价项目及其标准，以提高筛选的准确程度。

3. 形成与检验概念产品

筛选后的构想需经过进一步的开发程序，以形成具体的概念产品。概念产品是企业欲使顾客接受而形成的关于产品的一种主观意志，而产品构想只是形成产品的一种可能性。一种产品构想可能衍生出许多概念产品。概念产品形成以后，还要进行概念的检验。可邀请潜在的顾客及专家对概念产品进行讨论评价，根据他们提出的问题和意见，与相似产品的属性相比较，最后通过实物模型和文字表达出来。例如，一家食品厂打算生产一种口味鲜美的营养奶制品，这种产品既有较高的营养价值，又具有特殊鲜美的味道，而且食用简单方便，只需加开水冲饮。这是一种奶制品构思，为了形成鲜明的产品形象，则需要转化为产品概念。为此，企业在产品概念中应回答以下问题：

（1）目标市场消费者是儿童、成年人、病人还是老年人？

（2）使用者从产品中得到的主要益处是营养、方便、美味、提神还是健身？

（3）适合在早餐、午餐、晚餐还是夜宵时饮用？

根据这些问题，企业就可以形成这样几个明确的产品概念：概念一，为中小学生提供一种快速早餐饮料，提供充分的蛋白质、维生素等营养价值；概念二，一种可口的快餐饮料，供成年人中午饮用提神；概念三，一种康复饮品，适合老年人夜间就寝前饮用。

4. 营业分析

对已基本定型的概念产品进行分析论证，主要分析其可能的成本、需求量和盈利水平。成本分析包括生产成本和推销成本，如进行新产品生产所需要的投资和直接、间接生产费用，按照计划的推销方式所需要的推销成本（如广告费、分销成本、批零代销应分收益等）。需求分析则是要测算市场需求潜量与销售潜量以及消费者购买能力与购买欲望。只有同时具备了购买能力和购买欲望，才能实现销售。企业在进行新产品的成本、销售量与利润分析时，可参考运用以下公式：

$$M = (P - C)Q - F - J$$

式中，M 为年利润额；P 为年平均价格；C 为年单位变动成本；Q 为年销售量；F 为年不变成本；J 为年推销费用。

企业应对以上需求分析、成本分析和盈利能力分析进行综合权衡后才能正式作出是否开发新产品的决策。此外，还要考虑"机会成本"问题，即由于将资金投入某项新产品开发，而不能用在其他用途所要失去的利益。

5. 产品开发

这是把概念产品转化为实物产品的试制过程。在这个阶段，既要制出样品实物，又要设计好商标及包装，还要进一步检查新产品中存在的问题，检查与判断概念产品在技术和商业上的可行性，以决定是否继续试制或及时加以改进。

6. 市场试销

新产品的样品经过部分顾客试用基本满意后，企业可根据改进后的设计进行小批量试生产，在有选择的目标市场中做检验性试销。常见的试销方法是销售波法。该方法是先向消费者提供样品免费试用，然后再以低价提供产品给消费者，与此同时，也将竞争对手的产品一起提供给消费者。如此重复3~5次，来验检产品效果。通过对销售波结果的分析，评价消费者对产品的满意程度，从而决定是否正式生产，以实现产品的商品化。试销可以了解顾客对新产品的反应，从而发现企业的未来销售潜力。但新产品试销有时不能正确反映市场需求，试销的代价很大，容易泄漏企业的新产品信息，易被竞争对手所利用。

7. 批量上市

新产品试销或试用成功后，应根据收集到的顾客意见，进一步提高产品的功能和质量，对产品的整体设计再作进一步修改，然后，即可大批量生产，这时企业要注意以下几个问题：

（1）何时投放市场。投放时间对新产品能否成功进入市场相当重要，时机不对，可能导致企业的整体利益受损。一般可有两种选择：一是企业新产品试制成功后，以最快的速度把产品推向市场；二是新产品试制成功后，并不急于投放市场，而是等待销售时机。后者多属于换代产品，因为在原有产品未进入衰退期前，大批量推出它的换代产品，会影响原有产品和其他同类产品的市场销量，从而减少企业盈利。

（2）何地推出新产品。新产品不一定立即向全国市场投放，可以先向某一地区市场推出，进行集中性的广告宣传，取得相当的市场占有率以后，再扩大到其他市场。

（3）向谁推出新产品。新产品的潜在消费者有四种类型：最先采用者、大量购买者、有影响的带头购买者和对价格敏感的购买者。企业应根据新产品的特点，选择最有潜力的消费者群，作为自己的目标市场。

（4）如何推出新产品。企业管理部门要策划开始投放市场的市场营销策略，有计划地开展市场营销管理。

产品开发的影响因素很多，风险很大，企业应遵循一定的原则和程序，以使企业在竞争中占据更大优势。

四、关于农业研发费用的讨论

我国学者从各个方面对科研经费的管理进行研究，指出了我国科研经费管理方面存在的问题，并提出了相关对策。

清华大学课题组（2008）从高校科研经费管理角度出发，认为加强科研经费管理是反腐倡廉建设的重点，加强科研经费监管日益紧迫。他们认为加强科研经费管理应从工作实施机制、工作内容、宣传教育、监控制衡和科学奖惩几个方面入手。在具体的操作中应该做到"三个加强"，即加强科研经费的预算管理工作、加强科研经费实际支出的检查审核和加强对科研经费使用的监管考核。高玮、傅荣（2009）在借鉴美国、英国和日本对科技经费管理政策基础上，指出提高我国科研经费的利用效率，是建设创新型国家的需要。李淑侠（2010）概括出我国科研机构在经费管理方面存在监管执行缺位、科研经费支出混乱、资金大量浪费流失及管理滞后等现象。郑洁、周鹏（2011）从制度方面入手，指出我国科研经费管理存在制度不健全及制度在执行过程中不到位，并从部门合作、资产管理和核算管理等方面提出改革意见。张利军（2011）在研究如何强化农业科研经费管理时指出，当前我国农业科研单位科研经费管理中存在科研立项重申请、轻执行，项目支出不合理，人员经费挤占项目经费，结题后资金使用不合理等问题，提出在管理农业科研经费时应加大农业科研单位专项经费投入力度，严格按批复的预算执行，提高管理水平，此外还需根据科研经费的来源，分项目进行财务管理和监督，加强内部审计管理与监督，妥善处理结余经费。

第四节　农产品包装

一、农产品包装的含义和层次

根据我国国家标准《包装通用术语》（GB 4122—1983）的定义，包装是在流通过程中为了保护产品，方便储运，促进销售，按一定技术方法而采用的容器、材料及辅助物品的总称；也指为了达到上述目的而在采用容器、材料和辅助物的过程中施加一定技术方法等的操作活动。

日本包装工业标准 JISZ0101—1959 对包装的定义是：包装是在商业的运输与保管过程中，为保护其价值及状态，以适当的材料、容器等对商品施加技术处理后保持下来的状态。

尽管不同的标准，从不同的角度对包装所下的定义不尽相同，但对包装的基本构成要素的认识是共同的：一是包装是关于盛装商品的容器、材料及辅助物品；二是包装是关于实施盛装和封缄等操作的技术活动。

农产品包装是指采用适当的包装材料、容器和包装技术，将农产品包裹起来，以使农产品在运输和储藏过程中保持其价值和原有状态的包装材料及包装技术活动。

二、农产品包装的设计要素

农产品包装的要素有：①商标或品牌的标记凸显，以便于识别是什么产品。②包装图案。③包装材料。④产品标签，包括制造者的地址，即产地、商品的名称、成分、品质、数量、使用方法、用量、生产日期、有效期等。⑤包装标志，即在运输包装的外部印制的图形、文字和数字等，如发货人和收货人的运输标记，小心轻放等的指示性标记，易燃和有毒、防火等的警示性标记。农产品采用一些材料包装，如使用真空塑料，有利于保鲜；使用盒装，有利于保护产品在运输和搬运、陈列过程中遭到破坏；包装的颜色、色调组合，使用的材料和包装的形式、美观程度给消费者规范、安全卫生的感觉，可以大大促进农产品的销售；通过农产品包装，体现商品的质量和价值，增强农产品的市场竞争力，提升附加价值。

农产品包装作为农产品加工的延续，既涉及化学、物理、生物、文学等基础科学，又涉及材料学、食品科学、包装科学、市场营销学、管理学等应用科学。良好的包装应该既反映产品的内在质量，又拓展产品外在的形象。因此，农产品包装工程要求综合应用各方面知识，全面考虑各种影响因素，在农产品包装中至少应将农产品特性、包装材料、包装方式、市场条件、包装结构、装潢设计等因素纳入设计思想，全面体现销售的要求，实现商品的营销目标。

1. 做好农产品包装的条件

（1）充分体现农产品特性及包装要求是做好包装的基本条件。如果不了解农产品的特性及其加工和储藏运输过程中可能发生的非生物的内在生化反应和生物所引起的变质反应，就很难制定出符合技术要求的包装方案。因此，深入研究影响农产品中脂肪、蛋白质、维生素等营养成分的敏感因素，全面分析影响农产品的外部因素，如光线、氧气、温度、微生物及物理、机械力学等，才能确定做好农产品包装保护的条件，确定选用包装材料的范围及包装技术的方案。

（2）全面掌握包装材料性能。如果不了解各种包装材料和容器的性能，就难以根据包装农产品的防护要求选择既能保护农产品风味和质量，又能体现其商品价值的包装材料。因此，进行包装材料性能的多方案比较，是选择适度包装的前提。

（3）系统了解包装技术。由于同一种农产品可以采用不同的包装技术而达到相同或相近的包装要求和效果，因此在包装要求和效果一定的条件下，对包装技术选择的范围相对较大，只有系统地了解包装技术，掌握技术发展动态，在包装设计中才能游刃有余，使设计丰富多彩。

（4）体现农产品的市场定位和对环境的适应性。农产品包装必须考虑市场定位、运输方式及目标市场的气候和地理条件等因素。例如，公路运输比铁路运输有更高的缓冲包装的要求；对农产品包装而言，商品流通区域的气候条件对农产品内部成分的化学变化、农产品微生物及其包装材料本身的阻隔性都有很大的影响。一般而言，在较高温湿区域流通的农产品，其包装要求应更高；在寒冷地区销售的农产品，其包装应避免使用遇冷变硬脆化的高分子包装材料，等等。

（5）合理设计。在综合体现农产品特性，掌握包装材料性能，系统筹划包装技术，充分满足商品的市场定位要求，并使其适应环境要求的基础上，如何进行合理设计就成为成功的关键。通过包装设计对商品信息周全布局、合理排序，决定着包装能否成功。

2. 评价农产品包装质量的原则

包装工作的综合性要求，使得包装质量的评价具有复杂性，由于评价的角度不同，评价的标准具有很大的差异。因此，了解包装质量标准体系是做好包装工作的重要内容，没有标准就无规范可言，然而包装标准并非唯一的，在此仅从原则上予以界定。

（1）包装的保护性原则。农产品的易腐易变性，使包装能否在设定的农产品保质期内保全农产品质量，成为评价包装质量的关键。包装对农产品的保护性主要表现在以下几个方面：①物理保护性，即防震、耐冲击、隔热、防尘、阻光、阻氧、阻水蒸气及阻隔异味等。②化学保护性，即防止农产品氧化、变色，防止包装的老化、分解、锈蚀及有毒物质的侵入等。③生物保护性，即防止微生物的侵染及防虫、防鼠等。④其他相关保护性，即防盗、防伪等。

（2）卫生、安全原则。农产品的卫生与安全直接关系到消费者的健康，是农产品销售的基本前提，包装能否保护农产品的卫生与安全，是包装质量高低的重要衡量标准。

（3）方便、适销原则。包装应具有良好的方便性和促销功能，体现商品的价值和吸引力。不利于消费者使用，不能方便促销的包装，就不是好包装。

（4）工艺适应性原则。包装材料应易于加工成形，包装操作应简单易行，包装工艺应与农产品生产工艺相配套。

（5）包装的经济性原则。包装成本是包装材料成本、包装操作成本与包装相关的投入之和。良好的包装应该技术上可行、经济上合理，过高的包装成本造成的过度包装，其实质是浪费，应合理投入，适度包装。

随着人们环保意识的增强，包装废弃物是否易回收利用、是否污染环境以及是否符合有关包装标准及法规，也是评价包装质量好坏的一个重要标准。

包装质量的标准体系是由包装质量管理机构来贯彻和实施的。农产品企业应使员工人人树立起质量意识，将质量意识和管理要求贯穿于企业生产经营的全过程，以过硬的产品质量、美好的包装形象立足于市场，赢得消费者。

三、农产品包装的策略

随着人民生活水平的不断提高，原有消费习惯和生活方式的改变，人们的生活节奏不断加快。为适应这种变化，包装设计的一项重要任务就是更好地符合消费者的生理与心理消费需要，通过更人性化的包装设计让人们的生活更舒适、更富有色彩。一般而言，包装设计并不是空洞虚无的。首先，就包装设计思想而言，其理念所要达到的目的都源于实际的商品和现实市场需求。其次，包装设计手法、设计策略都是有规律可循的，如"功能决定形式""造型体现功能"等。

科学合理的包装设计必须在一定的包装策略框架下按一定的程序进行。选择不同的包装策略将得到不同的包装效果。

1. 突出农产品用途和使用方法的包装策略

突出农产品用途和用法的策略是通过包装的文字、图形及其组合告诉消费者，该农产品是什么样的产品，有什么特别之处，在哪种场合使用，如何使用最佳，使用后的效果是什么。这种包装策略主要运用于日常生活中较为少见的消费品或新概念农产品及休闲农产品。

2. 突出农产品形象的包装策略

突出农产品形象是指在农产品包装上通过多种表现方式突出该农产品是什么、有什么功能、内部成分、结构如何等形象要素的表现方式。这一策略着重于展示农产品的直观形象。

随着购买过程中自主选择空间的不断增大，新产品不断涌现，厂商很难将所有产品的全部信息都详细地向消费者介绍，这种包装策略通过在包装上再现产品品质、功用、色彩、美感等，有助于商品充分地传达自身信息，给选购者直观印象，真实可信，以产品本身的魅力吸引消费者，缩短选择的过程。

3. 突出农产品特殊要素的包装策略

任何一种商品化的农产品都有一定的特殊背景，如历史、地理背景，人文习俗背景，神话传说或自然景观背景等，包装设计中恰如其分地运用这些特殊要素，能有效地区别同类产品，同时使消费者将产品与背景进行有效连接，迅速建立概念。正是基于这一认识，农产品包装中如茶、酒、烟、糖、醋、油等常以突出特殊要素为策略，借以增强特色，立足于市场。

4. 展示企业整体形象的包装策略

企业形象对产品营销具有四两拨千斤的作用，因此，很多企业从产品经营之初就注重企业形象的展示与美誉度的积淀。在产品包装方面，在注重产品质量的同时，更注重企业形象的宣传，并在整体营销中导入 CI（企业识别），使包装成为 CI 的有机组成部分，因此，展示企业整体形象的包装策略常常是 CI 整体规划中的一个局部策略。

四、关于农产品包装国际化的讨论

随着人们食品安全意识的提高，包装增加产品附加价值的作用越来越明显。近些年，许多学者在总结农产品包装的作用与重要性的基础上，将农产品包装与农产品质量安全相结合，研究我国农产品包装的现状、存在的问题并提出改进、提高农产品包装的对策与建议。

曹申义（2009）通过对美国、日本、欧洲等发达国家和地区的农产品包装的观察，发现标准化包装可以使农产品提高 50%～100% 的附加值，效益可观，因此把农产品包装标准化列入农业标准化的推广项目，全面推广农产品标准化包装，使农产品包装上一个新台阶，增加农产品的附加价值，增加农民的经济效益。

钟锋、刘新华（2012）在研究我国食用农产品包装发展方向时指出，食用农产品包装具有保护食用农产品、方便储运、促进销售、提高商品价值的综合作用，但是我国主要食用农产品包装存在包装档次低、包装技术相对落后等普遍问题，今后企业应对包装材料与包装技术进行改进，使得我国食用农产品包装向小型化、精品化、透明化、组合化、环保化、礼品化、集约化、智能化方向发展。

钟锋、薛宁（2012）在研究农产品包装材料标准适用性时指出，农产品包装是保护农产品的，但若包装材料不合适，也有可能引发农产品质量安全问题。我国农产品包装标准存在包装标准制定滞后、包装卫生标准少、包装标准体系不完善、标准适用性差等问题。今后应加快农产品包装标准体系建设，有针对性地制定包装标准。

于爱红（2010）在运用 SWOT 分析法（态势分析法）剖析了我国出口食品的农产品包装态势后提出，改进我国食品农产品包装需要提升包装工业的整体竞争力，强化人们的绿色包装和环保意识，为增加农产品的附加价值且保证农产品的质量安全，企业应培训员工的包装知识，选用合理的包装材料。

李伟（2012）研究农产品包装材料及加工机械质量安全的现状与对策时指出，当前我国农产品包装存在部分包装材料不符合国家相关标准要求及包装材料加工过程二次污染等因素造成的农产品质量安全问题，针对以上问题进行了原因分析，并将国产农产品包装材料质量与国外产品包装材料进行了对比分析，针对性地提出了提高我国农产品包装材料及机械质量安全的建议与对策。

第五节　农产品品牌

一、农产品品牌的含义和种类

（一）品牌的含义

1. 品牌的概念及组成要素

品牌（Trademark）是由名称、术语、标记、符号或图案等要素组合而成的，用于体现某个销售者或某种产品或服务的独特性，并使之与其他销售者的产品和服务相区别，借以促进销售的记号。

品牌是一个综合性的组合标识系统，而非一个单一的名称，组成品牌标识系统的要素有：

（1）品牌名称：品牌中可以读出的部分——词语、字母、数字或词组等的组合，如阿香婆（豆瓣酱）、雨润（火腿）、伊利（纯牛奶）等。

（2）品牌标志：品牌中可以识别，但不能读出声音的部分——包括符号、图案或明显的色彩或字体，如麦当劳金色的字母 M。

（3）品牌角色：一般以人或拟人化的标志注解产品的载体，如明星代言人、老干妈、王致和等。

（4）商标：经工商管理机构认同的标识组合。商标使用时应在工商局注册，用"R"或"注"标注，未经注册的商标法律不予保护。

品牌的使用者是商品生产者或经营者，而不是消费者；品牌的标志物是商品，而不是物品；使用品牌的目的是为了让消费者易于识别该商品与其他商品的区别，树立良好的形象和信誉，扩大其市场占有率。商标是经注册而受法律保护的品牌标志，一项合法的注册商标依其知名度、美誉度和产生的经济效益，可以评估其价值，是企业的一项无形资产，可作为产权进行转让买卖。

2. 品牌的命名

品牌名称是品牌的核心元素，响亮的、有深厚文化底蕴的、朗朗上口的品牌名称，是品牌命名所追求的。品牌命名的常用方式有如下几种：

（1）以功能命名。即以产品的主要功能和特点命名，使消费者能迅速理解商品的用途和功效，便于联想与记忆，如肠清茶等。

（2）以人物命名。即以传奇人物、历史人物、发明者或制造者及对产品有特殊喜好的名人姓名命名，借以提高产品知名度，如王守义等。

(3) 以地域命名。以产品产地命名，使消费者产生美好的联想，如通化葡萄酒、珍宝岛大米等。

(4) 以吉利、美好的事物命名。以良好的祝愿、吉利的词语命名，迎合消费者美好的愿望，激发愉悦的感情，如全家福豆油、金六福酒等。

(5) 以制法命名。即以商品的独特工艺或正宗制法命名，用以提高产品的品位，赢得消费者的信赖，如五粮液等。

(6) 以动植物形象命名。即以动植物形象或含有某种寓意的图案命名，烘托其优良品质和对目标顾客的适应性，并引发其联想，如大白兔奶糖等。

(7) 以企业名称命名。以生产该产品的企业名称作为商品品牌的命名方式，如大公面粉、北大荒大米等。

(8) 以现代科技为由头命名。这种命名具有时代感，使人有现代、时髦的感觉，如SOD（超氧化物歧化酶）蜜苹果。

(二) 品牌的种类

品牌的种类可从不同的角度划分，即按品牌的构成、品牌的用途、品牌的使用者分类。

1. 按品牌的构成分类

按品牌的构成，可分成四种基本形式，即文字品牌、图形品牌、符号品牌和组合品牌。

(1) 文字品牌，即直接用文字构成的品牌。文字品牌包括汉字品牌和字母品牌，如"伊利""盼盼"或"BYD"等。

(2) 图形品牌，即仅由图形构成的品牌。例如，上海产的"如意"牌压力暖瓶的品牌便是一枚玉如意的图形。天津产的"金鸡"牌鞋油，雄鸡图形便是其品牌。图形品牌中还包括由文字变化组合而成的图案，如"回生"品牌是由"回生"两字套写的三角形图案。近年来，某些企业的品牌采用汉语拼音的字头加以艺术处理组合的形式越来越多。

(3) 符合品牌，即由各种符号构成的品牌。它起源最早，几千年前便有以符号标明产品出处的记载。符号品牌中，有字号、徽章等历史上古老的符号，也有现代的符号，如三菱公司的三个菱形组成的符号、中国标准缝纫机公司的"T"形符号等。

(4) 组合品牌，即由文字、图形、记号相互结合而构成的品牌。例如，广州产的黑妹牙膏的品牌，以黑白相间的图形图案与汉语拼音、汉字共同组合而成。

2. 按品牌的用途分类

按品牌的用途，一般分为营业品牌、产品品牌和等级品牌。

(1) 营业品牌，也称"厂标"，是把企业的标记、名称作为品牌使用于产品，作为识别自己同他人产品的标志。对同一家生产或经营的产品，使用同一厂标，可以建立产品及企业的信誉。例如，我国的"娃哈哈"饮料、"同仁堂"中药等，都是营业品牌。

(2) 产品品牌，也称"个别品牌"，是将特定规格、品种的产品与其他产品区分开，在个别产品品种上使用的品牌。一个企业可以生产和经营不同品牌的产品。例如，我国青岛同泰橡胶厂生产的各式轮胎分别用"骆驼""金鹿""工农"等产品品牌。

(3) 等级品牌，即同一企业为使消费者区别同种产品的质量、规格、档次使用的产品品牌。例如，上海体育用品公司的"牡丹"牌乒乓球拍，便是比"红双喜"牌乒乓球拍低一个档次的品牌。

3. 按使用者的不同分类

按使用者的不同，一般可分为制造品牌和销售品牌。

(1) 制造品牌，即标示产品制造者的品牌。例如，"海尔"电器为青岛海尔集团制造，日本家电类的"日立""松下"等也是制造品牌。

(2) 销售品牌，即标示产品销售者的品牌。虽然在市场上制造品牌趋于占支配地位，一些大型零售商已经开发出他们自己的品牌。美国著名的零售企业西尔斯就创造了许多品牌——"顽强"电池、"工匠"工具等，越来越多的百货公司、超市和药店在推出有特色的商店品牌。此外，还有"家族品牌""备用品牌"等其他类别的品牌。

二、农产品品牌的创建与保护

随着我国市场化程度日益提高，农业市场化进程也在加快，农业市场化使农产品创建名牌成为农产品参与国际市场竞争的必然趋势。2001年，中国名牌战略推进委员会正式启动品牌战略工程，对我国农产品品牌创建已起到重要的引导和规范作用。就农产品品牌的创建而言，首先应树立品牌观，其次应导入科学的途径，同时应有政府的支持。

1. 创建农产品品牌应树立正确的观念

(1) 树立全面正确的品牌观念。名牌有三个基本要素，即知名度、美誉度和忠诚度。大多数企业尤其是农产品加工企业，对品牌的认识仅限于知名度，而忽略了美誉度和忠诚度这两个至关重要的因素。错误的观念导致错误的行为，单纯追求知名度导致企业将更多的精力投放于广告宣传，而忽视了产品质量、人力资源等更重要的要素，因此，"火不过一年，活不过三年"、昙花一现的品牌比比皆是。不成功的教训告诫我们，品牌创建应树立全面而正确的观念，应由内向外从基础做起。

(2) 树立质量是品牌基石的观念。一般意义上，人们对"名牌产品"的基本判断是质量"信得过"，尽管这种认识不全面，但毕竟是客观现象。因此，市场对品牌的评价标准第一条就是质量。对农产品而言，由于涉及消费者的健康，质量更是关键。质量是品牌基石的观念已为生产者普遍接受，全面质量管理作为一种常规管理制度已在农产品加工企业深入推行。目前影响农产品加工企业产品质量的一个重要因素是检验，只重生产不重检验，检验手段落后的情况较普遍，应引起普遍重视。

(3) 树立持续发展的品牌观念。创建好的品牌是一项复杂的系统工程，尤其是农产品受自然条件和市场双重制约，农产品创建名牌决非一蹴而就。树立持续发展的品牌观念，设计目标，有计划、有步骤、分阶段实施，是成功品牌的经验。要有"十年产品，百年品牌"的理念。

(4) 树立民族意识。在国际市场上，每个品牌所代表的都是一个国家、一个民族，诸多单个品牌影响的积累便构成了国家品牌形象，尤其是知名的品牌，代表着国人的共同价值观，是国家、民族综合国力的重要组成部分。因此，品牌创建不单纯是一个利益问题，也是一个涉及民族、国家形象的问题，树立国际品牌形象时应慎重考虑。

2. 创建农产品品牌应导入科学的途径

(1) 使传统名牌农产品向现代名牌农产品转化。我国农业经济结构调整的最终目的是使农业生产最大限度地满足市场需要，使农产品不仅能顺利进入市场，而且还能获取最大的比较利益。作为农产品加工企业，要顺应经济结构调整，不仅使农产品顺利进入市场而且要创建品牌，创建适应现代市场运作要求的品牌才能立足于国内市场，延伸于国际市场。鉴于农产品品牌向现代农产品品牌的转变是目前我国农产品加工企业面临的普遍问题，虽然没有普适性的操作方案，但由传统向现代品牌创造的路径已得到公认。

（2）对农产品品牌实施文化充填。随着社会整体生活水平的提高，消费者对农产品的需求发生着深刻的变化，从单一性转变为多样性、从低品质到高品质的变化日渐突显。丰富多彩的需求给农产品供给提供了广阔的市场空间。农产品加工技术的多样化，推出了种类繁多的产品。相形之下，农产品品牌的建设，技术含量不高、品牌内涵空乏、缺乏人文精神的现状成为制约农产品需求、抑制农产品市场发展的主要因素。产品生产与工艺设备方面有设计师、工程师，品牌建设与市场营销方面却只有营销员，没有"概念师"的现状使品牌建设发展乏力，以至于农产品品牌应有的历史、地理、传统、风俗等文化元素没有得以展现。文化元素是沟通产品与消费者之间情感的特殊支点，没有文化色彩的产品仅仅具有使用价值，所形成的产品与消费关系是不牢固的。文化底蕴厚重的品牌是赢得忠诚消费群不可缺少的条件。目前国内农产品品牌普遍存在着"文化缺乏症"，注重文化元素应是农产品品牌建设的一个重要方面。

（3）借助会展扩展品牌影响力。广告已成为商家发布产品信息、塑造品牌形象的重要手段，近年来会展产业的发展为商家提供了品牌塑造的又一通道。据统计，会展经济对我国国民生产总值的贡献率已达到3%，在汽车、服装、音像制品等行业，会展规模已相当之大，影响日益广泛。就农产品而言，近年来全国性的会展分季节推出，地区性的会展亦层出不穷，诸如糖烟酒订货会、休闲食品展销会、农副产品订货会等，形式多样。如何参与其中，通过会展扩展品牌影响力是农产品企业所不能回避的问题。许多成功品牌之所以扬名天下，巧借会展之势是一个重要因素，远的有国酒茅台，近的有新疆"木纳格"葡萄，都是经典之作。

（4）借助信息平台实施网络营销。网络营销是以互联网络为媒体，运用现代通信技术完成产品设计、生产、传输、销售等过程的全新营销模式。网络营销弥合了农产品供求的时空差异，使发展滞后的农产品营销与其他非农产品营销处于同一平台，是农产品创建名牌至关重要的信息平台。实施网络营销与品牌建设十分契合的原因在于两者都是信息传输的过程，随着国内信息网络的扩展，通过网络塑造品牌将成为农产品加工企业品牌建设的新手段。

（5）选择产业结合点拓展品牌建设空间。农业经济结构调整是农业生产内部结构全方位的资源优化过程，其中包括农产品加工业、运输业、服务业等相关产业的调整，这一产业结构的大调整，为农产品加工业的扩张及品牌建设提供了选择新的结合点的良好机遇。以旅游业为例，我国旅游业发展较快且前景广阔，而旅游业本身是涵盖"食、住、行、游、娱、购"六大要素的产业，细化分析其中任何一个因素都和农产品加工业有着千丝万缕的联系，而表现突出的是"食"和"购"两大要素，旅游者的旅游消费本身就是一种高质量的精神消费，因此在"吃"和"购"方面的需求内涵、层次也不同于普通消费，这一特殊需求为农产品创建名牌提供了巨大的延展空间，也为农产品品牌建设和运作提供了新的思路。

（6）借助资本市场跨越式创建品牌。品牌建设的实质是一个投资活动，如同设备投资、人力资源投资一样，所不同的是设备投资、人力资源投资是有形的、可视的，而品牌建设投资是无形的、不可视的，这一特点使得很多投资者在资金短缺的情况下，首先压缩的是品牌建设投资，致使大多数企业处在一种有了就投资、没了就不投资的状况，因此，获得充足投资是品牌建设必须跨越的坎儿。在投资问题上，越来越多的企业已经认识到，从未来发展来看，由于农业产业结构的调整，农产品加工资金需求有增无减而市场空间非常大，因此充分利用上市公司"壳"的资源进入资本市场是农产品加工企业获得资金的有效途径。例如，湖南"金健米业"打造了"中国大米第一品牌"，安徽"丰乐"营造了"中国第一制种业品牌"，都是充分利用资本市场跨越式发展的典范。同时，一批农产品加工类上市公司如"新农开发""伊利股份""双汇发展"等受到投资者青睐，筹集资金能力不断增强，品牌扩展迅速。因此，在资金短缺条件下借助资本市场超常规发展，在目前农产品结构调整中是一条可行之路。

3. 创建农产品品牌应有政府的支持

农产品品牌建设是实施名牌战略的核心，是一项同技术工程一样需要投入人力、物力和财力的系统工程，其政策性和专业性都很强，没有政府主管部门的支持和协调难以取得满意的结果。因此，农产品创建名牌需要政府支持。

（1）增强主体意识。现代化农业中农民不仅是农产品的直接生产者，也是农产品的加工者和品牌创建的重要参与者，基于这一认识，政府应给农民更多的引导、支持和关怀，鼓励其进行品牌创建的信心，在我国农户生产规模小的客观条件下，政府的作用就更大。

（2）加强农产品质量标准化体系、检验检疫体系建设。食品安全、农产品检疫、农业技术标准化以及有机食品开发等标准的制定与实施，对农产品品牌建设具有十分重要的意义。没有技术标准，农产品生产就没有规范；有标准而落实不严格，农产品质量就难以保证，直接损害农产品品牌，而这一过程均需政府的管控。

（3）加大农产品生产与加工中公共产品的提供。农业生产与农产品加工中基础设施的建设（水利、道路交通、农村电网、通信、能源供给设施等）能够增强农业抗自然灾害的能力，提高农产品竞争力，对农产品品牌建设是有力的支持。政府是基础设施、公共产品的提供者和管理者，增加对公共产品的投入就是对品牌建设的支持。

（4）建立农产品名牌评价体系。农产品有其自身的特征，政府应在建立名牌产品的评价指标体系中注意考虑农产品的特殊性，完善其评价体系。

（5）研究将农业保险纳入到农业保护政策体系中的可行性。农业保险是农产品品牌建设过程中的社会保障机制，如能将农业保险纳入农业保护政策体系之中，将会使保险对农业的支持作用得到进一步发挥。

三、农产品集体品牌和地理标志的申请

（一）农产品集体品牌和地理标志的概念

1. 农产品集体品牌的概念

集体品牌的表现形式是集体商标。集体商标是指由工商业团体、协会或其他集体组织的成员所使用的商品商标或服务商标，用以表明商品的经营者或者服务的提供者属于同一组织。集体商标属于开放型商标，只要申请使用并符合条件者都可以使用，这是由农产品的生产特点所决定的。农业生产与工业生产不同，农业生产者和生产地分散，为了使分散的生产统一起来，形成一个具有某种联系的组织，注册农产品集体商标是一条重要途径。

由于我国地大物博，各地"土特产"丰富，加上农民的商标意识渐渐觉醒，涌现出越来越多的集体商标。浙江省宁波市就已形成了一批，如鄞江镇的"八戒"西瓜商标、"清源"蔬菜系列商标，樟村镇的"富农"贝母商标，塘溪镇的"堇山"水果商标等。现阶段，农产品集体商标占农产品商标的比重还不大。

2. 农产品地理标志的概念

农产品地理标志是指标示农产品来源于特定地域，产品品质和相关特征主要取决于自然生态环境和历史人文因素，并以地域名称冠名的特有农产品标志。

(二) 农产品集体品牌和地理标志的申请

1. 农产品集体品牌的申请

现代农业产业化，是以经济效益为中心，以支柱产业为基础，实现生产专业化、管理科学化、产品规模化、经营一体化、服务社会化、发展良性化的农业运行体系。这一体系不能没有农产品品牌的参与，而品牌是以商标为标志。随着农业经济的发展，近两年农产品商标注册呈上升趋势。我们认为，农产品注册商标不仅是国家保护农民智力劳动成果的法律手段，同时也是实施农产品名牌战略，带动一方农业经济发展的必然途径。

（1）市场竞争环境要求参与竞争的农产品注册商标。在世界贸易组织框架内，市场经济就是法制经济的意识将逐渐深入人心。注册农产品商标，是农产品取得法律保护地位的唯一途径，没有法律地位的农产品终究要被他人侵蚀、淘汰。在现代市场中只有注册商标才能享有专用权，才能受法律保护。农产品使用未注册商标，其商标自然不能专用，市场上农产品的来源产地必然混乱。倘若有人将其未注册的商标撕下，再贴上他人的注册商标，则这个农产品就会完全成为他乡之货。若上市农产品不贴任何标志，大量送往外地，外地商人购买并经包装后，直接标上他的注册商标，则这个农产品就会更简捷地成为他乡之货。使用注册商标的情况就不一样，以安徽黄山市徽州区的"谢裕大"商标为例，拥有该注册商标的徽州人可依法大量收购本地或外地的茶叶，经筛选、加工、包装后，用上自己独特的"谢裕大"商标，即可驰骋市场。倘若有人侵权假冒，或撕下（覆盖）"谢裕大"商标，贴上他人的注册商标（即反向侵权），那么他将会受到《中华人民共和国商标法》或相关国际公约条款的制裁。

（2）证明商标和集体商标对农业产业化的作用。在现代市场中，适合我国农户分散性作业的商标是原产地证明商标和集体商标。

农产品原产地证明商标是用来证明名优特农产品原产地水土气候条件、传统耕作方法、独特优秀品质的载体，是一种质量保证标志。它具有将商品的独特性、质量保证等信息传达给消费者的功能，如"太平猴魁"茶叶、"长丰"草莓、"砀山"酥梨等。

集体商标是指由某个组织以集体名义申请注册，商标专用权归整个集体所有的商标。例如，浙江省数乡镇集体使用的"龙井"茶叶商标。由于集体商标使用情况较复杂，所以一般事先都应对使用条件和侵权责任等问题进行专门规定，并报请备案。

农产品原产地证明商标、集体商标对促进特色农业的发展，推动农业化进程的作用不容低估。试想：江西新余市各乡镇的花生、蚕豆、生姜等农副产品若经加工包装后，附上集体商标，则其产业效应将如"龙井"商标一样，通过集体商标的使用，将分散性的农户生产统一组织化，逐步实现农业产业规模化和产销一体化。

2. 农产品地理标志的申请

（1）申请地理标志登记的农产品，应当符合以下条件：

1) 称谓由地理区域名称和农产品通用名称构成。
2) 产品有独特的品质特性或者特定的生产方式。
3) 产品品质和特色主要取决于独特的自然生态环境和人文历史因素。
4) 产品有限定的生产区域范围。
5) 产地环境、产品质量符合国家强制性技术规范要求。

（2）符合农产品地理标志登记条件的申请人，在向省级人民政府农业行政主管部门提出登记申请的时候需要提交以下申请材料：

1) 登记申请书。
2) 申请人资质证明。
3) 产品典型特征特性描述和相应产品品质鉴定报告。
4) 产地环境条件、生产技术规范和产品质量安全技术规范。
5) 地域范围确定性文件和生产地域分布图。
6) 产品实物样品或者样品图片。
7) 其他必要的说明性或者证明性材料。

（3）省级人民政府农业行政主管部门自受理农产品地理标志登记申请之日起，在45个工作日内完成申请材料的初审和现场核查，并提出初审意见。符合条件的，将申请材料和初审意见报送农业部农产品质量安全中心；不符合条件的，在提出初审意见之日起10个工作日内将相关意见和建议通知申请人。

农产品地理标志的其他相关内容可以查阅《农产品地理标志管理办法》。

四、关于名牌农产品策略的讨论

国内研究名牌农产品策略的文章并不多，但研究农产品品牌战略的学者大有人在。多数学者认为，品牌可以提升农产品的核心竞争力，增加企业信誉。随着经济全球化的发展，要想让农产品走出国门，通过品牌战略提升农产品的竞争力是有效途径之一。

李慎恒（2008）提出农产品也应实施品牌战略。他认为，世界经济一体化使国内的农产品不可避免地走出国门，参与国际市场竞争。同时，消费者在选购同类商品时，看重的也不再是货真价实，而是越来越注重品牌。在此背景下，农产品能否在同国外同类产品的竞争中脱颖而出，能否扩大国内市场的占有率，在很大程度上取决于品牌战略。当前我国大多数农产品生产企业缺乏品牌意识，大量的农产品仍属"三无"产品，这是参与市场竞争的"软肋"，使得我们的产品无法走出国门。因此，实施农产品品牌战略已刻不容缓。

董丽荣（2008）指出，我国农业进入了新阶段，农产品在国际、国内市场的竞争日趋激烈，广大居民对农产品需求层次不断提高。在这样的背景下，实施农产品品牌工程，是实现农业大国向农业强国迈进、调整农业产业结构、提高我国农产品市场竞争力、稳定提高农民收入、促使我国农业走向可持续发展道路的重要举措。

李敏（2010）针对我国农产品品牌的主要特点和品牌建设的实际现状，围绕农产品品牌价值提升这一核心目标，借鉴国外先进经验，对我国农产品品牌发展战略定位和策略进行了探讨。提出运用工业思维发展农产品品牌物质基础；运用品牌营销构建农产品品牌的内涵和整体形象；培育品牌发展和谐的市场环境；充分发挥政府宏观调控职能；完善品牌发展的长效机制，为政府和企业发展农产品品牌，参与国际竞争提供决策依据。

赵守东（2008）认为在经济全球化背景下，农产品市场竞争日益激烈，实施品牌战略已成为必由之路。农产品生产经营者品牌意识淡薄、农产品品牌营销组织力量薄弱、农产品安全质量标准体系以及质量认证检测体系不健全、农产品科技含量低、品牌市场影响力弱等成为实施农产品品牌战略的重要制约因素。因此，应增强农产品品牌意识，加强品牌营销的组织建设；建立健全农产品质量标准体系，建立和完善农产品的认证体系；提高农产品生产营销的科技水平，发展高品质的农产品；整合农产品的规模效益，实施"一品一牌"农产品发展之路。

刘佳（2008）提出依托品牌战略提升竞争实力，随着农产品买方市场的形成，农产品加工企业的竞争已由过去的质量价格竞争转变为体现质量、信誉和服务等综合素质的品牌竞争。品牌战略是提升农产品加工企业核心竞争力的重要支撑，品牌是农产品加工企业核心竞争力的外在表现。缺少品牌战略，企业就难以形成持久的核心竞争力。

重 要 概 念

农产品整体概念　农产品组合　农产品延伸　农产品生命周期　无公害农产品
绿色农产品　有机农产品

复 习 思 考 题

1. 如何理解农产品营销学中的农产品概念及其三个层次？
2. 简述农产品生命周期各个阶段的特征及相应的市场营销策略。
3. 请谈一谈如何正确使用农产品品牌策略。
4. 怎样创建我国农产品品牌？

技 能 训 练

要求：
（1）查阅《农产品地理标志管理办法》。
（2）浏览中国农产品质量安全网、中国商标网。
（3）针对某一农产品包装，提出改进设计方案。

第五章 农产品营销的价格策略

农产品营销的价格策略是农产品市场营销中的关键内容之一。如同一般商品,农产品价格是影响交易成败的重要因素之一,是市场营销组合中最难以确定的因素。与此同时,农产品关系着国计民生的问题,其价格的确定除受市场机制调节外,还受国家政策、法规的约束,其特殊性使得农产品价格策略更加复杂。

第一节 蛛网模型与价格波动

一、蛛网模型的基本假设

蛛网模型,又称蛛网理论,是利用弹性理论来考察价格波动对下一个周期产量影响的动态分析,它是用于市场均衡状态分析的一种理论模型,其适用于解释某些生产周期较长的商品在失去均衡时发生的不同波动情况。

在新古典经济学中,蛛网模型引进时间变化的因素,通过对属于不同时期的需求量、供给量和价格之间的相互作用的考察,用动态分析的方法论述生产周期较长的商品的产量和价格在偏离均衡状态以后的实际波动过程及其结果。蛛网模型考察的是生产周期较长的商品,而且生产规模一旦确定不能中途改变,市场价格的变动只能影响下一周期的产量,而本期的产量则取决于前期的价格。因此,蛛网模型有以下基本假设:

(1) 完全竞争,每个生产者都认为当前的市场价格会继续下去,自己改变生产计划不会影响市场。
(2) 商品本期的产量决定于前期的价格,本期价格由本期供应量决定。
(3) 生产的商品不是耐用商品。

二、蛛网模型的三种形式

根据蛛网模型的基本假设,商品的本期产量 Q_{ts} 决定于前一期的价格 P_{t-1},即供给函数为

$$Q_{ts} = f(P_{t-1})$$

商品本期的需求量 Q_{td} 决定于本期的价格 P_t,即需求函数为

$$Q_{td} = f(P_t)$$

蛛网模型可以用以下三个联立的方程式来表示:

$$Q_{td} = \alpha - \beta P_t$$
$$Q_{ts} = -\delta + \gamma P_{t-1}$$
$$Q_{td} = Q_{ts}$$

式中,α、β、δ 和 γ 均为常数且均大于零。

由于区别了经济变量的时间先后,因此蛛网模型是一个动态模型。根据商品的产量和价

格波动的三种情况,蛛网模型分为以下三种形式:

1. 发散型蛛网

当商品的供给弹性大于需求弹性,或者需求曲线斜率的绝对值小于供给曲线斜率的绝对值时,市场由于受到外力的干扰偏离原有的均衡状态后,实际价格和实际产量上下波动的幅度会越来越大,偏离均衡点越来越远。其原有的均衡状态是不稳定的,相应的蛛网被称为"发散型蛛网"。这种情况意味着产量可以无限供给,价格可以无限提高,具体分析如下:

假定,在第一期由于某种外在原因的干扰,如恶劣的气候条件,实际产量由均衡水平 Q_E 减少为 Q_1。根据需求曲线,消费者愿意支付 P_1 的价格购买全部的产量 Q_1,于是,实际价格上升为 P_1。根据第一期的较高的价格水平 P_1,按照供给曲线,生产者将第二期的产量增加为 Q_2。

在第二期,生产者为了出售全部的产量 Q_2,接受消费者所愿意支付的价格 P_2,于是,实际价格下降为 P_2。根据第二期的较低的价格水平 P_2,生产者将第三期的产量减少为 Q_3。

在第三期,消费者愿意支付 P_3 的价格购买全部的产量 Q_3,于是,实际价格又上升为 P_3。根据第三期的较高的价格水平 P_3,生产者又将第四期的产量增加为 Q_4。

如此循环下去,如图 5-1 所示,实际产量和实际价格的波动幅度越来越大,越来越偏离均衡点 E 所代表的水平。

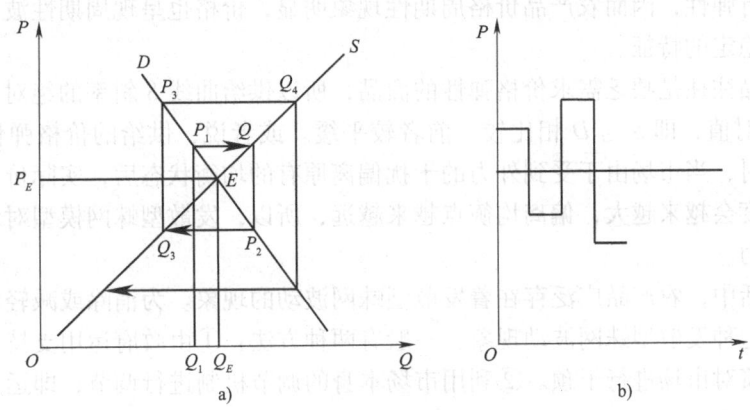

图 5-1 发散型蛛网

由此可见,图 5-1 中的均衡点 E 所代表的均衡状态是稳定的。也就是说,由于外在的原因,当价格和产量偏离均衡数值(P_E 和 Q_E)后,经济制度中存在着自发的因素,能使价格和产量自动地恢复均衡状态。在图 5-1 中,产量和价格变化的途径形成了一个蜘蛛网似的图形,这就是蛛网模型名称的由来。

2. 收敛型蛛网

当商品的供给弹性小于需求弹性,或者商品供给曲线斜率的绝对值大于需求曲线斜率的绝对值时,市场由于受到干扰偏离原有的均衡状态后,实际价格和实际产量会围绕均衡水平上下波动,但波动的幅度越来越小,最后会恢复到原来的均衡点。因为需求弹性大,表明价格变化相对较小,进而由价格引起的供给变化更小,再进而由供给引起的价格变化则更小,如此反复,实际价格和实际产量回到原来的均衡点,相应的蛛网被称为"收敛型蛛网"。

3. 封闭型蛛网

当商品的供给弹性等于需求弹性，或者供给曲线斜率的绝对值等于需求曲线斜率的绝对值时，市场由于受到外力的干扰偏离原有的均衡状态以后，实际产量和实际价格始终按同一幅度围绕均衡点上下波动，既不进一步偏离均衡点，也不逐步地趋向均衡点，相应的蛛网被称为"封闭型蛛网"。

三、蛛网模型与农产品价格

1. 农产品价格波动的蛛网模型现象

农产品种植具有自然的周期性生长规律，并且由于其生产与加工时间比较长，农户本期的生产决策依据往往是前期的市场价格。由于决定本期供给量的前期价格与决定本期需求量（销售量）的本期价格有可能不一致，会导致产量和价格偏离均衡状态，出现产量和价格的波动，这就形成农产品价格波动的蛛网模型现象，在现实中，经常用蛛网理论分析农产品价格波动。

2. 发散型蛛网对农产品价格波动的适用性

在一般情况下，价格波动的幅度取决于供求弹性的大小，如果两者都有弹性，则供需常常会随着价格作出灵活调整，市场常常处于均衡状态，价格不会发生大起大落。如果一方缺少弹性或者两者都缺少弹性，则供需的变化会带来价格大幅波动。农产品需求弹性较低，而供给长期又富有弹性，因而农产品价格周期性现象明显，价格也呈现周期性波动，农产品总体上呈现出不稳定的特征。

由于农产品往往是缺乏需求价格弹性的商品，所以供给曲线 S 斜率的绝对值小于需求曲线 D 斜率的绝对值，即 S 与 D 相比较，前者较平缓。或者说，供给的价格弹性大于需求的价格弹性，这时，当市场由于受到外力的干扰偏离原有的均衡状态后，实际价格和实际产量上下波动的幅度会越来越大，偏离均衡点越来越远，所以，发散型蛛网模型对农产品价格具有较强的解释力。

在现实生活中，农产品广泛存在着发散型蛛网波动的现象。为消除或减轻农产品在市场上经常出现的这种发散型蛛网波动现象，一般有两种方法：①由政府运用支持价格或限制价格之类经济政策对市场进行干预。②利用市场本身的调节机制进行调节，即运用期货市场进行调节。

四、关于蔬菜价格波动的讨论

蔬菜是人民生活的必需品，蔬菜生产是农民增收的重要途径，其价格涨跌与民生息息相关。不同蔬菜品种在一年中的特定季节播种，并经过一个生长周期后才能收获，极端气候、生产要素价格变化及其他产品市场的联动效应等增加了蔬菜价格波动的不确定性，蔬菜价格总是处在不断变化之中。

1. 关于蔬菜价格波动的研究概述

国内关于蔬菜价格波动的研究多从农产品价格与经济增长、通货膨胀之间的关系，以及供应链、物流配送等角度展开分析。有的学者采用 VaR（风险价值模型）方法研究，认为农产品价格上涨对经济增长和通货膨胀的影响甚微，建议政府稳步推进提高农产品价格的措施。也有学者侧重于从农产品销售环节分析，分别提出实现农产品销地批发市场物流配送和农产品社区营销等策略，降低物流成本，从而达到稳定农产品价格的目的。例如，高劼祎

(2012) 在《我国蔬菜价格波动的经济学分析》中，在蛛网模型、政府宏观政策调控理论基础上，对蔬菜产业的销售情况和流通体系进行研究。李崇光与包玉泽（2012）在《我国蔬菜价格波动特征与原因分析》中对进入新世纪以来我国蔬菜价格波动的特征、影响蔬菜价格长期波动趋势的主要原因等进行了深入探讨，并提出稳定蔬菜价格的政策思路，包括：要处理好市场导向与适度调控的关系；保持蔬菜价格的稳定要兼顾市民和菜农双方的利益；保持生产规模的基本稳定，强化内涵式发展是稳定蔬菜价格的前提；准确的市场信号引导能有效减少蔬菜价格波动；实现农超对接，减少中间环节，提高菜农收入和消费者福利；做好蔬菜区域调剂和流通工作，扩大蔬菜区域流通的半径等。

2. 蔬菜价格波动规律及其分析

现实数据反映，虽然生鲜蔬菜的零售价格居高不下，但批发价格频繁波动，出现"大上快下"的状况。以大蒜为例，根据中国大蒜网公布的统计数字，2004 年和 2005 年，大蒜价格持续增长，到 2006 年达到顶峰。大蒜种植面积随之年年扩大，直接带来了随后两年的蒜市低迷，最低时甚至一分钱一斤大蒜，大蒜滞销。2007 年全国各地共计种植大蒜 1 010 万亩，2008 年降到 555.5 万亩，随即导致大蒜的紧缺和价格的飙升，全国大蒜批发价从 2009 年年初的 2~3 元/kg 飙升到 2010 年年末的 12~13 元/kg。在丰收——跌价、减产——涨价的轮回中，农民每次都滞后于市场的脉动，永远"踩不准点"。此前，这种情况在香蕉、橘子、白菜等多种农副产品市场均有体现。

蔬菜本身有着不耐储存、小农户经营、劳动力密集、价格受渠道影响较大等特点。尤其是在供给方面，其供给价格弹性大于需求价格弹性。

从供给方面来看，供给可以分为生产和流通两个环节，任何一个环节的问题都会对市场供给产生巨大影响。从生产方面，由于蔬菜具有较强的时效性，容易腐烂，储存有难度，因此菜农对成本和收益更为敏感，成本的上升和收益的下降容易导致蔬菜下一期的供应发生巨大变化；从流通方面，蔬菜流通环节过长且流通结构不合理，导致流通渠道相对脆弱，很难经得起价格的冲击。所以，蔬菜的供给受到很多因素的影响，供给弹性很大。与此相对，在需求方面，居民蔬菜消费弹性小。在蛛网理论中，蔬菜价格会更快偏离平衡状态，产生更大的波动，需要更多的政策调控。同时，从蔬菜供给的影响因素来看也有很多的可调控点，存在很多的操作空间去改善现有的蔬菜市场供求体系，运用市场化非行政手段调节市场供求，使蔬菜供求脱离蛛网困境，在市场机制作用下实现自我均衡。

3. 关于维持蔬菜价格稳定的建议

根据蛛网模型，生产者在决定产品的数量时，首先要关注前一周期的实际价格；其次下一周期生产时不能因为产品的价格高于均衡价格而盲目提高生产的规模，也不要因为产品的价格低于均衡价格而过分压缩生产的规模；再次认真对以往产品的价格变化与产品生产规模之间的关系进行研究，正确分析市场的价格走向，理性地作出生产规模的决策。但是单纯地依靠菜农本身对市场的反应来应付蛛网困境必然是行不通的，需要政府部门进行指导。政府相关部门应从以下几个方面进行指导：

（1）政府要正视蔬菜生产者的弱势地位，保证农民发展生产的积极性。例如，可以比照粮食收购的最低保护价，在兼顾市民消费承受力的同时，对一些基本的蔬菜品种进行必要的生产性补贴和最低价格保护。

（2）政府相关部门应加大信息帮扶，合理引导生产。打破信息不对称机制，建立统一的蔬菜信息发布平台，及时发布蔬菜市场行情，提高农民对市场的把握能力。蔬菜产销地政府应完善蔬菜产业链的信息披露制度，定期发布完整、权威的产销信息，引导农民种植适销对路的农产品，尽量减少因盲目种植造成的供需不平衡现象。

（3）健全菜农保险机制，支持菜农投保，建立救助机制。政府可适当引入能对菜市进行规避风险分析的专业机构，建立一套完善的农业风险保障体系。鼓励和支持农业保险公司为农户提供适当的险种，如蔬菜价格供应险、大灾险等。设立蔬菜风险基金，以调节短期内滞销带来的价格波动。鼓励建立农业合作组织，提高种植的科学性和抗风险能力。

（4）建立完善的农产品流通体系，取消不合理的中间收费，降低流通成本。相关部门应通过调查分析菜价构成和农民生产成本，采取措施减轻产销各环节的成本压力，如降低过路费、开办公益性菜市场、免收入场费、减免相关税费等。严厉打击投机炒作、哄抬物价的行为。此外，还应创新物流管理，在大型城市建立农产品物流交易中心，降低在途损耗。

（5）疏通产销环节，建立产地直通零售的产销对接模式，继续深化农超对接、农餐对接、农企对接、农校对接。同时，加大执行农产品增值税抵扣政策，减轻对接企业的税收负担，为第三产业反哺农业预留空间。支持菜农与农产品加工企业对接，增加深加工的比例，发展订单式农业。

第二节　农产品定价的依据

一、影响农产品定价的因素

价格是企业市场营销组合中十分敏感而又难以控制的因素，它直接决定着企业市场份额的大小和利润率的高低，涉及生产企业、中间商和消费者等各方面的利益。因此，企业必须重视定价的影响因素和方法。对于一般商品而言，影响定价的因素主要有定价目标、产品成本、市场需求、竞争者等，这些同样适用于农产品的定价。例如，农产品目标市场和市场定位决定农产品价格高低，面对高收入人群的高档农产品价格就高些；若农产品经营组织追求较高利润，价格也会高些；若为了提高农产品市场份额和生存竞争，农产品价格就会低些。粮食、蔬菜等生活必需品需求弹性较小，农产品价格变化对需求影响较小；果品、水产品等农产品需求弹性较大，价格变化会影响到农产品需求量和收入。除此之外，由于农产品关乎着国计民生，有其自身的特殊性，在其定价过程中还需要根据实际情况进行全方位衡量。一般而言，农产品价格 $P = f$（市场需求、成本费用、竞争情况）。选定最后价格时，还应考虑到声望、心理因素、价格折扣策略、市场反应、政府的农产品价格政策等。随着农产品市场变化，农产品价格还应适时调整。在制定价格时，一般受定价目标、产品成本、市场供求和市场竞争等因素的影响。

（一）定价目标

定价目标是产品的价格在实现以后企业要达到的目的。企业的定价目标从属于企业的经营目标。企业的定价目标是以满足市场需要和实现企业盈利为基础的，它是实现企业经营总目标的保证和手段，同时，又是确定企业定价策略和定价方法的依据。企业面临的市场环境和竞争条件不同，企业的目标就会有差别；不同的企业有不同的目标，就是同一企业在不同的发展时期也有不同的目标。因此，任何企业都不能孤立地确定价格，而是必须按照企业的目标市场战略及市场定位战略的要求来进行。农产品定价也是如此。例如，黑龙江北大荒农垦集团一直致力于将自己打造为"绿色、阳光、生态"的代名词，致力于成为我国最大的现代农业品牌，其农产品的价格一直处于中等位置，一方面高于一般中小企业生产的产品，以树立品牌"可靠"的形象，另一方面价格避免过高，树立贴近老百姓生活的形象，也避免造成消费者对产品"利润空间大，暴利"的怀疑。

（二）产品成本

成本是产品价格构成中最基本、最重要的因素，也是产品价格的最低经济界限。从长期来看，任何产品的价格都应高于所发生的成本费用，在生产经营过程中的耗费才能从销售收入中得到补偿，企业才能获得利润，生产经营活动才能继续进行。但这并不排斥在一段时期的个别产品上，价格低于成本。在一般情况下，产品的成本高，其价格也高，反之亦然。例如，近年来诸如种子、化肥、农药、农膜、农机、农用柴油等的农业生产资料涨价、水资源的消耗和紧缺、供应农民所需要的商品和服务的涨价等，均导致农产品生产过程中的成本持续加大，进而使得农产品价格上涨。从经济学角度讲，农产品成本可表述为：农产品总成本、农产品边际成本以及农产品边际贡献。

1. 农产品总成本

农产品总成本是农产品生产与销售环节的总支出，它等于固定成本与变动成本之和。其中，固定成本是指农产品生产及营销过程中，相对于变动成本在一定时期和一定业务量范围内基本不变的费用，如农业机械设备折旧、管理人员基本工资、保险费等；变动成本是指那些在一定范围内随着业务量的变动而发生变动的成本，如购买农药、化肥等生产资料的费用。如果将总成本分摊到每个农产品上，就构成单位农产品平均耗费成本，称为农产品单位成本。

农产品单位成本是农产品生产者决定是否长期从事农产品生产经营与加工的下限，如果生产者预期长期价格低于单位成本，就会退出农业经营。

2. 农产品边际成本

农产品边际成本是指在一定的农产品产量和销量下，每多生产和销售一单位农产品所对应引起的农产品总成本的增加量。经济学中边际成本公式可以表达为

$$MC = \frac{\Delta TC}{\Delta Q}$$

式中，MC 为边际成本；ΔTC 为农产品总成本增量；ΔQ 为生产和销售农产品增量。

农产品单位可变成本是农产品生产者短期经营的下限，如果生产者预期产品价格不足以或者只能弥补单位可变成本，生产的目的就变为在短期内利用不可转变的专用性固定资产；如果投入的是农业初级产品生产，就会减少对产品的肥料、灌溉、劳动等追加投入；如果投入的是次级养殖业生产，由于畜禽具有生产资料和生活资料的双重特征，为保证价格以单位可变成本为下限，甚至会处理部分作为生产资料的畜禽使其变为生活资料；只有在农产品加工业中，生产者可依据单位可变成本下限保证产品的既定产量。

当然，低于可变成本的价格下限，可在特定时期或特定产品销售阶段采用。这在农产品生产者定价中非常普遍，是由农产品的季节性集中上市、鲜活特征和保质期所决定的，是最大限度地降低生产者损失的一种方法。

事实上，农产品不一定增产就增收，所谓"谷贱伤农"就是这个意思。所以，在考虑农产品边际成本时，要引进"农产品边际贡献"的概念。

3. 农产品边际贡献

农产品边际贡献，又称"边际利润"，一般可分为单位农产品边际贡献和全部农产品边际贡献。其计算方法为

单位农产品边际贡献 = 农产品销售单价 – 单位农产品变动成本

全部农产品边际贡献 = 全部农产品销售收入 – 全部农产品变动成本

在农产品定价决策中，首先要保证农产品边际贡献不为负数，这样就保证了全部农产品的边际贡献可以用以弥补固定成本，当全部农产品边际贡献超过农产品固定成本时，就产生了盈利。因此，在实际工作中，边际贡献是否大于 0 成为价格接受与否的底线。在农产品定价中，农产品单位成本、单位可变成本、边际贡献等影响着定价的下限。

农产品边际贡献是在生产者生产能力之内是否接受追加订货的下限。当生产者有剩余生产能力或追加有限的固定资产就可以获得毛收益时，可以将毛收益作为定价下限。这样可以充分利用固定资产，从中分摊单位产品包含的固定成本，如饲料加工者的追加订货。

（三）市场供求

产品价格除受成本影响外，还受市场供求的影响。供给与需求规律是市场经济中最基本的经济规律。一般来讲，了解农产品成本是为了确定农产品价格底线，了解供求关系，则是为了给出农产品一个合理的市场价格以期求得盈利。当产品价格高于某一水平时，将无人购买，因此，市场需求决定了产品价格的最高限度。一般地，市场需求随着产品价格的上升而减少，随着价格的下降而增加。农产品定价过程中一定要了解市场供求关系、价格变动对市场需求的影响程度（即需求弹性）和价格变动对市场供给的影响程度（即供给弹性）。

1. 农产品需求及需求弹性

农产品需求是指消费者在既定的时间和地点，以适当的价格所购买的农产品的数量。从市场角度讲，这种需求又可分为现实需求和潜在需求。一般来讲，农产品需求越大，其价格越高，正所谓"物以稀为贵"，但价格攀升又限制了需求进一步扩大，最终导致供求平衡，形成均衡价格；而需求下降，也会导致价格下降。

农产品价格低时会增加产品的需求量，当农产品价格高时会减少产品的需求量。需要注意的是，营销中的需求是指有效需求，即消费者能够且愿意购买的产品数量。表 5-1 显示的是玉米价格和购买数量之间的对应关系，可以通过描点法看出，玉米需求是随价格的下降而上升的，其需求曲线是一条向右下方倾斜的曲线。

表 5-1 玉米的需求表⊖

每蒲式耳⊜价格/美元	购买的数量/10 亿蒲式耳
4.00	3.0
3.75	3.4
3.50	3.8
3.00	5.0
2.75	5.7
2.50	6.4
2.25	7.2

⊖ 理查德·库尔斯，等. 农产品市场营销学 [M]. 北京：清华大学出版社，2006：118.

⊜ 蒲式耳（英文为 Bushel，缩写为 BU）是一个计量单位，在美国，1 蒲式耳相当于 35.238L。

需求弹性是农产品卖者面对的决定价格上限的需求影响因素。作为生活必需品的农产品需求价格弹性小，降低价格也难以做到薄利多销，提高价格亦难以减少需求量；当消费者货币收入增加时对这些产品需求量的增加幅度也是有限的。反之，作为高档食品的农产品需求价格弹性大，收入既定的情形下，提高价格会减少销量；消费者收入的增加会使这类产品的需求量增加。

2. 农产品供给

农产品供给是指在一定时间、地点和市场价格下，市场可以销售的农产品数量。供给规律是指价格和市场供给之间的关系，一般来讲，价格越高，意味着市场需求旺盛，有利可图，供给或愿意供给的数量就会越多；反之，价格越低，表示相对应的市场低迷，供给数量就越少。可以根据表5-2的数据通过描点法得出供给曲线，它和需求曲线相反，是一条向右上方倾斜的曲线。

表 5-2　玉米的需求表㊀

每蒲式耳价格/美元	供给的数量/10 亿蒲式耳
4.00	5.6
3.75	5.5
3.50	5.4
3.00	5.0
2.75	4.7
2.50	4.4
2.25	4.0

农产品供给价格弹性是指某种农产品的市场供给量对其价格变化反应的灵敏度，即农产品供给量变动率对价格变动率的比率。由于农产品生产周期较长，短期内生产设备、劳动等生产要素无法大幅度增加，从而供给无法大量增加，供给弹性小。但本期农产品价格会影响下一期农产品的产量，即从长期来看，农产品的供给弹性大。

另外，农产品供给受气候等自然条件的影响比较明显，进而影响农产品的季节性价格波动。例如，2010年全球自然灾害频繁发生，严重影响各种农作物产量，增强了对未来供应缺口的预期，因此各种农产品价格不断上涨。以棉花价格为例，2010年全年美国棉花价格涨幅为一倍左右，创了历史新高，我国国内棉花因降雨减产，库存也进一步减少，郑州棉花期货价格全年从15 000元/t涨到30 000元/t附近，也创了历史新高。2012年3月9日我国发布的全国蔬菜最新价格走势显示，2月24日以来，全国蔬菜价格连续上涨，监测的21种蔬菜中，15种价格上涨，2种价格下降，4种价格持平，21种蔬菜全国平均价格上涨3.2%，这主要是由于南方连续阴雨天气以及当时东北、华北等部分地区大雪天气影响，蔬菜生长缓慢，上市量减少，导致价格攀升。2012年9月份以来，全国蔬菜价格整体呈下降走势，其中叶类菜价格降势较为明显，10月16日监测的21种蔬菜全国日平均价格下降9.3%，主要原因是全国此时天气晴好，温度较为适宜，蔬菜生长旺盛，市场供应充足，鲜

㊀ 理查德·库尔斯，等. 农产品市场营销学 [M]. 北京：清华大学出版社，2006：119.

菜价格随之回落。

3. 农产品均衡价格

农产品均衡价格是农产品供给量与需求量相等时的价格，也可以认为是农产品供给价格与需求价格相等时的价格。从市场角度看，农产品供给与需求在相互作用过程中，会经历一个此消彼长的过程，并逐渐趋向一种均衡，形成相对稳定的市场均衡价格。均衡价格所对应的农产品数量就是均衡数量。需要注意的是，农产品市场均衡价格不是政府指导价，而是在没有外部干涉情况下由农产品市场供求双方所自发决定的。如图 5-2 所示，其中 SS 为供给曲线，DD 为需求曲线，两线交点 E 为均衡点，即需求与供给相等的点，E 所对应的价格即为均衡价格。

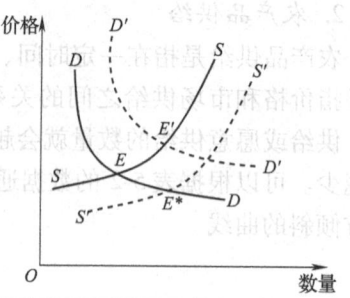

图 5-2 需求供给曲线决定均衡价格

一般来讲，农产品需求增加，需求曲线会上移，由 DD 移到 $D'D'$，其均衡点会上升，由 E 到 E'，相应的价格和均衡数量会增加；反之，农产品需求下降，均衡价格也随之下降，均衡数量也会随之减少。结论是：一般情况下，农产品需求变动会引起农产品均衡价格与农产品均衡数量同方向变动。

如果农产品供给增加，供给曲线会下移，由 SS 移到 $S'S'$，其均衡点会下移到 E^*，此时，均衡价格下降会引起均衡数量增加；反之，农产品供给减少，其均衡价格会上升，均衡数量会减少。结论是：农产品供给变动会引起农产品均衡价格反方向变动，农产品均衡数量同方向变动。

（四）市场竞争

除了农产品自身品质和市场供需关系外，市场竞争是影响农产品价格的关键因素之一，特别是当农产品具有同质性时，价格竞争成为产品竞争的"利器"。例如，都是芹菜，如果时间成本和路程成本可以忽略不计，那么谁的芹菜单价便宜一些，消费者就愿意买谁的，谁就可能赢得客户。实际上，这种竞争取决于竞争环境和竞争者两方面，具体包括竞争者产品价格及质量、市场结构和非价格竞争策略。

1. 竞争者产品价格及质量

农产品定价应当了解其竞争者所提供农产品的品质及价格，较为充分地进行横向比较，如果两者产品质量差别不大，则定价趋同；如果品质明显较好，则价格可以高一些；反之，则可以低一些。也就是说，在农产品定价中，企业要关注农产品质量的相对水平。被冠以"地理标志""名牌产品""绿色食品"与"有机食品"等的农产品在市场竞争中具有明显优势。其中，地理标志是一种与产品生产的地理来源相关联的标志，是国际公认的一个知识产权概念。它是指识别某产品来源于某地域或该地域内某地区或某地点的标志，而该产品的特定质量、信誉以及其他特征主要取决于当地独特的自然因素或者人文因素。地理标志不仅提供了其产地的明确信息，更重要的在于它是一种品质保证，是优质的象征。地理标志的品牌效应为提升农产品市场竞争力创造了条件，相对于其他农产品而言，申请了地理标志的农产品获得了相对的垄断优势、较高的价格优势以及较强的市场渗透力。例如，涪陵榨菜、山西老陈醋、西湖龙井、新疆吐鲁番葡萄、黑龙江五常大米等。

2. 市场结构

市场结构是指一个行业内部买方和卖方的数量及其规模分布、产品差别的程度和新企业进入该行业的难易程度的综合状态。一般情况下，如果市场上卖者众多，且产品具有同质性，则定价只能随行就市，依照现行市场价格来定；如果市场上有较多卖者，但产品之间存在差异，就存在较大的定价空间和选择自由；如果市场上只有少数卖者，产品差异小，则定价自由度也相对小一些，市场上可能存在价格之间的微小差异，一般情况下，消费者会选择价格较低的商家；如果市场上只有一家卖者，则会形成市场上的独家垄断，在法律和政策允许下，会形成一定程度的"垄断价格"。

3. 非价格竞争策略

价格制定实际上是企业间的一种博弈，价格制定要体现企业的市场定位和发展战略，以及所处不同产品生命周期阶段的特殊属性。企业的竞争策略可以分为价格竞争和非价格竞争两种。价格竞争是依靠低廉的价格争取销路、占领市场、战胜竞争对手的一种竞争形式，尤其是当企业与企业之间的产品在性能、效用、样式、包装、服务等各方面相近时，价格竞争较多地被采用。企业竞争过程中的非价格竞争是指企业通过不断地采用新技术、新工艺，提高管理水平，改进产品质量，改善包装和外观式样，加强售后服务，注重广告促销效果，以提高产品的市场占有率，实现盈利目的。非价格竞争所强调和突出的是产品价格以外的因素。现代农产品企业之间的竞争越来越倾向于非价格竞争。非价格竞争的实质就是通过整体的营销活动扩大需求，开展竞争。

（五）政府价格管制

农产品价格关系到农产品生产、农产品供给、农产品原材料供给、农产品加工以及消费者的日常生活，具有稳定社会的意义。如果农产品涨价，会带来一系列经济和社会问题，会造成社会的不安定情绪，因此，农产品价格往往受到政府的管制。例如，我国国家物价局于1992年颁布的《国家物价局及国家有关部门管理价格的农产品目录（1992年本）》，就规定了实行国家定价的农产品品种以及价格管理的形式和管理权限。

对世界上所有的国家而言，农产品最低保护价政策与最高限价政策几乎都是农业政策的重要组成部分。由于农业是比较利益低、机会成本高的弱势产业，国家的农产品最低保护价政策一直发挥着重要的作用。而最高限价政策，是为了在保护农业生产者利益的同时减轻消费者负担，实现在不同利益集团间平衡收入分配的政策目标，因此，往往以消费者补贴的方式作为实现方式。针对农产品卖者的最低保护价政策，以政府的农业支持政策——政府补贴、贷款或政府采购为实现形式，如我国2004年实行的生产者直接补贴、2006年在全国范围内免除农业税、长期以来采用的保护价收购等。

在实际运作中，政府价格管制可以分为政府定价、政府指导价。其中，政府定价是指政府有关部门（如价格主管部门）依照《中华人民共和国价格法》的规定，按照定价权限和范围制定的价格，往往涉及与国计民生关系重大、带有战略性质的农产品，如粮食、油料、棉花等大宗农产品。政府指导价是指依照《中华人民共和国价格法》规定，由政府价格主管部门或者其他有关部门，按照定价权限和范围规定基准价及其浮动幅度，指导经营者制定的价格。政府指导价的范围一般涉及重要农产品。

法律是保证政策实行的强制性措施。国内涉及农产品价格下限的保护性法律以《中华人民共和国反不正当竞争法》为主。其中第十一条规定："经营者不得以排挤竞争对手为目的，以低于成本的价格销售商品。有下列情形之一的，不属于不正当竞争行为：（一）销售鲜活商品；（二）处理有效期限即将到期的商品或者其他积压的商品；（三）季节性降价；（四）因清偿债务、转产、歇业降价销售商品。"联合国《消除或控制限制性商业惯例法律范本》对价格的限制中规定，下列价格行为即被视为滥用的行动或行为："对竞争者的掠夺性行为，如使用低于成本的价格消灭竞争者。"

结合上述法律可见，鉴于农产品的特点，对农产品以低于成本的价格销售，是作为特例允许的。

（六）其他因素

1. 消费者心理

无论哪一种消费者，在消费过程中，必然会产生种种复杂的心理活动，并支配消费者的消费过程。因此，消费者的心理也是农产品定价必须考虑的因素。在现实生活中，很多消费者存在"一分钱一分货"的观念。面对不太熟悉的农产品，消费者常常从价格上判断产品的好坏，从经验上把价格同产品的使用价值挂钩。消费者心理上的反应是很复杂的，某些情况下会出现完全相反的反应。例如，在一般情况下，涨价会减少购买，但有时涨价反而会引起抢购。因此，在研究消费者心理对定价的影响时，要持谨慎态度，仔细了解消费者心理及其变化规律。产品定价不仅应迎合不同消费者的心理，还应促使或改变消费者行为，使其向有利于自己营销的方向转化。

2. 企业或产品的形象因素

企业有时还需要根据企业理念和形象设计的要求，对产品价格作出限制。例如，企业为了树立热心公益事业的形象，会将某些有关公益事业的产品价格定得较低；为了树立高贵的企业形象，将某些产品价格定得较高。

二、农产品定价的目标

产品的最高价格取决于产品的市场需求，最低价格取决于产品的成本费用。在最高与最低价格的幅度内，卖者能把这种产品的价格定得多高，则取决于竞争者同种产品的价格水平。因此，需求价格弹性、成本和市场结构是影响农产品定价的重要因素。农产品卖者必须在考虑这三个重要因素交互作用的前提下，在国家法律规范与政策调节的限度内，确定自己的定价目标。就农产品卖者的定价目标而言，首先在国家农产品最高限价和最低保护价规范的框架下确定；其次要考虑由需求界定的价格上限和由成本界定的价格下限；最后取决于价格上、下限之间存在的同种产品生产者的价格水平。具体来讲，农产品定价有以下几种目标：

1. 以国家需要为目标

农产品具有特殊的社会价值，尤其是粮食等基本农作物，是整个社会生存与发展的基础，也是轻工业、食品加工业等许多行业原材料供给的基础，具有关乎国计民生的战略地位。在食品短缺的情况下，国家为了维系社会的安定和国民经济的稳定，需要掌握一些重要农产品的价格、供需数量等。农业生产者和农产品经营者均无权对这些农产品定价，须由国家根据当时国民经济与社会发展的需要而定价。

2. 以保护农业生产者的根本利益为目标

政府为支持和保护农业发展，维系农产品的正常生产供应和市场价格水平，需要对农业生产者给予价格补贴，限制农产品收购的最低价格，如市场保护价等。发达国家常采取对国内农业生产者直接补贴和农产品出口补贴等手段，一方面维持和扩大在国际农产品市场上的份额，另一方面缓解国内农产品过剩压力，维持国内农产品价格水平，以及强制规定农产品收购的较低保护价格。由于历史原因，我国存在严重的二元经济结构，农业生产者的收益水平往往不尽如人意，农业在农民收入中所占比重也越来越小。为了保护农民的根本利益，保护农民从事农业生产的积极性，政府往往采取政府定价或政府指导价来支持农产品生产经营。

3. 以获利为目标

在市场经济条件下，获取利润是企业或个人从事农产品生产经营活动的重要目标。农产品定价中以获利为目标是指在农产品定价过程中，在考虑投入成本的基础上，加上农产品生产经营者较为满意的利润来确定价格，一般分为获取投资收益、获取合理利润和获取最大利润等。

4. 以保持或提高市场占有率为目标

农产品市场占有率在很大程度上决定着生产经营者的竞争力和经营绩效，甚至从长远看，决定着生产经营者的命运。为了保持原有市场份额或提高市场份额，需要生产经营者在较长时期内维持低价，进行促销，力求排挤竞争对手，保持其农产品的销售量与销售额稳步增长，或者应付竞争对手的进攻，防止新的竞争者进入市场。以市场占有率为定价目标，农产品生产经营者需要分析自身的竞争实力和市场条件。若没有足够的资金和成本优势为基础，其生产能力与市场份额的扩大不相适应，所生产的农产品生命周期过短，市场需求容量不大，就不宜以这一目标作为定价目标。

5. 以应付竞争为目标

当农产品生产经营者受到生产能力过剩、市场竞争激烈和消费需求变化等因素困扰时，往往会把求生作为主要的追求目标。此时，需注重收集市场上同类产品的质量和价格资料，将竞争产品与自己的产品进行比较，以低于竞争者的价格出售，必要时，还可低于成本价销售。这种定价策略更适合于那些产品无质量优势，但综合经济实力强或市场定位富有特色的农业生产经营者。应付竞争目标是为了避免竞争给各方带来的不利影响。农产品竞争往往表现在价格竞争上，所以对手的产品价格是自己产品价格制定的重要依据之一。

6. 以树立企业或产品形象为目标

价格不仅体现农产品价值，而且还体现生产经营者的形象和产品形象。有一种说法不无道理：今天的企业竞争不是在进行产品竞争，而是在进行品牌竞争。打造优秀的农产品品牌，可以有效地实现"优质优价"，产品在公众心目中的形象构成了生产经营者的无形资产，以此为定价目标可收到意想不到的效果。实现这一目标，需综合运用多种营销策略并使之与价格策略相互配合，不仅使价格水平与消费者对价格的预期彼此相符，而且力求这一信息得以广泛传播。例如，绿色食品、保健食品等优质农产品，宜实行较高价格，树立高品质形象。

三、农产品定价的程序

农产品企业的定价策略主要决定于企业的资源和目标状况。但在实际定价过程中，影响农产品企业定价政策的因素却有很多，农产品生产经营者需要通过一系列的程序来最终确定农产品价格。一般来讲，农产品定价需要经过六个步骤，即确定定价目标、测定需求、估计成本、分析竞争对手、选择定价方法以及确定最终价格。

1. 确定定价目标

企业的定价目标一般是多元化的，所以在定价过程中首先应根据目标市场选择原理，通过系统分析，特别是SWOT分析法，明确定价目标。

2. 测定需求

企业通过对农产品市场的预测及现状分析，确定市场需求。

当企业确定了定价目标之后，并不意味着马上就可以作出正确的定价策略，还必须对产品的需求状况进行测定，特别是借助市场细分，充分认识市场潜能，有针对性地确立市场有效需求。在测定需求时，通常需要把以下几个因素考虑在内：一是确定影响需求对产品价格敏感程度的因素，如产品的独特性、替代品的知名度、与替代品质量间的可比性、占顾客消费支出的比重、质量——价格比、可存储性等。二是确定需求的变动方向，即定价方式的不同是否会引起竞争对手的连锁反应。三是确定需求的价格弹性。

3. 估计成本

估计成本是企业制定定价策略的一个重要基础。在定价过程中，需求与成本所起的作用是不同的，前者主要是对企业的产品形成一个价格上限，后者则主要是形成企业产品价格的下限。除非企业有特定的短期竞争性目标，一般情况下，任何企业所制定的产品价格都必须能够收回其生产、分销和促销成本，并从中获得一定的利润。确定农产品价格，首先要"保本"，企业要系统地分析农产品生产经营中的成本构成，特别是不能忽视可变成本，确保所定价格的盈利性。

4. 分析竞争对手

企业在定价过程中，需要了解竞争对手的每种产品的价格和质量状况。这一目的可以通过派出相关人员对竞争对手的产品进行比较来达到，也可以直接购买竞争对手的产品，以了解其性能、质量方面的优缺点，还可以向顾客征询其对各个竞争者产品的价格与质量的意见。在对竞争对手产品和价格状况有了详细的了解之后，企业就可以用以作为自己的定价出发点，或高或低或相同，通过有目标的定价策略来实现自己产品的竞争性定位。

5. 选择定价方法，确定最终价格

企业根据调查情况，结合自身特点，根据企业产品的扩张力大小，确定价格区间，选择合适的定价方法，进行科学定价，使价格尽可能地体现农产品价值，同时，要进一步考虑到符合国家的相关法规、政策，充分考虑各方因素后，确定最终价格。

四、关于农产品价格保护的讨论

农业是一个经济效益低、风险大的弱势产业。根据国际贸易中的比较利益理论，在市场经济条件下，农业是很难得到资金支持和保护的。但是，农业同时又是一个特殊产业，各国为了保证农业在国民经济中的基础性地位，都不同程度地对农业进行支持和保护。尽管农业补贴长期以来是大多数国家稳定农业、调节国民经济的重要措施，也是各国政府扩大农产品出口的重要保障，但是价格手段仍然是政府宏观调控的重要手段，价格手段对于稳定农产品市场、保证农民收入、实现我国的粮食安全战略等都是十分重要的。

1. 关于农产品价格保护的学术讨论

庞凌霄（2006）在综合分析了直接补贴与价格保护的基础上，对我国农业价格保护的必要性和可行性进行了探讨。肖海峰（1999）结合保护价格政策的政策目标，分析了实行支持价格的必要性，运用数学模型对支持价格政策的作用效果进行了详尽的分析，指出了支持价格政策取得较好效果的前提条件，对粮食保护价格政策运行机制进行了国际比较，结合我国实际国情，认为我国还应建立独立的粮食储备库系统，以保证粮食保护价格政策的顺利实施。李艳（2007）通过分析指出，虽然价格支持属于必须削减的"黄箱"政策的重要组成部分，但我国利用价格支持政策在现今是非常必要也是可以实施的手段，应根据国情来处理，只要价格支持水平得当，其利益增加部分将有效地被国内农业所吸收，而不发生外部性问题。

王海涛（2007）对我国城乡居民收入差距不断扩大的原因进行了深入分析，并提出了一系列具有实际意义的解决措施。尤其指出，在我国城乡居民收入差距的演变进程中，政府对农产品价格的控制一直是农民增收的一大障碍。从改革开放前的工农业产品价格的剪刀差，到改革开放后对农产品价格的限制（客观上我国的工农业产品一直存在价格的剪刀差），都构成了我国城乡居民之间收入差距形成和不断扩大的直接原因之一。为此，有学者提出，解决我国城乡居民之间收入差距问题，应该通过稳定和适当提高农产品价格和控制农业生产资料价格，缩小工农业产品价格剪刀差，提高农业生产收益率。当然，农产品的价格是一个非常敏感的问题，但不能因为敏感就故意回避。

李成贵（2004）借鉴国际经验以及考虑到我国农业生产和粮食市场发育不足的现实，指出在我国粮食政策调整中，不能简单地把保护价收购政策改成对农民的直接补贴，而应该构建一个由直接补贴（固定补贴）、价格支持（不固定补贴）和生产补贴等构成的完整的政策体系。

张惠军（2007）认为，农产品价格直接关系到农民收入。农产品价格上涨对于我国粮食安全、农村劳动力就地转化、农业利润上升吸引金融投入、农民增收拉动内需及建立农村保障体系、推进社会主义新农村的建设具有重要的意义。

2. 世界各国对农产品价格保护的做法

欧盟和美国对粮食的调控在很长时期内，主要是通过休耕计划和价格支持两大手段实现的。欧美在实行直接补贴的同时，并没有取消价格支持和市场稳定政策。美国历史上采取了3种价格支持形式，即粮食抵押贷款、干预性收购、直接补贴，后来将粮食抵押贷款改称为"营销援助和贷款差价支持"；直接补贴仍延续原来的做法和称谓；干预性收购改为"反周期支付"。这样美国农业法就为保障农民收入提供了3条保障线。使用干预价格对种植业实现补贴是欧盟的一贯做法。对欧盟7种重要农产品的考察发现，在过去几年里，欧盟只对谷物与牛肉的干预价格进行了小幅度的削减，而其余5种农产品的干预价格都没有变化。与此相反，对欧盟进行直接支付补贴的8种农产品的考察发现，2002年通过的《欧盟东扩后的农业政策和预算标准》规定欧盟25个成员国的农业总预算在2006年这一预算期内将控制在453亿欧元（AMS，直接补贴和市场支持）的水平，另外每年增加1%的通货膨胀率，直到2013年。在过去几年里，只有油菜籽和非纤维亚麻籽的支付补贴率下降以及羊肉和蛋白质类作物的补贴率不变外，其余4种都增加了。《欧盟东扩后的农业政策和预算标准》对干预价格的削减力度有所加大，但对于糖、牛羊肉等重要的敏感性农产品却没有进行削减。所有发达的市场经济国家无一不是依靠农业价格政策和贸易保护来支持本国农业的。合理的保护价格既有利于降低调控成本并可充分利用国际贸易中的比较优势，又能够真正起到保护农业生产者的利益、稳定农业生产的作用。

3. 我国农产品价格的保护

在我国，人们总觉得实行农业保护是城市工业和城市居民的额外负担。其实，这种认识是不正确的，工农业产品价格剪刀差还严重地存在，近年来，由于农产品价格剪刀差损失的收入约在 3 500 亿元以上。而国家对农产品的价格补贴却远未达到这个数字。农产品价格保护作为农业保护的核心内容，是保持农民收入持续增长的重要措施。因此，在当前我国农村市场经济体制改革中，在充分利用市场经济手段的同时，合理利用政府干预职能，保护农产品价格是解决目前农村经济问题的理性选择。

"十二五"规划将我国农业的未来五年总结为"发展现代化农业、保粮食增产、促农民收入增长、调流通稳定农产品价格"。2012 年 6 月 25 日，国家发展和改革委员会印发了《全国农村经济发展"十二五"规划》（以下简称《规划》），指出将完善农业支持保护制度，建立投入增长稳定机制，健全农业补贴制度和农产品价格保护制度。《规划》指出，当前农村经济发展进入新阶段，出现了新变化。主要农产品供求进入紧平衡阶段。随着人口总量增加、城镇人口比重上升、人民生活水平提高及农产品工业用途不断拓宽，保障主要农产品供给特别是粮食安全的压力越来越大，部分农产品品种结构和地区结构不平衡的矛盾突出。农业生产进入高成本阶段。农资、农机、土地等费用呈上升态势，人工成本提高，导致农业生产成本加速上升，必然推高农产品价格。为了确保国家粮食安全，《规划》要求健全农产品价格保护制度。完善粮食最低收购价政策，根据粮食生产成本及市场供求情况，逐步提高粮食最低收购价，引导粮价平稳上升，保持粮价合理水平。充分发挥市场机制的作用，探索建立以目标价格为核心的反周期补贴制度。完善主要农产品的价格形成机制，建立健全重要农产品供求和价格监测预警体系，完善市场信息会商发布制度。

第三节　农产品定价的方法与策略

一、农产品定价的基本方法

农产品定价方法是农产品生产经营者在已确定定价目标的基础上，对农产品进行科学定价的具体操作方法。一般定价时企业需要进一步考虑定价影响因素中的一个或几个选择定价方法。由于在产品定价的诸多影响因素中，成本、市场需求、竞争者是影响企业定价的最基本因素，即根据产品总成本确立农产品定价的下限，根据竞争者产品的替代性和价格特征确定定价的切入点，根据自己产品的属性以及对市场有效需求的调查和预测审慎地推测产品价格的上限，从而确立价格合理区间。主要方法有：成本导向定价法、需求导向定价法以及竞争导向定价法等。

（一）成本导向定价法

成本是确定农产品价格时首先要考虑的问题。成本导向定价法是以农产品生产经营成本为基础，制定农产品价格的一种定价方法。常用的成本导向定价法有以下几种具体方法：

1. 成本加成定价法

这是最简单、最传统的定价方法。这种方法以成本为中心，具体做法是首先算出生产经营农产品的总成本，按总成本估算出单位产品的平均成本，然后加上一定比例的预期利润，两者相加之和即为销售价格。依据核算成本的标准不同，这种方法可分为两种，即平均总成本加成定价法和变动成本加成定价法，其中变动成本加成法给农产品降低价格提供依据，即价格必须高于变动成本，并争取以边际贡献补偿固定成本。

成本加成定价法的优点是简便易行，适合于市场环境较为稳定的情况，企业和顾客都有公平感，而且引起价格竞争的可能性小。它的局限性在于忽视了供求状况和竞争状况，有可能与市场需求脱节，并难以适应竞争的变化。这种定价方法一般适用于卖方市场条件下的产品，不太符合农产品市场的实际运作。

2. 盈亏平衡定价法

由于可变成本随产销量而变化，固定成本却相对稳定，便会出现一定产销量以下发生亏损、一定产销量以上产生盈利的情况，而不盈不亏的点即为盈亏平衡点或称保本点。按盈亏平衡点定价，就是在一定的预测产销量下，利用盈亏平衡分析法先求出保本时的价格，然后再加上预期利润，即为实际价格。这种农产品定价法的关键在于盈亏平衡。

盈亏平衡定价法的计算公式如下：

$$P = \frac{FC/Q + VC}{1 - T_S}$$

式中，FC 为固定总成本；Q 为销量；VC 为单位可变成本；T_S 为营业税率；所计算出的 P 为盈亏平衡价格，即为保本价格，高于此价格则盈利，低于此价格则亏损。

这种方法在现实生活中应用较多，甚至在国家农产品宏观分析方面也常涉及。例如，根据国家发展和改革委员会的调查，2009 年 4 月 29 日，全国大中城市生猪平均出场价格为 10.13 元/kg，比上月底下降 10.4%；主要玉米批发市场玉米批发价格为 1.64 元/kg，比上月底上涨 1.2%，猪粮价格比为 6.18∶1，逼近预案设定的生产盈亏平衡预警点（6∶1），与上月底的 6.98∶1 相比明显回落，为 2007 年 5 月份以来的最低点。猪粮价格比存在一个盈亏平衡点，当数值高于这个点时，农户养猪积极性较高，反之则较低。

3. 目标利润定价法

目标利润定价法，又称目标收益定价法、目标回报定价法，是根据企业预期的总销售量与总成本，确定一个目标利润的定价方法。目标利润定价法的要点是使产品的售价能保证企业达到预期的目标利润率。企业根据总成本和估计的总销售量，确定期望达到的目标收益率，然后推算价格。具体定价步骤如下：

（1）确定目标收益率。目标收益率可以是投资收益率、成本利润率、销售利润率、资金利润率等不同指标。

（2）确定目标利润。根据确定的目标收益率计算目标利润。

（3）计算售价。

$$售价 = \frac{总成本 + 目标利润}{预计销售量}$$

(二) 需求导向定价法

需求导向定价法，又称顾客导向定价法、市场导向定价法，是一种根据消费需求特征、顾客价格心理确定产品价格的新型定价方法，是指农产品在定价时以消费者对农产品价值的理解和需求为基础，通过市场调查，较为充分地了解消费者购买意愿、农产品及其价格接受程度等，在此基础上，农产品生产经营者选择与自己产品相适应的较好的市场反应价格作为自己产品的价格。

1. 理解价值定价法

理解价值定价法，也称"感受价值定价法""认知价值定价法"。这种定价方法认为，某一产品的性能、质量、服务、品牌、包装和价格等，在消费者心目中都有一定的认识和评价。消费者往往根据他们对产品的认识、感受或理解的价值水平，综合购物经验、对市场行情和同类产品的了解而对价格作出评判。当商品价格水平与消费者对商品价值的理解水平大体一致时，消费者就会接受这种价格，反之，消费者就不会接受这个价格，商品就卖不出去。优质优价正是目前农产品价格发展的一个趋势，它取决于消费者对优质农产品的认知。

根据农业部的要求，"十二五"期末，无公害农产品生产面积要达到全国产地总面积的60%，产品数量要达到7万个，产品总量占其商品量的40%左右，获证产品质量安全合格率要稳定在98%以上；农产品地理标志登记质量大幅提高，力争新登记1 000件。农产品生产企业在强化品牌打造的道路上快马加鞭，无公害农产品也越来越多地得到消费者的认可。西安、郑州等20多个大中城市已把无公害农产品作为农产品上市销售的基本条件。农业部农产品质量安全中心2008年对山东、福建等7省农贸市场及超市的调查显示，80%的市场销售的无公害农产品售价比普通农产品高出10%以上，50%的市场销售的无公害农产品售价比普通农产品高出20%以上，60%的获证无公害农产品价格和销量有明显提高，获得地理标志证明商标后的农产品销售价格大幅提高，甚至翻了几番。同时，调查结果显示，90.9%的网友表示对绿色食品"了解"，95%的网友认为绿色食品"安全、优质、营养"，88.4%的网友因绿色食品"安全放心"而愿意选购，65.1%的网友表示可以接受绿色食品的价格高于普通食品。

在农产品市场上，绿色食品的价格高于普通食品10%~20%，有机食品的价格高于普通食品50%至几倍，无公害农产品的价格略高于一般农产品。之所以打上"绿色""有机""无公害""地理标志"的农产品售价较高，得益于消费者购买农产品时总会在同类商品之间进行比较，选购那些既能满足其安全消费需求，又具有支付能力的农产品。因此，农产品生产经营者要设法加深消费者对农产品，特别是对高价优质农产品价值的理解，提高其愿意支付的价格。这就要求一方面农产品生产企业应通过市场营销研究，探测消费者对本企业所生产的农产品市场上同类品牌的认知价值；另一方面企业应估计和测量本企业营销组合中的非价格变量在目标市场中将要建立起来的认知期望值，并比较产品差异和认知价值差异（与市场上同类产品其他品牌进行产品的性能、用途、质量、外观的认知比较和认知价值比较），然后给产品制定价格。这种定价法的优点是能够与市场（消费者）充分沟通，了解消费者所需，从而使定价更加具有针对性，其市场的接纳程度更高。

2. 需求差异定价法

需求差异定价法是指根据消费者需求的差异，对相同的产品采取不同价格的定价方法。

采用这种定价方法，对同一农产品在同一市场上制定两个或两个以上的价格，或使不同农产品价格之间的差额大于其成本之间的差额。其好处是可以使农产品最大限度地符合市场需求，促进商品销售，有利于企业获取最佳的经济效益。这种价格差异的基础是顾客需求、顾客的购买心理、产品样式、地区差别以及时间差别等，采用这种方法定价，一般是以该产品的历史定价为基础，根据市场需求变化的具体情况，在一定幅度内变动价格。这种方法的具体实施通常有以下四种方式：

（1）基于消费者差异的差别定价。这是根据不同消费者的消费性质、消费水平和消费习惯等差异，制定不同的价格。例如，某地区多年来养成的爱食草鱼的饮食习惯，对富有阶层来讲，只有高价位的产品才能满足他们的需求，因此，高价优质草鱼对于他们来说缺乏弹性，若提高价格出售，这部分消费者仍然会购买，而且数量不会出现明显的萎缩，不会遭遇因需求量减少而使产生的利润减少的情况，取而代之的是利润上升。因此，经营者针对此类消费群体，自然应将价位定在相对较高的水平。但普通的市民特别是工薪阶层由于消费能力有限，在通常情况下对草鱼的消费是富有弹性的，只有在价格较低的情况下，才会大量的购买。针对此类消费群体，价格应相应低一些，低价引起的需求量的增加将大于价格下降的比率，只有将价格定在较低的水平才能使经营者利润最大。在此过程中，若消费群体不易识别，可以采用捆绑式销售，如将对自由挑选的消费者采用高价，对混合草鱼的购买者采用低价，也可人为地将品质差异不大的草鱼分成不同的等级，从心理上给不同的消费群体造成差异，实现经营效益最大化。

（2）基于不同地理位置的差别定价。由于地区间的差异，同一产品在不同地区销售时，可以制定不同的价格。例如，2011年12月22日发布的全国辣椒价格行情报价显示，红椒价格在贵州遵义坪丰农副产品综合批发市场最高价为4元/kg，最低价为3元/kg，平均价为4元/kg；在江苏丰县农业局最高价为4.4元/kg，最低价为4元/kg，平均价为4.2元/kg；在北京昌平水屯农副产品批发市场最高价、最低价和平均价均为6.6元/kg。

（3）基于产品差异的差别定价。质量和规格相同的同种农产品，虽然成本不同，但在定价时，并不根据成本不同按比例定价，而是按外观和式样不同来定价。这里定价所考虑的真正因素是不同外观和式样对消费者的吸引程度。例如，大米的礼品装、普通装及特惠装三种不同的包装，虽然产品内涵和质量一样，但价格往往相差很大。

（4）基于时间差异的差别定价。农产品具有较强的季节性，而且同一产品在不同时间的效用也存在差异，消费者的需求强度也不相同。例如，蔬菜在刚刚上市的早市，比较新鲜，价格也是一天中最高的；而到了下午，菜也蔫了，价格也逐渐下调，到晚上达到最低价。

（三）竞争导向定价法

农产品市场竞争是比较激烈的，为了简化方便，不少农产品生产经营者以竞争者的价格水平为参考进行定价。

1. 随行就市定价法

随行就市定价法是指在市场竞争激烈的情况下，企业为保存实力采取按同行竞争者的产品价格定价的方法。随行就市定价法这种"随大流"的定价方法，主要适用于需求弹性比较小或供求基本平衡的农产品，如大米、面粉、食用油以及某些日常用品。这种情况下，如果某企业把价格定高了，就会失去顾客；而把价格定低了，需求和利润也不会增加。农产品市场近乎完全竞争市场，比较适合采用这种定价方法。

2. 差别定价法

差别定价法就是通过努力使同质农产品在消费者心中树立不同的形象，通过产品形象差异，实现产品价格差异，这就要求企业具备较强的经济实力，并热衷于宣传自己。

二、农产品价格策略

农产品价格确定后，并非一成不变，要根据市场的变化如供求关系、竞争等情况作相应的调整，这样才能具有市场的灵活性，不断地创造和把握市场时机。

（一）价格折扣

所谓价格折扣，是为了鼓励消费者尽早付清货款、大量购买、淡季购买，酌情降低其基本价格的价格调整策略。价格折扣的主要类型包括：现金折扣、数量折扣、功能折扣、季节折扣等。

1. 现金折扣

现金折扣，又称销售折扣，是为敦促顾客尽早付清货款而提供的一种价格优惠。现金折扣的优点在于缩短收款时间，减少坏账损失；其不足则是减少现金流量。它面向全部顾客，有利于农产品的销售，减少农产品的积压。

2. 数量折扣

数量折扣是指农产品销售商因买方购买量大而给予的一种折扣。它和现金折扣一样，都面向全部顾客。这样的定价策略，可以激励顾客从某一特定的销售商那里购买更多的产品。尽管数量折扣使产品价格下降，单位产品利润减少，但销量的增加、销售速度的加快，使企业的资金周转次数增加了，流通费用下降了，产品成本降低了，导致企业总盈利水平上升，对企业来说利大于弊。数量折扣又可分为累计数量折扣和一次性数量折扣两种类型。

（1）累计数量折扣。累计数量折扣是对一定时期内累计购买超过规定数量或金额给予的价格优惠，目的在于鼓励消费者与农产品生产经营者之间建立长期固定的关系，减少农产品生产经营者的经营风险。数量折扣的关键在于合理确定给予折扣的起点、折扣档次及每个档次的折扣率。例如，企业规定购买量累计达到1 000套，价格折扣为4%；达到2 000套，折扣为5%；超过3 000套，折扣为6%。累计数量折扣有利于稳定顾客，鼓励顾客经常购买、长期购买。这种折扣特别适用于长期交易的商品、大批量销售的商品，以及需求相对比较稳定的商品。

（2）一次性数量折扣。一次性数量折扣，又称"非累计性数量折扣"，是对一次购买超过规定数量或金额给予的价格优惠，目的在于鼓励消费者增大每份订单购买量。这种方法只考虑每次购买量，而不管累计购买量。例如，企业规定，一次购买100～200件，折扣为10%，200件以上折扣为15%，不足100件不给折扣。一次性数量折扣对短期交易的商品、季节性商品、零星交易的商品，以及过时、滞销、易腐、易损商品的销售比较适宜。一次性数量折扣不仅可以鼓励顾客大批量购买，而且有利于节省销售、储存和运输费用，促进产品多销、快销。一次性数量折扣计算简便，适合于农产品在日常销售中使用。

3. 功能折扣

功能折扣，也称贸易折扣，主要是指农产品生产商、加工商对提供给批发商、零售商的产品按零售价格给予一定折扣的策略。中间商的类型、分销渠道不同,给予的折扣是不一样的。例如,某市大桃出产地普通农贸市场大桃零售价为 1 元/斤,而它给批发市场的价格只有 0.6 元/斤。

4. 季节折扣

农产品季节性较强,特别是西瓜等时令水果集中上市,往往会造成进一步的价格竞争。这时,农产品生产经营者会适度降低价格,以促销产品维持生产经营。例如,樱桃在寒冬卖到 300 元/kg,几乎买一颗樱桃能买一斤橙子,随着气温回升,樱桃上市量开始攀升,樱桃最便宜能到 20 元/kg,这时为了防止樱桃腐烂,水果商会采取季节折扣的方法,来提高樱桃的出货量。

(二)促销定价

在大多数消费者是价格敏感型消费者的情况下,运用价格优惠策略是很能吸引消费者眼球的,特别是节假日的"买一送一"活动、"优惠大酬宾"活动等。很多顾客一进超市就首先关注黄色价签,因为那是促销标志。促销定价常采用的方法主要有:

1. 牺牲品定价

超市和粮油副食店以少数与人们日常生活息息相关的农产品作为牺牲品,降低价格,来吸引更多的顾客光顾超市,借以增加客流量,带动其他商品销售。例如,2010 年 8 月家乐福开展名为 Color Day(炫彩生活)的折扣活动,具体为:绿色星期一,全场 19 种叶菜的销售价格为 0.98 元/斤;蓝色星期二,草鱼价格低至 4.88 元/斤;红色星期三,全场猪肉的价格为 5.98 元/斤;白色星期四,冷冻鱼全部打 7.5 折,疯狂的低价引起周边居民极大的抢购兴趣。家乐福的"绿蓝红白"销售策略挑选的品种都是跟家庭日常消费息息相关的,以蔬菜、水产、肉以及水果类产品作为主打,来吸引顾客的注意力,由此带来人流量以及消费黏性。作为连动式的低价促销策略,位于低价蔬菜四周的榴莲、提子、脐橙等高端水果消费也被火热拉动。

2. 心理定价

心理定价即企业在制定价格时,运用心理学的原理,根据不同类型消费者的购买心理来制定价格,包括尾数定价、高价、习惯定价、分档定价、整数定价和声望定价。定价本身是对消费者心理的一个探知过程,可以采取尾数定价的方法,在制定产品价格时不取整数,刻意保留尾数,以表明价格制定"精确"并"便宜",如超市中苹果的价格为 4.98 元/斤;也可采取整数定价,从而树立相应的农产品品牌或品质形象,如超市中白灵菇每斤 10 元。而大米等常购农产品一般价格比较稳定,形成了习惯性价格,促成消费者的习惯性购买,如超市里东北大米每斤 1.7 元。

(三)地理定价

由于农产品生产与区域气候、地理环境等具有较为密切的关系,企业可以根据不同地区特点制定不同的价格。一般情况下,本地产品在本地销售价格要低一些,异地销售由于涉及仓储、运输、保险、保鲜等诸多环节,其价格自然要相对高一些。主要地理定价方式有:

1. FOB 产地定价

FOB 是一个常用的贸易术语,亦称离岸价。卖方须负责将某种产品(货物)运到产地某种运输工具上交货，并承担一切风险和费用，而交货后的一切风险和费用（含运费）由买方承担。但由于一些鲜活农产品如蔬菜、水果等具有易腐性，长距离运输显然对远方的客户存在不利影响。

2. 统一交货定价

对全国不同地区的消费者，不论远近，企业都实行统一价格，运费按照平均运费计算。统一交货定价的优点是简便易行，适于开拓异地市场，但对本地和近地区的客户不利。

3. 区域定价

区域定价，也称分区定价，就是把全国（或某些地区）分为若干价格区，分别制定不同的地区价格。例如，山东某大型蔬菜批发基地将其市场划分为北京市场、天津市场、济南市场等不同区域，分别制定蔬菜价格。

4. 基点定价

基点定价即选定某些城市作为基点，然后按"厂价+运费"的方式来定价，这里的"运费"是指从基点城市到消费者所在地的运费。

5. 运费免收定价

由卖方承担（或部分承担）运费，买方只需支付农产品价款。这里需要注意一个前提，即销售的规模经济，规模经济可以降低农产品平均成本，将运输成本进行内部消化。

三、关于农产品定价中常见问题的讨论

农产品价格是影响农产品市场需求与供给的重要因素之一，也直接关系到农产品收入水平的提高，价格策略是农产品营销活动中最直接、最活跃的部分，切实制定和执行好农产品价格具有重大现实意义。制定农产品价格要考虑诸多影响因素，主要涉及农产品成本、农产品市场供求、竞争以及政府价格管制等方面。在农产品定价中还需要注意以下方面：

1. 不要过于看重一次性农产品价格的设定，忽视日常价格定位管理

许多企业对于农产品的一次性价格定位比较重视，却忽视了定价之后的日常价格管理工作。由此，导致农产品在维持渠道内价格体系和产品流向，以及产品利润的挖潜上往往显得不力，而这一点对于农产品及其企业的发展事实上是非常重要的。对于农产品而言，不应该过于强调价格管理的难度而放弃对其进行管理。

2. 要有农产品品牌价格定位的管理组织保障

我国农产品厂商绝大多数没有设置应有的定价部门或缺乏专业的定价专员，因此，将农产品的价格定位决策看成是孤立的行为，并且在价格管理过程的延续性、各部门价格管理的协同性上存在明显不足。对于没有设立部门的农产品而言，由于其难以有效协调不同部门的价格管理决策，以及在日常的价格监督与调整中协同性差，常常导致农产品的价格定位模糊、游离不定及一贯性差等，以至于无法准确传递品牌信息，使消费者、经销商，甚至包括企业自身销售人员困惑不已，进而危及企业品牌。

3. 切实做好农产品价格定位的基础工作

在日常生活中，许多农产品过高定价或过低定价的现象十分突出，没有达到其准确市场定位的目标，对其农产品及其企业品牌的发展带来非常不利的影响。主要表现为以下三个方面：一是没有有效地进行农产品品牌的市场定位，导致其目标消费者群体不清晰；二是不能

有效地确定和竞争的农产品的无差别区间,在和竞争对手的价格定位上常常出现价格差异幅度不当的毛病;三是对于顾客转移率或行业内产能淘汰率估计过高,常常导致农产品厂商不恰当地运用价格战的竞争方式,破坏了既有的农产品的价格定位,也给其品牌的发展带来了非常不利的影响。

4. 加强农产品品牌价格定位的沟通工作

品牌的价格定位沟通的本质是以品牌的消费者价值为基础,并将产品的价值信息充分传递给消费者,再进行有效的价格信息传播。因此,农产品品牌在与特定消费者进行沟通时必须具有与其价格相一致的明确的价值主张。消费者只有明白该农产品对于自己所具有的价值并对其进行必要的衡量与判断之后,才会有效地接收该农产品的价格信息。所以,对于农产品品牌而言,价格定位沟通的首要任务是强调其独特的价值。而由于大多农产品品牌一开始就是诉诸价格,结果导致消费者对品牌价值的漠视,一方面,使企业自己丧失了将品牌价值转化为利润的机会,另一方面,又导致了频繁的价格战。

总之,以市场需求为导向构建农业产业体系,必须正确运用定价策略,切实解决农产品定价过程中存在的主要问题,加强农产品品牌建设,进而实现质量效益目标。

附录

农产品批发价格指数计算方法

一、代表规格品平均价格的计算

代表规格品的月度平均价采用简单算术平均法计算。首先计算规格品在一个调查点的平均价格,再根据各个调查点的价格算出月度平均价。

$$P_i = \frac{1}{m}\sum_{j=1}^{m}\left(\frac{1}{n}\sum_{k=1}^{n}P_{ijk}\right) = \frac{1}{m}\sum_{j=1}^{m}P_{ij}$$

式中,P_{ijk}为第i个规格品在第j个价格调查点的第k次调查的价格;P_{ij}为第i个规格品在第j个调查点的月度平均价格;m为调查点的个数;n为调查次数。

二、基本分类指数的计算

1. 规格品相对数的计算

代表规格品价格变动的相对数为

$$G_{ti} = \frac{P_{ti}}{P_{(t-1)i}} \times 100\%$$

式中,G_{ti}为第i个代表规格品在报告期(t)价格与上期($t-1$)价格对比的相对数。

2. 基本分类月环比指数的计算

根据所属代表规格品变动相对数,采用几何平均法计算各基本分类的月环比指数。计算公式为

$$K_i = \sqrt[n]{G_{t1} \times G_{t2} \times \cdots \times G_{tn}} \times 100\%$$

式中,G_{t1},G_{t2},$\cdots$,G_{tn}分别为第1个至第n个规格品在第t期与上期价格对比的相对数。

三、各类定基指数的计算

$$L_t = L_{t-1}\frac{\sum P_t Q_{2010}}{\sum p_{t-1} Q_{2010}}$$

式中，t 为报告期；$t-1$ 为报告期的上一时期；L 为定基指数；P_tQ_{2010} 为"固定篮子"商品和服务的金额。

$$P_tQ_{2010} = P_{t-1}Q_{2010}K_i$$

四、全省（自治区）指数的计算

全省（自治区）指数根据全省（自治区）城市和农村指数按城乡居民消费支出金额加权平均计算。

五、全国指数的计算

全国城市（农村）指数根据各省（自治区、直辖市）指数按各地居民消费支出金额加权平均计算。

全国指数根据全国城市和农村指数按城乡居民消费支出金额加权平均计算。

六、指数的换算方法

$$I_{环比} = \frac{报告期（月）定基指数}{上期（月）定基指数} \times 100\%$$

$$I_{同比} = \frac{报告期（月）定基指数}{上年同期（月）定基指数} \times 100\%$$

$$I_{年度} = \frac{本年各月定基指数的平均数}{上年各月定基指数的平均数} \times 100\%$$

重 要 概 念

蛛网模型　成本加成定价法　盈亏平衡定价法　目标利润定价法　理解价值定价法　需求差异定价法　FOB 产地定价

复习思考题

1. 农产品营销的价格策略与一般商品的价格策略有哪些差异？
2. 用蛛网模型举例说明农产品价格的波动。
3. 农产品定价有哪些方法？请分别举例说明。

技 能 训 练

要求：
（1）浏览全国农产品批发市场价格信息网，查看当天全国农产品批发市场价格指数。
（2）分析蔬菜、猪肉价格走势。

第六章 农产品营销的渠道策略

在农产品买方市场和农产品市场国际化的背景下，农产品营销发展迅速，农产品市场已经从以供给管理为导向的营销观念转向以产品需求管理为导向。在注重产品、定价和促销等营销策略的基础上。建立完善、适应市场需求的农产品营销渠道，将会给农产品营销提供强大的竞争优势。所谓农产品营销渠道，是指农产品从生产者向消费者移动时，取得商品所有权或帮助转移其所有权的所有企业或个人。简单地说，农产品营销渠道就是农产品从生产者向消费者转移过程的具体通道或路径。本章将从农产品分销渠道的基本组织形式入手，重点分析农产品供应链管理和渠道中的两个重要角色农民合作社和农产品经纪人。

第一节 农产品分销渠道的基本组织形式

一、农产品分销渠道的类型

农产品渠道的起点是农产品的生产者，终点是消费者和用户。农产品分销渠道一头连接生产，一头连接消费，包括了产品从生产者到消费者的完整的流通过程，其中包括各种批发商、零售商、商业批发机构（交易所、经纪人）。随着农产品生产地域性和消费普遍性矛盾的日益加剧，单一的销售渠道已经无法满足现代农产品市场的需求。现阶段，农产品市场中主要存在以下几种分销渠道的组织形式：

（1）生产者—消费者。这种模式又称直销渠道，是指农产品生产者不经过任何中间商直接将产品销售给消费者，直接实现从田地到餐桌，是最直接、最简单的渠道类型。这种情况一般发生在农产品生产地，距离消费者比较近。例如，农民在集市或道路两旁摆摊设点，出售自家的蔬菜瓜果；或者生产者与大宗农产品消费团体签订合同，按合同销售。这种模式分销能力差，辐射范围小，销售的产品数量有限。

（2）生产者—零售商—消费者。它是指农产品生产者将产品销售给零售商，再由零售商转卖给最终消费者，即生产者和消费者中间经过了一道零售环节。例如，农户将自己种植的瓜果转卖给附近集市内专门从事瓜果销售的零售店。现阶段的农超对接也属于此种类型，农户将农产品转卖给超市，再由超市卖给最终消费者。

（3）生产者—批发商—零售商—消费者。它是指生产者将农产品出售给批发商，批发商再转卖给零售商，最后出售给消费者，这一模式中的批发商和零售商包括产地的和销地的。例如，在山东寿光蔬菜生产基地，批发商大量收集蔬菜并运往北京的消费批发市场，在市场中出售给零售商，零售商最终在集贸市场销售。我国大中城市消费者就主要通过这种渠道购买蔬菜。

（4）生产者—收购商—批发商—零售商—消费者。这种模式中收购商起到了集中、分散货物的作用，农产品的收购商有两类：一类是基层商业部门设立的独立核算的收购站和供销社，它们收购农副产品，然后交给市县商业批发企业；另一类是个体商贩，他们走街串巷收购农副产品，然后转卖给批发企业。例如，很多个体商贩到农村收购药材及土特产，然后转卖给当地的批发企业。

（5）生产者—加工者—批发商—零售商—消费者。这种模式是生产者将农产品出售给加工商再经由批发商等环节。采用这种方式的是原始形态不适合消费者直接消费，必须经过加工的农产品；在此种模式中，加工是整个农产品流通过程的基础环节。

以上是农产品营销活动中最基本的渠道模式，在实际生活中，农产品营销渠道更加复杂多样，同一市场会存在多种渠道并列或者交叉，所有渠道的目的都是实现农产品由生产者向消费者转移。

二、农产品分销渠道参与成员分析及其它们之间的关系

1. 农产品分销渠道参与成员分析

（1）生产者。农产品销售渠道中的生产者包括农户、农产品生产企业、农产品加工企业和农业生产资料生产企业。从我国目前农业发展趋势看，单个小农户直接参与销售渠道的作用日益不明显，处于市场地位中的底端；取而代之的是大型农户、农产品初加工和深加工企业、商业流通企业等龙头企业，在市场交易过程中优势地位明显。在市场经济条件下，龙头企业与农户签订购销协议，农户负责生产，营销及运输由合同另一方承担，龙头企业对农产品进行专业化的集货和分类包装，促进了销售渠道效率的提高。

（2）消费者。农产品消费者包含城乡居民和集体消费者，如学校食堂、部队、政府机关及一些企业。随着经济的发展和人民生活水平的提高，消费者对农产品的品质要求越来越高，其需求的变化不仅直接影响着农产品生产，也影响着农产品销售渠道的服务内容和方式。

（3）批发商。农产品批发商是把农产品卖给那些为了转售而购买的零售商的中间商。他们在市场上交易次数较少但交易量很大；他们拥有较雄厚的资金，对交易产品的规格、性能等有较深刻的了解，具备一定的专门知识，对市场变化更敏感，抗风险能力较强。

（4）零售商。农产品零销商是以从事农产品零售业务为主要收入的组织或个人，主要包括农产品集贸市场、专营商店、便利店、超市以及摊贩等。其呈现分布广泛、散而小等特点，直接影响着消费者。

（5）其他主体。其他主体包括农产品运输仓储公司、配送中心、加工企业等。我国从事农产品运输仓储业务的公司包括从原国营农产品流通企业转化过来的粮食储运公司、外贸部门的流通加工企业和保鲜冷冻企业，从事农产品运输服务的个体及私营企业，以及一些有外资背景的农产品储运企业。配送中心主要是大型连锁超市建设的具有集货、流通加工、分拣、配送功能的农产品配送中心。加工企业包括农产品初、深加工企业，它们在农产品分销渠道中扮演着越来越重要的角色。

2. 农产品分销渠道成员之间的关系

农产品渠道关系是指在渠道中各成员之间的交往状态和合作深度。零售商在长期的渠道关系中，可以在进货、产品推广及促销津贴等方面获取竞争优势；批发商在市场信息的获取和特殊产品推广等方面可以获取竞争优势；加工商在提升农产品附加值和树立农产品品牌等方面可以获取优势。分销成员之间的关系决定了销售渠道的效率，也是渠道畅通的保障。农产品分销渠道成员关系包括四种形态：不同渠道之间的多渠道关系，同一渠道不同层次成员

之间的纵向关系，同一层次不同成员之间的类型间的关系，同一层次相似成员之间的横向关系。在这四种关系形态中，纵向关系即渠道上下游之间的关系一直是研究的重点，也最具有现实意义。

按渠道成员互相之间的影响以及关系的密切程度可以分为三种类型：第一，松散型关系，是指渠道成员之间相对独立，每个成员只关心自身的最大利益，执行各自的分销功能。松散型的渠道关系稳定性差，往往具有临时性交易的性质，容易引起冲突；渠道不能形成明确的分工协作关系，渠道整体效率比较低。例如，在分销渠道中大多数的小农户和消费者之间是简单的商品交换关系，一般以实物为主，现金交易，可持续性较弱。部分农户和批发商或者零售商一般是通过口头或者书面契约形式确立收购合同，相互之间只是简单的买卖关系。第二，合作型关系，是指渠道成员之间为了保证农产品运销顺利开展，建立的较固定的合作关系，往往是由于双方之间交易次数增加，建立了信任关系而开展合作。例如，部分大型农户会和固定的批发商建立关系，批发商有优先批发权，并且优先采购有合作关系的农户。批发商也会有几个固定的零售商，这样会减少他们之间的搜寻交易成本等。第三，伙伴型关系，是指农产品渠道系统内的成员之间建立在高度相互信任和共同长远发展目标的基础上，致力于共同发展的，兼具稳定性与灵活性的长期、紧密合作关系。例如，农产品加工企业和农产品物流公司，它们之间建立信息共享机制，使农产品的供应量和库存量达到最优。

三、关于农产品分销渠道冲突的讨论

所谓农产品渠道冲突，是指当各渠道成员由于目标不一致而产生不同行为的一种状态或者活动。在农产品分销渠道中，一般存在垂直渠道冲突、水平渠道冲突和多渠道冲突三种类型。国内学者针对这一领域问题展开了深刻的研究。

夏瑞洁（2012）在对生鲜农产品渠道成员冲突根源的博弈分析中，通过"囚徒困境"博弈模型进行分析，发现生鲜农产品渠道成员之所以产生冲突，是因为他们都想实现自身利益的最大化，但是由于如政府出台的扶持政策、竞争市场增加等宏观原因，以及来自如渠道成员彼此间的差异和相互依赖性及生鲜农产品价格频繁波动等微观原因，都有可能造成渠道成员冲突。政府采用平等的渠道成员激励政策、渠道成员之间加强信息沟通等都可以降低冲突频率和强度，从而提高渠道管理运作效率。

张海霞（2013）以博弈视角对分销渠道冲突管理进行了探讨，并提出分销渠道冲突管理对策：对于水平渠道冲突应采取产品差异化营销渠道策略；对于垂直渠道冲突，多采用合作营销渠道策略；而对于多渠道冲突，则应采用供应链管理策略。

田敏、安建设、张闯（2010）以红皮鸡蛋流通渠道为案例，对农产品流通渠道冲突对农户收入的影响作了研究。鸡蛋的流通环节多且效率低，渠道关系不稳定，因而对其流通渠道冲突的分析能较好地反映农产品流通中普遍存在的渠道冲突问题。研究表明，渠道冲突已严重影响了养殖户收入的增长，而信息不对称和农产品流通渠道权力的严重失衡是导致这一现象的关键原因。为此，需要对渠道冲突问题进行综合治理。

胡古月、徐明（2010）运用委托代理理论模型对农产品渠道依赖和渠道冲突之间的关系进行了研究。研究表明，渠道双方的相互依赖能降低渠道冲突，可以采用专有资产的投资等方式来提高渠道成员的相互依赖度。

第二节 农产品供应链管理

在经济全球化的趋势下，我国农产品开始面临各发达国家农产品强有力的挑战和竞争，如何提升我国农产品在国内外市场上的竞争力，如何提高农产品的流通速度，降低农产品的流通成本，提升农产品的价值，有效降低农产品的交易成本，使千家万户农民生产的农产品，通过低成本、高效率的物流体系送达消费者手中，增强农产品的市场竞争力，如何推进农业产业化以及保障农产品的安全优质，是我国农产品生产、加工、流通企业面临的主要问题。为了解决这些问题，必须对农产品供应链进行科学有效的管理。

一、农产品供应链管理的含义及构成

我国农产品供应链管理（APSLCM）的含义为：围绕农产品物流中心，以降低物流成本，实现物流增值服务为目的，对农产品物流过程中的信息流、物流、价值流进行优化控制，从农产品生产者开始，经过物流企业的增值服务，由物流网络将产品送到最终消费者手中，将生产者、物流企业、物流中心、零售商、加工厂、制造厂，直到最终用户连成的一个整体的功能网络结构。农产品物流供应链管理实际上是通过物流、价值流、技术流、信息流的管理，达到农产品价值增值的目标，使农产品价值增值链的资源得到优化配置。农产品供应链管理的核心是成本优化管理，其最终目标是用系统的管理思想最大限度地降低农产品进入市场的成本，获得最大利润，同时使用户的价值最大化和用户的成本最小化。农产品供应链管理包括对信息流、物流、资金流、商业流的管理控制，涉及产前环节、产中环节、产后加工环节、存储环节、流通环节、消费环节、售后服务环节，是一个将供应商、制造商、分销商、零售商，直到消费者连成整体的功能网络结构模式。

二、农产品加工

（一）农产品加工的内涵及类型

农产品加工是指用物理的、化学的和生物学的方法，使原料农产品向制成品转化、使初级农产品向高级农产品转化的生产活动。农产品加工是农产品从生产领域进入消费领域的重要环节，是实现农产品价值并使农产品价值增值的重要过程。国际上通常将农产品加工业划分为五类：①食品、饮料和烟草加工。②纺织、服装和皮革工业。③木材和木材产品加工。④纸张和纸产品加工。⑤橡胶产品加工。在我国农产品加工业以粮棉油、肉蛋奶、果蔬茶、水产品等优势和特色农产品的资源转化、加工增值、纵深开发为主，涵盖农副食品加工业、食品制造业、饮料制造业、烟草制品业、纺织业等12个子行业。产业关联度高，涉及面广，吸纳就业能力强，劳动技术密集，在服务"三农"、壮大县域经济、促进就业、扩大内需、增加出口、保障营养健康与质量安全等方面发挥着重要作用。农产品加工根据不同的划分标准可以分为不同的类型。按广义农业包含的内容，大致分为五类：种植业产品加工，畜禽产品加工，林果产品加工，水产品加工，虫、药材、菌类产品加工。按加工制成品的精细程度，可以划分为粗加工和精加工两类。粗加工亦称初级加工，是指经过简单加工，只是改变其基本形态和物理性质的加工；精加工又称深加工，是指对农业产品进行深度加工制作，以体现其效益最大化的加工，即已经形成的商品在原有基础上进行的再次制造。按加工制成品

的用途，可划分为原料农产品加工、半成品加工和成品加工。按社会生产两大部类，可划分为满足人们消费需要的生活资料加工和满足生产需要的生产资料加工。

（二）农产品加工的原则及方式

1. 农产品加工的原则

要大力发展农产品加工业，推进农业产业化经营，满足消费者日益丰富的需求。结合实际，发展农产品加工业要遵循以下几个原则：

（1）市场导向原则。在市场经济条件下发展农产品加工业，就要将产业发展放到大市场的背景中去考虑，而不能把目光局限于本地的和眼前的小市场。同时，市场供求时时都在变化，要把握市场规律，发现潜在需求，开拓市场空间，从而做到生产围着市场转，以销定产，按需生产，使产品适销对路。

（2）因地制宜原则。发展农产品加工业要兼顾当地的自然条件、原材料资源、劳动者素质、交通情况、市场距离以及企业自身的投资能力等，选准最有比较优势的产业在最佳地点进行开发，以求降低市场风险和产品成本。

（3）突出特色原则。农产品加工业具有原材料基地较广、技术含量和生产成本相对较低的特点，其市场竞争也必然很激烈。要在竞争中立于不败之地，就得讲求产品的特色。只有开发的产业和产品"与众不同"，"人无我有、人有我优、人优我特"，才能有市场、有效益、有竞争力。

（4）适度规模原则。适度规模经营可以降低产品成本和经营费用，有利于先进技术的推广运用，利用现有资源和条件创造较好的效益。在发展农产品加工业过程中，要将预期市场需要、企业投资能力和生产、加工、经销能力、原料基地规模等有机统一起来，确定适度规模。

2. 农产品加工的方式

（1）自主加工。自主加工是指拥有加工能力的单位自购农产品的原料进行生产加工。例如，精米厂自己采购优质稻谷加工生产优质米。该形式的优点在于能灵活安排加工任务，有效监督产品质量，降低产品加工成本，保证产品发送时间。缺点是前期投入比较大，有时同原料生产和市场需求相脱节。

（2）作价加工。作价加工是指农产品经销单位向加工单位作价出售农产品原料，再向加工单位收购加工制成品。例如，供销社将收购的农产品出售给加工厂加工，然后再向工厂收购所需要的农产品加工品。这种加工形式的优点是有利于加工单位加强加工原料和产品的管理，加强成本核算，保证产品适销对路。缺点是该形式使得农产品原料出售与制成品收购相对分离，使加工企业与经销单位处于对峙地位，在农产品原料和农产品加工品交易时，容易讨价还价，影响加工品的质量和价格，不利于产品及时进入市场、占有市场。

（3）委托加工。委托加工是指农产品经销单位通过支付加工费，将农产品原料交付给加工企业加工，同时回收加工品的一种加工形式，同作价加工相比，委托加工一般要回收所有主产品和副产品，或以副产品抵扣加工费。这种加工形式的优点在于可以降低加工成本，保证加工任务及时完成。但是容易出现偷工减料、浪费原料或者加工产品质价不符等现象发生。

（4）联合加工经营。联合加工经营是指农产品的生产、加工及其销售在经济上、组织上结合在一起的加工经营形式。其特点是在互惠互利、相互服务的基础上，实现农产品生产单位、加工单位和销售单位之间紧密的或松散的联合，做到农工商一体化，产供销一条龙。

（三）农产品加工的方法

农产品加工大致可以分为粗加工和精加工。农产品加工方法的选择主要基于以下两个方面的考虑：一是影响农产品加工方法的各种因素，农产品的加工方法受制于农产品的自然属性、农产品商业化水平、农产品加工工艺和技术水平、农产品流通状况和农产品购买力等。一般来讲，如果加工技术水平低、加工品价值增值小、加工品种少、流通渠道窄、流通时间短、环节少、农产品生产水平和购买力低等，就要选择加工深度和广度都比较简单的粗加工、原料加工；否则，就要选择加工深度和广度都比较复杂的精加工、半成品加工或成品加工。二是产品加工的主要目的。一般来说，如果以获得农产品的使用价值为主要目的，就只需选择加工工艺比较简单的粗加工或原料加工，这样可以很好地保护农产品的使用价值，并便于农产品的储存和运输。如果是以价值增值为主要目的，就应选择加工工艺比较先进和复杂的精加工或成品加工。这样能更好地提高农产加工品的品质，满足消费者的需求。

比较常用的加工方法主要有以下几种：

（1）简单物理加工，主要包括净化、分类分等、改变物理形态等。净化即农产品的除杂去废加工，其目的是清除农产品中的各种杂质和废物。净化加工包括挑选、整理、水洗、除尘、水沉、风干、切削、摘除、过筛等。分类分等即将农产品按照不同品种或不同质量等级要求分离出来。例如，依据香菇菌盖上是否有花纹而分离出花菇和板菇。改变物理形态包含切削、分割、粉碎、编织等，即按一定的目的和要求，将农产品切割、粉碎成一定的规格和形状，以进一步加工或者储藏运输。

（2）腌渍加工，即用盐或糖、酱油、麻油等调料品将农产品腌渍起来。其作用在于密封储存，并改进产品品味食性，增强产品营养价值和使用价值。鲜活农产品通常采用这种方法加工，如涪陵榨菜。

（3）配兑加工，即将有关的农产品按一定的配方兑在一起，组合成新产品。采用配兑加工的产品主要有各种中成药和饮料。例如，汽水便是由水、苏打水、柠檬酸、色素和果汁等按一定比例配兑而成。

（4）提取提纯加工。提取即采用物理的或化学的方法，提取包含在农产品中的汁液。提纯是指用相关方法将杂质和农产品相分离，以提高产品纯度，如油脂过滤、蜂蜜提纯等。

（5）干燥脱水加工，即按一定的标准，采用烘、烤、晒等办法，使农产品中的多余水分脱离出去。这样做，有利于农产品的储存或进一步加工。鲜果制成干果，方便面里面的蔬菜料包等都采用了干燥脱水加工方法。

（6）保鲜加工，即采用冷冻、冷藏、保鲜剂、密封包装或者杀菌消毒等手段处理农产品，以抑制农产品的新陈代谢，防止腐败变质。超市里面密封包装的蔬菜瓜果就是保鲜加工的典型例子。

上述农产品加工方法可能涵盖不全面，归类也不是绝对的，农产品加工具体用什么方法，需要参照农产品属性、外部条件以及加工目的等。

（四）我国农产品加工重点布局

我国作为农业大国，不同区域、不同产业在经济区位、优势资源条件以及发展水平等方面存在明显差异，为了发挥区域优势，实现农产品加工业的重点突破和梯次推进，我国农产品加工业可以对以下区域和产业进行重点布局：

1. 重点区域布局

（1）粮食生产核心区。大力发展粮食产地初加工、精深加工及仓储物流业，打造现代化国家级口粮、饲料用粮和工业用粮加工基地。加快形成黄淮海、西北地区优质强筋小麦加工产业带，长江中下游地区优质弱筋小麦加工产业带，东北及黄淮海地区玉米、大豆加工基地，东北及南方地区稻谷加工产业带，东北、华北、西北和西南地区马铃薯加工产业带，中原、西南地区甘薯加工产业带，西北、西南、华北地区杂粮加工基地。

（2）经济作物生产优势区。着力突破产后加工处理技术与设备，大力发展棉花、油料、糖料、柑橘、苹果等经济作物产品加工业。加快形成西北、中原地区棉花加工产业带，长江流域优质油菜籽加工产业带，桂中南、滇西南、粤西、琼北地区甘蔗加工产业带，中南、西南地区柑橘加工产业带，环渤海和西北黄土高原地区苹果加工产业带，华南地区热带水果加工产业带，以及一些地区具有特殊优势的其他经济作物加工基地。

（3）养殖产品优势区。积极发展肉品、乳品和水产品加工业。加快形成华北、中南、西南地区猪肉加工产业带，中原、西北、东北地区牛羊肉加工产业带，东北、华北、西北地区乳品加工产业带，东南沿海、环渤海和长江流域水产品加工产业带。

（4）沿海发达地区。大力发展外向型企业，开拓国际市场。加快形成珠三角、长三角、环渤海、海峡西岸地区农产品精深加工基地、水产品加工基地、蛋品加工基地、蚕桑加工基地和茶叶加工基地。

（5）大中城市郊区。积极发展果蔬、畜禽产品分级包装等产后商品化处理与物流产业，提高农产品品级及商品化率。在大中城市郊区加快形成果蔬储藏保鲜基地、果汁灌装基地、米面主食品生产基地、乳品加工基地、茶叶精深加工基地和蜂产品加工基地。

（6）农垦重要农产品生产区。大力发展粮食、棉花、天然橡胶、糖料、乳品加工，提高竞争力。加快形成西北地区乳品、棉花和甜菜加工基地，华南地区甘蔗、天然橡胶加工基地和稻谷加工基地，东北地区稻谷、大豆、玉米加工基地。

（7）草原生态区。积极发展绿色畜产品加工业，提高经济效益，增加农牧民收入。加快形成西北、西南地区牛羊肉、乳品、皮毛、羊绒加工基地。

2. 重点发展产业

（1）粮棉油加工业。重点推进产地初加工与精深加工，加强副产物综合利用，延长产业链，提高附加值。粮食加工，在促进食品加工、饲料加工和工业加工协调发展的同时，重点开发传统主食品工业化生产技术和副产物综合利用技术，发展冷冻米面主食、速食米面制品、玉米休闲食品、杂粮方便食品和薯类食品以及变性淀粉、米糠油、胚芽油等精深加工产品。棉花加工，主要开发棉籽剥壳与制油新技术、新工艺，推进棉籽油、棉籽蛋白等副产物综合利用。油料加工，重点推进加工专用品种多元化和原料基地建设，大力开发节能、环保的油脂加工新技术，增加菜籽油、花生油、棉籽油和特色油脂产量，开发油料蛋白质、生物活性物质等高附加值产品，促进油料作物转化增值与深度开发。

（2）果蔬加工业。扩大加工用果蔬原料基地规模，重点推进产地加工，发展果蔬物联网，增加农民收入。果蔬汁加工，重点开发原料预处理、高效榨汁等技术，发展浓缩汁、非浓缩还原汁、复合汁、果蔬汁主剂。果蔬罐头加工，重点开发计算机程序控制自动杀菌、综合利用等技术，发展柑橘、桃、菠萝、蘑菇罐头等，促进果蔬罐头加工装备向连续化、机械化、智能化方向发展。脱水果蔬加工，重点开发联合干燥技术、节能干燥技术等，发展香菇、葱蒜、辣椒、番茄、胡萝卜、天然调味料等脱水产品，促进脱水设备向先进、高效、节能方向发展。速冻果蔬加工，重点开发微波、远红外等快速解冻新技术，发展豌豆、甜玉米等速冻产品。果蔬物流，重点推广应用果蔬储运保鲜新技术，发展果蔬冷链物流系统。

（3）畜产品加工业。重点推进肉蛋奶和皮毛加工业，倡导清洁生产、节能减排和资源综合利用，提高附加值。肉类加工，重点发展传统肉制品工程化加工技术和冷链物流技术，积极发展冷却分割肉，扩大低温肉制品、功能性肉制品产量，大力开发肉品加工先进设备，完善质量控制体系和追溯体系，保障肉类食品安全。乳品加工，重点推进新产品开发和质量安全体系建设，丰富产品品种，形成多样化乳品产品结构，保障乳及乳制品安全。蛋品加工，重点开发新型蛋制品生产技术与设备，推动传统蛋制品工业化生产，开发液态蛋、高特性专用蛋粉等新产品，延长产业链。皮毛加工，重点推进皮毛产地初加工和精深加工，实现清洁生产、减少污染，确保皮毛加工行业可持续发展。

（4）水产品加工业。重点推进水产品精深加工、低值水产品和加工副产物的高值化开发和利用，完善水产品物流体系，提高产品品质，降低损失率。淡水鱼类加工，以原料产地为依托，实现就地就近加工，革新罐头、干腌制品以及传统风味鱼制品加工工艺，大力发展鱼糜制品、各种鱼片、调味即食食品等精深加工。海水鱼类和头足类加工，大力开发超低温速冻、产品保鲜、综合利用等技术与装备，建立健全生产、加工、运输和销售的质量安全保障体系。虾蟹类加工，重点突破保活、保鲜技术和副产物综合利用技术，开发含自动剥壳等前处理设备在内的加工成套设备。贝类加工，重点推广贝类净化、保鲜与保活技术，提高贝类产品质量安全水平。藻类加工，开展海藻工业设备节能减排改造，加强海藻食品多元化产品以及海藻肥等农业投入品的研发与推广，拓宽海藻加工利用途径。

（5）特色农产品加工业。重点推进茶叶、糖料、蜂产品、食用菌、天然香辛料、丝麻等产地初加工和精深加工，倡导清洁加工和综合利用，提高资源利用率。茶叶加工，以精制加工及深加工为主，开发新型茶饮料、袋泡茶以及茶多糖、茶氨酸、茶色素等新产品。糖料加工，以提高综合利用水平、节能降耗为重点，开发高附加值新糖品。蜂产品加工，以发展蜂蜜、蜂王浆、蜂花粉、蜂胶等深加工保健产品为主，大力发展有机蜂产品、保健蜂产品、出口蜂产品等。食用菌加工，以开发即食食品和保健食品为主，增加产品附加值。天然香辛料加工，以开发方便快捷调味品、香辛料精油和功能食品为主，提升我国优势特色资源的附加值。丝类加工，要保持绢丝与非绢丝产业的协调发展，开展精深加工，提高蚕茧资源的综合利用率。麻类加工，要大力发展清洁化加工和综合利用技术，提高麻类纤维资源的利用率。

三、农产品库存管理

农产品库存管理作为农产品供应链管理的重要环节，合理的库存能够防止生产中断，节省订货费用，改善企业服务质量，间接地降低企业运营成本，而且有助于产生一定的经济效益。过高的库存会占用企业流动资金，导致库存管理成本和人工成本上升；还会掩盖企业生产经营中存在的某些问题，库存积压可能导致库存物资变质或失效，使企业经营风险增大。因此，研究农产品库存管理具有重要的经济意义。

（一）库存的内涵及分类

1. 库存的内涵

库存是指为了使生产正常而不间断地进行或为了及时满足客户的订货需求，必须在各个生产阶段或流通环节之间设置的必要的物品储备。对于生产企业而言，为了保证生产活动的顺利进行，必须在各个生产阶段之间储备一定量的原材料、燃料、备件、工具、在制品、半成品等。对于销售商、物流公司等流通企业和生产企业，为了能及时满足客户的订货需求，就必须经常保持一定数量的商品库存。如果企业的存货不足，会造成供货不及时，供应链断裂、丧失交易机会或市场占有率。然而，商品库存需要一定的维持费用，同时会存在由于商品积压和损坏而产生的库存风险。因此，在库存管理中既要保持合理的库存数量，防止缺货，又要避免库存过量，发生不必要的库存费用。换言之，就是通过适量的库存，用最低的库存成本，实现最佳或经济合理的供应。

2. 库存的分类

按照企业库存管理的目的不同，库存可以分为以下几种类型：

（1）周转库存。周转库存又称经常库存，是指为了满足日常需求而建立的库存。这种库存是不断变化的，当农产品入库时到达最高库存量，随着生产消耗或销售，库存量逐渐减少，直到下一批农产品入库前降到最小。在现代市场经济条件下，当企业购买一定规模原材料或物资时，通常可以获得价格折扣；只要因大量购买获得的折扣大于增加的存货持有成本，在市场需求量有保证的条件下，企业便会增加购买，这就意味着将存在很长一段时间才能用尽或售出的周转存货。此外，生产方面的规模经济和生产工艺的特性要求生产必须保证一定的批量和连续性，要求企业的原材料或零部件保持一定的存货。

（2）安全库存。安全库存是指为了防止由于不确定因素（如突发性大量订货或供应商延期交货）影响订货需求而准备的缓冲库存。现在市场环境日益复杂，供给和需求的不确定性逐步增加。从需求来说，不确定性涉及消费者购买时机选择和购买数量；从供给来讲，不确定性是获取零售商或厂商的需要，以及完成订单所要的时间和交付的可靠性等。不确定性带来的结果通常是一样的：企业要备有安全存货来进行缓冲处理。

（3）过程性库存。过程性库存是指处于加工或等待加工而暂时处于储存、运输状态的商品。大量的库存可能积聚于生产设备上，特别是在装配操作上。对加工库存停置在一个生产设备，等待进入特殊产品流水线的时间长短的评价，应该在时间进度安排技术和实际的生产或装配技术的关系上仔细地进行。不同的运输方式，速度和费用也不同。例如，速度最快的空运，其在途时间短，存货相应较少，但运输费用却很高，而铁路或水运的运输费用较低，但在途时间较长，因此会产生较高的存货成本。

（4）季节性库存。季节性库存是指为了满足特定季节中出现的特定需求而建立的库存，或指对季节性生产的农产品在出产的季节大量收购储藏所建立的库存。

（5）时间效用库存。时间效用库存是指为了避免商品价格上涨造成损失，或者为了从商品价格上涨中获利而建立的库存。

（6）积压库存。积压库存是指因商品品质变坏或损坏，或者是因没有市场而滞销的商品库存，还包括超额储存的库存。

（二）农产品库存管理的内涵及功能

1. 农产品库存管理的内涵

农产品库存管理是指根据外界对库存的要求和企业订购的特点，预测、计划和执行补充库存的行为，并对这种行为进行控制的一系列活动。重点在于确定如何订货，订购多少，何时订货。

2. 农产品库存管理的功能

农产品库存管理不仅以有效实现各部门的功能为目标，更要以实现企业的整体效益为目标。农产品库存管理在企业经营中的功能可归纳为以下几点：

（1）增强生产计划的柔性。激烈的市场竞争造成的外部需求波动性是正常现象，加强库存管理能减轻生产系统即时供应成品的压力。

（2）防止中断或脱销。农产品企业为保持生产的连续运行不致中断，保证生产的计划性、平稳性，以消除或避免销售波动的影响；库存管理可以平衡供求关系、生产与消费的关系，起到缓冲供需矛盾的功能。

（3）创造农产品的"时间效用"功能。时间效用就是同一种商品在不同的时间销售或消费，可以获得不同的经济效果或支出。例如，为了避免商品价格上涨造成损失或为了从商品价格上涨中获利而建立的投机库存，就是利用了库存的这一功能。

（4）缩短订货周期。产品的生产周期与生产系统的库存成正比，与产出率成反比。一般而言，库存高、生产周期长，会加大生产管理的复杂性与难度，使企业难以保证产品交货期。搞好库存管理既能缩短产品生产周期，保证产品的交货期，又能提高生产系统的柔性，提高对用户多样化需求的服务能力。

（5）降低物流成本的功能。对生产企业而言，保持合理的原料和农产品库存，可以消耗或避免因上游供应商原材料供应不及时而需要进行紧急订货而增加的物流成本，也可以消除或避免下游销售商由于销售波动进行临时订货而增加的物流成本。当然通过库存管理来降低物流成本，必须从整条供应链出发，综合考虑运输成本、缺货损失和库存成本，使物流总成本最低。

（三）农产品库存管理的基本决策

1. 农产品库存管理决策的内容

农产品库存管理的决策目标是在现实的资源（资金、仓库面积、供应者的政策等）约束下满足订货需要而又使库存成本达到最低。因此，农产品库存管理就是将物品的库存维持在预期库存水平上的一套管理技术。它的核心是如何确定这个预期的库存水平，以及如何经济而有效地维护这个库存水平。物品的库存量是在不断变动着的，因此只能用平均库存水平来代表库存量是多少。

平均库存水平，在需求率一定时，是由进货批量的大小或进货次数的多少决定的。当进货批量大，因而进货次数少时，平均库存水平高，即库存量大；当进货批量小，因而进货次数多时，平均库存水平低，即库存量小。在实际生产销售中，需求率不是固定不变的，但在一段较短的时间内，当每日的耗用量与库存量相比很小时，可以近似地看成需求均匀变化进而计算平均库存水平的变化。根据以上分析，当需求率一定时，可以通过对进货速率的控制来维持平均库存量。因此库存管理主要应控制物品的进货批量和进货时间。具体来说，就是要做好以下三点决策：第一，何时提出采购或生产；第二，每次应采购或生产的数量；第三，应采用什么类型的库存控制系统来维护预期的库存决策。

2. 影响库存管理决策的因素

（1）需求的性质。需求性质的不同对库存管理决策有着决定性的影响。需求的性质主要表现在以下四个方面：

第一，需求的确定性。如果需求是确定的，则可根据给定的计划在需求发生之前，准备好库存的数量；若需求是不确定的，则需要保持一定的储备量，以应对随时发生的需求变化。

第二，需求变动的规律性。当需求变动呈现规律性时，如季节性变动，则有计划地根据变动规律，在旺季到来之前准备较多的库存储备以备销售增长的需要。当需求变动呈现随机性变化时，就需要设置经常性库存，甚至准备一定的保险储备量来预防突然发生的需求。

第三，需求的相关性。需求的相关性是指某种物品的需求与其他物品的需求是否存在联系。一般情况下，相关性需求只需根据某项相关需求计划直接推算该物品的供货数量和时间。独立性需求是企业所不能控制的，它们随机发生，只能用预测的方法而无法精确计算，在确定供货数量和时间上主要考虑成本上的经济性。

第四，需求的可替代性。有些物品可由其他物品替代，则库存量就可以定得少些，当发生缺货时可用替代品来满足需要；对于没有替代品的物品，则必须保持较多的库存才能保证预期或突发的供应需求。

（2）提前期长短。提前期是指从订购或下达生产指令时间开始，到物品入库的时间周期。在库存管理中，根据库存量将要消耗完的时刻，提前一个提前期提出订货，以避免在订货到达之前发生缺货。显然这与订单处理时间、物品在途时间以及该物品的日常用量相关。

（3）外部依赖性。对外部的依赖性主要表现为所需要的物品是自制还是外购。若是外部采购，则应着重从经济性，即节约成本的要求来确定它们的供货数量和供货次数。若是自制，则不但需要考虑成本，还需要考虑生产能力的约束、生产各阶段的节奏性等因素来确定供货的数量和时间。

（4）服务水平高低。服务水平是由库存满足用户需求的百分比决定的。如果库存能够满足全部用户的全部订货需要，则其服务水平为100%；若100次订货，只能满足90次，则服务水平为90%，相应地这时的缺货概率为10%。服务水平一般是由企业领导部门根据经营的目标和战略而规定的，服务水平的高低影响到库存水平的选择，服务水平要求高，就需要较多的储备来保证。

（四）农产品库存管理相关费用概述

1. 订货费

订货费是指为补充库存而需要订购物品时发生的各种费用。它包括办理订货手续、物品运输与装卸、验收入库等的费用以及采购人员的差旅费等。

2. 保管费

保管费是指物品在仓库内存放期间发生的成本。它包括仓库管理费用，存放过程中发生的变质、损坏、丢失、陈旧、报废等的损失费用以及保险金、税金、占用资金的利息支出等。这部分成本随库存储备数量与时间的增加而增加。保管费的计算方法有两种：一种是先核算出单件的保管费用，再按平均储备量计算出总保管费用；另一种是用保管费率与物品单价的乘积代表单位保管费用，其中保管费率是年保管费用与全年占用资金之比。

3. 购置费

购置费是指购置物品时所花费的费用，即购置物品所支出的货款，等于物品的单价与需求量的乘积。如果物品的购置费用不受批量大小的影响，则在库存管理决策中可以不考虑这项费用；但当采购量影响物品价格时，如供应商对购货量大的物品给予优惠价格，则必须考虑此项费用。

4. 缺货费

缺货费是指由于不能满足用户需要而产生的费用。它包括两个方面：第一，由于完成误期任务而追加的生产与采购费用；第二，由于没有及时满足用户需求，误期产生的赔偿费用。

（五）农产品库存管理方法

1. ABC 库存分类管理法

这是一种简单、实用的科学管理方法。根据仓库中库存物资的价值把所有物资分为三类。种类数量少，但价值大的物资为 A 类，为重要物资。这类物资应重点管理，严格控制库存，进而降低成本，提高效率；种类和数量都比较多，但占用的资金却很少的物资为 C 类，是不重要的物资，一般进行简单的管理控制；其他的物资归为 B 类，种类数量和资金占用均介于 A 类和 C 类物资之间，采取折中管理方法，进行一般的管理控制。库存 ABC 分类标准如表 6-1 所示。

表 6-1　库存 ABC 分类标准

品种分类	A 类	B 类	C 类
占总销售额比例	60% ~ 80%	20% ~ 30%	5% ~ 15%
占总品种数比例	5% ~ 15%	20% ~ 30%	60% ~ 80%

但 ABC 库存分类管理法并非尽善尽美，在实际生产中，库存物资的价值并不等同于其在生产中的作用。有的物资虽然价值比较低，但在生产中却起着关键性的作用；有的物资价值很高，却不是生产中的关键因素。因此，根据关键因素进行评估和管理是另一种比较有效的库存管理方法。

2. 关键因素分析法

根据库存物资在生产经营中所起关键性的大小，把它们划分为四个级别，分别是最高优先级、较高优先级、中等优先级、较低优先级。不同的级别采用不同的管理方法，最高优先级物资不允许缺货，因为它是生产中的关键因素，偶尔的缺货都会导致生产不能正常进行。为了保证供应，一般和此类物资供应商签订长期合同，结为战略合作伙伴。较高优先级物资允许偶尔缺货，因为基础性的物资在市场上有较多的供应商，可以很快地作出选择。中等优先级的物资，在生产中比较重要，但不是关键因素，因此它的缺货不会对生产带来决定性的影响，可以在合理范围内缺货，其需求可根据生产进度计划进行计算，这也是降低库存管理成本的一种方式。较低优先级的物资，生产经营中需要，但可以替代，允许缺货。关键因素分析法的分类标准如表 6-2 所示。

表 6-2　关键因素分析法的分类标准

库存类型	特　　点	管理目标
最高优先级	生产经营管理中的关键物资或者 A 类重点客户的存货	不许缺货
较高优先级	生产经营管理中的基础性物资或 B 类客户的存货	允许偶尔缺货
中等优先级	生产经营管理中比较重要的物资或 C 类客户的存货	允许合理范围内缺货
较低优先级	生产经营中需要但可替代的物资	允许缺货

关键因素分析法相对较适用于农产品生产型企业。对于销售型企业，如家乐福、沃尔玛等连锁超市，进行关键因素分析就需要作出必要的调整，可以根据商品的月销售天数作为划分的依据。

3. 供应细分法

ABC 库存分类管理法和关键因素分析法都是用一个因素来对库存的物资进行划分。其并不能完全客观地反映出库存物资在生产或在价值方面的作用。因此，如果能用两个指标对库存物资进行划分，并在此基础上进行管理，可以取得更好的效果。供应细分法的划分标准如图 6-1 所示。

用两个因素对库存物资进行分类：一是成本/价值，作为横坐标；二是风险和不确定性，也就是在市场上获得这种材料的难易程度，作为纵坐标。这样，可以把库存物资划分为四类：①价值比较低，在市场上很容易买到，风险比较小的物资划为策略型物资。其管理重点主要放在管理成本控制上，需关注交易过程的管理，侧重整个采购过程成本的下降。②价值比较大，在市场上风险比较小的物资划为杠杆型物资。杠杆型物资价值高，库存成本大，但市场供应充足，较容易买到，管理重点应放在库

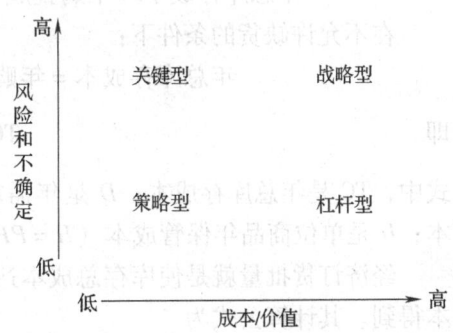

图 6-1　供应细分法的划分标准

存成本的控制上，可以考虑在不影响供应的基础上，以各种方法有效地降低直接采购成本，与供应商签订短期合约，以便能不断寻求、更换、转向成本更低的资源。③成本和价值都较高，对企业利润影响突出，供应风险高的物资，即战略型物资。战略型物资能保证企业产品在市场中的竞争力和竞争优势。这类库存管理的决策通常是由企业高层作出的，企业要着重完成以下工作：精确的需求预测，详细的市场调查研究，长期的供应关系的开发，自产还是外购的决策，风险分析，应变计划的制订，物流、库存和供应商的控制和管理。④成本和价值都较小，对企业利润影响不突出，但是供应风险很大的物资，即关键型物资。该类商品或服务的成本较低，但由于供应商数量少、到货时间过长或无法交付货物等原因可能导致采购额超支。这类物资的库存管理决策一般由企业的部门主管作出，企业要着重做好以下工作：建立供货保障体系，做好供应商的控制和管理，保证安全库存量，制订备用计划。

4. 定量订货管理法

（1）定量订货管理法的原理。定量订货方式是指当库存量下降到预定的最低库存数量

（订货点）时，按规定数量（一般以经济批量（EOQ）为标准）进行订货补充的一种库存管理方式。

（2）定量订货管理订货点的确定。在需求和订货提前期确定的情况下，不需设置安全库存：

$$订货点 = 订货提前期(天) \times \frac{全年需求量}{360}$$

即

$$R = LT \times \frac{D}{360}$$

在需求和订货提前期都不确定的情况下，需要设置安全库存：

$$订货点 = (平均需求量 \times 最大订货提前期) + 安全库存$$

（六）农产品基本经济订货批量的确定

1. 基本经济订货批量（Economic Order Quantity，EOQ）

基本经济订货批量是简单、理想状态的一种，即总库存成本最小时的每次订货数量。通常，年总库存成本的计算公式为

$$年总库存成本 = 年购置成本 + 年订货成本 + 年保管成本 + 缺货成本$$

在不允许缺货的条件下：

$$年总库存成本 = 年购置成本 + 年订货成本 + 年保管成本$$

即

$$TC = DP + \frac{DC}{Q} + \frac{QH}{2}$$

式中，TC 是年总库存成本；D 是年需求总量；P 是单位商品的购置成本；C 是每次订货成本；H 是单位商品年保管成本（$H = PF$，F 为年仓储保管费用率）；Q 是批量或订货量。

经济订货批量就是使库存总成本达到最低的订货数量，它是通过平衡订货成本和保管成本得到。其计算公式为

$$经济订货批量 = EOQ = \sqrt{\frac{2CD}{H}} = \sqrt{\frac{2CD}{PF}}$$

此时的最低年总库存成本 $TC = DP + H \cdot EOQ$

$$年订货次数 N = \frac{D}{EOQ}$$

$$平均订货间隔周期 T = \frac{365}{N}$$

【例 6-1】甲仓库 A 商品年需求量为 30 000 个，单位商品的购买价格为 20 元，每次订货成本为 240 元，单位商品的年保管费为 10 元，求该商品的经济订购批量、最低年总库存成本、每年的订货次数及平均订货间隔周期。

$$经济订货批量 EOQ = \sqrt{\frac{2 \times 240 \times 30\,000}{10}} 个 = 1\,200 个$$

$$年总库存成本 TC = (30\,000 \times 20 + 10 \times 1\,200) 元 = 612\,000 元$$

$$每年的订货次数 N = \frac{30\,000}{1\,200} 次 = 25 次$$

$$平均订货间隔周期 T = \frac{365}{25} 天 = 14.6 天$$

2. 折扣购货的订货批量

供应商为了吸引顾客一次购买更多的农产品，往往会采用批量折扣购货的方法，即对于一次购买数量达到或超过某一数量标准的给予价格上的优惠。此时约定的数量标准，称为折扣点。在批量折扣的条件下，由于折扣之前购买的价格与折扣之后购买的价格不同，因此，需要对原经济批量模型作必要的修正。

在多重折扣点的情况下，先依据确定条件下的经济批量模型，计算最佳订货批量（Q^*），而后分析并找出多重折扣点条件下的经济批量，如表6-3所示。

表6-3　多重折扣价格表

折扣区间	0	1	…	t	…	n
折扣点	Q_0	Q_1	…	Q_t	…	Q_n
折扣价格	P_0	P_1	…	P_t	…	P_n

计算步骤如下：

（1）用确定经济批量的方法，计算出最后折扣区间（第 n 个折扣点）的经济批量 Q_n^* 与第 n 个折扣点的 Q_n 比较，如果 $Q_n^* \geq Q_n$，则取最佳订购量 Q_n^*；如果 $Q_n^* < Q_n$，则进行下一步。

（2）计算第 t 个折扣区间的经济批量 Q_t^*。若 $Q_t \leq Q_t^* < Q_{t+1}$，则计算经济批量 Q_t^* 和折扣点 Q_{t+1} 对应的总库存成本 TC_t^* 和 TC_{t+1}，并比较它们的大小，若 $TC_t^* \geq TC_{t+1}$，则令 $Q_t^* = Q_{t+1}$，否则就令 $Q_t^* = Q_t$。如果 $Q_t^* < Q_t$，则令 $t = t+1$，再重复步骤（2），直到 $t = 0$，其中 $Q_0 = 0$。

【例6-2】 A 商品供应商为了促销，采取以下折扣策略：一次购买 1 000 个以上打九折，一次购买 1 500 个以上打八折（见表6-4）。若单位商品的仓储保管成本为单价的一半，求在这样的批量折扣条件下，甲仓库的最佳经济订货批量应为多少？（根据例6-1 的资料：$D = 30\ 000$ 个，$P = 20$ 元/个，$C = 240$ 元，$H = 10$ 元/个，$F = H/P = 10/20 = 0.5$。）

表6-4　多重折扣价格表

折扣区间	0	1	2
折扣点	0	1 000	1 500
折扣价格	20	18	16

计算折扣区间 2 的经济批量：

$$经济批量\ Q_2^* = \sqrt{\frac{2CD}{P_2 F}} = \sqrt{\frac{2 \times 240 \times 30\ 000}{16 \times 0.5}}\ 个 = 1\ 342\ 个$$

因为 1 342 个 < 1 500 个，所以继续运算折扣区间 1。

计算折扣区间 1 的经济批量：

$$经济批量\ Q_1^* = \sqrt{\frac{2CD}{P_1 F}} = \sqrt{\frac{2 \times 240 \times 30\ 000}{18 \times 0.5}}\ 个 = 1\ 265\ 个$$

因为 1 000 个 < 1 265 个 < 1 500 个，所以还需计算 TC_1^* 和 TG_2 对应的年总库存成本：

$$TC_1^* = DP_1 + \frac{DC}{Q_1^*} + Q_1^* \frac{PF}{2} = \left(30\ 000 \times 18 + \frac{30\ 000 \times 240}{1\ 265} + 1\ 265 \times \frac{18 \times 0.5}{2}\right)元 = 551\ 384\ 元$$

$$TC_2 = DP_2 + \frac{DC}{Q} + Q\frac{PF}{2} = \left(30\,000 \times 16 + \frac{30\,000 \times 240}{1\,500} + 1500 \times \frac{16 \times 0.5}{2}\right)元 = 490\,800\ 元$$

由于 $TC_2 < TC_1^*$，所以在批量折扣的条件下，最佳订购批量 Q^* 为 1 500 个。

3. 分批连续进货的进货批量

在连续补充库存的过程中，有时不可能在瞬间就完成大量进货，而是分批连续进货；甚至是边补充库存边供货，直到库存量最高，这时不再继续进货，而只向需求者供货，直到库存量降至安全库存量，又开始新一轮的库存周期循环。分批连续进货的经济批量，仍然是使存货总成本最低的经济订购批量，如图 6-2 所示。

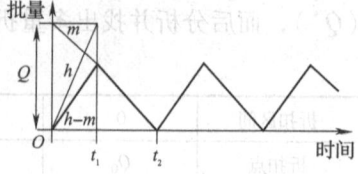

图 6-2　分批连续进货的进货批量

设一次订购量为 Q，商品分批进货率为 h，库存商品耗用率为 m，并且 $h > m$。一次连续补充库存直至最高库存量需要的时间为 t_1；该次停止进货并不断耗用量直至最低库存量的时间为 t_2。

由此可以计算出以下指标：

$$t_1 = Q/h$$

在 t_1 时间内的最高库存量 $= (h-m)t_1$

在一个库存周期 $(t_1 + t_2)$ 内的平均库存量 $= \dfrac{(h-m)t_1}{2}$

仓库的平均保管费用 $= \dfrac{h-m}{2} \dfrac{Q}{h} PF$

$$经济批量\ Q^* = \sqrt{\frac{2CD}{PF\left(1 - \dfrac{m}{h}\right)}}$$

在按经济批量 Q^* 进行订货的情况下，每年最小总库存成本 TC^* 为

$$TC^* = DP + \sqrt{2CDPF\left(1 - \frac{m}{h}\right)}$$

$$每年订购次数\ N = \frac{D}{Q^*}$$

$$订货间隔周期\ T = \frac{365}{N} = 365\frac{Q^*}{D}$$

【例 6-3】　甲仓库 B 商品年需要量为 5 000kg，一次订购成本为 100 元，B 商品的单位价格为 25 元，年单位商品的保管费率为单价的 20%，每天进货量 h 为 100kg，每天耗用量 m 为 20kg，要求计算在商品分批连续进货条件下的经济批量、每年的库存总成本、每年订货的次数和订货间隔周期。

$$经济批量\ Q^* = \sqrt{\frac{2CD}{PF\left(1 - \dfrac{m}{h}\right)}} = \sqrt{\frac{2 \times 5\,000 \times 100}{0.2 \times 25 \times (1 - 20/100)}}\text{kg} = 500\text{kg}$$

每年的库存总成本 $TC^* = DP + \sqrt{2DCPF\left(1 - \dfrac{m}{h}\right)}$ 元

$$= (5\,000 \times 25)元 + \sqrt{2 \times 5\,000 \times 100 \times 0.2 \times 25 \times \left(1 - \frac{20}{100}\right)}元 = 127\,000\ 元$$

$$每年订货的次数 N = \frac{D}{Q^*} = \frac{5\,000}{500}次 = 10\,次$$

$$订货间隔周期 T = \frac{365}{N} = \frac{365}{10}天 = 36.5\,天$$

（七）农产品积压库存管理

积压库存将直接影响销售利润，过大的积压库存容易造成销售商资金运转困难，就会出现所谓的"销售渠道肠梗阻"，直接影响到厂商利润，甚至威胁到整个销售渠道，使一个品牌在某个区域甚至所有区域退出市场竞争，直至销声匿迹。下面将介绍如何防止积压库存以及积压库存的处理方法。

1. 防止产生积压库存的方法

库存管理需要控制滞销库存的产生，进而防止滞销库存向积压库存转化。为了减少滞销库存和积压库存，应从以下几个方面着手：

（1）生产适销的农产品。这需要生产商和零售商等共同努力，零售商的作用主要体现在帮助开发部门收集本区域市场的农产品信息，提供产品供求走势，协助开发部门开发出本区域适销的产品。

（2）提高订货准确率。了解本区域本品牌及竞争产品消费群体的消费心理和消费特点，培养预测产品销售走势的能力，以保证订货时能够准确选订适销的农产品。

（3）信息化管理库存。通过采用信息化管理，准确掌握本区域或本公司准确的销售情况，及时了解哪些产品畅销、哪些滞销，及时补充畅销缺货的产品，处理滞销产品。

（4）加强终端销售管理。采取恰当的销售方法是消化库存的关键，如提高单位产品销售提成，激发销售人员的工作热情，通过相关培训提高销售人员的销售能力。

2. 处理积压库存的方法

当产品销售受阻就变成了滞销库存。一旦产生滞销库存，就需要采取措施予以处理；如果滞销库存延误了处理时间，就变成了积压库存。滞销库存处理得好只会减少一些利润，而不至于亏损严重；如果变成积压库存，处理起来就有难度，处理不好会亏损严重。处理库存分为主动预防和被动处理两种。

（1）事先准备，主动预防。事先做好准备，建立库存消化机制，尽量避免滞销库存变成积压库存和积压库存过量。应注意以下两点：第一，统一调配，盘活库存。将滞销库存调配到能够销售的区域，从而将滞销库存盘活为畅销产品。第二，设特卖区，集中处理。选择顾客流量大、低价产品购买力强的地区，或者竞争品牌强势而本品牌又难以打开局面的地区，设立特价产品销售中心或者特卖店，常年集中处理滞销或积压库存。

（2）事后应急，被动处理。库存积压过大，就必须采取应急措施尽快处理，以降低其带来的风险。具体可以采取集中处理的方法。这种方式主要是消化及时，便于控制。途径一，集中代卖。将滞销产品提供给几个有销售能力的大客户，以代卖的形式集中消化。途径二，降价倾销。选择人口多、经济水平较落后、低价商品消费能力强的县市，或者竞争品牌强势而本品牌又难以打开局面的地区，进行降价处理活动。途径三，促销消化。利用节假日开展形式多样的促销活动，消化库存的同时又做了品牌推广活动。

四、农产品物流

农产品物流是指为了满足消费者需求而进行的农产品物质实体及相关信息从生产者到消费者之间的物理性流动。即以农业产出物为对象，通过对农产品进行加工、包装、储存、运输和配送等物流环节，做到农产品保值增值，最终送到消费者手中。

1. 农产品物流的特点

农产品物流由于农产品本身的属性以及供需情况等原因，有其自身的特点，主要表现在以下四个方面：

（1）农产品物流数量大，品种多。我国农产品种类繁多，主要有粮食、油料、水果、蔬菜、烟草、茶叶、畜禽产品、水产品、土特产品和中药材等。随着人均耕地的减少以及农业人口转移等因素的冲击，农产品的自给率不断下降，大部分的农产品都需要物流。

（2）农产品物流要求高。一是由于农产品与工业品不同，它是有生命的动物性与植物性产品，具有鲜活、易腐烂的特性，价值容易流失，所以，农产品的物流特别要求"绿色物流"，在物流过程中做到不污染、不变质。二是由于农产品价格较低，一定要做到低成本运行。三是由于农产品流通涉及农民的收入，因此，在物流过程中，一定要做到服务增值，即农产品加工转化和农产品加工配送。

（3）农产品物流难度大。一是包装难，初级农产品形状、质量参差不齐，造成物流过程中标准化程度低。二是运输难，单位农产品体积大、价值低，平均物流成本高。三是仓储难，由于农产品的属性特点，对于仓储环境的温度和湿度等条件有严格的要求，对基础设施的功能要求较高。

（4）生产的集中性和消费的分散性。农产品生产地与销售地相分离且生产地域十分广泛，与工业物流和商业物流相比，物流主体间相互选择的余地很大，容易产生较多的交易费用。

2. 我国农产品现行物流模式及利弊分析

当前我国农产品物流主要有四种模式：直销型、契约型、联盟型以及第三方物流模式，它们各有利弊，目前都不能形成我国农产品物流的主导模式。

（1）直销型物流模式是由农户或农产品基地自营配送，将农产品送到批发市场或用户手中。这种形式适用于流通范围较小、流通数量较少的状况，在目前大流通的格局下，已经不适应经济社会发展的需要。

（2）契约型物流模式主要有四种形式："农户+运销企业""农户+加工企业""公司+农户+保险"和"公司+合作社"。这些模式克服了加工企业、大型连锁超市和农贸市场批发商原料来源不稳定的问题，为农户销售产品提供了相对稳定的渠道，也提高了对农产品质量的控制力度。弊端主要表现在农户同企业谈判中始终处于弱势地位，农民利益容易受到侵害，违约现象频发；企业直接面对分散的农户，市场交易费用高，配送成本居高不下。

（3）联盟型物流模式是农产品批发市场、农产品生产者、批发商、零售商、运输商、加工保鲜企业通过利益联结和优势互补形成战略联盟。这种模式能够带动各方积极参与，节省了交易成本；专业化分工明显，提高了交易效率，各参与方在合作与竞争中发挥自身优势；为物流主体建立了公共交易平台，使交易双方有更多的可选择性。缺陷主要体现在由于处于一个战略联盟下，随着交易量的扩大，管理效率比较低，而且中间批发商仍然会对直接生产者和消费者进行信息封锁。

（4）第三方物流模式是随着市场化程度的提高，出现专门从事农产品储运和流通加工的中间组织。它们不直接从事任何农产品生产和销售活动，专门承担连接农产品从生产到流通的系统服务。这种模式促进了流通与生产的分工合作，降低了流通成本，提高了流通效率，有利于实现物流标准，成为我国农产品物流发展的方向。但目前还处于起步阶段，涉及范围非常有限，而且这种模式对管理人员的素质要求非常高。

3. 农产品物流成本的含义及构成

在农产品物流过程中，为了提供有关的产品或服务要占用、耗费一定的活劳动和物化劳动，这些活劳动和物化劳动的货币表现即为农产品物流成本。

农产品物流成本一般包括：库存成本、运输成本、服务成本、管理费用。按功能不同可分为以下几种成本：

（1）存货持有成本。存货持有成本是指农产品在仓储阶段所发生的仓储费用、资金利息以及库存资金占用的机会成本。

（2）运输成本。运输成本是指农产品在运输（公路、铁路、承运、空运等）过程中所发生的费用。

（3）装卸成本。装卸成本是指在农产品装卸、搬运过程中所发生的费用。

（4）加工成本。加工成本是指农产品在加工过程中所发生的费用。

（5）信息成本。信息成本是指农产品物流企业在信息发布、采集方面的费用。

（6）包装成本。包装成本是指农产品在配送前所发生的包装费用。

（7）管理费用。管理费用是指农产品物流企业在内部管理中所发生的费用。

（8）逆向费用。逆向费用是指由于退货或包装物回收等发生的费用。

（9）其他费用。其他费用是指意外损失所发生的费用，如失去市场先机、货物保管不善等而造成的货物损失。

4. 农产品企业降低物流成本的措施

通过对农产品物流总成本的分析，在企业具体操作中，可以通过以下途径降低农产品物流成本：

（1）通过效率化的配送来降低物流成本。企业实现效率化的配送，减少运输次数，提高装载率及合理安排配车计划，选择最佳的运送手段，从而降低配送成本。

（2）利用物流外包降低企业物流成本。企业把物流外包给专业化的第三方物流公司，避免过大的投资成本，通过专业化物流公司可以缩短商品在途时间，减少商品周转过程中的费用和损失。

（3）借助现代化的信息管理系统控制和降低物流成本。在传统的手工管理模式下，企业的成本控制受诸多因素的影响，往往不易也不可能实现各个环节的最优控制。企业采用信息系统，一方面可使各种物流作业或业务处理能准确、迅速地进行；另一方面通过信息系统的数据汇总，进行预测分析，可控制物流成本发生的可能性。

（4）加强企业员工的成本管理意识。把降低成本的工作从物流管理部门扩展到企业的各个部门，并从产品开发、生产、销售全生命周期中进行物流成本管理，使企业员工具有长期发展的"战略性成本意识"。

（5）对农产品流通的全过程实现供应链管理。使由生产企业、第三方物流企业、销售企业、消费者组成的供应链整体化和系统化，实现物流一体化，使整个供应链利益最大化，从而有效降低企业物流成本。

五、关于农产品供应链竞争的讨论

近年来我国学者基于不同的研究视角对农产品供应链竞争问题进行了深入的研究。

赵晓飞（2012）对我国现代农产品供应链体系构建进行了深入的研究，针对我国传统农产品供应链模式的弊端，提出构建现代农产品供应链体系的构想：以信息化为基础，以渠道体系为核心，以组织体系为支撑，以服务体系和安全体系为保障，促进农产品供应链系统的高效运作。其中，渠道体系强调渠道关系的联盟化与一体化、渠道管理的信息化、渠道运作的终端化；组织体系强调参与主体的组织化、规模化、集团化、品牌化；服务体系强调服务手段、服务平台、运行机制建设；安全体系强调打造基于质量安全的农产品供应链管理模式。为了保证现代农产品供应链体系有效运作，应该理顺供应链管理体制，积极培育供应链核心企业，加强供应链各环节信息化建设，因地制宜选择供应链模式，完善利益分配机制。

廖明山、王江（2012）对绿色农产品供应链与物流进行了相关的研究，他们认为，当前我国农业和农产品供应链体系虽已初步建立起来，但仍存在物流网络布局不合理，物流成本高、损失大，农产品物流投资结构不合理，农产品供应链与物流的基础设施不完善等诸多问题。目前我国农产品物流成本占总成本的40%左右，鲜活农产品的成本更是达到60%，而发达国家的农产品供应链及物流成本却被控制在10%左右。

周杰（2011）从多层次分析视角对农产品质量安全保障问题进行了研究，将农产品的质量控制分为供应链成员内部和成员之间两个层次，通过分析得到成员内部的质量控制强调控制、以专业知识为主，成员之间的质量控制强调信任、以知识互补为主的结论，并提出农产品质量安全保障的建议，这为农产品质量安全保障提供了一定的指导。

卜梅兰（2011）以价值链为视角对农产品供应链一体化进行了研究，她认为目前农产品价值链中存在许多问题，严重影响了我国农产品价值链的实现和增值。在分析农产品价值链基础上，从农产品供应链一体化的角度探讨了增加农产品价值的对策。

鲍丽（2011）以组织文化为视角对农产品供应链的协调问题进行了研究，农产品供应链的发展是农业物流发展的核心，也是现代农业发展的重要环节，她从组织文化和行为的角度入手对农产品供应链的协调进行了分析，并提出从物质、行为、制度和理念四方面构建供应链文化的角度出发，促进农产品供应链的协调合作。

第三节　农民合作社与农产品经纪人

农民合作社有利于提高农业生产的组织化和集约化程度，推进农业产业化进程；降低农户生产经营风险，提高农户的市场地位和交易谈判能力；在解决我国农业当前存在的小生产与大市场的矛盾和"三农"问题中发挥重要作用。农民合作社能够进行与大市场要求相适应的规模经营和专业化生产，以形成较高的经济效益和市场竞争能力，是实现社会均衡发展的有效机制，也是实现社会稳定的一个重要途径。

一、农村合作经济组织的含义与类型

（一）农村合作经济组织的含义

农村合作经济组织，是农民在家庭承包经营的基础上，依照加入自愿、退出自由、民主

管理、盈余返还的原则组建，按章程进行共同生产经营活动，谋求全体成员共同利益的经济组织。农村合作经济组织是当前我国乡村的专业合作社、社区合作社、专业协会、各类经济联合体、合作社的联合社等组织的总称。

（二）农村合作经济组织的类型

现阶段我国农村合作经济组织主要有三种类型，它们符合我国农业生产实际和生产力发展水平，在农村经济中发挥着重要作用。

1. 专业合作经济组织与专业（行业）协会

专业合作经济组织是农民按照行业或生产经营同类农产品的产业链联合起来的合作经济组织。其有以下基本特点：首先，专业合作经济组织的财产独立于原集体经济之外，入社社员按股份占有；其次，它的成员打破了原村组社区界限，实现按行业、产业链和跨社区的联合；再次，它的生产经营范围超越了社区限制，开始突破地缘、血缘、亲缘的界限，按产业实现跨区域的空间联合；最后，它的组织制度和治理结构已经摆脱了"乡政村治"格局的束缚，按照市场规律在更广阔的空间联合生产和市场开拓。专业（行业）协会与专业合作经济组织在外延上有交叉但并不重叠。首先，专业（行业）协会也是农民按照行业和产业链联合的专业组织。其次，专业（行业）协会有经营性和服务性的区别，经营性专业（行业）协会其实就是专业合作经济组织的一个种类。从发展趋势上看，专业（行业）协会将逐步完成由工商局登记注册转到民政局登记注册，规范为服务性社团组织。

2. 社区性合作经济组织

（1）土地股份合作社。土地股份合作社是指一定社区范围内的农民以自己拥有的农村土地承包经营权折价入股，土地集中与劳动力联合进行农业生产经营的一种经济组织形式。农民形象地概括为"土地变股权、农户当股东、有地不种地、收益靠分红"。

（2）资本联合型股份合作社。组建资本型股份合作社，各地做法都是通过集体资本（包括现金、实物和不动产）折股量化，实现社员人人持股，从而使社区共有的资产"产权清晰、权责明确、民主监督、科学管理"，减少集体资本经营的风险，增加资本收益。这种经济组织实际上是与村民身份相对应的"资合"性组织，较少有劳动的合作。

（3）村级集体经济组织改革型股份合作社。这在苏浙沪地区有较快发展，其中无锡市村级集体经济股份合作制改革最为典型。其是以产权制度及其治理格局重构为核心有序展开的，工作步骤分为：村成立集体资产清理领导小组、清产核资、股权设置、发股权证、制定通过合作社章程、确定股份合作社的组织机构和治理结构、建立财务管理与收益分配制度和组建股份经济合作社与村级其他组织新型关系八个阶段。村党支部（总支）负责对村（居）民委员会、股份经济合作社进行领导和协调；村（居）民委员会履行村民自治范围内的事项，协助镇政府从事行政管理工作；村股份经济合作社行使对村集体资产的所有权、经营管理权、收益分配权。

3. 经济联合体或生产组合

"经济联合体"或"生产组合"，是农民在农业生产经营中对资本和劳动力需求超过家庭经济资源能力时而发生的一种简单的组织行为，是两个或两个以上共同出资、共同经营、共负盈亏的合伙人组成的临时性组织。这些组织是一种放大了的家庭经营、缩小了的合作社。它类似于"合伙企业"但又不具备法人地位，没有独立的财产，合伙人都直接参与生产经营，对联合体或生产组合的债务负无限连带责任。

2007年,《中华人民共和国农民专业合作社法》(以下简称《农民专业合作社法》)实施后,农村合作经济组织都统称为农民专业合作社,从此,农村合作经济组织的法律地位确立,发展也进入了规范发展阶段。

二、农民合作社的创建与管理

1. 农民专业合作社成立的原则

(1) 成员以农民为主体。为坚持农民专业合作社为农民成员服务的宗旨,发挥合作社在解决"三农"问题方面的作用,使农民真正成为合作社的主人,《农民专业合作社法》规定,农民专业合作社的成员中,农民至少应当占成员总数的80%,并对合作社中企业、事业单位、社会团体成员的数量进行了限制。

(2) 以服务成员为宗旨,谋求全体成员的共同利益。农民专业合作社是以成员自我服务为目的而成立的。参加农民专业合作社的成员,都是从事同类农产品生产、经营或提供同类服务的农业生产经营者,目的是通过合作互助提高规模效益,完成单个农民办不了、办不好、办了不合算的事。这种互助性特点,决定了它以成员为主要服务对象,决定了"为成员服务不以营利为目的、谋求全体成员共同利益"的经营原则。

(3) 入社自愿,退社自由。农民专业合作社是互助性经济组织,凡具有民事行为能力的公民,能够利用农民专业合作社提供的服务,承认并遵守农民专业合作社章程,履行章程规定的入社手续的,都可以成为农民专业合作社的成员。农民可以自愿加入一个或者多个农民专业合作社,入社不改变家庭承包经营;农民也可以自由退出农民专业合作社,退出的,农民专业合作社应当按照章程规定的方式和期限,退还记载在该成员账户内的出资额和公积金份额,并将成员资格终止前的可分配盈余,依法返还给成员。

(4) 成员地位平等,实行民主管理。《农民专业合作社法》从农民专业合作社的组织机构和保证农民成员对本社的民主管理两个方面作了规定:农民专业合作社成员大会是本社的权力机构,农民专业合作社必须设理事长,也可以根据自身需要设成员代表大会(需成员150人以上)、理事会、执行监事或者监事会;成员可以通过民主程序直接控制本社的生产经营活动。

(5) 盈余主要按照成员与农民专业合作社的交易量(额)比例返还。盈余分配方式的不同是农民专业合作社与其他经济组织的重要区别。为了体现盈余主要按照成员与农民专业合作社的交易量(额)比例返还的基本原则,保护一般成员和出资较多成员两方的积极性,可分配盈余中按成员与本社的交易量(额)比例返还的总额不得低于可分配盈余的60%,其余部分可以依法以分红的方式按成员在合作社财产中相应的比例分配给成员。

2. 农民专业合作社建立的程序

(1) 发起筹备。首先,明确发起人。发起人就是发起并创办农民专业合作社的创始人。在农民专业合作社的筹备阶段,主要工作由发起人来做。农民专业合作社的发起人可以是自然人,也可以是企业法人、社团法人。其次,进行可行性分析论证。可行性分析论证是组建农民专业合作社的基础性工作,发起人要对本地区、本行业农民群众专业合作的需求状况、专业生产的现状、市场前景、竞争对手等进行认真调查研究,确定所要组建合作社的活动和经营范围。最后,由合作社的发起人组织吸收合作社社员,一般最少5人,农民成员不得少于80%,法人成员不得超过总量的5%,生产性合作社中从事生产的社员占社员总数的一半以上。

（2）确定合作社名称，制定章程，确定办公场所，召开设立大会，由社员对合作社章程进行表决签字，并根据合作社的社员规模确定合作社领导机构。其中，合作社章程主要包括名称和住所，生产经营服务范围，成员资格及入社、退社和除名的规定，社员权利和义务，组织机构及其产生办法，职权和议事规则，注册资金，社员出资方式，出资额及退出、转让、继承的规定，财务及资金管理，盈余分配、亏损处理的规定，章程修改程序，变更、解散、清算办法，公告事项及发布方式，社员认为需要规定的其他事项。

（3）召开设立大会。设立时自愿成为该社成员的人为设立人。设立大会是合作社尚未成立时设立人的议事机构。设立大会主要包括以下几项议程：一是通过本社章程；二是选举合作社的领导人，包括理事长、副理事长、理事、监事长或监事；三是其他需要研究的事项，如确定股本结构及社员出资情况、确定委托代理人。会议结束要形成会议纪要，并需全体设立人签字。

（4）登记。依法登记是农民专业合作社开展生产经营活动并获得法律保护的重要依据。合作社的设立人申请登记时应当向登记机关（工商局）提供以下文件和资料：

1）登记申请书。

2）全体设立人签名、盖章（团体成员）的设立大会纪要。

3）全体设立人签名、盖章（团体成员）的章程。

4）法定代表人、理事的任职文书（全体设立人签字认可）及身份证明。

5）全体出资成员签名盖章的出资清单，出资应明确具体是以人民币出资还是以土地、房屋、技术等折价出资。

6）全体成员的身份证复印件。

7）住所使用证明。合作社以成员自有场所作为住所的，应当提交该社有权使用的证明和场所的产权证明；租用他人场所的，应当提交租赁协议和场所产权证明，如农村房屋没有产权证明的可由村委会出具证明。

8）法定代表人签署的成员名册，指定代表或委托代理人证明及名称、预先核准通知书，以上工商登记部门均有空白表格直接填写即可。

9）登记前置许可文件。主要是特定的行业业务范围涉及前置许可的须提交，如棉花加工，需发展改革部门颁发的棉花加工许可证。

（5）备案。合作社经依法登记后，法人代表应将合作社营业执照复印件及相关材料（合作社简介、章程、会议纪要、理事任职文件、法人代表任职文件、监事任职文件、出资清单、租房协议、成员联系电话）报市农民专业合作社指导站（设在农村经济管理中心）备案。

（6）办理其他相关证照

1）组织机构代码证。法人代表持工商营业执照及法人代表身份证到市民服务中心质量技术监督局窗口办理。

2）税务登记。法人代表持工商营业执照、组织机构代码证及法人代表身份证到地税局办税服务大厅办理。

3）银行开户许可证。法人代表持工商营业执照、税务登记证、组织机构代码证、法人代表身份证和准备开户所在银行（信用社）申请书到当地中国人民银行办理。

三、农产品经纪人的含义与工作程序

根据我国实行的行业准入制度要求,为规范全国各地大量存在的农产品流通领域的各种中介行为,人力资源和社会保障部制定了农产品经纪人职业资格制度,所有在农村从事农产品经营中介活动的人员都需要经过培训取得农产品经纪人职业资格证书,持证上岗。人力资源和社会保障部已将农产品经纪人职业资格的管理行为授权给中华全国供销合作总社,由中华全国供销合作总社根据授权实施行业培训,制定行业标准以及资格证书的管理工作。

1. 农产品经纪人的含义

农产品经纪人是指从事农产品收购、储运、销售以及代理农产品销售、农业生产经营信息传递、农业销售服务等中介活动而获取佣金或利润的人员。结合当前农产品经纪人的从业构成,可以分为:销售型经纪人、科技型经纪人、信息型经纪人、复合型经纪人等种类。

2. 农产品经纪人的作用

随着城乡经济的进一步繁荣和发展,农产品经纪人在促进地方经济发展、推动农业产业化进程、加快脱贫致富等多方面发挥着积极的作用。

(1) 加快农产品商品化的速度,促进农村的资源优势快速转化为商品优势。改革开放后,农村经济得到极大的发展,一大批具有专业性质的农产品基地逐渐形成。把农产品推向市场,加快农产品转化为商品的速度,需要有良好的流通渠道。农产品经纪人在这个方面可起到很好的沟通、中介作用。农产品经纪人可以把本地的农产品资源介绍给市场,把市场需求和本地生产紧密连接起来,在本地形成强大的商品优势,使资源优势能快速转化为市场优势。

(2) 调整农业产业结构,加快农业产业化经营。农产品经纪人的经纪活动可以促进农业产业结构合理化。一方面,作为生产和消费的纽带,一边连着农民的生产,一边连着市场上的需求,如何使农民的生产经营与市场需求相适应,农产品经纪人可以发挥其桥梁作用,让二者有机地结合起来,使农业的产业结构顺应市场发展趋势而逐渐趋于合理。另一方面,农产品经纪人是促成农民与他人交易的关键联结点。农产品经纪人掌握着农产品的供求状况,担负着农产品市场变化的信息传递任务,对农业生产起着一定的引导作用,而且可以把零散的农产品集中起来进行交易,从而实现农业产业化经营。

(3) 更新农民生产经营观念,加强农民的市场意识。农产品经纪人依赖市场生存,必须在具体经纪活动的过程中,了解经营,学会管理,掌握市场的变化形势,还要随时调整经营理念。无论是农产品的生产、包装,还是储运、销售等,农产品经纪人都可以了解到最新的符合时代要求的做法。因此,农产品经纪人往往有着较强的市场经济意识、一定的组织能力。以经纪人的行为和观念作为先导,把新的信息、好的观念带到农村、传给农民,培养和加强农民的市场意识,使农产品更快、更好地走向市场。

3. 农产品经纪人的工作程序

随着农村经济的不断发展,农产品经纪人这个职业将越来越重要,它将成为农民不可缺少的伙伴。随着农产品经纪人的不断成熟,农村经济会越来越繁荣,农民的收入也会逐步提高,农产品经纪人将会成为一个大有作为的职业。一般来说,农产品经纪人日常的工作程序大概可分为以下几步:

(1) 了解农产品。农产品经纪人了解自己代理的农产品是开展一切工作的基础。农产品经纪人既要充分了解所代理的农产品，还要学会鉴别它们。首先，农产品经纪人需要对市场上现有的代理农产品进行了解，能对它们进行分类。其次，农产品经纪人要运用合理的农产品鉴别方法及规定质量标准，对他所经营的农产品进行品质的鉴别及等级评定，对农产品的鉴别及等级评定可以通过感观检验的方法，还可以利用一些简单的工具进行检测。

(2) 农产品储运。在农产品没有送到客户手中之前，农产品经纪人要对他所经营的产品负责。首先，做好农产品的储存工作，农产品经纪人需要运用自己掌握的有关农产品仓储的知识来对自己经营的每一种农产品进行储存。农产品储存在仓库期间，经纪人的主要责任就是根据不同农产品的特性，最大限度地保持农产品的品质、外观等。其次，对农产品进行相应的包装也是非常必要的，通过对不同等级的产品进行相应的包装，就可以更好地适应不同客户的需求。最后，农产品的运输也十分重要，农产品经纪人需要根据农产品的地理分布、客户的地理位置选择合理的运输路线，还要结合农产品的特性，选择合理的运输工具，农产品经纪人要在有多个方案的情况下，以保证农产品质量为前提，选择一个最经济合理的方案进行。

(3) 市场信息采集与分析。现代社会是个信息爆炸的社会，谁掌握了市场信息谁就掌握了主动权。农产品经纪人可以通过以下途径获取对自己经营的农产品的有利信息：首先，通过电视、报纸、广播等大众媒体获取信息，这些媒体覆盖面广、传播信息量大、信息更新速度快，并且这些媒体上有针对农村、农村经济的专业版块；其次，农产品经纪人通过浏览一些专业的报纸、杂志，及时了解当地和全国的农产品情况；最后，通过互联网获取自己需要的信息，也可利用网络来发布自己的信息，网络对农产品经纪人来说已经越来越重要了。农产品经纪人通过这些媒体，了解自己所经营的农产品的产量、品质、集中生产地及供求状况等信息。作为一个对客户和农产品生产者负责的农产品经纪人，需要通过通信手段对所获得的信息进行核实，并对这些信息进行分析、筛选。当前农产品供求复杂、价格波动相对较大，农产品经纪人还要做一些市场调查，在充分了解市场的基础上再开展下一步工作。

(4) 开发客户、谈判订约。农产品经纪人在了解市场信息并对其作出分析后，通过这些信息来寻找适合自己经营的农产品的客户。开发客户是每一个农产品经纪人都必须过的一关，一方面，农产品经纪人可利用传媒发布一些信息，利用电话、电子邮件等手段和各地的需求方进行沟通；另一方面，农产品经纪人也可以到产品需求地去考察，充分了解当地的供求状况，这样可以为开发客户做好铺垫工作。

为了和客户建立良好的关系，农产品经纪人要具备以下素质：首先，有基本的客户沟通技巧，树立真诚的态度，用心对待，进行有效沟通。其次，掌握一定的农产品、公共关系、心理学、市场营销等知识来和客户进行交流，要能很完整地回答客户提出的关于经营的农产品的问题，如农产品的价格、质量、等级、规格等问题。农产品经纪人要耐心、细致地对客户提出的问题进行解释，使客户在充分了解产品的基础上选择是否合作。如果遇到购买量较大的客户，农产品经纪人要抓住客户的心理，在客户有合作意向时，要及时和他们商讨，并以口头方式表达合作意向。如果有的客户实地考察过此地的农产品，决定进行购买，农产品经纪人就要按照国家相关的规定与客户签订购销合同。在协议或合同中一定要注明双方提供和需要的产品的品名、质量、规格、数量、等级等事项。最后，由于农产品经纪人代理产品呈现多种多样的特点，他所接触的客户群也不止一个。为了使农产品销路更好，农产品经纪人往往要进行客户再开发，在原有客户的基础上再进行开发。

(5) 核算与结算。农产品经纪人最根本的职责就是在促进农村经济发展的同时，使农民获得实惠，所以对农产品的成本、费用、税金进行核算就显得十分重要。农产品经纪人需要根据当年的生产状况、农产品的产量、品质、等级以及客户的需求量等对农产品进行各方面的核算。在送货完毕后，农产品经纪人按合同进行资金结算工作。农产品经纪人要根据本年度的利润额对下一年度的工作进行安排；对不适应市场的品种进行淘汰，根据新品种的情况进行试种和推广。

四、关于农村合作经济组织规范运行的讨论

近年来，农村合作经济组织展现出强大的活力，特别是《农民专业合作社法》实施以来，我国农民专业合作社取得迅速发展，如何提高农村合作经济组织效率成为我国学者研究的重点问题。

齐力、郭翔宇、梅林海（2009）在对农村合作经济组织效率问题进行研究时提出，效率和公平是经济发展过程中固有的一对矛盾。农村合作经济组织作为特殊性质的企业，具有对内服务社员、对外创造效益的需求，合作经济组织发展要坚持效率优先，兼顾公平的原则。应从社会制度环境、组织内部机构建设、教育培训及市场经营等方面提高农村合作经济组织的运营效率。

陈冲、郑文君（2010）在对农村合作经济组织发展与政府职能的研究中提出，政府参与是农村合作经济组织发展的现实选择。但在农村合作经济组织发展过程中，各阶段的主要职能要有所偏重。应依照农村合作经济组织发展的初期、成长期、成熟期三个阶段，以哺育人、扶持人和守夜人身份来定位政府职能。

中国农业银行长春培训学院课题组、刘崇林（2012）以农村合作经济组织发展中的金融问题——"融资难"这一核心问题为切入点，创造性地提出，通过农村合作经济组织和担保公司的联合支持，将农村合作经济组织初步转型为运作规范、明晰产权，并且具有一定的担保实力的组织，再通过构建"中国农业银行＋农村合作经济组织＋农户"的借贷模式，依托农村合作经济组织这一平台，将中国农业银行与个体农户紧密联结起来，进而助推农村合作经济组织突破发展瓶颈，破解融资难题，实现农村合作经济组织平稳、可持续发展，带动农民增收，促进农村产业化进程，加速实现我国农业现代化。同时，中国农业银行通过融资或贷款也将作为利益共同体与之相伴成长，并分享农村合作经济组织的发展收益，最终实现中国农业银行、农村合作经济组织、农户"三赢"。

重要概念

农产品供应链管理　农产品加工　库存　农产品库存管理　农产品物流　农村合作经济组织　农产品经纪人

复习思考题

1. 农产品分销渠道的类型有哪些？

2. 农产品分销渠道主要参与成员有哪些?
3. 农产品加工的原则是什么?
4. 农产品加工的方式有哪些?
5. 农产品加工的方法有哪些?
6. 我国农产品加工重点区域布局有哪些?
7. 我国农产品加工重点发展的产业有哪些?
8. 农产品库存管理的功能有哪些?
9. 影响库存管理决策的因素有哪些?
10. 简述农产品库存管理方法。
11. 简述我国农产品现行物流模式。
12. 农产品物流成本的构成有哪些?
13. 我国农村合作经济组织的类型有哪些?
14. 简述农民专业合作社建立的程序。

技 能 训 练

要求:
(1) 选择某一农产品,模拟农产品经纪人的工作流程。
(2) 参观当地农产品物流园区。

第七章 农产品营销的促销策略

农产品促销是指农业生产经营者运用各种方式方法，传递产品信息，帮助与说服顾客购买本企业农产品，或使顾客对该企业产品产生好感和信任，以激发消费者的购买欲望，促进消费者的消费行为，从而有利于扩大农产品销售的一系列活动。随着农业科技创新步伐的加快，农产品的种类日益增多，人们对农产品的选择也会越来越多，这就需要企业对农产品实施相应的促销策略，以增加消费者的购买。

第一节 农产品促销组合

农产品促销组合包括四种方式：广告、人员销售、营业推广和公共关系。以下分别对四种方式的相关内容进行阐述。

一、广告

（一）广告的含义

广告（Advertising）一词来源于拉丁语，含有"注意"和"诱导"的意思。广告有广义和狭义之分。广义的广告是指广告者通过各种形式公开向公众传播某种思想，澄清某种事实，制止某种不良行为，传播农产品或劳务的信息等的宣传手段，包括商业广告、公益广告等。狭义的广告即商业广告，也是本书所研究的广告，广告是广告主以付费方式利用大众传播媒介将产品或服务信息、企业形象或经营理念等向目标顾客进行传播的活动，最终达到盈利的目的。这里有以下几个问题需要明确：

（1）广告的主体，包括制作者和传播者必须是独立的经济实体（企业），对发布的各种信息负有法律责任，其广告行为受《中华人民共和国广告法》和其他相关法律法规的约束。产生广告行为的企业被称为"广告主"，任何广告均有明确的广告主。

（2）广告内容分为两类形式：一是产品和劳务的信息；二是企业观念和形象的信息。

（3）广告是非人员的促销活动，通过大众传播媒体进行信息沟通，以目标群体作为传播对象。

（4）广告有计划性、目的性、针对性。广告的对象是目标顾客，其目的是提高企业知名度和美誉度，促进产品的销售，扩大市场份额，增加企业盈利。

（二）广告的功能

广告作为传播信息的一种基本形式和重要手段，是连接各种复杂经济关系的纽带，具有多方面的功能。

（1）广告的商业功能。这是广告的基本功能：一是广告介绍了农产品，并诱导顾客需求，刺激购买行为，促进试验性购买，开发新顾客，从而增进农产品销售，提高市场占有率。例如，咯咯哒鸡蛋的"好山好水好鸡蛋"，就在某种程度上促使消费者进行购买。二是广告为农产品流通的各环节的行为主体提供大量信息，减少了寻找成本和时间，有利于建立和改善生产商、批发商、零售商及顾客之间的关系，促进农产品流通更加顺畅，繁荣经济。三是广告宣传了农产品形象、企业形象，扩大了企业或品牌的知名度、美誉度，成为企业开发市场、巩固市场、扩大市场的重要手段。例如，知蜂堂蜂胶的广告，将蜂胶从蜂蜜采集到销售的过程展示给消费者，以增加企业的美誉度和消费者的信任度。

（2）广告的教育功能。广告广泛的题材和多种表现形式引导了人们消费观念和消费习惯的改进，渗透环保意识、民族精神、公民道德思想，在丰富人们物质文化生活的同时有利于提高人口素质。例如，阻止消费者购买鱼翅的公益广告中"没有买卖，就没有杀害"引起了消费者的共鸣，增强了消费者对稀有动物的保护意识。另外，农产品广告也有助于新知识、新技术的普及，对促进公平竞争、加强科学管理等有不可替代的作用。

（3）广告的美学功能。广告既是一门科学，又是一门艺术，通过语言、色彩、情节、视听效果等的创意策划，给人以美的享受，陶冶情操，愉悦身心。例如，某品牌的大米广告，蓝蓝的天空下，金灿灿的麦田，一幅和谐安逸的画面给人以美的享受。

（三）广告效果度量

广告效果度量包括广告传播效果评估、广告销售效果评估和广告效果综合评估。

1. 广告传播效果评估

实质上是广告制作本身的评估。根据赖氏层级效果模式，可把广告传播效果分为四个等级，反映传播效果由低到高的发展，即知名度了解、记忆、态度、偏好。通常采用以下方法：询问法、回忆法、问卷调查法、消费追踪调查法、统计测算法等。常用指标有：

$$知名度发展速度 = \frac{广告后单位人数中知晓某商品的人数/单位人数}{广告前单位人数中知晓某商品的人数/单位人数} \times 100\%$$

$$记忆度 = \frac{对广告有一定记忆的人数}{接触广告媒体总人数} \times 100\%$$

$$读者率 = \frac{读过广告的人数}{读报刊总人数} \times 100\%$$

$$视听率 = \frac{视听过广告的人数}{所有视听人数} \times 100\%$$

2. 广告销售效果评估

农产品销售情况受多种因素的影响，虽然有许多数字指标和方法，但很难分离出广告单独作用的结果。这里只介绍广告效果指数和广告商品购买率的计算。这两个指标几乎可以看成全部是广告因素的作用（见表7-1）。

表7-1 广告销售效果

项 目	看过广告的人数	未看过广告的人数	总 计
购买广告农产品人数	A	B	A+B
未购买广告农产品人数	C	D	C+D
合计	A+C	B+D	N

表7-1中，A是看过广告并具有购买行为的人数；B是未看过广告并具有购买行为的人数；C是看过广告并没有购买行为的人数；D是未看过广告并没有购买行为的人数。由此

求得：

$$\text{广告效果指数(AEI)} = \frac{1}{N}\left[A - (A+C)\frac{D}{B+D}\right] \times 100\%$$

$$\text{广告商品购买率} = \frac{1}{A+B}\left[A - (A+C)\frac{B}{B+D}\right] \times 100\%$$

3. 广告效果综合评估

对广告效果综合评估，可以把广告各环节、各测评方面详细列出，聘请专家，应用德尔菲法得出结论。此外，还有市场占有率指标和广告投入产出指标等可以综合反映广告效果，这里不再详细列出具体算法。

（四）广告媒体选择

广告媒体主要有以下几种形式，对于农产品来说，需要根据农产品的特点选择适合的单一媒体或多种媒体的组合形式进行宣传：

（1）报纸广告。报纸是应用最广泛，也是最早发布广告的媒体。它有很多优点：①传播面广、覆盖率高。②传播速度快、及时。③信息量大，读者不受时间限制。④制作方便、费用低廉、刊出日程选择自由度大。⑤在一定程度上可以借助报纸本身的威信。它的局限性有：①时效短。②印刷不够精美，表现力有限。③接触时间相对较短，需多次刊登。报纸广告不适合多数农产品，只适合部分销售范围较小，产品面对最终消费者的农产品。

（2）杂志广告。杂志是仅次于报纸而较早出现的广告媒体，它分类明确，作为媒体的优点有：①读者稳定，可以存留翻阅，反复接触机会多。②信息量大，印刷精美。③可利用专业刊物的声望，尤其对行业内广告针对性强。它的局限性有：①发行周期长，时效性差。②专业杂志广告接触不广泛。因此，杂志广告不适合多数农产品的广告宣传，尤其是生鲜农产品。

（3）广播广告。广播作为广告媒体的优点有：①传播速度快。②听众广泛。③内容易变更。④可多次播出。⑤制作简单，费用低廉。它的局限性有：①有声无形，只刺激听觉，遗忘率高，难以记忆，无法存查。②难以把握收听率。因此，广播广告仅适宜有品牌，需要进行品牌宣传的农产品或农产品加工品。

（4）电视广告。电视是广告信息传播的理想工具，它的优点有：①集声、形、色于一体，形象生动，有极强的吸引力。②能综合利用各种艺术形式，表现力强。③覆盖面广，注目率高。它的局限性有：①制作复杂，费用高。②时效短，难以记忆。部分有品牌的农产品加工品适宜进行电视广告宣传，如食用油、汤圆、水饺等加工品。

（5）户外媒体广告。户外媒体是指在露天或针对户外行动中的人传播广告信息的工具，包括销售现场广告媒体（如橱窗、灯箱、现场演示）和非销售现场广告媒体（如路牌、计算机显示牌、气球、招贴画等）。这种媒体的优点有：①长期固定在一定场所，反复诉求效果好。②可以做到色彩鲜艳，图文醒目，媒体费用弹性大。③可根据传播对象的特点和风俗习惯设置。其局限性有：①宣传区域小。②变更成本高。部分面对终端消费者的农产品加工品适宜进行户外媒体广告。

二、人员销售

人员销售是企业运用推销人员直接向顾客推销农产品和劳务的一种促销活动。推销人员、推销对象和推销品是三个基本要素。通过推销人员与推销对象之间的接触、沟通，将农产品介绍给推销对象，进而实现交易，达到农产品销售和满足用户需求的双重目的。

1. 人员销售的概念和形式

人员销售是指企业通过派出销售人员与一个或一个以上可能成为购买者的人交谈，作口头陈述，以推销农产品，促进和扩大销售。可见，人员销售是销售人员通过与顾客或潜在顾客的人际接触来帮助和说服他们购买某种农产品或劳务的过程。而销售人员、销售对象、产品是这一过程的三个基本要素。其中，销售人员和销售对象是销售活动的主体，产品是人员推荐活动的客体，是被销售人员推销、为销售对象所接受的有形或无形的农产品。

企业可以采用多种形式开展人员销售活动。首先可以组织本企业的销售人员组建自己的销售队伍，销售队伍中的成员通常使用销售代表、业务经理、地区代表和销售顾问等名称。其次，企业可以使用合同销售人员，如制造商的代理商、销售代理商和经纪人等，根据合同和销售业绩支付佣金。

人员销售的具体方法主要有以下几种：

（1）上门推销。销售人员携带样品、说明书、订单等走访顾客，进行一对一的销售活动，这是一种最为古老而又往往容易被人们熟悉和接受的推销形式。其特点包括：一是销售人员主动寻找顾客，走访居民区、家庭住户或机关、学校等机构和组织，积极接近顾客。二是销售人员和顾客之间建立感情联系，以此作为纽带，激发顾客购买欲望，促成他们的购买行为，采用适宜的推销技巧给对方留下良好印象，可以促进销售，甚至建立长期固定的购销关系。例如，在一些节日、顾客的特殊纪念日送上贺卡或企业生产的特色农产品及农产品优惠券等。

（2）柜台推销。销售人员在销售点向顾客推销，可能面向单个顾客，也可以是顾客群体。这是非常普遍的推销形式，可以面对面进行直接接触、交谈，直接介绍农产品，解答顾客提问。柜台推销的特点包括：一是顾客接近销售人员，顾客上门寻找需求的农产品；二是顾客直接面对农产品，其摆放陈列会对顾客产生影响。

（3）农产品展销会。由一个或若干个单位举办，具有相应资格的若干经营者参加，在固定场所和一定期限内，用农产品展销的形式，以现货或者订货的方式销售农产品的集中交易活动。有关农产品展销会的相关知识在本章第二节有详细说明。

（4）体验式营销。企业以满足消费者的体验需求为中心所开展的营销活动。有关体验式营销的相关知识在本章第二节也有详细说明。

2. 人员销售的特点和适宜因素

人员销售是一种最古老的沟通促销方式，也是现代企业中最重要的促销手段之一，与广告等其他促销手段相比有以下优势：

（1）人员销售重视人际关系，利用双向的信息沟通推广农产品，并与顾客建立友谊。双向信息沟通是人员销售区别于其他促销手段的重要标志，销售人员在销售活动中为企业担当了情报收集的任务。一方面，销售人员向顾客介绍农产品和与农产品有关的信息，如农产品质量、价格、营养成分及市场行情等，从而招徕顾客；另一方面，销售人员通过与顾客沟通，了解到顾客对农产品的态度、对品牌的认知、需求变化动向等与农产品和企业的生产、设计、发展趋势等相关的信息。另外，在双方的广泛沟通和情感交流中，销售人员代表企业利益，同时也代表顾客利益，会帮助顾客排疑解难，在交谈中除谈论农产品之外，还会涉及顾客喜好、家庭、社交等其他问题，长久接触，有可能建立起友谊关系。

（2）人员销售针对性强，灵活机动。与广告相比，在人员销售中，顾客明确，销售人员可直达顾客，耗费无效劳动少。而且销售人员可以观察不同顾客的动机和特点，调整推销陈述和推销方法，以适应其情绪、心理的变化，帮助顾客明确需求，抓住机会，提出建议，最终完成交易。因此，人员销售在大多数情况下能实现潜在交换，造成实际销售，有效性很高。

（3）人员销售经常用于竞争激烈的场合，也适用于推销价格昂贵的高端农产品。对于以高质高价、安全营养为主要特点的农产品，如有机、绿色农产品，仅有广告宣传，顾客也很难实现购买。而派出专业知识丰富的销售人员为顾客讲解、展示农产品，解答其疑问，才有可能达成销售。

（4）人员销售能实际展示农产品。与广告等促销手段相比，销售人员能当面向顾客展示农产品，使顾客确信农产品的特征，提高推销成功率。

然而，由于人员销售的绝对费用较高，在发达国家大致是广告的 2~3 倍，加上对销售人员素质要求高，锻炼一支有战斗力的销售队伍很困难，因此，人员销售的运用受到一定的限制。

对于不同市场环境下的不同企业和企业的不同产品，人员销售的适用性不同，应用效果也有差异。什么样的企业和产品适宜用人员销售，企业在什么范围、什么时间、何种程度上采用人员销售，需要考虑以下因素：

1）市场的集中度。由于人员销售活动中，销售人员与顾客要直接接触，其间存在着寻找成本。因此，在目标市场明确、目标顾客集中的地区，人员销售更容易开展，成本会更低，效果更好。而在分散的市场上，作用就很有限。

2）目标市场容量的大小。人员销售的目的之一就是卖出农产品，提高销售量。而消费者需求量的大小直接约束了人员销售的业绩，决定了采取人员销售和展开程度的经济可行性。

3）销售对象的特点。在消费品市场上，顾客的社会文化背景等诸多因素都会影响购买决策，但是消费者数量众多，每个顾客的购买量不会太大，企业如果采用人员销售就需支付很大的成本。对生产企业来说，人员销售主要应用于中间商的推销会更有效。对专业性强、技术要求高的工业品，或购买量大的农产品更宜采用人员销售。

4）亲身体验的必要性。有的农产品需要在进行品尝或亲身体验后，顾客才能了解农产品的性能及特点，产生购买欲望，这时，应用人员销售是有必要的。

5）服务的必要性。部分农产品需要在售前、售中、售后提供相应服务，此类农产品适宜运用人员销售。例如，一般消费者很少了解海参产品的保存与食用方法，需要在销售前做好宣传和指导工作，适合现场人员销售的促销方式。

3. 人员销售的过程

人员销售的基本过程有以下四个阶段：

（1）收集和掌握所需的相关资料。在人员销售中，需要各种各样的信息资料，基础的信息资料应在销售人员培训过程中提供给他们。但针对某一次销售活动的个案资料，则要求销售人员事前收集。所需资料主要包括：①有关本企业的资料，包括企业历史、在农产品市场中的地位、营销战略、销售目标及策略、销售规章制度及优惠政策条款等。②有关企业农产品的知识，包括农产品的特点、主要功能、相对于其他农产品的优势等。③市场知识，包括竞争对手的农产品种类、功能、价格等。④人际交往知识，主要提高销售人员的推销技巧。

（2）确定推销计划。通过分析目标客户的购买可能程度和潜在购买量，把目标客户划分为不同等级，以明确重点销售对象。在正式接触前安排好与不同销售对象接触的时间先后、用时长短等问题，以便在有限的交流时间内，获得尽可能大的成功率。最后，分析具体顾客的需要和兴趣点，拟定谈话内容。

（3）实施推销活动。人员推销主要是以销售人员登门拜访，或以柜台推销等形式与顾客正式接触。这要求销售人员能在初步接触时，给顾客留下良好的第一印象，要求销售人员举止得体、语言恰当、态度友好，能够引起消费者的重视，从而把销售活动引向深入。在推销过程中，销售人员要引发顾客的注意和兴趣，利用时机向他们介绍农产品，促进其购买欲望。最后达成交易。销售人员要善于观察分析，及时提出交易要求，减少顾客的犹豫，促成他们迅速购买。

（4）做好售后工作。销售人员应建立顾客档案，如实记录顾客姓名、地址、购货品种、数量、意见反馈及推销中的心得经验等，以备查阅和使用。

三、营业推广

营业推广也称销售促进或促销。它是指企业运用各种短期诱因鼓励消费者或中间商购买的活动。可以将其细分为"消费者促销"和"中间商促销"。

在一定时期、一定任务目标的短期销售活动中，如果能够选择运用合理的促销手段，可以收到立竿见影的明显效果，商业广告、人员推销、公共关系都是常规的长期的促销方式，而大多数营业推广的方式都是非正规的和非正常性的，一般作为补充促销方式，与其他方式相互配合使用。

（一）营业推广的常用方式

根据推广的对象，可以将营业推广分为以下三大类：

1. 对消费者的营业推广

这种方式的目的是鼓励老客户继续购买；诱导新用户试用；动员消费者购买新品种农产品；引导习惯购买其他同类农产品的顾客改变购买习惯，以培养消费者对自己农产品的偏爱；强化广告和营销活动。具体方式有以下几种：

（1）赠送样品。通过向顾客免费派送样品，既可鼓励消费者购买，又可获取消费者对农产品的反馈信息。这是介绍、推出新农产品的一种推广方式，赠送形式可以多种多样，既可以购买某一农产品免费获得相应的赠品，也可以当购买达到一定数量或金额时才能得到赠品。例如，在卖场销售的牛奶、香肠等农产品加工品，企业有时候会赠送同品牌不同种类的样品，以提高消费者对新产品的认知和购买。

（2）价格折扣。可以是在商品标价不变的情况下，实际收款时按一定打折比例少收一部分款额，也可以事先通过多种方式派送优惠券，使持有该券的消费者享受折扣价格，两者的区别是前者的优惠是对所有消费者，后者是只给予特定的消费人群。这种方式，一般是在产品和市场成熟期用于吸引顾客、扩大销售量。例如，某些大型超市所出售的农产品在下午或夜市时就进行打折促销等活动。

（3）赠品印花。赠品印花是指当消费者购买某一农产品时，经销商赠送消费者交易印花，当购买者的印花积累到一定数量时，可以兑换现金或农产品。这种方式可以刺激消费者大量购买，但对小量购买者不具有吸引力。

（4）廉价包装。廉价包装又称折价包装，是指在农产品包装上标明价格折扣的数额或比例。廉价包装可以是一件农产品单独包装起来减价销售，也可以是组合廉价包装，即将若干农产品或几种用途相关的农产品并在一起减价销售。这种方式能诱发经济型消费者的需求，对刺激短期销售比较有效。

（5）展销会。通过展销会的形式，使消费者了解到大量农产品，增加销售的机会。常用的展销形式包括季节性农产品展销会、名优农产品展销会、新品展销会以及各种博览会等。

此外，针对消费者的销售促进活动还有服务促销、消费者免费培训、讲座、邀请消费者参与的竞赛活动等。

2. 对中间商的营业推广

这种方式是生产企业对中间商，或上一级中间商对下一级中间商的，其目的是促使中间商更加努力地推销自己的农产品、改善与中间商的关系。主要采用的方式有：

（1）购买折扣。为刺激中间商购买并大批量地购买本企业农产品，对第一次购买的中间商和达到一定购买数量的中间商给予价格折扣，购买数量越大，折扣越多。

（2）现金折扣。现金折扣是指在商业信用和消费信贷普遍使用的市场上，某企业为了鼓励客户用现金购货，给予的一种折扣。

（3）派送赠品。派送赠品是指对中间商购货达到一定数额，或对特定农产品进货齐全或达到一定数额时，给中间商派送赠品。

（4）资助。资助是指企业为中间商提供陈列商品、支付部分广告费用和部分运费等补贴或津贴，以鼓励中间商增加销售额。

此外，对中间商的营业推广活动还有召开业务会议和展览会、开展销售店之间的竞争、代培销售人员等。

3. 对推销人员的营业推广

这种方式的目的是明确销售重点，提高销售人员对农产品的认识，使他们了解推广计划，调动他们的销售热情，从而有效地开展推广活动。

（二）营业推广的过程

企业营业推广的过程包括明确营业推广活动的具体目标、制定营业推广方案、预试及实施推广方案、评价推广活动结果等内容。

1. 明确营业推广活动的具体目标

（1）针对消费者的营业推广活动，通常要达到以下目的：①鼓励消费者大量购买。②争取未使用者使用。③吸引竞争品牌的使用者。④打击、排挤竞争对手。⑤增强其他推广方式的效力等。

（2）针对中间商的推广活动，通常要达到以下目的：①吸引中间商进货，提高市场铺货率，使中间商维持较高存货水平。②促使中间商积极开展或配合制造商开展广告宣传或其他推广活动。③提高中间商的销售能力。④使中间商建立品牌忠诚度，抵制竞争品牌等。

（3）针对推销人员而言，推广的目的是要使其更加重视新农产品或新式样、新型号，鼓励其推销。

营业推广的目标要与促销组合的其他方面结合起来考虑，相互协调配合，制定具体的测度指标。

2. 制定营业推广方案

一个完整的推广方案是营业推广活动开展的指导性文件，包括推广的指导思想、具体实施的各个细节及出现紧急问题时的处理意见等。

（1）诱因的大小。即根据销售反应函数来设计，能使企业推广活动达到最佳的效果。研究表明，销售反应函数一般呈 S 形。诱因很小时，反应小，随着诱因增大，销售反应上升速度很快；在超过拐点之后，反应会呈递减式增加。企业应通过考察销售额和成本比例的情况确定最适宜的诱因。

（2）参与者的必要条件。即明确推广活动针对的对象，一般必须是购买农产品的顾客。例如，参加抽奖的消费者一般是持购物发票抽奖，未购买农产品的人则不能参加，而数量折扣只给购货量达到一定限度的顾客。

（3）选择推广媒体。即确定以什么方式将推广方案向目标市场贯彻。例如，如何分发优惠券、如何宣传抽奖活动等。不同的媒体有效性不同，而且成本也不同。一般可以利用广告宣传、店内广播、随农产品包装附送等方式进行。

（4）推广时机的选择。推广时机选择的恰当与否直接影响推广活动的开展效果。选择推广时机可以利用季节性、农产品导入期、成熟期的转折点及品牌成熟度来决定。销售部门要根据对整个市场的考察分析和与总体营销战略的配合来确定适宜的推广时机。

（5）推广时间的长短。太短的推广时间可能会使顾客无法充分利用推广机会购买农产品。太长的推广时间，一方面会使推广手段鼓励顾客购买的效用减少，另一方面可能会影响企业的利润，甚至如果降价时间太长，会使农产品质量受到怀疑，反而影响品牌的忠诚度。

（6）推广活动经费的总预算。这里要注意，安排预算一定要比较成本与效益，不能简单地主观判断，而且推广活动经费要与广告支出分开预算。推广预算一般包括销促活动的管理成本（包括人员经费、宣传材料费等）和销促诱因成本（如赠品、折扣等）。

3. 预试及实施推广方案

对制定的推广方案在小的市场范围内进行测试，或请消费者对几种不同的推广方案作出评价，选用最优者。预试的目的是确认所选的推广工具是否恰当，诱因大小是否最佳，实施的途径、效果如何。在预试通过的基础上，按照计划实施推广方案。

4. 评价推广活动结果

对推广活动结果的评价有多种方法：一是比较推广前后销售量的变化。这里分为推广前、推广期间和推广活动结束后三个阶段。通过三个阶段的比较可以得出推广活动的效果，另外，还可以用销售额与规划目标对比进行评估。二是观察消费者对推广活动的反应或抽样调查部分消费者来评估推广活动效果，可以是定性评估，也可以结合定量分析，如统计消费者对推广活动的记忆程度、消费者对农产品或服务的满意度、推广对消费者今后的购买行为的影响等。

四、公共关系

（一）公共关系的概念及其基本内容

公共关系简称 PR（Public Relations），是指企业为了使社会公众对本企业或自己的农产品建立好感，树立企业形象和品牌形象，而利用各种传播手段，向企业内部、外部公众展开的一系列有计划、有组织、有目的的活动。

企业公共关系工作的内容是正确处理与公关对象的关系。主要包括以下几个方面：

1. 处理好与内部公众的关系

内部公众关系即企业内部员工关系、各部门之间关系及与股东的关系等。可以从以下几方面开展内部公共关系工作：

（1）加强企业各内部公众的纵向和横向的信息交流，增进了解，协调各方利益，排查矛盾，培养企业的团队精神。

（2）满足员工的利益要求，包括物质和精神的利益要求，改善员工福利，建立企业内部激励制度，充分调动全体员工的积极性。

（3）在企业内部建立良好的员工发展空间，给员工成长和发展的机会，做到人尽其才，使员工树立自信心，追求工作的尽善尽美和成就感。同时，使员工有安全感、舒适感、归属感，形成情感纽带，从而增强员工的工作动力和奉献精神。

2. 处理好与外部公众的关系

（1）处理好企业与顾客（客户）的关系。要明确顾客的范围和类型，广泛收集顾客信息（包括价格反映、购物偏爱、对媒体信任程度等）；通过各种传播手段向顾客传递本企业农产品的信息；及时收集公关工作的反馈信息，评价公关工作效果。在处理危机事件中，以大局为重，以长远利益为重，把顾客利益放在首位，争取其理解和原谅。

（2）处理好企业与政府的关系。企业必须及时掌握国家大政方针政策，服从政府监督和指导，主动与各有关政府机构沟通信息、赢得政府的信赖与支持。

（3）处理好与新闻媒介的关系。新闻媒介面向社会，涉及范围广、影响大，能够引导社会舆论，引导公众意向，起着社会监督的作用。因此，企业要广泛接触新闻媒体，经常联系，主动合作，利用其权威性，提高企业知名度，扩大在社会中的影响，树立良好的企业形象。

（4）处理好与社区的关系。社区关系主要指企业和与其相邻的厂矿、学校、医院等单位，以及居民等社会群体的关系。开展社区公关活动，要表达建立良好社区关系的愿望，采取各种形式沟通信息，举办交际活动，同时，企业要在社区中切实担负起应有的社会责任，造福社区。另外，还可以通过赞助地方事业、社区公益事业的形式来树立形象。

（二）公共关系的作用

1. 建立和维护良好企业形象

市场经济条件下，竞争日趋激烈，虽然优质农产品和优质服务是在竞争中取胜的基础，但企业要扩大知名度，宣传农产品形象，企业形象也至关重要。公共关系工作就是把企业的经营之道宣传出去，展现企业技术实力、经济实力、管理水平、人才资源以及精神风貌，树立企业良好形象。

2. 建立企业与公共对象之间信息沟通的渠道

市场经济下信息是企业生存的关键，企业需要掌握各种各样的信息，作为其制定发展规划和战略的依据，包括：来自市场的信息，如价格、需求量、竞争对手情况等；来自公众的信息，如消费者的反馈信息，新闻媒体舆论导向，社区公众的意见、建议等。企业在向公众传递信息的同时，要有计划地、长期地收集公众的反馈信息，监测经营环境的变化，及时发现问题，把握机遇，增强市场竞争力，培养企业综合竞争实力。

3. 有利于传播正确信息，排除公众误解，争取谅解

公共关系活动一方面是使一些社会上传播的不真实的、容易引起公众误解、损害企业形象的信息，得以弱化、消除；另一方面是当企业与公众发生纠纷，或矛盾激化时，危机公关活动能够使公众理解并谅解企业行为。

（三）危机公关

现代企业经营时面临环境的不确定性，随时可能陷入各种危机之中，甚至威胁到企业的生存。危机公关是指企业在遭遇各种突发事件或重大事故，其正常的生产经营活动受到影响，特别是原有良好的企业形象受到破坏时，应采取的应急公关策略，旨在最大限度地减少危机对企业的负面影响，转危为安。

我国食品安全问题关系到大众健康。近年来，地沟油事件、奶粉行业的三聚氰胺事件、毒韭菜毒豆芽事件、猪肉生产企业的"瘦肉精"事件等，让人们对食品安全日益担忧的同时，也让很多农产品生产加工企业面临着严峻的市场环境和前所未有的消费信任危机。如何在危机中及时、正确地采取措施，并将损失减少到最小，是现代农产品生产加工销售企业的必修课。从理论上讲，企业危机公关应采取以下措施：

（1）第一时间原则，也称"24小时"原则。企业在出现危机时，应在第一时间分析危机类型，启动相应危机预案；第一时间调查事件真相；第一时间按照最坏原则切断危机的扩散通道，采取积极的补救措施，尽量消除危机已经造成的不良影响；第一时间安抚直接受害者和潜在受害者；第一时间主动和媒体进行信息沟通，将掌握的资讯和采取的措施随时告知公众。

（2）面对危机事件，应当建立高效畅通的危机沟通渠道，其对象主要针对受害者、媒体、内部员工、上级部门和关联组织，使对象之间沟通畅通。

（3）要搞好内部公关。要本着负责的态度面对员工、股东，与之进行有效的沟通，本着诚信原则陈述事件真实情况，员工有知情权，争取得到他们的理解和支持。在危机面前，企业领导层要充分发挥其感召力，凝聚全体员工的力量，形成团队精神，同舟共济，共渡难关。

（4）切实做好与媒体的沟通工作。媒体是引导社会舆论的强有力的工具，在危机面前，企业更要以积极的态度与媒体沟通，争取媒体的理解与支持，并尽可能地通过媒体与消费者和社会公众进行沟通，力求转变对企业不利的舆论和态度，缓和矛盾。

（5）对受危机影响的受害者和弱势群体主动承担责任，尽最大努力补救过失，引导舆论向好的方向发展。

（6）在尽快实施内部、外部措施以后，还应持续紧密地进行危机善后工作，总结经验、汲取教训，以便今后更好地发展。

五、关于农产品政府促销的讨论

（一）我国政府对农产品促销的主要支持政策

在市场经济条件下，农业本身所具有的外部性、公共产品性、长周期性和不稳定性等特性导致单靠市场机制不能有效地解决市场失灵问题，此时，政府应在市场资源配置的基础上采取一定的政策手段对农产品的促销加以支持。

1. 流通支持政策

农产品流通市场具有突出的波动性特点，包括数量的波动和价格的波动。在某一特定时点上，农产品产销之间在数量上的不平衡是必然的，从而农产品价格的波动就是必然的。对于那些生产周期长（如猪肉）、储藏性和运输性都差（如蔬菜）的产品，价格的波动更容易经常发生。

政府在农产品市场流通方面具有重要职责，我国已初步建立起符合我国国情的粮、棉、鲜活农产品流通框架。例如，在直营店设立鲜活农产品销售专区专柜；注册农产品品牌和建立产品配送中心；直接建设农业生产基地，支持标准化生产；举办各类展示、展销会，为生产单位和经销商牵线搭桥；建立鲜活农产品交易市场等。

在税收政策方面，任何对市场流通环节的税收，最终都将转移到生产者和消费者身上。农民生产者是弱势群体，食品消费支出在低收入家庭中占的比例更高一些。因此，市场流通环节中的税收，实质上加重了两个弱势群体的负担。应当取消农产品流通环节的税收。另外，政府应进一步加强对农产品市场流通公共服务方面的支持，发挥应有的作用（柯炳生，2012）。

2. 价格支持政策

在价格支持措施中，主要实行的是粮棉保护价收购，但从实际实施情况来看，这种政策成为一种负保护。价格补贴大部分用于流通环节，而非直接补贴给生产者，这对于提高农产品流通领域的整体效益和促进农业发展具有限制作用。

近几年来，通货膨胀所导致的物价上涨，使得与民生息息相关的农产品价格大幅度波动，国务院在2010年年底出台了调控物价的"国十六条"，力求增加低收入人群补贴、进行价格管制和加强监管、防止投机活动，相关执行部门也加大对投机活动的打击力度，为农产品提供金融支持和相关服务支持，解决生产者资金欠缺等问题，帮助农户进行农产品营销。

3. 对农产品国际贸易的支持政策

政府对我国粮食进出口采取了调控措施，如通过增加小麦等进口数量以及降低对玉米出口支持力度等措施，来平衡粮食进出口总量和国内消费结构。但由于我国仍缺乏有效的农产品贸易促进体系，如产品质量标准和监控体系不健全、农产品出口信息服务落后、缺乏专门针对农产品出口政策的支持等，农产品进出口现状仍需改进。

4. 食品安全相关政策

为了适应公众对更安全食品的需求，我国还实施了一系列从田间生产环节开始的监管项目，如"无公害农产品"认证、"绿色食品"认证、"有机食品"认证、"危害分析和关键控制点"（HACCP）认证以及其他包括全面质量管理（TQM）、食品良好生产规范（GMP）、

ISO9000系列等的国际认证体系。在保障食品安全方面虽取得了一些成就，但由于大量小作坊、小企业的存在，导致我国食品安全监管困难，确保食品安全的挑战进一步加大。

（二）发达国家和地区政府支持农产品促销的经验借鉴

1. 美国

美国地处北美大陆南部，从事农业经济活动的人口约占总人口的2%。美国拥有丰富的自然资源，这对农业生产非常有利。在农业生产发展过程中，美国政府充分利用其财政支持手段，大力支持农产品促销，保证了农民收入，从而使农民更有信心发展农业新技术和实现农业专业化。

美国政府对农产品促销的政策主要有：美国政府对具有免税资格的农民合作组织减免税收，平均为工商企业的1/3左右；对于其他农民合作组织分配给社员的红利、返还金及其他收入，仍享有免税待遇，以促进农产品消费。

2. 日本

日本是一个农业人口比例较小的国家，农产品消费在国民经济中的总体份额不高，但对日本经济、社会生活却有着非常重要的作用与意义。日本政府对农产品促销的支持主要表现在：充分利用财政金融政策支持农业现代化。通过对农村公共基础设施提供财政支持，积极调整农业产业结构，保持农村生态环境。通过一系列金融政策，使农村环境得到改善，为农、林、水产品的加工、运输以及开发提供了保障。

3. 欧盟

欧盟非常注重农业生产，向农业劳动者提供了各种社会保险，使农业工人可以享受与城市工人相当的社会保险体制，有效地稳定了农业生产队伍。利用合作社联盟、农民联合会以及农业发展协会等对发展重点进行有效地支持与帮助，各组织之间都有明确的分工，负责对各个方面的发展进行扶持，并相互支持与帮助，这为农民提供了销售等方面的全方位服务。

除以上国家和地区外，我国台湾地区的经验也值得我们借鉴。我国台湾地区规定，在各级预算中，应编列农会农业推广事业辅助费；农业金融机关，每年应拨出不低于10%的纯收益，用于各级的农会辅导及推广事业费。通过提供培训、技术和信息服务等方式，支持农产品消费。

我国台湾地区明确规定：农会在指导农业技术及其他农业改进工作时，可以请当地的农业推广、金融、教育等机构调派专业人员协助。还规定了政府提供扶持，辅导农业产销组织，建立企业化、咨询化及制度化的共同经营方式。

（三）做好政府农产品促销工作

1. 深入开展农产品市场调查研究

政府各级管理部门应深入农业农村经济工作实际，在突出农产品特色上下工夫，深入一线考察，分析研究我国各类农产品产业发展中存在的重大问题，通过一系列调查研究，深入了解农产品市场走势，研究当前问题，进一步明确农产品未来发展思路。

2. 坚持体制、机制创新，全面构建农产品促销新机制

农产品由于其生产周期长、市场信息不完备等特点容易出现周期性的"卖难"问题，政府各级部门应积极联合起来，建立健全"六大工作机制"，着力推进体制、机制创新，确保农产品促销工作制度化、规范化和常态化。一是组织保障机制，加强各农业生产相关部门

之间的合作，保障农产品促销工作积极推进。二是预警预报机制，加强网络舆情的日常监测工作，提高对重点农产品的监测频率，及时跟踪报告媒体对农产品市场异常情况的报导等信息。三是应急反应机制，按照分级负责、快速反应、科学应对的要求，及时跟踪处理主流媒体和各级农业部门反映的市场异动相关信息，对农产品市场异常情况进行分级分类指导，及时启动应急促销。四是宣传引导机制，利用网络、报刊、电视等媒体，加强促销宣传，搞好信息发布和产销对接服务。五是部门协调机制，积极与各相关部门协商，完善棉花、大豆、油料收储政策，稳定粮、棉、油等主要农产品价格，完善农产品绿色通道政策，扩大政策覆盖的产品范围。六是评估激励机制，建立对市场、超市的"公益营销"档案记录，对踊跃采购、积极救市的企业，进行表彰、奖励和宣传。

3. 着眼全面协调可持续，多种措施促进农产品销售

在促销政策方面，政府各级部门应互相协调，推动每年春耕前公布小麦、稻谷等主要粮食品种的最低收购价政策的出台；配合有关部门及时出台主要粮食作物的最低收购价执行预案；继续完善、执行农产品的各项补贴政策。在促销方式方面，组织开展多种农产品展销会，鼓励生产企业或农户参与展销；扶持有一定规模和带动作用的生产企业、合作社或农户的生产经营和销售，为他们提供多方面的市场信息，并对带动中小农户农产品销售的组织给予促销奖励；建立适合地方农业产业发展的物流运输体系，为农产品的促销提供基础设施和技术支持。

第二节 农产品促销新形式

一、农产品展销会

农产品展销会是指由一个或若干个单位举办，具有相应资格的若干经营者参加，在一定场所和一定期限内，用农产品展销的形式，以现货或者订货的方式销售农产品的集中交易活动。

农产品展销会是一个展示农产品特色、优势的平台。随着科技的发展，无公害、绿色农产品越来越多，品种丰富，各具特色，为了展示自己的农产品，促进农业的发展，上海、北京等城市经常举行具有影响力的农产品展销会，刺激更多优势、特色的农产品前来参展，各省市为发展农业也会经常举行各种农产品展销会，许多农产品还参加国际展销会，向世界展示其产品特色。

（一）农产品展销会的类型

根据区域，可以分为国际农产品展销会、国内农产品展销会和地区农产品展销会；根据参展的农产品类型，可以分为蔬菜农产品展销会、肉类农产品展销会、粮食农产品展销会以及水产品农产品展销会等；根据展出内容，可以分为综合性农产品展销会和专项农产品展销会；根据展会特点，可以分为本地特色农产品展销会、优质品种农产品展销会、绿色品种农产品展销会。

（二）农产品展销会的作用

1. 有利于传递各种农产品信息

各种农产品生产者、经营者和消费者汇聚到农产品展销会，各种农产品信息通过展销会渠道进行沟通，既扩展了农产品信息的流通渠道，也减少了生产者、经营者和消费者之间因农产品信息不畅通而产生的矛盾。

2. 有助于突出农产品特点，刺激消费者对农产品的需求

通过开展各种形式的农产品展销会，农产品生产者和经营者可以突出自己农产品的特点，可以让消费者进一步了解农产品，发现令自己满意的农产品，刺激其购买欲望。

3. 有助于稳定和扩大农产品销售

通过有效的农产品展销会，农产品生产者和经营者可以得到及时有用的农产品信息，了解自身的优势和缺陷，及时调整策略，如种植或引进优质、绿色品种或强化农产品品牌。有助于激发消费者对农产品的需求，从而稳定并扩大农产品销售，巩固农产品的市场地位。

（三）农产品展销会的流程

农产品展销会的流程如下：

1. 对企业进行有针对性的市场调研

收集有关本项目的各种资料，包括文字、图片以及录像等活动资料。对收集的资料要分类编排，结集归档。

2. 制定详细完整的会展策划方案

确定会展的目标市场、会展的规模、展品的选择，评估观众数量有多少和展览面积的大小以及参展的费用预算。

3. 实施前的培训

让全体实施工作人员理解策划方案的精神，熟悉策划方案的要求，掌握实施方案的工作、方法、步骤和技巧。

4. 印刷材料的设计制作

利用会展的会刊、展前快讯、媒体报道等手段来进行前期宣传，扩大企业的影响力，吸引更多的目标客户。

5. 展台的布置及展示

做好设备的调试安装、展台的人员配备工作。

6. 相关的会展服务

根据参加会展者的具体情况以及人数安排相应的车辆；根据参会人员的喜好，预定各种形式的餐会，推荐不同的用餐地点；根据参会人员的喜好，设计不同的休闲方式，设计专门的旅游线路，介绍下榻酒店附近的娱乐设施。

7. 做好活动的事后评估

开总结会，做好善后服务、公关等相关工作。

二、体验式营销

2001年12月，美国著名未来学家阿尔文·托夫勒（Alvin Toffler）预言，服务经济的下一步是体验经济，人们会创造越来越多的跟体验有关的经济活动，商家将靠提供体验服务取胜。毫无疑问，人们的消费需求和欲望也随着体验经济的渐进发展而产生新的变化，人们更加期待某些不同寻常的产品或经历，并乐于体会由此产生的心灵感受。因此，面对新的消费心理和需求，企业应洞察先机，积极实施体验式营销，提供能满足消费者体验需求的产品和

服务，争取市场竞争中的优势地位。

（一）体验式营销的概念

体验是指因某些刺激而使消费者产生的内在反应或心理感受。体验通常是由对事件的直接观察或参与造成的，无论事件是真实的还是虚拟的。只有那些能真正刺激消费者感觉、心灵和大脑，并且进一步融进其生活的体验才能使消费者内心深处感受到强烈的震撼，得到他们的支持和认可，从而建立起长期持续发展的关系。

体验式营销是指企业以满足消费者的体验需求为中心所开展的一切营销活动。体验式营销主要研究如何根据消费者的期望，利用现代技术、艺术、大自然以及社会文化传统等各种手段来丰富农产品的体验内涵，以更好地满足人们的娱乐体验、情感体验、超脱体验及审美体验等体验需求，在给人们心灵带来震撼和满足的同时实现农产品销售的目的。体验式营销的出现是人们需求层次不断提高和企业竞争不断升级所带来的一种趋势。

在农产品的体验式营销方面主要表现为农产品的采摘、农事体验以及农产品品尝等。

（二）体验式营销的特征

体验式营销的一切活动的开展都以满足消费者需求为中心，伴随体验经济的到来，消费者的需求变化主要可以概括为以下四点：①从消费结构看，情感需要相对物质需要的比重增加，消费者在注重农产品质量的同时，更加注重情感、心理方面的需要和满足。②从消费的内容看，大众型的标准化产品日渐失势，消费者对有独特性的农产品需求越来越高。③从价值目标看，消费者从注重农产品本身的使用价值，转移到注重产品使用时所产生的感受。④消费者的公益意识不断增强，在满足自身需要的同时，开始关注环境保护等公益问题。

随着经济的发展和生活水平的提高，人们对价格的敏感程度逐渐下降，而农产品所带来的心理上的效益则占据着越来越重要的位置。这说明精神需求将逐步超越物质需求而成为人们的主导型需求，以满足人们的体验式需求为目标的农产品体验式营销将在竞争激烈的市场舞台上大放异彩。

作为新兴营销方式的体验式营销具有如下三个特征：

1. 需要消费者的主动参与

消费者的主动参与是体验式营销区别于商品营销和服务营销的一个显著特征。离开了消费者的主动参与，体验是难以产生的，而且消费者参与程度的高低也直接影响着体验的感受。譬如体验式营销中的采摘体验，积极的采摘者总是会获取较丰富的体验，而一个心不在焉的参与者往往体验较少。

2. 以消费者体验需求为中心

在现代社会，人们已不满足于单纯地购买农产品，而更着重于购买农产品的过程中所产生的满足。因此，企业在提高农产品本身的使用价值时，更应该开展各种沟通活动，增强顾客的体验需求，从而使顾客在物质上和精神上得到双重满足。农产品体验式营销要求企业切实站在消费者的立场，从消费者的感觉、情感、思考、行动及关联五个方面进行农产品及服务的设计思考，提供可以满足不同体验诉求的产品和服务。

3. 认为消费者是理性和感性的结合体

传统营销把消费者看成理智购买决策者，把消费者的决策看成解决一个问题的过程，理性地分析、评价，最后决定购买。农产品的体验式营销认为，消费者同时受感情和理性的支配，消费者因理智和因情感因素而作出购买决定的概率是一样的。这也是体验式营销的基本出发点。

（三）体验式营销的实施策略

企业开展体验式营销并无严格的步骤、程式可循。但一些成功的体验式营销经验表明，企业在实施体验式营销时，应着重把握和开展如下工作：

1. 研究消费背景，关注农产品对顾客的整体价值

一个农产品及其价值往往不容易在购买时立即得到肯定，而常常在顾客购物前、中、后的体验中逐步得到认可，此时顾客的整体体验就成为增加顾客满意度和品牌忠诚度的关键因素。因此，营销人员应该通过各种手段和途径来创造一种综合的效应以增加消费体验，营造出与目标顾客需要相一致的心理属性，而且还要注意社会文化因素，考虑消费所表达的内在价值观念、消费文化和生活意义等。也就是说，企业应注重与顾客之间的沟通，发掘他们的心理需要，站在顾客的角度，审视自己的产品和服务提供的价值，挖掘潜在的营销机会。农产品的消费者参与体现在农产品的品尝、采摘以及农事体验过程中，可以使消费者感受到农产品的内在价值。

2. 制定体验主题，让顾客切实感受到企业所要展现的体验价值

体验式营销是一个包含严格的计划、组织、实施和控制的完整管理过程。体验式营销要首先设定一个主题，也就是说，体验式营销必须从一个主题出发，并且所有服务都围绕这个主题，或者至少应设有一个主题道具，以便顾客能感同身受，引起共鸣。同时，树立具有特色的主题也是建立差异化竞争优势的需要。例如，有主题的农产品采摘活动，可以更好地引起消费者在体验过程中的共鸣。

3. 设计营销事件，激发顾客体验需求

顾客体验本质上是一个持续性的过程，企业不能顺其自然，让顾客体验随机地、自发地形成。企业着力塑造的顾客体验应该是经过精心设计和规划的，应具有稳定性和可预测性，企业应该知道顾客在购买过程中能够得到什么样的体验。从企业竞争的角度看，企业要提供的顾客体验应该是与众不同的、对顾客有价值的。

设计营销事件和刺激必须建立在目标顾客的消费习惯基础上，同时自始至终不能偏离体验主题。这需要根据不同的地区特征和消费终端环境，展现不同的体验诉求，充分把握好不同顾客群体的需求和期望，激发进而满足顾客的体验需求。

4. 借助体验工具，调动顾客参与体验的主动性

体验工具包括交流、农产品展示、空间环境、电子媒介等。要充分利用企业资源，将各种工具进行全方位的组合运用，让消费者充分暴露在企业提供的氛围中，主动参与到设计的事件中来，从而完成"体验"生产和消费过程。

人们的需求和欲望是多方面、多层次、随着时间和环境的变化而变化的，因此体验需求也具有多样性。企业要善于寻找和开发适合自己的营销方法和工具，不断推陈出新，调动顾客参与体验的主动性。

5. 细致、周密地考虑企业的体验式营销策略

体验是非常复杂的心理感受，没有两种体验是完全相同的，人们只能通过一些标准，来将体验大致分为几类不同的体验形式。比如，有的学者将其划分为：娱乐体验、情感体验、超脱体验和审美体验。营销人员应着重探讨营销策略，考虑企业的资源、能力以及历史特点等，确定企业的目标顾客，以及将要提供的体验类型，还应考虑如何才能更好地提供体验价值，给顾客持续的新奇感受，为企业创造竞争优势。

三、旅游农业

（一）旅游农业的含义

旅游农业是把旅游业和农业结合在一起，利用农业资源吸引旅游者的一种新型农业，也有人把它称作农业旅游、乡村旅游，但是三者之间还是有细微差别的。

旅游农业是指合理地开发利用农业自然资源，把农业生产经营活动和发展旅游结合起来，通过优化农业生产结构和品种结构、合理规划布局，达成美化景观、保护环境、提供观光游览、调剂性劳动，学习及享用新鲜事物的一种农业。"旅游农业"这一概念实质上更多地关注旅游供给方的行为，认为主体是旅游规划者和管理者，将旅游发展与农村经济发展、环境保护紧密结合（王曦，2006）。

（二）旅游农业的特性

1. 农业特性

旅游农业是在农业生产的基础上开发其旅游功能的，引人入胜的主要是优美的田园风光。在开发旅游功能的过程中，可能局部地改变原来的农业生产结构，但农业仍是旅游农业的主要方面，所以要避免破坏基本农田保护区等。

2. 生态特性

旅游农业的兴旺要得益于宁静优美的生态环境、天然的自然景观以及纯朴的乡村生活方式、民俗文化等。因此，在开发建设旅游农业过程中，尽可能不破坏原来的自然生态环境，减少人工作用，促进农业生态系统良性循环。

3. 娱乐特性

旅游农业除了具有优美的生态环境外，还应具有一定程度的娱乐性，否则难以吸引大量游客。娱乐性主要体现在观光、农业体验和民俗活动等富有农村农业和自然风光特色的游乐活动中，而人工游乐设施则应适可而止。

4. 地域性和自然性

我国幅员辽阔，从北至南跨越寒温带、温带、暖温带、亚热带和热带五个气候带，从东到西则由温润的海洋气候逐渐过渡到内陆的干旱气候，加上多种地形的影响，形成了具有鲜明区域特性的物种和景观，构成了开发旅游农业与生俱来的特色资源条件。

5. 专业性

旅游农业除了传统的农耕生产形式外，还具有现代农业文化，将现代的农业高科技技术如转基因技术、无土栽培技术和优质种苗技术等应用到农业中，既可以让游客观光、品尝，还可以让游客学习了解农业知识，了解丰富的农耕文化。

6. 可持续发展性

旅游业的发展必然要求对环境的保护，只有高质量的环境才会促进旅游业的可持续发展，在发展旅游业的同时还得保证农业不会受到侵害，保证农业能够永续发展。

（三）旅游农业的类型

1. 生态旅游农业

早在 19 世纪 30 年代，欧洲一些国家就开始着手开发生态旅游农业资源，它是一种以保护自然生态环境为基础，在发展农业生产的基础上有机地附加了生态旅游观光功能的交叉性产业，集生态效益、社会效益、经济效益和文化生活于一体，利用田园景观、农业生产活动、农村生态环境和农业生态经营模式，吸引游客前来观赏、品尝、体验、科学考察、环保教育、度假、购物的一种新型的旅游开发类型。经过几十年的发展，各个国家的生态旅游农业形成了各种类型，如观光农园、市民农园、农业公园、教育农园、休闲农场、森林旅游、民俗旅游等。

2. 观光旅游农业

观光旅游农业是以充分开发具有观光、旅游价值的农业资源和农业产品为前提，将农业生产、科技应用、艺术加工和游客参加农事活动等融为一体，供游客领略在其他风景名胜地欣赏不到的大自然浓厚意趣和现代化的新兴农业艺术的一种农业旅游活动。其主要有以下几种类型：农艺公园型、度假观光型、科普教育型、民俗风情型、生态观光型（王一，2008）。

3. 都市旅游农业

以高科技为重要特征，在城内小区或郊区建立小型的农、林、牧生产基地，既可以为城市提供部分时鲜农产品，又可以取得一部分观光收入，兼顾了农业生产与科普教育的功能。例如，新加坡建立了 10 座农业科技公园，进行一些花卉展览以及鱼类、各种珍稀动植物欣赏等，将现代高科技农业设施艺术化进行展示。再如，在道路两旁栽种瓜果，人们在观赏的同时可以随意品尝。

4. 科技旅游农业

所谓科技旅游农业，就是依托古今农业科技发展的历史遗迹、现代农业科技景观设施等所进行的休闲旅游活动（李斌成，2006）。例如，长江三峡等工程修建的大型水库、四川都江堰等都可成为旅游景区，古今农业设施及农业技术足以震撼每位游览者。云南省红河哈尼族彝族自治州的元阳梯田也是农业的一个奇观，每年去那里旅游的人络绎不绝。

（四）发展旅游农业的作用

对于游客而言，有利于拓展旅游空间，满足人们返璞归真的愿望。随着收入的增加，物质生活的提高，就业、生活压力也在日益增大，人们更加追求精神享受，到自然中释放自己，陶冶情操，接触大自然，亲近大自然。

对于农业和农民而言，有利于实现农业的高产高效等目标，充分利用农业和农村的发展空间以及土地资源，合理调整生产要素，提高土地生产率。通过发展旅游农业等相关产业提高农民收入。除此之外，还可以解决农村剩余劳动力的问题，发展旅游农业，带动农村住宿业、餐饮业的发展，提供就业岗位，同时开展农家乐活动，农民自己创业，解决就业问题。

对于农村环境而言，有利于农村生态环境的改善。只有干净、整洁、环境优美的地方才能吸引游客前来，这就有助于农村基础设施的建设，美化、绿化生态环境，促进城乡一体化，提高农民素质。

（五）旅游农业的发展前景

首先，我国资源丰富，可以充分利用民族风俗和地域特色开发旅游农业。我国具有悠久的农耕传统，可以深层次地挖掘农耕文化，通过房屋建筑、农作物种植、劳作方式、婚丧嫁娶、服饰礼仪、土特产品以及民族语言、民族舞蹈等方面吸引旅游者。其次，旅游农业具有广阔的客源市场，据报道，我国在2008年就已经成为全球第四大入境旅游接待国和亚洲最大客源输出国，城市居民有体验一下农村生活的愿望，所以旅游农业必将有广阔的前景。最后，旅游农业具有较强的竞争性，当前强调绿色安全食品，最关键的还是农业生产方式，利用先进的农业技术等生产出来的农产品，或者施用人工肥等传统农耕方式生产出来的农产品都是大家欢迎的，把这些农产品打造成旅游产品，在市场上会有较强的竞争力。

四、关于乡村旅游的讨论

（一）概念讨论

什么是乡村旅游？到目前为止，国内外没有一个统一的定义。国外对乡村旅游的研究比较早，各个国家及学者对乡村旅游的理解也有所不同。下面是国外比较典型的对乡村旅游概念的理解。

吉尔伯特（Gilbert）和董（Tung）（1990）认为：乡村旅游就是农户为旅游者提供住宿等条件，使其在农场、牧场等典型乡村环境中从事各种休闲活动的一种旅游。

欧盟（EU）和经济合作与发展组织（OECD）（1994）将乡村旅游定义为：发生在乡村的旅游活动，其中"乡村性"（Rurality）是乡村旅游整体推销的核心和独特卖点。

世界旅游组织规划顾问、旅游开发规划师爱德华·因斯客普（Edward Insekeep）（2002）定义的乡村旅游是一种与传统的乡村有关的旅游形式。参加这种旅游的游客能学到有关乡村的生活方式和传统知识，村民可以从这种旅游中直接受益。

国内对于乡村旅游概念的研究也不尽相同，有的学者从旅游客体角度定义乡村旅游，即以农业文化景观、农业生态环境、农事生产活动以及传统的民族习俗为资源，融观赏、考察、学习、参与、娱乐、购物、度假于一体的旅游活动。有的学者从旅游主体角度定义乡村旅游，即以乡野农村的风光和活动为吸引物，以都市居民为目标市场，以满足旅游者娱乐、求知和回归自然等方面需求为目的的一种旅游方式。有的学者从旅游目的地角度定义乡村旅游，即以乡村地域上一切可吸引旅游者的旅游资源为凭借，以满足观光、休闲、度假、学习、购物等各种旅游需求为目的的旅游消费行为及其引起的现象和关系的总和（郭丽，2010）。

尽管不同机构组织和学者对乡村旅游的定义不同，但是乡村旅游的概念一般都包含了两个特点：一是发生在乡村地区；二是以乡村性作为旅游吸引物。

（二）国内外对于乡村旅游的讨论

1. 旅游产品的差异性

发达国家的旅游产品更多偏向体验型。发达国家乡村旅游的产品涉及的种类多，除基本的吃住之外，产品还涉及户内、户外、观光型以及体验型，而且更多的是体验型的旅游产品。乡村旅游产品结合了城市居民的需求，除了有根据游客口味定制的"住宿+早餐"，更强调以参加农业劳动为主要产品形式。我国乡村旅游更偏向观光型，除采摘之外，其他户外活动较少，参与度也不高。只满足城市居民对于农村生活的好奇，还没有满足旅游者较高的休闲需求。

2. 发展乡村旅游的目的不同

美国和法国等国家工业化程度高，农村人口的比重小。随着经济的发展，农村人口有不断流失的趋势，为了保持传统的文化，政府采取发展乡村旅游的方式来维持农村经济和保护传统乡村文化。在我国，政府参与发展乡村旅游很大程度上是为了帮助农民发展经济，主要是帮助农民脱贫，解决农民农业生产之外的收入问题（林辉，金颖若，何玲玲，2009）。

3. 对乡村旅游发展的探讨

对于发展乡村旅游有支持和反对两种截然不同的观点。支持乡村旅游的学者认为，乡村旅游可以增加农民收入，扩大农民就业渠道，在保证农业基础上发展旅游业，能够有效地改善当地环境，提高农民素质；反对乡村旅游的学者认为，发展乡村旅游可能会破坏民族特色，使少数民族汉化，本来宁静的村庄，因为大量的游客涌入使得本地居民受到打扰，另外，农村发展旅游业会影响农业的发展，因为不合理的开发会破坏农业资源，降低农业生产效率，随意征占农民土地，给社会造成隐患，没有认清所处的形势，盲目地开发，造成千篇一律，既浪费资源，也没有达到增加经济效益、改善生态效益的要求。

4. 南北方对乡村旅游发展模式的探讨

由于北方气候、地理位置和地貌的原因，对于一些优美的乡间景色和地区特色都不如南方的竞争力强，但是北方的四季明显，尤其是冬季的景色更是一大特色，可以开展一些滑雪、狗拉雪橇、冰雕雪雕等活动来吸引游客，同时再配合干农家活、吃农家菜、玩农家游戏、睡农家炕、购买农副特产等活动，发展复合式乡村旅游。而南方因为少数民族较多，各个民族都有自己的农业特色、风俗习惯，可以凭借自己的民族特色吸引旅游者，再加上南方的奇特地貌和风景如画的自然风光，可以形成特色式发展模式。

重 要 概 念

农产品促销　人员销售　营业推广　公共关系　农产品展销会　体验式营销　旅游农业

复 习 思 考 题

1. 促销策略包括哪几种手段？如何具体实施？
2. 企业面对危机，如果采取公关措施？
3. 农产品展销会如何实施？
4. 体验式营销的特征是什么？怎么设计和实施体验式营销活动？
5. 结合当地特点，谈谈是否适宜开展乡村旅游。如果适宜，怎么具体实施？

技 能 训 练

要求：

（1）收集部分农产品广告，分析农产品广告的特征。

（2）参加一次农产品的销售活动，注意各种促销手段在现实中的应用。

（3）参观一次农产品展销会，或参与一次体验式农产品营销活动，或参加一次乡村旅游活动，了解农产品营销新形式的主要特点、具体实施策略及注意事项。

第八章 粮食类农产品营销

随着我国的市场经济与世界市场经济正式接轨运行,我国的市场开始进入经济全球化的浪潮。作为粮食生产大国,我国的粮食经营活动受到了国际、国内市场竞争的双重压力。我国的粮食市场在适应新的市场变化的基础上,将营销管理结合创新营销策略,才能完善粮食营销管理体系,迎接国内外竞争对手的双重挑战。

第一节 稻谷市场营销

一、稻谷的生产与消费

(一) 稻谷的生产

1. 世界稻谷的生产

稻谷是世界上生产最为广泛的农作物,除南极洲外各大洲均有种植。稻谷种植生产具有相对集中性和区域性特点,其中亚洲的生产量约占全球的90%,在世界稻谷生产中处于绝对主导地位;非洲和美洲各占5%左右;而欧洲和大洋洲的比重很小,总共占全球产量的0.5%左右。亚洲稻谷的生产供给左右着全球,亚洲稻谷安全则世界稻谷供给稳定。虽然稻谷种植广泛,但其分布极其不均衡,由于人们对粮食的人均需求差异不大,这也导致稻谷的国际贸易量比小麦和玉米更大。现有稻谷生产格局,由于地缘、天气等自然因素将持续甚至长期存在,就世界稻谷生产国来说,中国产量占世界产量的30%左右,居世界第一位,其次是印度、印度尼西亚、越南、泰国、缅甸、菲律宾等国家,主要稻谷生产国情况如图8-1所示。

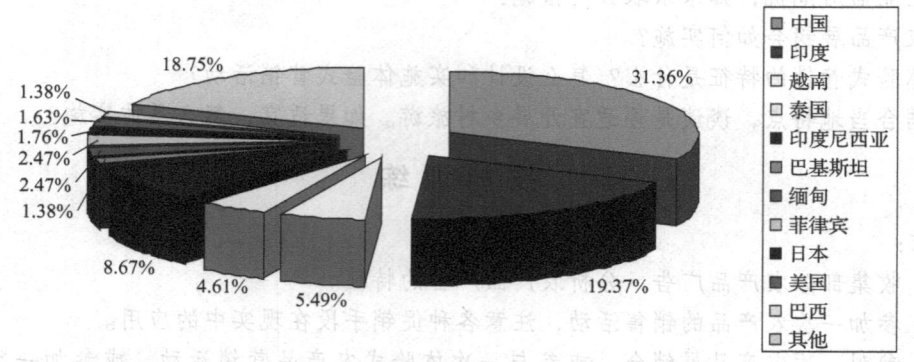

图8-1 2010年稻谷主要生产国产量占世界产量的比例
资料来源:联合国粮食及农业组织官方网站。

全球30多亿人以稻谷为主食,稻谷的"食用消费比"在三大粮食作物中也是最大的。虽然全球经济在发展、社会在进步,但饥饿仍然困扰着非洲、美洲、亚洲在内的10亿左右的人口,"粮食危机"也一直是世界关心的话题。各国政府也在为减少饥饿作出努力,一方面在增加稻谷种植面积,另一方面在努力提高稻谷单位产量。

2012/2013 年度世界大米收获面积与产量基本保持稳步增长,与 2011/2012 年度相比,收获面积略减,而单产提高,产量略增。2012/2013 年度世界稻米收获面积为 1.584 3 亿 hm²,比上年度略减 0.36%,单产为 2.94t/hm²。近年来世界稻谷种植面积及产量变化情况如图 8-2 所示。

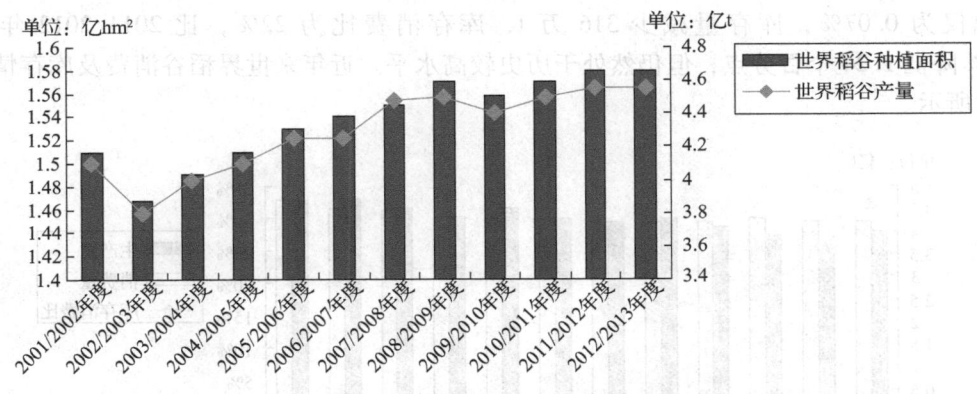

图 8-2　近年来世界稻谷种植面积及产量变化情况
资料来源:美国农业部官方网站。

2. 我国稻谷的生产

目前,我国稻谷的播种面积约占我国粮食作物播种面积的 1/4 以上,产量约占全国粮食总产量的 2/5。普通栽培稻谷可分为籼稻和粳稻两个亚种;根据其生长期长短的不同,可以分为早稻、中稻和晚稻三类;根据栽种地区土壤水分的不同,可以分为水稻和陆稻。

稻谷产区主要分布在长江中下游的湖南、湖北、江西、安徽、江苏,华南的广东、广西、福建以及东北三省,形成明显的南方稻区和北方稻区。其中湖南、广西、江西、广东、湖北和安徽,是全国稻谷种植面积最大的六个省区,产量都在 1 000 万 t 以上,其播种面积和产量占全国的 2/3 左右,决定着全国稻谷生产的大局。

2012 年我国稻谷连续 9 年实现增产。我国稻谷产量连续两年站上 2 亿 t 台阶,增产的基础是种植面积增加。根据国家粮油信息中心的数据,2012/2013 年度稻谷产量为 2.043 亿 t,比上年度增加 1.6%,稻谷是粮食主要增产品种之一;2012 年稻谷种植面积继续增加,达到 3 030 万 hm²,增加 33 万 hm²,稻谷面积占粮食总面积的 28%。近年来我国稻谷播种面积与产量变化如图 8-3 所示。

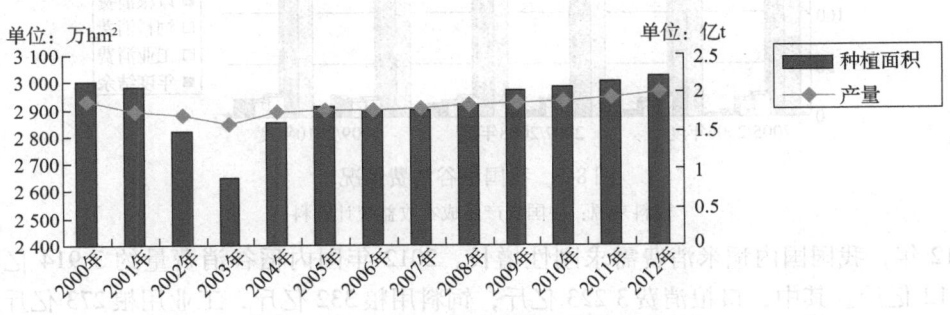

图 8-3　近年来我国稻谷播种面积与产量变化
数据来源:国家粮油信息中心。

(二) 稻谷的消费

1. 世界的稻谷消费

世界大米消费量增幅较大，库存消费比仍处于历史较高水平，供需形势较为宽松。2012/2013年度世界稻米消费量继续增加为4.661亿t，比2011/2012年度增加2.5%，而产量增幅仅为0.07%，库存量减少316万t，库存消费比为22%，比2011/2012年度的23.24%降低1.24个百分点，但仍然处于历史较高水平。近年来世界稻谷消费及库存情况如图8-4所示。

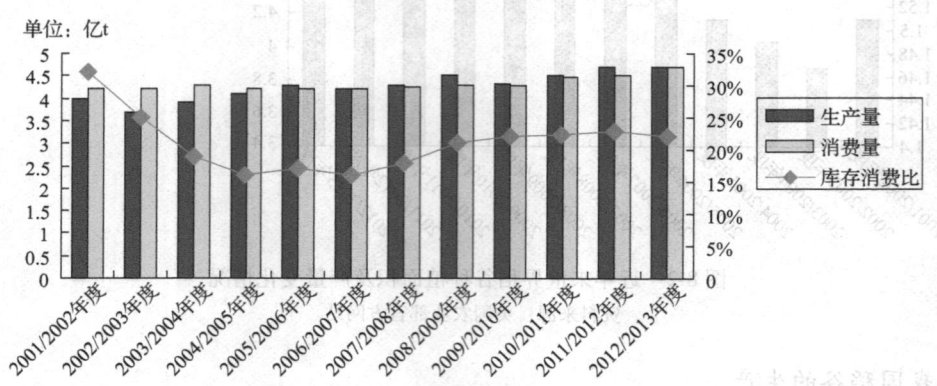

图8-4　近年来世界稻谷消费及库存情况
资料来源：美国农业部官方网站。

2. 我国的稻谷消费

稻谷是我国第一大粮食品种。据统计，我国稻谷、小麦、玉米三大主粮中，稻谷的种植面积、总产量、总消费量和人均消费量，均居首位。近年来，虽然我国人口出生率呈下降趋势，但由于人口基数大，每年人口增加量依然为1 000万人左右，消费量呈上升趋势，其中口粮消费占比大约为85%；其他消费在个别年份有小幅波动，但总体上呈稳定态势。我国稻谷消费情况如图8-5所示。

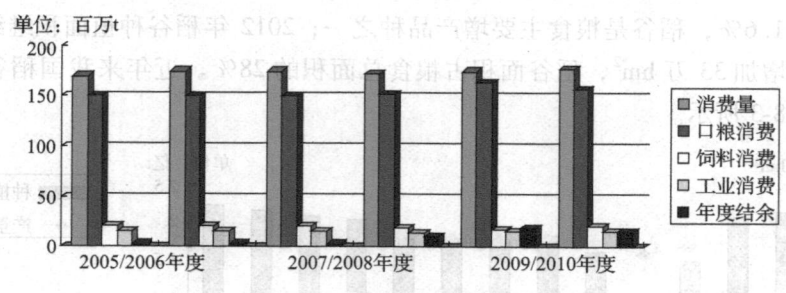

图8-5　我国稻谷消费情况
资料来源：中国农产品成本收益统计资料。

2012年，我国国内稻米消费需求刚性增长，2012年国内稻谷消费量约3 914亿斤，同比增长12亿斤。其中，口粮消费3 223亿斤，饲料用粮332亿斤，工业用粮273亿斤，其他用粮86亿斤。综合预计，2012/2013年度，我国稻谷总供应量约为4 035亿斤，需求量为

3 929亿斤，年度结余106亿斤，全年供需形势良好。分品种看，早籼稻因产量下降，产需略有偏紧；中晚籼稻及粳稻目前长势良好，增产存在希望，全年供需较宽松。稻谷供需平衡表如表8-1所示。

表8-1 稻谷供需平衡表 （单位：亿斤）

年度	本年供给			本年需求							本年结余
	合计	产量	进口	总需求量	国内消费量					出口	
					合计	口粮	饲料用粮	工业用粮	其他		
2012/2013	4 035	4 005	30	3 929	3 914	3 223	332	273	86	15	106
2011/2012	4 034	4 016	18	3 917	3 902	3 211	335	270	86	15	117
2010/2011	3 925	3 915	10	3 893	3 878	3 201	330	262	85	15	32

资料来源：中华粮网。

二、稻谷市场需求

（一）需求结构

目前，我国稻谷消费主要包括口粮消费、饲料消费、工业消费、种用消费四项。近年来，我国稻谷消费总量稳步增长，需求结构呈现口粮消费下降、饲料和工业消费增加的趋势。

1. 口粮消费

稻谷是我国城乡居民主要的口粮作物。目前用做城乡居民主食消费的稻谷，口粮消费量占到了稻谷消费总量的85%，稻谷消费量占谷物口粮消费量的60%。稻谷口粮消费需求的增长也更多地表现为伴随人口增长的刚性增加，增速相对趋缓。2010年全国稻谷产量为3 886亿斤，同比减16亿斤，减幅为0.4%；其中，早籼稻产量为617亿斤，中晚籼稻为2 062亿斤，粳稻为1 208亿斤。随着人口增加，2010年国内稻谷消费量为3 730亿斤，同比增55亿斤；其中，口粮消费量为3 125亿斤。受最低收购价同比大幅度提高及种植效益较好等因素影响，2011年农户种植稻谷积极性较高。综合各部门数据及调查情况，2011年全国稻谷总产量为4 065亿斤，同比增150亿斤，增幅为3.8%。随着人口增加，稻谷口粮消费量继续维持刚性增长。截至2011年12月，我国共进口大米57.2万t，同比增长56.1%；出口大米51.55万t，同比减少16.8%。不过，因我国稻谷总体供需平衡，进出口配额有限，国际稻谷市场对国内影响十分有限。

2. 饲料消费

用做饲料的稻谷量是除用于口粮外的第二大消费量，目前用做饲料的稻谷消费量正呈上升趋势。2011年国内畜禽存栏增长乏力，肉类产量仅有小幅增加，但是工业饲料增长态势明显好于畜禽生产。养殖规模化继续提高、食品安全造成工业配合饲料大幅增加和饲料加工产能扩大等因素，推动饲料粮消费增加。2010/2011年度国内饲料粮消费增幅降低，2011/2012年度消费增幅有所提高。至2012年年初，市场对于饲料粮需求增长预估谨慎，后期情况有所变化，市场认为，由于经济好转，畜禽存栏继续上升，畜禽养殖规模化提高，自配料生产向工业配合饲料生产加快转移，后期工业饲料生产仍然看好，在加工利润下降的情况下，饲料粮需求增速有望出现反弹。不过由于稻谷价格大幅上涨，2012年稻谷饲料消费有所下降。综合来看，2011/2012年度，我国主要谷物（小麦、玉米和稻谷）用于饲料方面的消费量估计接近1.5亿t，比上年度增加1 200万t以上，饲料消费量占三种谷物总消费的比重约为30%，这种趋势值得关注。

3. 工业消费

稻谷也是重要的工业原料，主要用于淀粉、酿酒、制药、调味品等生产加工领域，稻谷的工业需求和消费用量也逐年增长，呈现快速上升趋势。目前，由于稻谷市场价格较高、国内经济发展速度预期放缓，稻谷用于工业方面的消费增速将放缓。2012年工业用粮约273亿斤。此外，工业和信息化部2012年2月24日发布的《粮食加工业发展规划（2011—2020年）》明确，严格控制以粮食为原料的生物质能源加工业发展。规划说，为满足粮食消费需求，要确保2015年和2020年口粮供给不低于5 150亿斤和5 050亿斤，严格控制深加工占消费总量的比例。规划明确了未来十年粮食加工业的发展目标：到2015年，粮食加工业总产值达到3.9万亿元，2020年达到6.9万亿元。粮食保障能力也不断加强，到2015年大中城市及重点地区的应急加工及供应覆盖面稳步提高，到2020年形成覆盖全国的粮食应急加工及供应体系。

4. 种用消费

稻谷的种用消费是稻谷需求的组成部分之一，其消费量由稻谷的单位面积播种量和播种面积两方面的因素决定，稻谷种用量占整个稻谷消费的比例很小，对稻谷需求结构影响不大。2009/2010年度我国稻谷种用量只有119万t，仅占稻谷消费总量的0.7%，年度内稻谷总消费量约为18 119万t，比上年略有上升。

（二）消费品种状况

籼稻和粳稻是我国的重要品种，目前籼稻消费量仍占较大比重；但随着居民生活水平的提高，人们对粳稻的消费量偏好增加，粳稻消费比重快速增加。这种稻谷消费需求的变化反映在稻谷生产上，使得籼稻和粳稻的种植结构发生了变化。20世纪80年代我国稻谷种植基本上是籼稻，进入20世纪90年代后，粳稻的种植区域进一步扩大，面积和产量不断增加。1980~2008年，我国粳稻产量在稻谷总产量中所占比例由10.8%增至28.7%，籼稻产量所占比例由89.2%降至71.3%。近年来，国内稻谷价格持续攀升，种植比较收益相对较高，加之近年稻谷最低收购价格继续大幅上提，均有利于调动农户的种稻积极性。不过，受自然资源及建设用地持续增加等因素限制，我国水稻播种面积再增加已十分困难。2012年全国水稻种植面积约为4.52亿亩，同比增200万亩，增幅为0.4%。其中早籼稻8 677万亩，同比增50万亩，增幅为0.6%；中晚籼稻2.3亿亩，同比增60万亩，增幅为0.3%；粳稻1.35亿亩，同比增90万亩，增幅为0.7%。

（三）世界稻谷的供求情况

全球的稻谷产量近年来呈小幅增加之势，但是随着世界人口的增加以及饲料和工业加工的发展，对稻谷的需求也不断上涨，世界稻谷的供求正由"供求宽松"向"供求趋紧"方向发展。

近几年由于粮食加工业的迅速发展，对稻谷的消费增加，使需求的增加速度大于供给的增加速度。世界稻谷供求格局仍然长期偏紧。目前稻谷生产区主要集中在亚洲，相比发达国家，这些地区的生产水平相对较低，抗灾害的能力较弱，稻谷生产的风险偏大，而大米消费却随人口增长而不断增加，特别是2011年年初包括中国、越南、泰国在内的稻谷主产国遭受干旱灾害，对早稻的影响比较大，全球供给难免出现减少。2010年在全球通货膨胀影响下，包括稻谷在内的农产品价格上涨，由于各收购主体对稻谷价格上涨的预期，国际上的热钱更多地流入农产品市场，促使需求持续上涨，将进一步加剧全球稻谷供求紧张的局势，抽空了稻谷价格下跌的空间，给稻谷价格坚挺提供了支持。对中国而言，由于稻谷连续七年丰产，库存量相对较大，总体供求仍然平衡。2012年世界稻米生产保持稳定，供需形势较为宽松，国际稻谷市场总体保持平稳。

三、稻谷的营销

（一）稻谷的营销渠道

我国谷物营销渠道包括收购渠道、销售渠道和种植渠道。除国有粮食企业外，工业用粮企业、经工商部门批准的各类粮食经营企业，都可直接到农村参与粮食收购。批发市场是我国省际商品粮食流通的重要渠道，也是各类粮食企业经营的主要渠道。目前在谷物零售渠道中，经营灵活、适应性强的集体和个体私营企业已成为大米、面粉零售中的主渠道。

1. 收购渠道

（1）国有粮食企业收储。目前，在我国主要的具有稻谷生产优势的区域，政府都发布了粮食最低收购价政策，以此保护农民利益，保持粮食市场价格在合理水平，调动农民种粮的积极性，进一步促进粮食生产稳定发展。

（2）中国储备粮管理总公司的收购、储备和轮换。稻谷易于储藏，价格较低，是主产区稻谷储备的主要品种，其数量占有很大的比例。长江以南地区稻谷的储存年限通常为3年（个别省份为2年），每年轮换1/3。轮换出的稻谷主要用作工业用粮。

（3）经营性收购。主体包括：①作为最低收购价委托收储库点的国有和国有控股粮食企业，在预案启动前和终止后参与市场自主收购。②非委托收储库点的其他国有和国有控股粮食企业入市收购，发挥主渠道作用。③各类粮食经营、加工企业和民营、个体粮商也参与收购。

2. 销售渠道

（1）按照保护价收购。国有粮食企业以保护价收购的粮食，或由县粮库和国家储备库储存，或直接通过县级批发市场出售。县粮库储存的粮食，由粮食公司或经由批发市场，由零售环节销售给消费者，或者通过进出口企业出口到其他国家。国家储备库的粮食，经过本省或外省的省级批发市场，由粮食公司、零售商销售给消费者或出口。

（2）农村集贸市场和批发市场。除国有粮食企业和各类粮食经营企业、用粮企业外，农民也可以直接通过集贸市场出售自产的粮食，并且不受数量限制。

（3）零售。稻谷是以大米的形式出售给消费者，大米的营销机构主要有国有或民营粮食加工企业、超市零售商，农贸市场中的个体和私营经营者等。

3. 种植渠道

（1）育种。针对优质稻谷产品结构需求，开发出多种优质结构稻米。早稻品种"金健4号"的品质可以达到二级优质稻的水平；晚稻品种"金健3号"的品质完全超过泰国香米。

优质不育系"金23A"是我国应用最广泛的优质不育系。

（2）基地种植。通过合同机制，与生产粮食的农户建立"利益共享，风险共担"的经济共同体，在深层面保证产品质量。企业通过绿色食品认证，使农药残留达到欧盟标准。

（3）稻谷深加工。以精深加工为利润增长点支撑产业发展，高额的科研投入、一流的国际先进设备和严格的基地管理造就了一个好的品牌。在粮食产业化经营的大实践中，为确保品牌产品的经营，促进产业升级，要坚持农、工、科、贸一体化的产业经营模式，构建农业产业链。按照"科技为动力、利益作纽带、公司加农户、企业连基地"的原则，大力发展优质稻种植基地，为品牌产品生产经营奠定基础。

（二）稻谷的营销模式

粮食产业化的经营模式，始终按照"产业链中各市场主体一体化运作"模式进行操作，经过不断探索，主要有以下三种类型：

（1）"公司+基地"型。粮食经营企业通过直接租种等方式获得农田经营权，按照市场需求调整种植市场结构，生产适销对路的粮食。

（2）"公司+相关组织+农户"型。龙头企业依靠地方政府、粮食行政主管部门、粮食协会、农技站（所）等相关机构推动粮食生产基地建设。

（3）"龙头企业+购销企业+农户"型。龙头企业利用资金、加工设备、品牌、技术等优势，与基层购销企业开展加工、购销合作。这样可使龙头企业规避订单履约率的风险，降低运输、保管成本，提高经营效益，购销企业也能从中获利。

四、稻谷市场价格

（一）稻谷市场价格的含义

稻谷市场价格是指反映稻谷价值，由稻谷市场供求决定的价格。当市场供给大于需求时，市场价格就低于价值；当市场供给小于需求时，市场价格就高于价值，但从较长时期来看，市场价格与市场价值是趋于一致的。

（二）稻谷市场价格的特征

稻谷的市场价格具有灵活性、自发性及波动性的特征。稻谷的市场价格随着稻谷价值量和市场供求关系变化而变化，完全受价值规律和供求关系支配，具有较大的灵活性和自发性，同时稻谷的市场价格受各种因素的影响，其波动性较大，同一品种相同质量的稻谷，在同一地点不同时间价格也可能差异较大，由于稻谷生产具有周期性，一旦产生波动，其波动的趋势在一定时期内将会加强。目前我国稻谷价格基本上由市场供求关系所决定，但在市场价格机制不完善的情况下，需要政府的政策调控纠正市场机制的偏差。

（三）稻谷国内与国际市场价格

1. 稻谷国内与国际市场价格的含义

稻谷价格根据其形成的空间环境不同分为国内市场价格与国际市场价格。稻谷国内市场价格是指以国内稻谷的价值为基础，由国内供求关系决定而形成的价格。稻谷国际市场价格是指稻谷国际市场在一定时期内形成的具有代表性的成交价格，其价格的形成以稻谷的国际值为基础，受国际供求关系、货币价值及汇率的影响。目前泰国大米价格是大米国际市场价格的典型代表，其主要包括泰国市场5%破碎率FOB曼谷价、泰国市场10%破碎率FOB曼谷价及泰国市场25%破碎率FOB曼谷价。

2. 稻谷国内及国际市场价格的特征

由于价格形成及变动的环境差异，稻谷国内价格与国际价格各有如下特征：

（1）在价格形成上，稻谷的国内价格是以国内价值为基础，其价值以国内必要劳动时间消耗为基础决定；而国际价格是以国际价值为基础，其价值以世界各个国家必要劳动时间消耗为基础。

（2）在价格构成上，稻谷国内价格以生产成本为主要部分，流通费用、利润的比重较小；而国际价格构成中，由于市场范围的扩大，流通环节的增加，流通费用及利润的比重要高于国内价格。

（3）在价格形式上，稻谷国内价格形式多样复杂；而国际价格形式一般相对稳定，通常以离岸价、到岸价来表示。

（4）在价格波动程度上，稻谷国内价格相对稳定，而国际价格波动较大。

3. 稻谷国内及国际市场价格的关系

尽管我国稻谷市场的开放程度不高，一直保持着95%以上的自给率，但是其国内市场价格与国际市场价格仍然存在着不可分割的联系。稻谷国内市场价格是国际市场价格形成的基础，国际价格的波动反过来影响国内价格。稻谷的出口将国内价格转化为国际价格，虽然我国稻谷的出口量不及世界出口的5%，但会在一定程度上影响国际市场价格的形成；稻谷的进口将国际市场价格转化为国内市场价格，从而影响国内市场价格的变化。目前，由于稻谷进出口受国家政策限制，国际市场价格对国内价格的影响不太明显，但是随着稻谷市场体制的完善，价格市场化程度的提高，其国际市场价格与国内市场价格的联系将越来越紧密。

五、稻谷的国际贸易

1. 世界稻谷进出口贸易情况

由于稻谷生产的集中性和需求的广泛性，使得稻谷国际贸易相对于玉米、小麦等流动性更强。当前大米出口国主要为泰国、印度、巴基斯坦、越南和美国等，这几个国家的稻谷出口量占世界出口量的95%左右，其中泰国、越南多年来一直是世界第一和第二大稻米出口国，素有"东南亚米仓"的美称。2010年泰国共出口大米903万t，同比增长5.1%；越南出口690万t，增长势头也很强劲。进口国主要有日本、尼日利亚、沙特阿拉伯、科特迪瓦、伊朗等，非洲、中东和拉丁美洲的一些国家也进口少量大米。在稻谷价格保持高位、气候正常的情况下，越南、泰国、印度等主要出口国的出口量将增加，印度尼西亚和土耳其等国家的进口量将增加，总体来看稻谷国际贸易量将保持稳定。

2012年印度成为世界第一大大米出口国，越南排名第二，泰国退居第三。世界大米出口格局的变化主要是由出口国政策变化引起的。首先是泰国政府采取保护性高价收购政策，直接削弱了泰国大米在国际市场上的竞争地位；其次是印度解除大米出口禁令，并迅速凭借其价格优势抢占了市场大量份额；最后是越南近年来非常重视大米出口创汇业务，对于国际市场的竞争进行了积极应对。

2. 我国稻谷供求及贸易

我国是世界主要大米出口国之一，在稻谷的国际贸易中以精米贸易为主，稻谷形式的贸易很少，多属于援助性质。进口我国稻谷的主要有印度尼西亚、科特迪瓦、古巴、菲律宾、俄罗斯、伊拉克等国。我国进口的少量稻谷主要是优质稻谷。近年来我国东北稻米向日本、韩国的出口有扩大的趋势而出口到印度尼西亚、菲律宾、马来西亚等国家的稻米数量大幅度下降。

我国是稻谷的主要生产国和主要消费国，2012年，我国进口大米234.4万t，比2011年增加30.5%；出口大米27.9万t，比2011年减少45.8%，主要出口到韩国、日本和朝鲜。从进口构成来看，主要进口来源国为越南，占进口总量的65.9%；其次为巴基斯坦，占进口总量的24.7%；泰国已降为第三，仅占进口总量的7.48%。

第二节　小麦市场营销

一、小麦的生产与消费

（一）小麦的生产

1. 世界小麦的生产

从世界范围看，小麦种植面积十分广泛，各大洲均有种植。其中亚洲、欧洲、北美洲是小麦的主产区，这些地区的种植面积分别约占世界总种植面积的45%、25%、15%，另外，非洲、大洋洲和南美洲的种植面积各占5%左右。从小麦的种植面积及产量上看，世界上小麦主产国分别是美国、印度、俄罗斯、澳大利亚等，这些国家无论是小麦种植面积还是产量在世界小麦市场都占有相当大的份额。虽然近年来全球气候多变，灾害天气时有发生，影响小麦生长，但是根据国际谷物理事会发布的最新数据显示，2011/2012年度全球小麦产量（包括杜伦麦）达到6.72亿t超过上个年度的6.71亿t，印度的小麦产量比较平稳，总体呈上升趋势，美国、俄罗斯、澳大利亚的小麦产量偶尔有波动，但是整体呈上升趋势。

2. 我国小麦的生产

小麦在我国是仅次于水稻的主要粮食作物。小麦按播种季节可分为冬小麦和春小麦两种。小麦是禾谷类作物中抗寒力较强的越冬作物，具有一定的耐旱力和耐盐碱能力，因此，其适应性极强，产区遍及全国各地。我国种植的小麦以冬小麦为主，约占全国小麦总播种面积的85%，主产区集中在华北平原、黄淮海和长江流域的山东、河南、河北、江苏、安徽、四川、陕西、湖北、甘肃等省区；春小麦则集中在我国北部的寒冷地区，种植面积占全国小麦总面积的15%，主产区有黑龙江、新疆、内蒙古、青海、宁夏等省区。20世纪80年代以来，小麦主产区的种植面积和产量都占全国的90%以上。20世纪80年代以后，我国小麦生产进入了一个新的阶段，播种面积稳中有降，但单产水平的迅速提高使小麦产量持续增长。2004年以来，由于国家粮食直补等一系列惠农政策的实施，小麦种植面积和产量有所增加，年均播种面积为23 985千hm^2，年均产量保持在1亿t左右。

（二）小麦的消费

1. 世界小麦的消费

从世界小麦消费的结构来看，亚洲和欧洲的小麦产量大，消费量也大，当亚洲小麦供不应求时，还需要从其他各洲大量进口，北美洲和大洋洲虽然产量不是很高，但洲内消费比例较低，大部分用于对外出口，非洲小麦的产量最低，消费量相对较高，需要大量进口，南美洲生产和消费总量基本持平。小麦的出口国比较集中，美国、澳大利亚、俄罗斯和乌克兰等国在小麦出口市场占较大份额，2012/2013 年度出口额分别为 0.28 亿 t、0.10 亿 t、0.16 亿 t 和 0.13 亿 t。由于极端气候的影响，俄罗斯、乌克兰等国的小麦出现较大程度减产，采取限制出口等措施，使世界小麦贸易格局出现较大变化。虽然美国大平原经历严寒天气，影响了冬小麦的生长，但是美国仍然是最大的小麦出口国。近几年来小麦出口量变化不大；乌克兰的小麦出口量不稳定，2008 年以来一直控制小麦的出口量；澳大利亚的小麦出口量也有较明显的波动。

2. 我国小麦的消费

一直以来我国都是一个小麦生产大国，即便如此，小麦仍然供不应求，我国的小麦进口长期以来占世界进口的比重很大，特别是高品质小麦。我国的小麦消费在很大程度上依赖进口，2000～2005 年，我国小麦连续 6 年产量不足，年需产量缺口 700 万 t 以上。2007 年我国小麦总产量为 10 929.8 万 t，产需基本平衡。随着人口增长，小麦需求量仍将缓慢增长。2011/2012 年度我国小麦国内消费量为 12 524 万 t，而 2012/2013 年度，国内小麦消费总量为 12 070 万 t，减少 454 万 t，减幅为 3.6%。其中，制粉消费 8 400 万 t，占总消费量的 69.6%；饲料消费 2 000 万 t，占比 16.6%，工业消费及种用量各为 1 200 万 t 和 470 万 t，分别占总消费量的 9.9% 和 3.9%。预计 2015 年，我国小麦总消费量将达到 11 815 万 t。立足国内生产，确保小麦总量平衡的难度较大。

二、小麦市场需求

小麦作为主要的粮食产品，其需求受人口数量、经济发展、小麦生产情况、城乡居民的收入水平以及消费习惯、饮食偏好等多方面因素的影响。

1. 小麦需求发展阶段

新中国成立以来，我国小麦消费需求发展经历了以下四个阶段：

（1）低水平消费阶段。这一阶段，城镇人均小麦消费量为 75kg 左右，乡村人均消费不足 60kg。

（2）快速增长阶段。这一时期粮食生产大幅度增长，人均收入和食物消费水平显著提高，全国小麦人均消费量达到 74kg，北方小麦区域乡村达到人均消费小麦 210kg，城镇为 120kg。

（3）稳中有降阶段。这一阶段人均收入水平与消费水平进一步提高，食物消费由追求数量型转向注重质量型，全国人均小麦消费量为 80kg，北方地区乡村人均小麦消费量由 210kg 逐步下降到 165kg 左右，城镇人均小麦消费量降为 65kg 左右。

（4）以加工食品消费为主阶段（2000 年以后）。随着城乡居民生活水平的进一步提高，对加工食品的需求量日益增加。小麦由于其适宜加工的特性，可以加工成多种色香味俱佳的精美糕点和方便食品，因此小麦加工需求量占小麦消费总量的比重大幅度增长。

2. 小麦需求结构

目前我国小麦消费主要包括口粮消费（制粉消费）、饲料消费、工业消费、种用消费四项。近年来国内小麦消费格局呈现制粉消费略有减少、工业和饲料消费增加的态势。

（1）口粮消费（制粉消费）。近年来用做口粮的小麦需求量有所增加，从1999年的9 879万t增长到2002年的10 227万t，增长幅度为3.5%。2003~2008年小麦的口粮消费量略有减少，年均约为9 300万t。目前小麦口粮消费占总消费量的比重总体保持在85%左右。

（2）饲料消费。小麦是重要的饲料原料，主要用于加工制成动物混合饲料。小麦饲料消费量仅次于口粮消费。近年来，随着人们对肉、禽、蛋、奶及水产品等消费需求的增加，推动了小麦的饲料消费量快速增加。

（3）工业消费。小麦工业消费量（主要用于生产方便食品、面包、饼干、挂面等食品）虽然占小麦总消费量的比重较小，约为2%~3%，但近几年来增长速度很快。

（4）种用消费。种用小麦是小麦消费需求的重要组成部分，占到了小麦消费需求量总量的5%~6%。随着播种技术的提高，近几年来小麦种子用量有所减少。

三、小麦的营销

1. 小麦的营销渠道

（1）发达国家的小麦营销渠道。美国是市场经济高度发达的国家，同时也是世界上最大的谷物生产国和贸易国之一，相对于其他农产品来讲，美国的谷物生产者较多，且产品具有同质型，产品购销自由，市场信息较为完善。因此在美国，谷物市场是最接近于完全竞争的市场。美国的谷物营销渠道较为复杂。谷农、谷仓商、佣金代理商、经纪人、加工商、面粉厂、出口商、谷物交易所等构成了美国谷物营销的主体。

1）产地集中销售。由于美国农产品生产区域化程度高，农产品产地市场比较集中，华盛顿、密歇根和纽约等三个地区的产量几乎占全美国产量的70%。在整个销售渠道系统中，产地批发市场与零售商的交易占98.5%。

2）批发市场分布各大城市。美国销售批发市场又称车站批发市场，主要是因为美国交通发达，农产品常常能够迅速运往大城市车站，形成城市农产品集散市场。虽然销地批发市场占农产品总交易量的20%，但对农产品价格形成具有主导作用。

3）渠道短、环节少、效率高。美国农产品78.5%从产地通过配送中心，直接送到零售商手中，大大提高了营销渠道效率。

4）批发市场内部交易方式主要以拍卖、代理销售为主。以批发市场为基础，形成了农产品期货市场。使农产品市场价格充分反映市场的供求变化，从而形成农产品市场价格形成和信息传播机制。

（2）我国的小麦营销渠道。我国的小麦主要是以面粉的形式出售给消费者。小麦过去是北方居民的传统主食，但近些年来南部和东部小麦消费水平也有了大幅度的提高。东部经济发达地区小麦消费数量较大，食物消费不再是解决温饱，而是讲究营养，以精细粮和精细加工产品消费为主，因此，精细加工是影响小麦消费水平的重要因素。而中西部地区主要以原粮消费为主，面粉加工品消费量远小于东部沿海地区，人均小麦消费量只有100kg左右。

我国小麦区域流向的总体格局是：由地处黄淮海平原、华北平原及西南的主要小麦生产区向东南沿海、东北区、华南区和西北区流动。从各个地区看，西北区的新疆，西南区的四川，中部的山东、河南，东部的江苏、安徽等是小麦输出区，输入量最大的是长江中下游区和华北区，其次是东北区和西北区。

2. 小麦的分销渠道

分销渠道是指某种产品和服务在从生产者向消费者转移的过程中，取得这种产品和服务的所有权或帮助所有权转移的所有企业及个人。从小麦到面包的分销渠道如图 8-6 所示。

分销渠道的起点是生产者，终点是消费者或者用户，中间环节包括各种类型的批发商、代理商、零售商和商业服务机构等。只要是从生产者到最终用户或消费者之间，任何一组与商品交易活动有关并相互依存、相互关联的营销中介机构均可称作一条分销渠道。但是不包括供应商、辅助商。

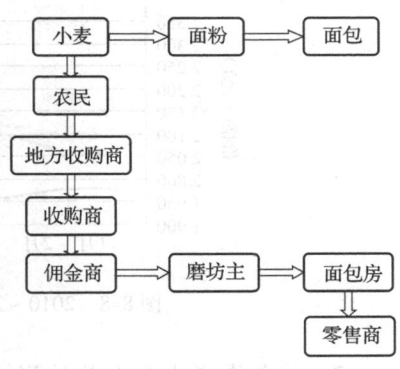

图 8-6 从小麦到面包的分销渠道

四、小麦市场价格

（一）小麦市场价格的含义

（1）小麦市场的含义。我国小麦市场分为现货市场和期货市场，两种市场的价格形成规律有很大的差异。另外，从历史上看，控制我国小麦价格形成的力量主要是政府与市场两种。

（2）小麦价格的含义。我国小麦价格体系十分复杂，小麦市场的价格体系如图 8-7 所示，其中主要的价格形成均集中在小麦的收购环节，既有政策价格又有市场价格（即集市贸易价格，它是产地自由市场价格，直接受市场供求影响）。

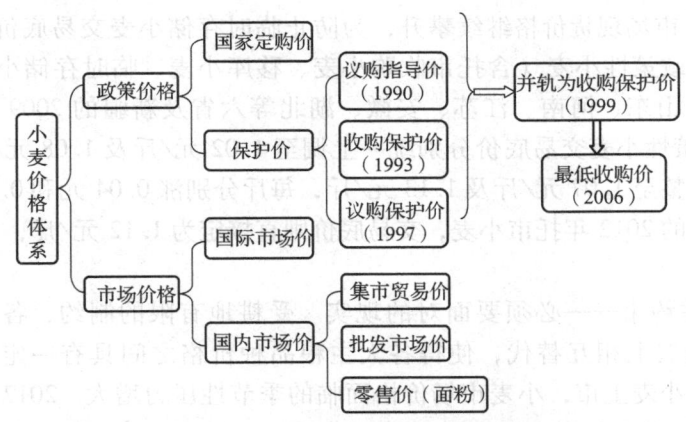

图 8-7 1991 年至今我国小麦现货市场价格体系的变化

（二）我国小麦价格波动

1. 我国小麦价格波动态势

我国小麦价格最具有代表性的是郑州商品交易所的价格。图 8-8 为 2010~2012 年全国三等小麦平均批发价格走势对比图，从中可看出我国小麦的价格波动态势。

2012 年，我国小麦的市场行情可分为三个阶段：5 月中旬之前，国内小麦稳中有升；5 月下旬~7 月下旬，新麦上市，抑制了市场均价；8 月至年底，小麦供需偏紧及政策调整推动价格持续走高。

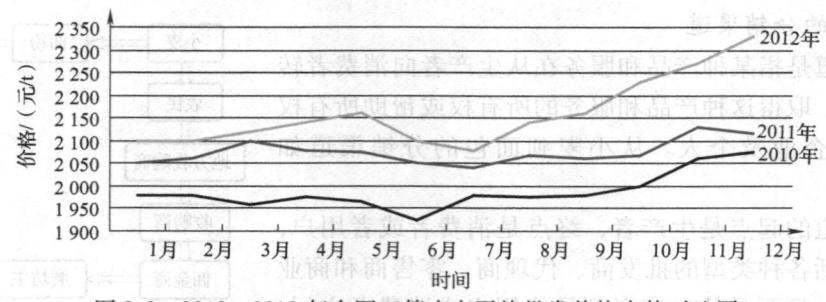

图 8-8　2010~2012 年全国三等小麦平均批发价格走势对比图
数据来源：中华粮网。

2. 小麦价格波动态势的影响因素

（1）经济形势变化——小麦价格波动的助推器。海关数据显示，2012 年我国小麦进口增长了 195%，达到 369 万 t。小麦进口量大幅增长的主要原因是 2011 年 10 月至 2012 年 6 月国际小麦价格较低，小麦主要出口国之间竞争激烈，加上欧债危机导致全球经济放缓，国际小麦价格弱势运行。2012 年 6 月下旬以后，全球小麦减少导致国际小麦价格上涨，下半年我国小麦增订数量开始明显减少，但小麦价格整体仍处于较高水平。

（2）国家政策调控——小麦价格波动的调控手段。2010 年 6 月，国家颁布《关于开展粮食最低收购价格检查的通知》，决定从 2010 年 7 月起在小麦、稻谷最低收购价预案执行地区开展粮食最低收购价格检查。同时，加大了最低收购价小麦竞价销售量，小麦的收购主体由原来单一的中国储备粮管理总公司变为中央与地方粮食企业并举，提升了小麦收购市场的活力。这些政策都保障了小麦的最低出库价格，维护了农民的利益，也预示了小麦价格的波动趋势。2012 年，市场现货价格继续攀升，为防止临时存储小麦交易底价与市场价格差距过大，国家对中央政策性小麦（含托市收购小麦、移库小麦、临时存储小麦）的交易底价全面上调，河北、山东、河南、江苏、安徽、湖北等六省及新疆的 2009 年（及以前产小麦）和 2010 年政策性小麦交易底价分别统一上调至 1.02 元/斤及 1.08 元/斤，存储在其他地区的小麦分别调整至 1.07 元/斤及 1.13 元/斤，每斤分别涨 0.04 元和 0.06 元。对于率先在江苏、湖北投放的 2012 年托市小麦，交易底价则直接定为 1.12 元/斤，与 2013 年小麦托市价格水平持平。

（3）客观条件约束——必须要面对的现实。受耕地有限的制约，各种粮食在生产上相互竞争以及在消费上相互替代，使得各大主粮品种价格之间具有一定的比价关系和联动性。特别是新季小麦上市，小麦市场价格面临的季节性压力增大。2012 年，我国小麦总产量为 12 058 万 t，较上年增产 318 万 t，播种面积 24 139 千 hm^2，同比减少 131 千 hm^2，单产 4 995kg/hm^2，同比提高 158kg/hm^2。小麦产量增长，种植成本提升。2012 年种粮成本多在 450~500 元/亩之间，部分地区由于播种推迟时期过长而导致成本达 600 元/亩左右。冬小麦市场收购价格在 1.06 元/斤（托市价格水平），按照 70% 的商品率，亩均种植收益在 120 元左右。

（4）偶然因素催生——不容忽视的重要因素。偶然因素在这里主要是指气候的变化等自然灾害。尤其是 2009 年、2010 年的特大干旱、洪涝等自然灾害，不仅影响了国内的小麦市场价格也影响了国外市场。近期，全球多个地区出现极端恶劣天气，由于黑海地区、澳大利亚等小麦主产地遭受旱情，2012/2013 年度全球小麦产量预计为 6.55 亿 t，较上年度减产

4 132万t；消费量预计为6.74亿t，较上年度减少2 451万t；期末库存预计为1.77亿t，较上年度减少1 882万t。受此影响，预计2012/2013年度国际小麦价格仍将高位运行，国内进口量将相应减少。2012年上半年，国内部分地区受天气及病虫害影响导致减产，给市场供应带来一定影响。

（5）其他因素。除了以上分析的因素外，科技水平、人们的种植习惯、小麦其他用途的不断增加等，都会影响到小麦的产量和需求，进而影响到小麦价格的波动。虽然目前期货市场对小麦价格的影响不算明显，但与玉米、稻谷的相关性已经越来越大，因此也会间接影响小麦的市场价格。

3. 国际小麦贸易中的价格关系

我国的小麦价格与美国和加拿大小麦价格具有较大的关联性。虽然从美国和加拿大市场进口的小麦价格较高，但是进口量较多，并且从美国和加拿大市场进口的小麦多为优质小麦，因此会有力地冲击我国的优质小麦市场，影响小麦价格。同时，我国的小麦进口也会因为供需关系的变化而反作用于美国和加拿大的市场价格。我国小麦进口量变化会引起国内生产加工结构和供需结构的变化，然后，通过影响进出口结构而对美国和加拿大市场的价格产生影响。具体而言，美国对我国的大量小麦出口集中于硬红冬麦，而软红冬麦的量相对小得多，因此美国硬红冬麦和软红冬麦的价格波动会对我国小麦价格产生不同的影响。

当前绝大多数商品的国际市场都不是完全竞争市场，而是寡头垄断市场，无论买还是卖，寡头垄断的一方都掌握着定价的主动权。高度分散的一方只能被动地接受价格。小麦出口集中在美国、加拿大、澳大利亚和法国四个国家，而进口国则分布在亚洲、非洲、欧洲等数量众多的国家，如中国、西班牙、埃及、日本、意大利、巴西、印度尼西亚、墨西哥等。过度分散的进口方和普遍较小的贸易量削弱了小麦进口国的谈判地位。美国和加拿大小麦产量占世界总产量的16%左右，而两国的出口量则占世界的30%。因此，有理由相信美国和加拿大在国际小麦市场上拥有价格的主导权。

五、小麦的国际贸易

1. 中美与中加的小麦贸易

中美小麦贸易主要表现为美国对我国的单向小麦出口，我国基本上没有对美国的小麦出口。根据海关统计，我国从美国进口的主要小麦品种为硬红冬小麦。2004~2008年，我国对美国小麦的进口无论从绝对量还是进口比例来说都在逐渐减小。从进口比例来看，美国是仅次于加拿大的我国第二大小麦进口国。来自美国的小麦约占我国进口小麦的30%，但是波动较频繁，如1999年为40.3%，2003年达到50.3%，而1997年、2005年只分别占到10.1%和14.1%。美国小麦进口到我国需要支付的流通费用主要包括：美国国内至港口的运输费、港口仓储费、运输费，以及抵达我国后的关税、增值税、保险税、进口代理费、各种杂费以及流通经销商的利润等。这些流通费用大约要使小麦价格在其离岸价格的基础上增加40%。因此，我国小麦在价格上对美国进口小麦有较大的优势。而事实上，即使刨去各种费用，美国小麦的生产成本仍远高于我国国内平均值。一直以来，进口美国硬红冬小麦的主要目的在于填补我国优质小麦的缺口，满足国内需求。因此，美国硬红冬小麦的进口对我国优质小麦价格会产生直接冲击。具体表现为，美国小麦价格上升，国内优质小麦（如优质强筋小麦）价格上升又会导致一连串的连锁反应，推动我国小麦市场价格的全面上升。

加拿大是世界第二大小麦出口国，同时也是我国最大的小麦进口国。我国每年从加拿大进口小麦的变化非常明显，这当然与我国国内小麦的产量变化和小麦进口总量变化有直接关系。1995年我国从加拿大进口小麦最多，达到了486万t，其后的1996年和1997年也都在361万t和133万t。而随着小麦产量的连年增产和库存增加，我国的小麦进口量开始缩减。1998~2003年的进口量均不足100万t，其中1999年只有12万t。2004年和2005年，我国对小麦的进口需求增加，进口量也随之扩大。进口小麦也分别达到了253万t和145万t。2006年和2007年，受全球粮价上涨因素影响，我国进口小麦数量锐减，从加拿大进口的小麦也只有9万t和4万t。我国进口小麦数量的多少受我国国内的小麦产量和国际市场因素影响较多，进口小麦总量变化较大。而从加拿大进口的小麦占我国小麦进口总量的比例相对稳定，加拿大一直占据着我国小麦进口的主要份额。

2. 市场竞争力与定价权

定价权直接体现了进口国或出口国对于国际市场大宗原材料价格的干预或控制能力。拥有定价权的国家在国际贸易中处于强势地位，并且很容易将强势地位转化为本国巨大的贸易利益。目前，世界大宗原材料基准价格的形成有两种最基本的机制：第一，对于有着成熟的期货品种和发达的期货市场的初级产品来说，其价格基本上由著名的期货交易所标准期货合同的价格决定；第二，对尚无期货品种和期货市场的初级产品而言，其价格基本上由市场的主要供应方和主要需求方每年谈判达成。小麦作为一种重要的农产品，其价格形成过程中以上两种形式都存在。

美国和加拿大具有较强的小麦国际市场竞争力，其小麦出口远高于进口，具有很强的竞争优势；美国和加拿大在国际市场上占有率最高，在显性优势比较中，仅次于澳大利亚和阿根廷而具有较强的竞争力；贸易专业化指数方面，加拿大、澳大利亚、阿根廷具有最高的生产效率，在小麦进出口贸易能力方面，美国和加拿大具有绝对的优势。

定价权获得的核心是在不同的定价机制下，提升影响或决定基准价格的能力。当前，美国芝加哥商品交易所吸引了越来越多的小麦交易，与现货交易相响应，其已经形成了一整套小麦价格形成以及利用小麦期货和现货两个市场规避风险的机制，从而为理解和把握世界小麦贸易价格走势提供了重要依据和晴雨表。同时，美国发达的金融市场也为其操纵控制小麦的国际价格提供了便利条件。

第三节 玉米市场营销

一、玉米的分类及其商品特点

（一）玉米商品的分类

1. 按品质分

（1）常规玉米：最普通、最普遍种植的玉米。

（2）特用玉米：除常规玉米以外的各种类型玉米。

1）甜玉米：通常分为普通甜玉米、加强甜玉米和超甜玉米。

2）糯玉米：糯玉米除鲜食外，还是淀粉加工业的重要原料。

3）高油玉米：含油量较高，特别是其中亚油酸和油酸等不饱和脂肪酸的含量达到80%。

4）优质蛋白玉米（高赖氨酸玉米）：产量不低于普通玉米，而全籽粒赖氨酸含量比普通玉米高80%~100%。

5）紫玉米：一种非常珍稀的玉米品种，因颗粒形似珍珠，有"黑珍珠"之称。

2. 按形态结构和颖壳分

（1）硬粒型：也称燧石型。籽粒多为方圆形，顶部及四周胚乳都是角质，仅中心近胚部分为粉质，故外表半透明有光泽、坚硬饱满。

（2）马齿型：又称马牙型。籽粒扁平呈长方形，由于粉质的顶部比两侧角质干燥得快，所以顶部的中间下凹，形似马齿。

（3）半马齿型：也称中间型。它是由硬粒型和马齿型玉米杂交而来。

（4）粉质型：又称软质型。胚乳全部为粉质，籽粒乳白色，无光泽。

（5）甜质型：胚乳多为角质，含糖分多，含淀粉较少。

（6）甜粉型：籽粒上半部为角质胚乳，下半部为粉质胚乳。

（7）蜡质型：又称糯质型。籽粒胚乳全部为角质但不透明而且呈蜡状，胚乳几乎全部由支链淀粉所组成。

（8）爆裂型：籽粒较小，米粒形或珍珠形，胚乳几乎全部是角质，质地坚硬透明，种皮多为白色或红色。

（9）有稃型：籽粒被较长的稃壳包裹，子粒坚硬，难脱粒，是一种原始类型，无栽培价值。

（二）玉米商品的特点

（1）营养价值高。据研究测定，每100g玉米含热量106kcal（1cal=4.186 8J）、纤维素2.9g、蛋白质4.0g、脂肪1.2g、碳水化合物22.8g，还含矿物质和维生素等。玉米中含有较多的粗纤维，比精米、精面高4~10倍。玉米中还含有大量镁，镁可加强肠壁蠕动，促进机体废物的排泄。食后可消除肥胖人的饥饿感，但食后含热量很低，也是减肥的代用品之一。玉米是粗粮中的保健佳品，对人体的健康颇为有利：玉米中的维生素B6、烟酸等成分，具有刺激胃肠蠕动、加速粪便排泄的特性，可防治便秘、肠炎、肠癌等。玉米富含维生素C、异麦芽低聚糖等，有长寿、美容的作用。玉米胚尖所含的营养物质有增强人体新陈代谢、调整神经系统的功能。

（2）产品需求量大。我国改革开放以来随着畜牧业的大发展、人民生活水平的提高、玉米工业的发展，玉米已成为可作为粮食、饲料、工业原料和出口商品的多用途作物。我国的玉米消费在20世纪90年代，口粮比例占48%，消费玉米3 690万t，饲料用玉米占52%（工业饲料和传统饲料）。

（3）作物生长的地域性和季节性。玉米原产于中美洲，是主要的粮食作物，喜高温，在16世纪传入我国，玉米在我国的播种面积很大，分布也很广，是我国北方和西南山区及其他旱谷地区人民的主要粮食之一。山东省为玉米的重要产区之一，玉米质量非常高。全球有两大著名玉米黄金带,分别位于美国和中国。由于近几年异常天气较多,玉米生产也是多灾多难。玉米是喜温短日照作物。从种子萌动发芽到新种子成熟,全生育期需 90~150 天。一般晚熟品种因播种期早,生长前期温度偏低,生育期偏长;反之则短。早熟品种生育期为 90~100 天,多春播(4 月份)。春播玉米抽穗期在 7 月中下旬,夏播玉米在 8 月中下旬,依品种、地区、播种期和栽培条件的不同而异。在南半球,玉米多在 11~12 月份开始播种,收割则从次年 3 月就陆续开始,一直持续到 7 月底结束,而高峰期是从 4 月中下旬到 5 月底。

(4)价格变动性。玉米作物冬季价格低迷,而夏季价格则高一些。年底与年初,玉米收获后大批上市,现货供应充足,而同期的玉米饲料消费则处于低谷,因此造成阶段性的供大于求,市场价格较低;6~8 月,玉米的需求一般处于一年里最旺盛的时期,而供给也相对旺盛,加工企业基本无须备库,因此价格表现一般;到 9 月下旬以后,加工企业无法直接从市场获得充足的玉米,而只能从种植者或者贸易商手中高价买入玉米备库,因此价格持续走强。

二、玉米的生产与消费

1. 世界玉米的生产与消费

美国玉米产量占全世界总产量的 41%。纵观几十年来美国的玉米市场消费趋势可见,20 世纪 90 年代至今,用作饲料的玉米的占 63%,用作工业原料、食品的玉米约占 11%(2 401 万 t),出口的玉米约占 32%。由此可见,在美国虽然用作饲料的玉米比例在下降,但饲料仍是消耗玉米最多的产业,出口量增加迅速,用作工业原料和食品加工的玉米消费量较为稳定。

玉米利用总的情况是在工业发达国家用作饲料的比例大,而在发展中国家用作口粮的比例大,随着全世界畜牧业的大发展,饲料工业得以迅速发展,全世界饲料用玉米需求呈现增长趋势。在发展中国家表现为工业饲料消耗玉米增加,同时采用传统方式喂饲畜禽的饲料玉米消耗亦在增加,在发达国家和地区表现为大量的玉米被加工为工业饲料。

从全世界耗用玉米的趋势看,近 15 年来,无论是发展中国家还是发达国家其用作饲料的玉米都在逐年增加,用作口粮的数量在减少,用作工业原料和食品加工的玉米在增加。

2. 我国玉米的生产与消费

我国改革开放以来,随着畜牧业的大发展、人民生活水平的提高、玉米工业的发展,玉米已成为可用作粮食、饲料、工业原料和出口商品的多用途作物。我国的玉米消费在近几年口粮比例约为 40%,消费玉米 3 498 万 t,饲料用玉米约占 50%(工业饲料和传统饲料),消耗玉米 4 367 万 t,出口约占 13%,出口玉米 800 万 t 左右,工业原料和食品加工约占 4%,耗用玉米 280 万 t 左右。

进入 20 世纪 90 年代,人们直接消费的玉米比重在下降。全国口粮消费玉米大约占玉米总产量的 19%,消费玉米量约为 1 870 万 t;玉米作为饲料消费在我国有两种情况:一是加工生产成配合饲料。我国近年配合饲料产量约为 4 800 万 t,按 60% 的比率折算,年消耗玉米 2 880 万 t。二是把玉米直接用于饲料的消费。在农村,主要是把玉米直接作为饲料喂饲大牲畜、猪和家禽。据专家估计,这种传统的饲喂方式每年估计消耗玉米 3 500 万 t 左右。这两项每年约消费玉米 6 380 万 t,占玉米总产量的 68%。

玉米是重要的工业原料，也可加工成精制的玉米食品。我国目前用于工业原料和食品工业的玉米大约占玉米总产量的5%左右，年消耗玉米250万t左右。我国1990~1994年平均出口玉米820万t，占玉米总产量的8%左右。1995年之后又转向大量进口玉米。近10年来，我国玉米消费趋势是用于生产配合饲料的玉米数量猛增，用于口粮的玉米逐年减少，用作工业原料和食品加工的玉米增长缓慢，从玉米出口国变为玉米进口国。

三、玉米的供需

1. 国际玉米的供需

从全球玉米消费趋势来看，自20世纪80年代以来，无论是发展中国家还是发达国家，用作口粮的玉米数量都在减少。随着人类生活水平的提高，人类食物结构的优化，全球畜牧业和饲料工业得以迅速发展，同时也说明需求量在增多。面临日益增多的需求量，也就同时要求产量的增加。2010年全球玉米产需继续增长，但是需求增幅远远超过产量增幅。据美国农业部统计，2010/2011年度全球玉米产量增加219万t，达到8.2亿t，消费量则增长2 541万t，远远超出产量的增加量，因玉米的饲料用量和工业用量均出现了明显的恢复性增加，其中美国的表现尤为突出，以971.5万t的增量排于首位。而从用途角度来看，饲料用量和工业用量几乎平分秋色，工业需求和居民消费保持同步增长。需求的大幅增加使得全球玉米期末库存急剧下滑至1.3亿t，为1974/1975年度以来的第二低位。

2. 我国玉米的供需

由于国家政策支持及种植收益较好，我国玉米播种面积逐年提高，玉米产量不断增长，2008年玉米产量达到最大值1.66亿t。2009年东北地区玉米受旱严重，黄淮海地区玉米长势也不如上年，玉米播种面积虽较上年有一定幅度增加，但产量低于上年水平，如表8-2所示。

表8-2 我国玉米的供需

项目年份	2004/2005年度	2005/2006年度	2006/2007年度	2007/2008年度	2008/2009年度	2009/2010年度	2010/2011年度	2011/2012年度
播种面积/khm²	25 445	26 358	28 463	29 477	29 863	30 733	31 400	32 160
产量/万t	13 028	13 936	15 160	15 230	16 590	15 550	16 575	17 000
消费量/万t	12 510	13 020	14 185	14 325	15 150	15 925	16 700	17 225
进口量/万t	0	3.975	6.521	3.52	4.9	130	150	500
出口量/万t	231.8	861	310	48.48	20	15	25	5

四、玉米的贸易

1. 国际玉米的贸易

世界玉米产量最多的10个国家或地区分别是美国、中国、巴西、欧盟、阿根廷、墨西哥、乌克兰、印度、南非和加拿大。2012年，10个主产国玉米总产量约占世界总产量的76.6%。其中，美国和中国的玉米产量约占世界总产量的56.6%。在全球谷物贸易中，玉米贸易量仅次于小麦，居第二位。近年来，中国玉米进口持续上升，至2010年，中国玉米进口量跃居世界第二。世界玉米贸易和中国玉米进口已成为人们关注的热点之一。

目前，全球玉米贸易量已超过9 000万t。世界玉米出口主要集中在少数几个生产大国，如美国、巴西、阿根廷和乌克兰等。美国是出口玉米最多的国家，2012年出口量约占全球的32.0%；此外，巴西、阿根廷、乌克兰出口量分别占21.6%、18.0%和12.9%。全球进口玉米的国家主要集中在亚洲、非洲和中美洲。进口玉米较多的国家包括日本、中国、韩国、墨西哥、埃及，以及印度尼西亚、马来西亚、菲律宾等东南亚国家和地区。日本进口量最大，2012年进口量约占全球进口总量的15.5%。世界玉米主要出口国出口量的变化趋势如图8-9所示。

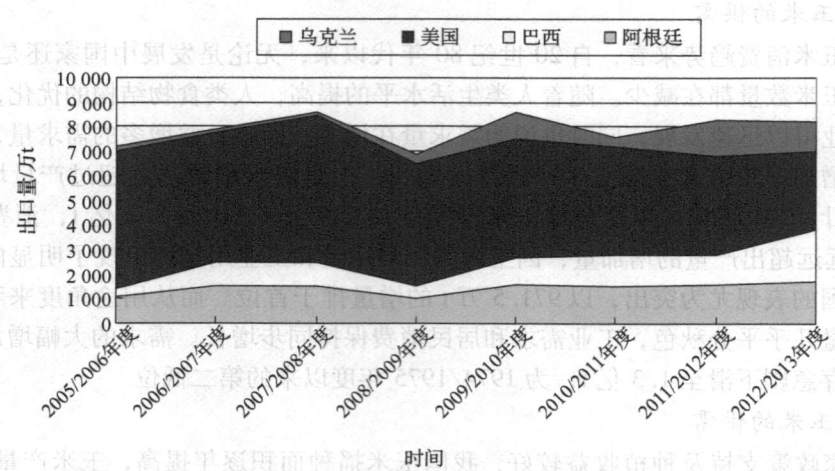

图8-9 世界玉米主要出口国出口量的变化趋势

数据来源：美国农业部官方网站。

2. 国内玉米的贸易

以前我国玉米出口量远远大于进口量，长期处于国际贸易顺差阶段。但是从2009年开始，我国玉米的国际贸易出现了逆差，且有不断扩大的趋势。2006年11月，国家发展和改革委员会要求2007年2月底以后，不允许签新的玉米出口合同，要优先保证日益紧张的国内需求。自2007年年底开始，国家先后出台几项政策，如取消玉米13%的出口退税并征收5%的出口关税，2009年后我国玉米出口量下降到更低水平。

2010年以前我国一直是玉米净出口国。2007年我国玉米出口量开始急剧下降，而进口量逐年增加，至2010年我国玉米进口量激增，达157.2万t，同比增长17.8倍，改变了我国长期以来的玉米净出口状况，首次成为玉米净进口国。2011年我国玉米进口量继续增加，达到175.3万t，比2010年增加11.5%。2012年1~12月我国玉米进口量达到520.7万t，其中从美国进口玉米511.3万t，占全部进口量的98.2%。

五、关于玉米销售策略的讨论

1. 提升品质策略

随着人们生活水平的不断提高，对粮食品质的要求越来越高，玉米作为人们日常生活中不可缺少的粗粮食品，对玉米品质的要求也相应提高，可以以品种分类，将平时在粮库常见的玉米搬进超市，以高品质创高效益，例如，近年比较火热的水果玉米，品质不断提升，最终被大家接受并争相购买，以提升品质为途径拓宽了销路。

2. 玉米加工化策略

玉米深加工业是指以玉米初加工产品为原料或直接以玉米为原料，利用生物酶制剂催化转化技术、微生物发酵技术等现代生物工程技术并辅以物理、化学方法，进一步加工转化的工业。2005年以后，伴随着国际市场上以石油为代表的能源价格的飞速上涨，在世界范围内出现了寻求替代能源的热潮，刺激了我国玉米深加工业的快速发展。

3. 新品种策略

玉米新品种的推广活动有其自身的特殊性，需要考察引进地区与原产地的生态环境，差异越小越容易成功，具体包括温度、土壤、植被、降水分布及栽培技术水平等。同时要熟悉品种的生育期、所需有效积温、抗病虫及抗逆性等自身的特性，种植地区的气候特点、环境条件能否满足新品种的基本要求，当地农民的栽培习惯以及农民的主观喜好也是要考察的范围。总之，按营销学市场调研的要求，充分搞好市场调研，是确立目标市场的重要前提。

4. 品牌策略

要准确把握并全力维护玉米作物品牌的核心价值。随着玉米供求矛盾的缓解和消费者对粮食品质要求的日益提高，从粮食行业品牌核心价值的归属及发展趋势来看，与其他行业明显的区别在于优质、绿色、生态、营养、健康等方面，这是我们提炼塑造粮食品牌核心价值必须把握的几个共同特征。但作为一个具体的品牌，还要在以上基础上认真分析竞争对手的特点，努力使本企业品牌的核心价值与之有所区别，表现出自己鲜明的个性。

第四节 大豆市场营销

一、大豆的分类及其商品特点

1. 大豆的分类

大豆按种皮的颜色和粒形分为以下五类：

（1）黄大豆：种皮为黄色。按粒形又分东北黄大豆和一般黄大豆两类。

（2）青大豆：种皮为青色。

（3）黑大豆：种皮为黑色。

（4）其他色大豆：种皮为褐色、棕色、赤色等单一颜色的大豆。

（5）饲料豆（秣食豆）。

2. 大豆的商品特点

（1）营养价值高。大豆富含植物性蛋白质，可以增强机体的抗病能力，还有减肥的功效，并能补充人体所需要的热量，可以治疗便秘，极适宜老年人食用。大豆能增强机体免疫功能，大豆含有丰富的蛋白质和多种人体必需的氨基酸，能防止血管硬化，黄豆中的卵磷脂可除掉附在血管壁上的胆固醇，防止血管硬化，预防心血管疾病，保护心脏。大豆中的卵磷脂还具有防止肝脏内积存过多脂肪的作用，从而有效地防治因肥胖而引起的脂肪肝。此外，还可以通便，降低胆固醇含量，降血糖、降血脂，延迟女性细胞衰老，使皮肤保持弹性，养颜，减少骨丢失，促进骨生成等。

（2）利用价值高。大豆可以加工成豆腐、豆浆、腐竹等豆制品，还可以提炼大豆异黄酮。其中，发酵豆制品包括腐乳、臭豆腐、豆瓣酱、酱油、豆豉、纳豆等。而非发酵豆制品包括水豆腐、干豆腐（百叶）、豆芽、卤制豆制品、油炸豆制品、熏制豆制品、炸卤豆制品、冷冻豆制品、干燥豆制品等。另外，豆粉则是代替肉类的高蛋白质食物，可制成多种食品，包括婴儿食品。由大豆加工生产的豆油是重要的食用油之一，属半干性油，是一种良好的植物油。它是人体不饱和脂肪酸的重要来源，能起到降低胆固醇的作用，对高血压、心血管疾病也有辅助治疗功效。大豆油经过精炼形成的精炼大豆油主要供食用。从大豆中提取人类食用油之后，所剩副产品就是大豆饼粕，对于鸡、猪，以及奶牛、肉牛等反刍家畜来说，它是优质的蛋白质饲料。

（3）市场化程度高。2012年，国内大豆市场受困于全球性悲观预期的经济环境之下，欧洲债务危机能否彻底解决将是决定大环境是利好还是利空的最主要因素。国内大豆的供需状况将继续受制于主要大豆生产国在新年度的大豆产量。大豆成了各国的农业之首，使其农业经济迅速发展并支撑起强大的工业体系，能引发粮食安全问题。大豆既是粮食作物，又是经济作物，也是工业原料，其产业链长、发展前景广阔，有望成为新的经济增长点。它作为非常重要的植物性蛋白质和食用油资源，是一种潜力大、功能全的作物，有很高的研究开发价值。充分、有效地利用大豆蛋白质资源是改善国民营养膳食结构，增强国民体质的重要举措。对于大豆产业来说，其整个产业链条涉及大豆产品的种植、经营、加工以及饲料等企业，其基础品种有大豆、豆粕和豆油等。大连商品交易所已推出的大豆、豆粕两大品种，为整个产业链提供了较好的品种避险和套利机制，为大豆产业的快速发展发挥了积极的作用。

（4）生产的地域性较强。根据我国大豆气候区划，除了热量不足的高海拔、高纬度地区和年降水量在250mm以下又无灌溉条件的地区以外，一般均有大豆种植。我国大豆的集中产区在东北平原、黄淮平原、长江三角洲和江汉平原。根据大豆品种特性和耕作制度的不同，我国大豆生产分为五个主要产区：以东北三省为主的春大豆区，黄淮流域的夏大豆区，长江流域的春、夏大豆区，江南各省南部的秋作大豆区，两广、云南南部的大豆多熟区，其中，东北和黄淮海是我国大豆种植面积最大、产量最高的两个地区。

二、大豆的生产与供给

1. 国内大豆的生产与供给

美国、阿根廷和巴西三大主产国都以种植转基因大豆为主，因而中国进口的大豆也几乎全部为转基因大豆。美国已成为世界最大的大豆生产、消费和出口国。从国际市场占有率指标来看，美国、巴西、阿根廷三国分列大豆出口市场占有率的前三名，多年以来这三个国家的市场占有率都保持在85%以上。1997~2010年世界大豆主产国大豆出口市场占有率如表8-3所示。

表8-3 1997~2010年世界大豆主产国大豆出口市场占有率（%）

年份 国家	1997年	1998年	1999年	2000年	2001年	2002年	2003年	2004年	2005年	2006年	2007年	2008年	2009年	2010年
美国	66.1	54	59.6	57.8	52.5	52.2	51	43	40.1	43	40.1	35.32	45.75	42.50
巴西	21.6	24.1	20.8	23.8	26.2	28.2	27.5	34.6	33.9	35.2	31.9	24.90	31.72	25.25
阿根廷	1.28	7.19	6.68	8.44	12	10.4	11.8	11.2	14.5	11	15.9	10.42	4.65	11.40
中国	0.66	0.7	0.81	0.7	0.74	0.71	0.56	0.93	1.07	0.96	0.61	0.80	0.66	0.27

数据来源：联合国粮食及农业组织。

2. 国内大豆的生产与供给

20世纪50年代可以说是我国大豆生产的黄金期，1957年我国大豆的种植面积曾达1 270万 hm²，年总产量曾超过1 000万 t。进入21世纪后，随着大豆种植面积逐渐增大，大豆产量也不断增加，2005年达到959万 hm²，产量也达到了近十几年来的峰值1 636万 t。从长期来看，我国一直是大豆出口大国，大豆也一直是我国传统的出口创汇产品，从1996年我国成为大豆净进口国开始，2001年我国大豆进口量从2001年的1 395万 t，剧增到2012年的58 380万 t，成为世界上最大的大豆进口国。1999~2010年我国大豆进出口贸易额如表8-4所示。

表8-4　1999~2010年我国大豆进出口贸易额　　　　　单位：亿美元

年份 类别	1999年	2000年	2001年	2002年	2003年	2004年	2005年	2006年	2007年	2008年	2009年	2010年
进口	8.9	22.7	28.1	24.8	54.2	69.8	77.8	74.9	114.7	218.2	187.9	250.9
出口	0.6	0.6	0.8	0.8	0.9	1.4	1.7	1.5	2.0	3.5	2.4	1.2
净出口	8.3	22.1	27.3	24.0	53.3	68.4	76.1	73.4	112.7	214.7	185.5	249.7

数据来源：联合国COMTRADE（商品贸易统计）数据库。

三、大豆的市场需求

与产量相比，全球大豆消费量年际间波动相对较小。美国农业部数据显示，近30年来，全球大豆消费量总体维持稳定增长态势，同比增幅处在-6%~11%之间，波动区间明显小于同期产量（-14%~24%）；近20年来，消费量同比增幅的波动区间进一步缩小至-4%~10%，且仅有3个年份出现同比下滑；近10年的多数年份里消费量维持2%~8%的同比增长。美国农业部预计，2012/2013年度（2012年10月~2013年9月）全球大豆消费量同比增长1.8%。

2011/2012年度全球大豆因旱减产，导致产量不足，产需缺口达到1 663万 t，为近半个世纪以来最高缺口水平；2012/2013年度全球大豆产量恢复性增长后，产需结余将由负转正，结余量达到657万 t。

四、关于大豆营销策略的讨论

1. 新品种策略

我国大豆主要是非转基因大豆，而进口大豆以转基因大豆为主。我国大豆的栽培历史已有5 000多年，素有"大豆故乡"之称。我国为什么大量进口转基因大豆呢？根本原因就是，转基因大豆出油率比国产大豆高5%左右，能带来更多的经济效益，美国等大豆主产国，对豆农有可观的农业补贴，这让豆农在卖出大豆时有廉价出售的"本钱"，提高了价格竞争力；进口转基因大豆运输成本低、到货时间准。而国产大豆的主产区集中在东北三省，要通过铁路南下。国产大豆不但运输成本高、耗时长，到货时间有时也难以操控。因此，我国应以提高大豆出油量高蛋白质为目的，改良大豆新品种。

2. 调整种植结构策略

东北地区应调整种植结构，重点发展高蛋白质大豆种植。为保证东北高蛋白质大豆种植快速、健康发展，国家应在东北大豆主产区对扶持大豆产业发展的政策作出适当调整，把东北地区列为高蛋白质大豆发展区，加大种子培育等科研投入，适量发放种子补贴，加大宣传和指导力度，确保我国大豆种植业在进口高油大豆的强大冲击下继续保持健康发展。

尽快建立非转基因大豆保护区，强化大豆食品安全。建立非转基因大豆保护区，是保护我国大豆及其制品最有效的绿色盾牌。要控制转基因大豆品种进入生产领域，对转基因大豆及其制品实行强制性标志管理。通过生产非转基因的绿色、有机和无公害的安全的高油、高蛋白质大豆及产品，以提高国内和国际市场的知名度和竞争力。

3. 品牌策略

东北地区是我国大豆主产区，具有不逊于国外大豆主产国生产大豆的优良自然条件，但在国际市场竞争中，我国却由大豆出口国变为大豆进口国，以至于让美国、阿根廷等国的大豆长驱直入，国产大豆节节后退。大豆营销工作品牌的缺失是其中原因之一，结合国内外大豆的市场形势，以提升我国大豆国际竞争力为目的，分析大豆市场营销的特征和营销的环境，培育名牌大豆产品，实施品牌营销，既有利于在竞争激烈的国际市场中细分产品，又满足消费者多样化需求，有利于扩大大豆出口，将大豆优势变为经济优势，最终实现农民的增产增收。为此，从宏观角度探讨如何完善大豆市场营销运作环境，对加速我国农业市场化改革进程，改变农业市场化程度较低的状况，发展大豆产业意义重大。

4. 产品深加工策略

广阔前景的大豆蛋白质及大豆深加工产品食品行业是永不衰退的朝阳产业，人们的消费需求从以动物性蛋白质为主向植物性蛋白质转变，大豆含有极丰富的蛋白质。食品作为消耗性工业产品，在国民经济发展中需求弹性系数较大，食品工业的增长将会与国内生产总值保持同步增长的趋势。随着我国人民生活向更加宽裕的小康生活过渡，大豆深加工产业是具有广阔发展前景的长青产业。人们的生活水平和消费观念逐渐提高，并且对食品的品质和营养层次的要求也越来越高，日常的膳食结构也发生了变化，从温饱型转向了优质化、高档化，对高蛋白质、低脂肪、低热量、精深加工的大豆蛋白质食品需求十分旺盛。大豆蛋白质制品众多，如大豆蛋白粉、大豆浓缩蛋白、大豆分离蛋白、大豆组织蛋白等。这些产品可作为蛋白质原料，添加到肉制品、面制品、儿童食品、糕点、冷饮等各种食品中，在食品、化工、轻工等行业也有广泛应用。其他深加工大豆产品，如异黄酮、皂甙、低聚糖、多肽等也有很好的营养保健功能和广泛的应用领域，市场前景广大。

五、大豆的市场价格

2012年大豆市场价格在供求、政策、国际市场价格的共同作用下，总体保持稳中上涨走势。从后市走势看，全球通货膨胀预期及不利天气仍然会对大豆市场形成有利支持。

1. 国际市场大豆价格

2012年南美洲、美国大豆产区先后遭遇罕见旱情，大豆作物大幅减产，推动国际豆价大涨。伴随着南美洲产区旱情的发展，国际大豆市场价格（芝加哥商品交易所期价）在连续3个月震荡回落之后，自2011年年底开始探底回升。在美国产区旱情接力助推下，芝加哥商品交易所的大豆期价在2012年7月中旬突破2008年的历史高点，两天后创下1 777.75美分/蒲式耳的历史新高（2012年9月初再创1 789美分/蒲式耳的新高），在8个月的时间内，累计最大涨幅超过60%。

2. 国内市场大豆价格

（1）国内宏观经济形势。大豆需求受国内宏观经济形势影响较大。2012年国内宏观经济向好势头进一步巩固，国内养殖业发展较快，对大豆需求旺盛。另外，随着宏观经济形势向好，加之2012年自然灾害较多，货币流动性充裕，农产品涨价预期增强。国家通过临时收储收购政策及拍卖政策调控大豆市场的供给水平，进一步影响国内大豆市场价格。2012年国家继续对东北三省和内蒙古大豆实行临时收储收购政策，对政策执行期间的大豆收购价格形成底部支撑。

（2）国际市场大豆价格。国内大豆价格水平主要由进口大豆成本决定。从供求看，美国农业部供需报告数据显示，2011/2012年度全球大豆供求较2010/2011年度趋紧。从价格走势看，2010年国际大豆价格震荡走高，带动国内大豆价格上涨。从国际市场看，2011/2012年度世界大豆供需形势有所趋紧，且随着全球经济的复苏，通货膨胀加剧，商品价格进一步走高，为大豆价格上涨打下了基础。从国内市场看，东北临时收储收购政策的实施，使得国产大豆价格有了底部支撑，需求回暖有力地支撑了2011年的大豆市场。但由于进口大豆较多、国内政策性大豆库存较高，一定程度上限制了国内大豆价格的上涨空间。

3. 影响国内大豆市场价格的因素

国内大豆市场跟随国际市场波动，其原因主要是：

一方面，港口进口大豆价格走势与国际市场高度一致，在2012年前3季度经过两波上涨行情（累计涨幅超过四成）之后，9、10月份国内港口进口大豆交货价格出现单边回调，由9月初的高点5 300元/t左右连续下跌至11月下旬的阶段低点4 300～4 400元/t，累计下跌近1 000元/t，跌幅近两成。

另一方面，国内大豆进口进度也与国际市场价格变动密切相关。2012年上半年国际大豆价格上涨，而国内下游油粕产品价格涨势较小，导致国内大豆压榨效益受损，第二、三季度的一段时间，国内厂商采购进口大豆的进度明显下降。而第三季度国际大豆价格继续上涨，并带动国内下游油粕产品价格整体上涨，从而导致国内大豆压榨效益好转，进口大豆采购装船进度重新加快。2012年9月份以来，国内油粕价格在国际大豆价格下行的带动下连续回落，大豆压榨重陷亏损，很多厂商被迫取消、推迟大豆船货。

重要概念

粮食营销　刚性需求　营销渠道　农产品深加工　品牌策略　市场化　定价权　最低收购价　价格波动　竞价销售

复习思考题

1. 比较国内外粮食的营销渠道，分析应如何向发达国家借鉴？
2. 比较分析各国粮食类农产品的生产与消费状况。
3. 比较分析在国际贸易中，我国粮食类农产品的特点及发展趋势。
4. 我国在粮食购销经营上应采取哪些营销策略？
5. 试分析我国粮食市场的需求结构。
6. 影响我国粮食类农产品市场价格的因素有哪些？

技能训练

阅读所附国际四大粮商的资料，要求：了解、分析国际四大粮商在我国的市场布局。

ADM（Archer Daniels Midland，美国阿彻丹尼尔斯米德兰公司）

ADM 的创始人早在 1902 年就开始了相关的生意，但在 1905 年才在美国明尼苏达州明尼阿波里斯注册 Archer Daniels 这个名字，现在 ADM 的总部设在美国伊利诺伊州狄克多市。公司成立后，随着之后几年的发展，ADM 将势力扩大到威斯康星州、纽约等地。当资本慢慢积累后，1923 年并购了米兰亚麻子产物公司（Midland Linseed Products Company），公司正式更名为 Archer Daniels Midland，声名显赫的 ADM 便由此诞生了。ADM 逐渐扩大经营范围，增加了面粉工业、食品加工业、饲料业、特殊食品业、可可业以及营养品工业等。20 世纪 80 年代起，ADM 开始走向世界。1983 年在中国香港设立亚太分公司；1986 年开始在欧洲扩张，在荷兰和德国进行收购；2000 年正式进入中国内地。时至今日，ADM 已成为巨大而又盘根错节的跨国公司。它旗下的企业包括食品、饮料以及饲料等，共约 270 家各种各样的制造工厂，分布在世界各地，从事可可、玉米加工，食品添加物、营养补助品、食用油等的生产和市场推销。除此之外，它还从事有关农粮储备与运输交通等的大型行业。现在，ADM 是当今世界第一谷物与油籽处理厂、美国最大的黄豆压碎处理厂和玉米类添加物制造厂、美国第二大面粉厂和世界第五大谷物输出交易公司。

在四大粮商中，ADM 向来以注重研发著称，不断通过化学研究支撑其发展壮大，现在与宝洁还有良好的合作关系。几乎在生物燃料出现之初，ADM 就迅速成为美国最大的生物乙醇生产商。而在美国前总统布什提出生物燃料计划后，ADM 更是双手支持，ADM 招来了原石油公司的首席执行官为公司的首席执行官。仅 2007 年，公司用于活化燃油的投资就高达 10 亿美元以上，是世界第一大活化燃油乙醇的生产者。

邦吉（Bunge）

邦吉，由其创始人约翰·彼得·戈特利布·邦吉（Johann Peter Gottlieb Bunge）于 1818 年在荷兰阿姆斯特丹创立，1859 年由其孙子将总部迁至比利时。公司初期主要从事海外殖民地香料与橡胶生意。1876 年，公司迁至阿根廷，开始其在美洲的发展。在犹太粮食交易商赫斯（Alfred Hirsch）加盟后，生意开始扩及其他农作物，包括各种粮食与油籽。1935 年，邦吉进入北美地区。之后，公司在南北美地区迅速发展。1999 年，其将总部正式迁至美国纽约。2000 年邦吉正式进入中国。基于全球均衡发展的思想，2004 年邦吉又加大了在东欧地区的投资。时至今日，邦吉在全球 32 个国家拥有 450 多个工厂，已发展成为世界第四大粮食出口公司。据公开报道称，邦吉目前是巴西最大谷物出口商，美国第二大大豆产品出口商、第三大谷物出口商、第三大大豆加工商，全球第四大谷物出口商、最大油料作物加工商。除了粮食加工与出口，邦吉还将营业范围扩展到了纺织、化肥、油漆以及银行等行业，工厂和业务遍及巴西、美国。在四大粮商中，邦吉以注重从农场到终端的全过程为名，在南美洲拥有大片农场，一边向农民卖化肥，一边收购他们手中的粮食，再出口到其他国家或者进行深加工。

嘉吉（Cargill）

嘉吉，由原籍苏格兰的海运商威廉·嘉吉（William Cargill）兄弟于 1865 年在美国艾奥瓦州创立，1868 年其将工厂迁至明尼苏达州，1875 年又将总部迁至威斯康星州。现在嘉吉年营业额高达 900 亿美元，年获利达 25 亿美元以上，是美国第二大私有资本公司，法国第三大粮食输出公司，美国最大玉米饲料制造商，美国第三大面粉加工企业和屠宰、肉类包装加工厂，美国最大的生猪和禽类（如肉鸡、火鸡）养殖场。它的粮食输出和交易业务，不但是美国第一，而且是世界第一。同时，它还拥有全美最多的粮仓，从食品的生产、包装，到市场的每一个环节，无不一手包办。公司业务横跨五大洲及 66 个国家，堪称世界之最。此外，它还拥有超过 100 亿美元资产的避险基金——黑河资产管理（Black River Asset Management）和从事高科技及高回报（包括基因工程等）的生物工程研发计划。

值得一提的是，嘉吉一直很注重物流环节，这从它拥有 400 条平底运粮拖船和 2 000 辆大货柜车可见一斑。嘉吉主张开放自由贸易，它的发展战略主要是开发第三世界的潜在市场，嘉吉在中国拥有的合资和独资企业多达 27 家，遍布沿海地区。

路易达孚（Louis Dreyfus）

路易达孚是一家跨国集团，由法国人列奥波尔德·路易·达孚（Leopode Louis Dreyfus）创建于 1851 年，总部设在法国巴黎，开创和发展了欧洲谷物出口贸易，现在是世界第三及法国第一粮食输出商和世界粮食输往俄罗斯的第一出口商。150 多年来，路易达孚的业务已扩展到十分广泛的领域，后期建立的路易达孚银行是法国第五大银行。由于在许多国家和地区设有机构，公司在世界各地参与经营多种多样的商业活动，年销售额超过 200 亿美元。位于巴黎的总部通过管理及制定公司的发展策略，统筹策划整个集团的商业活动。目前，路易达孚的分支机构遍布全球，主要位于布宜诺斯艾利斯、伦敦、巴黎、圣保罗、美国的威尔顿和孟菲斯。

路易达孚的最新活动，是从事全球性活化燃油的生产和经营，包括制造和交易经由发酵或合成方式生产的乙醇，它用以制造发酵式乙醇的主要原料是蔗糖和谷类等农作物。它在巴西拥有两处巨大的发酵式乙醇制造厂。通过设在伦敦等地的办事处，路易达孚积极从事着乙醇从生产到目的地的交易，以及乙醇市场的开发，目的是要让乙醇市场全球化。

路易达孚的大宗商品部才是从事农产品全球贸易的。它很重视利用证券期货的买卖来平衡风险。在中国，成立于 1994 年的路易达孚（北京）有限公司，就是大连商品交易所和郑州商品交易所的自营会员，而在中国期货市场上，有国际背景资金的规模往往比国内资金还要大。路易达孚（北京）有限公司自 2006 年从中国政府手中获得玉米国内贸易的许可证后，就开始积极拓展中国市场。

第九章 园艺类农产品营销

园艺类农产品包括蔬菜、花卉、水果以及与其相关的加工产品,是人们不可或缺的食品资源、药用资源或生产原料,其广泛的社会用途和日益增长的需求量,决定了园艺产业有着巨大的发展潜力。但就一个园艺产品企业来说,要想适应现代市场经济发展的需要,提高产品竞争力,提高经济效益并实现产业化,就必须制定好的营销策略,使消费者接受产品并感到满意。

第一节 水果市场营销

一、水果的分类及其商品特点

(一)水果商品的分类

1. 按水果商品习惯分类

(1) 鲜果类:包括柑橘、苹果、柿子、油桃、椰子、山楂、鲜枣等。
(2) 干果类:包括干枣、核桃、栗子、干桂圆、柿饼、松子、瓜子等。
(3) 瓜类:包括西瓜、甜瓜、白兰瓜、哈密瓜等。

2. 按果实构造分类

(1) 核果类:包括桃、李、杏、梅、樱桃、枣等。
(2) 仁果类:包括苹果、梨、枇杷、山楂、海棠等。
(3) 浆果类:包括葡萄、草莓、猕猴桃、柿、香蕉、无花果等。
(4) 坚果类:包括核桃、板栗、榛子、松子、山核桃、银杏等。
(5) 柑橘类:包括柑、橘、橙、柚、柠檬等。
(6) 复果类:包括菠萝、菠萝蜜、桑葚、树莓、面包果等。
(7) 瓜类:包括西瓜、甜瓜、白兰瓜、哈密瓜等。

3. 按水果加工方法分类

(1) 鲜果类:包括柑橘、苹果、柿子、油桃、椰子、山楂、鲜枣等。
(2) 罐头类:包括菠萝罐头、柑橘罐头、核桃罐头、果酱罐头等。
(3) 果汁类:包括橘子汁、苹果汁、鲜桃汁等。
(4) 蜜饯类:包括杏蜜饯、红枣蜜饯、梨蜜饯等。
(5) 冷冻果品类:包括速冻草莓、速冻黄桃等。

(二)水果商品的特点

(1) 高附加值。从单位商品的价值大小看,农产品有低值产品和高值产品之分。商品价值大小由生产过程中人力和物力投入的多少来决定,果品生产的劳动密集型和集约经营型特点,使其单位面积的劳动量和生产资料投入要远远大于一般农作物,因此自古就有"一亩园十亩田"之说，从价值决定价格的基本规律看，与果品生产高投入相对应的应该是果品销售的高价格。因此，在市场正常的情况下，果品生产的利润也应大大高于一般农作物，所以将果品及其加工品列入高值产品范围。

（2）市场容量大。从营养学角度讲，一个人年均消费80kg的水果才能维持身体的基本健康。目前，经济发达国家人均水果消费量在100kg以上，而大量发展中国家和经济落后国家的人均消费量与此要求还相差甚远。同时，随着加工科技的进步，人们消费水果的方式更加多样化（如水果食品、果汁饮料等），水果应用的领域更加宽泛（如化妆品、医药保健品等），因此，水果产品的市场潜力巨大。

（3）生产的地域性和季节性。由于受生态环境和地理条件影响较大，一般果品都有其较为适宜的生产地区，如黄土高原和渤海湾的苹果、燕山板栗、吐鲁番的葡萄、哈密甜瓜等。果品生产的这一特点决定了每一种果品的生产量都不会是无限扩大的，这对保持生产总量的相对稳定和果品花色的多样化有积极意义。同时，地域性生产导致的果品生产和消费空间分离的状况，决定了流通费用较高是果品销售的基本特点之一。季节性是果品生产的另一特点。例如，我国大部分果品的产出期都在秋季，所谓"春华秋实"，这就指果品供应的淡季、旺季非常明显。目前虽然反季节的设施栽培有不少成功的先例，但由于生产总量微小，基本对果品供应的淡旺季不构成影响。

（4）鲜活易腐性。大部分水果属于鲜活易腐食品，新鲜性一旦失去，其食用价值和市场价格就会大大降低。货架期较短的，如草莓、桑葚等仅为一两天，货架期较长的如苹果、柑橘等，也需要在较为合适的低温条件下储运才能保证其新鲜性。因此，与一般农产品相比，果品销售对于储藏、冷链运输、保护性包装等有着更多的依赖，同时也为这些行业的市场拓展提供了较多的需求。

（5）副食品特性。同主食品的粮食、油料相比，水果并不是人们维持生命的必需消费品，因此其副食品特性还要强于蔬菜类产品。人们对于水果的消费更多地出于营养、健康和调节生活的享乐化需求，在是否消费、消费多少、消费什么上有更大的自由度，所以其对水果的市场价格容忍度很大，价格低时可以多消费，价格高时可以少消费或不消费，这样就为水果市场价格提供了更大的上下浮动空间。正是因为这一特性，为一些新优果品、品牌果品和特别栽培的有机果品、设施果品赢取高额利润提供了可能。

二、水果的消费特征与心理

1. 水果的消费特征

（1）消费的层次性更加明显。消费的层次性是人们收入水平差异在消费市场的反映。这一收入特点在果品消费上的反映就是居民整体性果品消费水平不断提高，但消费的层次分化更加明显。例如，同样是苹果消费，高水平的消费者可能更关心营养、外观、品牌、包装、时尚等，中等水平的消费者可能更关心口味、外观，而低水平的消费者更关心价格等。

（2）消费的多样化和一次购买的少量化。果品消费的多样化是指消费者果品消费的范围越来越广，选择消费的类别越来越多，如除了北方水果、南方水果都要消费外，花色越来越多的进口水果也要尝一尝。而在一个家庭，由于一定时期果品消费的支出是基本确定的，所以对每一种果品的总消费量就相对减少。同时，由于在每次购买果品时花样的增加和保持果品新鲜食用的要求，每次购买某一种果品的数量也相对减少。

(3) 追求品牌和尝新。除了基于营养需要外，与一般农产品相比，果品消费的休闲娱乐和追求时尚的特点会更加明显，因此消费者对于果品是否有较为"高贵"的身价和是否具有新、早和稀有的特点较为在意。在这方面，尤其是一些收入较高、消费自由度较大的人群，极易受到果品销售商的诱导而产生购买行为。例如，目前市场上售价很高的红皮梨，仅仅一个外观色彩的变化，就吸引来众多消费者购买。

(4) 礼品消费越来越多。我国是礼仪之邦，水果一直是礼尚往来的馈赠佳品。随着节日文化的繁荣，各中西方节日大大激发了人际交往需求，相应刺激了水果的礼品消费。消费者在水果礼品消费上表现出新的要求，讲究包装精美、注重水果质量及品牌，并且从单纯的水果礼品发展到水果、鲜花、烟酒、海味等组合性花篮礼品。可见，以礼品为代表的水果交际消费定位于中高端，有着较大的利润空间。

(5) 菜肴化消费增加。如今水果入菜在宾馆饭店的宴席中日益普遍，水果类菜肴的形式不断创新，成为菜肴增色的重要手段。例如，丰富多彩的水果点心、水果甜品不断出现。另外，菜肴中水果的品种与质量也是显示宴席档次的标志之一，如木瓜炖燕窝、芦荟炖雪蛤等成为了新派菜式中的重要佳肴。再有，以水果为主打食品的各式主题餐厅备受青睐，外来的"仙踪林""百搭果"等时尚餐厅，以水果文化定位，形成了独特的竞争力。

2. 水果消费的心理特征

(1) 追求"早"的消费心态。早，即想尽早尝鲜，以饱口福。12月尝草莓、1月吃西瓜、2月品伊丽莎白甜瓜、3月尝樱桃、4月吃杨梅、5月品荔枝……

(2) 追求尝新的消费心态。近年来一些大中城市水果新品种入市较多，受到消费者的青睐。例如，上海市郊的伊丽莎白甜瓜、海南的洋香瓜等新品销势走俏。同时随着水果市场对外开放，进口水果品种不断增多，价格虽高但尝新者大有人在，特别是目前国内水果市场上还无同类水果替代的，销势见好。

(3) 追求"名牌"风味的消费心态。随着人们生活质量的提高，水果消费讲究口味，要求汁多味甜，口感惬意。近年来红富士苹果、芦柑在江浙沪地区如此畅销，其中原因也就在此。

(4) 追求反季消费的心态。夏瓜冬吃，西瓜、甜瓜在冬季消费十分走俏，成为时尚。围着火炉尝西瓜，正是追求反季消费的写照。一些消费者认为，在节日里喝美酒尝佳肴后品几块西瓜，十分清爽很是惬意。

(5) 追求包装方便漂亮的消费心态。如今节日中小包装水果花样多，精巧美观，拎起来方便，十分走俏。水果花篮也悄悄地在市场上兴起，成为走亲访友的好礼品。

三、水果的生产与消费

1. 世界水果的生产与消费

全世界亚洲、欧洲、非洲、南美洲、北美洲和中美洲及大洋洲都生产和种植水果。其中亚洲是世界水果的第一大生产区，水果收获面积和产量约占世界水果总收获面积和产量的50%；欧洲是世界水果的第二大生产区，水果收获面积和产量约占世界水果总收获面积和产量的20%。目前有将近200个国家和地区种植水果，有14个国家和地区的水果收获面积超过100万hm^2，占世界水果总收获面积的60.6%。中国、印度、巴西、美国、意大利、墨西哥、西班牙、印度尼西亚、伊朗、菲律宾等国的水果产量都超过了1 000万t，占世界水果总产量的 62.1%。

水果的年人均消费量从 20 世纪 60 年代以来一直在逐年上升。从世界水果消费的种类看，主要消费的水果品种有苹果、香蕉、柑橘类水果、葡萄、菠萝等。发达国家柑橘类水果消费量最大，其次是苹果，发展中国家对香蕉的消费量最多。水果消费方式多种多样，除直接食用外，还有果汁、果干、果酱、蜜饯、罐头等。发达国家一般有 50%～60% 的水果投入加工生产，且大部分加工产品是果汁饮料，如橙汁、苹果汁等。其中，浓缩橙汁居世界果汁消费量第一，欧美一些国家每人每年饮用橙汁可达 40kg。从果汁消费来看，美国是世界第一大果汁消费国，德国位居第二，中国第三，俄罗斯和法国分列第四和第五位。

2. 我国水果的生产与消费

我国地域辽阔，地跨寒温热三带，地形气候条件复杂多样，果树品种繁多，水果资源十分丰富，从 1993 年开始，我国水果总产量跃居世界第一，超过印度、巴西和美国，水果总产量约占世界 20%。其中，苹果和梨的产量均居世界第一位；全世界有 70% 的荔枝产于我国；葡萄、香蕉、菠萝和猕猴桃的产量居世界总产量前五位。苹果、柑橘、梨、香蕉是我国的主要水果产品，分布在山东、河北、广东、陕西、福建、广西、河南、辽宁、黑龙江、江苏、浙江、安徽、湖北、湖南等省（自治区）。苹果以北方种植为主，其主要产地是山东、陕西、河南、河北、辽宁等省。这几个省的苹果产量占全国苹果产量 80% 以上；柑橘以南方种植为主，其主产地是浙江、福建、湖南、广东、湖北、广西、四川等省（自治区）；梨的主产地是河北、山东、湖北、辽宁、江苏等省；香蕉的主产区是广西、海南、重庆、江西等省（自治区），其中广西是香蕉产量最大的省（自治区）。目前已形成以苹果、柑橘、梨、香蕉、桃为主的水果消费结构，这五种水果消费量占水果总消费量的 70% 以上，尤其是苹果的消费量占水果总消费量的比重达到 30% 左右。消费者对健康、天然的果汁等水果加工品消费开始增加，我国的果汁消费量已位居世界第三。

四、水果的国际贸易

1. 世界水果贸易

近年来，随着消费者收入的增长、恒温物流技术的提高、运输成本的下降以及国际农产品市场的进一步开放，世界水果贸易不断发展。世界水果贸易市场主要包括欧盟、北美自由贸易协定区域、亚洲区域和其他区域。其中欧盟、北美自由贸易协定区域和亚洲区域既是世界主要的水果出口区域，又是世界重要的水果进口区域。此外，一些赤道区域和南半球国家也是世界重要的水果出口区域。

就具体国家而言，美国是世界最大的水果出口国，2006 年美国水果出口额达 68.4 亿美元，占世界水果出口额的比例为 13.6%。其后依次为西班牙（58.1 亿美元，5%）、意大利（30.4 亿美元，6.0%）、比利时（28 亿美元，5.7%）、荷兰（27.1 亿美元，5.4%）和智利（22.6 亿美元，4.5%）。美国又是世界最大的水果进口国，2006 年美国的水果进口额达 73.1 亿美元，占世界水果进口额的 14.5%。其后依次为德国（68.4 亿美元，13.6%）、英国（46.8 亿美元，9.3%）、法国（36.1 亿美元，7.2%）、荷兰（34.7 亿美元，6.9%）、比利时（32.6 亿美元，6.5%）、俄罗斯（29.7 亿美元，5.9%）、加拿大（25.8 亿美元，5.1%）、意大利（24.3 亿美元，4.8%）、日本（22.2 亿美元，4.4%）和西班牙（16.4 亿美元，3.3%）。

从世界水果贸易流向看，主要包括三大区域内部的贸易、三大区域之间的贸易以及三大区域与外部地区的贸易。区域内部贸易在世界水果贸易中占有重要作用，但不同区域内部的水果贸易又呈现出不同的特点。区域外部贸易主要指三大区域从赤道地区以及南半球国家进口香蕉和反季节水果。赤道地区的香蕉出口国包括哥伦比亚、波多黎各、科特迪瓦、厄瓜多尔、危地马拉、洪都拉斯和巴拿马等；南半球国家主要包括智利、南非、阿根廷、澳大利亚、巴西、新西兰和秘鲁等。

欧盟是世界最大的水果进口区域，进口来源地分为区域内部和区域外部，区域内部的进口稍高于区域外部的进口。欧盟区域外部的水果进口主要来自南非、哥斯达黎加、厄瓜多尔、哥伦比亚、智利、阿根廷、巴西及巴拿马等国。欧盟的水果出口国主要包括西班牙、意大利、比利时、法国和荷兰，五国水果出口量占欧盟水果出口量的80%以上。其中，西班牙是欧盟最大的水果出口国，其水果出口量占欧盟水果出口量的1/3，意大利、比利时、荷兰和法国居于其后。欧盟主要的水果进口国包括德国、法国和英国，三国的水果进口量占欧盟水果内部进口总量的1/2以上。其中，德国是最大的水果进口国，法国和英国分别为第二和第三大水果进口国。

在亚洲市场，日本是最重要的水果进口国；中国、泰国和菲律宾等国家是主要的水果出口国。区域内部贸易在亚洲水果出口中占有支配地位。区域外部贸易主要指与北美自由贸易协定区域及南半球国家的贸易。区域外部贸易在水果进口中发挥着重要作用，60%以上的水果进口来源于区域外部。

北美市场主要指北美自由贸易协定区域，包括美国、加拿大和墨西哥。北美自由贸易协定区域既是世界重要的水果出口目的地，也是重要的水果进口来源地。区域内外部贸易在水果出口中均具有重要地位。在区域内部贸易中，美国和加拿大是主要的水果进口国，墨西哥为主要的水果出口国。在区域外部贸易中，亚洲市场，特别是日本市场是该区域重要的外部市场，近1/3的水果出口都销往亚洲地区，其中80%的出口水果品种为柑橘、苹果、葡萄和樱桃。由于欧盟实施的季节性关税和优惠贸易协定等政策，北美自由贸易协定区域对欧盟的水果出口较少。区域外部贸易在水果进口中占有非常重要的地位。2006年北美自由贸易协定区域共进口水果96亿美元，自区域外部进口的比例高达63.3%。自区域外部的水果进口主要来源于南半球和赤道地区的国家，其主要进口水果品种为香蕉和葡萄。

2. 我国水果贸易

20世纪90年代以来，我国水果总面积及其各水果面积都有不同程度的增长。自1993年以来，我国就已经成为世界第一大水果生产国，在世界水果生产中占据重要的地位。除了占有水果总量优势外，我国的许多水果产量都居于世界前列。我国为世界第一大苹果、梨、桃和西瓜生产国，第三大柑橘生产国。2006年，我国桃和西瓜产量占世界的比例高达44.7%和67.1%。芒果、菠萝、葡萄、香蕉和甜橙产量占世界的比例较小，在3%~12%。

我国水果出口结构的总体特征是结构较为单一，以苹果、柑橘、梨和其他坚果为主。2006年苹果和梨、其他坚果以及柑橘在我国水果出口中占据了72.2%的比例，其中苹果、梨和柑橘在我国水果出口中的比例高达53.1%。我国水果出口市场结构的总体特征是较为单一，主要集中在东盟和日本，大约50%左右的水果出口到上述区域。此外，俄罗斯、美国、中国香港和加拿大也是我国较为重要的水果出口市场。

五、水果的营销策略

(一) 产品策略

1. 高品质化策略

随着人们生活水平的不断提高，对水果品质的要求越来越高，优质优价正成为新的消费动向。要实现水果高效，必须实现水果优质，实行"优质优价——高产高效"策略。把引进、选育和推广优质水果作为抢占市场的一项重要策略，淘汰劣质品种和落后生产技术，以质取胜，以优获利。

2. 加工化策略

发展水果加工，既可以满足市场的需要，也可以提高附加值，是水果业发展的新方向、新潮流。世界发达国家水果的加工品占其生产总量的90%，加工后增值2~3倍；而我国加工品只占其总量的25%，增值30%；水果加工潜力巨大。

3. 新产品策略

水果消费需求的多样化决定了要引进、开发和推广一批名、特、优、新、稀品种，以新品种引导新需求，开拓新市场。积极研究和开发水果的流行和时尚元素。在这方面，保健、高雅、稀有、别致都是可以研究的方向，如祝寿专用红苹果的开发。砀山酥梨的口感虽然很好，但由于过于传统，市场售价就很一般。目前市场上售价很高的红皮梨，仅仅一个外观色彩的变化，就可以使种植者在较长时间里获得特别的收益。

4. 品牌策略

要成功打造水果品牌，就必须在地域文化以及地域水果的"发展史"上做文章，有计划、有步骤地向目标受众展示，一步一步地提高水果品牌的知名度和美誉度。例如，要打造哈密瓜品牌，就必须深入了解新疆文化和哈密瓜的"前世今生"或"来龙去脉"，然后加以创造性地整合，逐步构建强势品牌。其实，哈密瓜身上有很多的品牌资源可以挖掘和利用，例如，从名称和文化的角度来说，哈密瓜古称甜瓜，哈密瓜的得名始于清初康熙年间，公元1662~1723年，哈密王投诚，甜瓜开始入贡，遂被称为哈密瓜。再如，从口感和营养价值来说，哈密瓜不仅香甜可口，而且营养成分十分丰富，同肉类相比，哈密瓜中的铁含量较之等量的鸡肉多2倍，鱼肉多3倍，牛奶多17倍。哈密瓜鲜瓜肉中，维生素的含量比西瓜多4~7倍，比苹果高6倍，比杏子也高1.3倍。但是，这些资源都没有被充分挖掘，也没有得到广泛传播，如果有企业决心塑造哈密瓜品牌，那么必然要利用新疆文化和哈密瓜的身世，以及相关的种植环境、营养价值等，创造品牌典故，内外兼修塑造品牌。

另外，还要注意使用品牌防御策略。夏天购买西瓜时，到处都是麒麟瓜，而且都标榜自己的西瓜是真正的麒麟瓜。但是，实际品尝的时候，消费者才发现事实并非如此，感叹又上当了。实际上，对于水果企业来说，品牌防伪问题是一个重点，也是一个难点，但最终是一个水果企业不得不跨越的"火焰山"。水果品牌防伪是一个系统问题，必须从头到脚、里里外外、前前后后地逐一解决，做到标本兼治，否则，难免被投机钻营者搭便车或钻空子，影响水果品牌的健康持续发展。例如，对于市场上出现的假冒沾化冬枣，沾化冬枣的龙头企业在现有的全国各大城市销售网络，实行统一进货、统一标志、统一品质、统一经营模式的专市、专店、专柜的办法销售，以在各大城市保护消费者利益，维护沾化冬枣品牌形象，赢取更大的利润空间和发展空间。

5. 包装策略

（1）小包装策略。目前城乡水果消费已出现买新吃鲜、少量多次的特点，而现在市场上的箱装水果多在10kg以上，当然不符合大多数消费者的需求。针对这种特点，有些经销商推出5kg以下的包装，这些小包装水果备受消费者青睐，销售量成倍增长。

（2）精品化策略。讲究质量和追求美观是现代人的共识，精美、新颖的包装能极大地促进人们的消费欲望。目前洋水果频频冲击国内市场，往往是在包装上找到突破口。国内的一些精品水果，其外表色形和内在品质完全可与洋货抗衡，特别是近年来出现的在水果上印字、印图和有着特殊造型的等级品果，只要包装跟得上，完全可以占领国内精品市场，甚至走出国门参与国际竞争。

（3）透明化策略。据抽样调查显示，95%以上的消费者在购买箱装水果时都要开箱察看。有些果农在包装时采用部分透明材料，制出一些透明包装，既增加美感又提高了购买者的信任度。

（4）组合化策略。人们不论是馈赠亲友，还是自己食用，都喜欢多样化，有些经销商别出心裁，按某种规律进行组合包装，如把不同形状的圆苹果、长香蕉、串葡萄进行组合包装，促销效果非常明显。此外，还可按不同颜色、不同性质、不同产地进行组合包装。从另一个角度看，还可把一种水果按多样品种组合包装，如一箱苹果内装有红富士、秦冠、元帅、国光等多个品种，消费者很愿意享受这种一品多味的待遇。

（5）多样化策略。针对当前水果多采用机制方形纸箱包装的现象，有些果农做了新的尝试，促销效果很理想。首先从材料入手，试用木箱、塑料箱、金属箱等替代纸箱；其次从形状入手，用圆筒形、连体形等形状替代方形；其三从制作工艺入手，变机制包装物为手工艺包装物。有些经销商从用途上着眼，推出自用廉价型、馈赠祝福型、旅游方便型、产地纪念型等多种包装。总之每一个新变化，就能刺激一种新的消费欲望，从而达到扩大销售的目的。

（二）定价策略

（1）水果分等级定价策略。对同类水果进行分级分等，按不同的等级分别定价，会使消费者产生货真价实、按质论价的感觉，比较容易被消费者接受，从而有利于扩大水果的销量。

（2）针对细分市场定价策略。水果经营者要对全球市场进行细分，根据不同国家和地区消费者的收入水平、消费习惯、消费心理等因素，实行区域差别定价。例如，日本的消费者由于收入水平高和固有的消费习惯，对苹果就非常挑剔，他们要求苹果色泽鲜艳、芳香浓郁、没有缺陷，单果重在250~300g之间，一个理想的苹果要足够一家人餐后分食。所以出口到日本的苹果就要采取高品质配以高价格的策略，而销往东南亚等地区的水果就应该适当采取低价策略。

（3）水果生产周期定价策略。目前，我国的水果还不能保证常年均匀供货，在收获期，水果大量上市，应该采用低价策略促进水果出口；在非收获期，可以根据水果的供给状况适当提高价格。

（三）渠道策略

（1）水果种植者直销渠道。即水果种植者→消费者，这种由水果种植者直接将水果出售给消费者的渠道类型，一般发生在水果的种植地距离消费者较近的情况下。种植者在当地的自由市场设摊出售，或与大宗水果消费团体签订合同，按合同销售。另外，也有些省市如北京市正在规范建设高标准的旅游观光果园，策划实施观光果园采摘活动，一部分果品直接在地头被消费者买走。但是通过此渠道实现的果品流通量有限。

（2）产地批发渠道。即水果种植者→产地批发商→消费者，在这种渠道类型下，水果的种植者一般就近将农产品直接或通过批发市场出售给本地批发商，然后本地批发商通过集货，将水果销售给最终消费者。

（3）产地批发＋销地零售渠道。即水果种植者→产地批发商→销地零售商→消费者，与前一个渠道不同的是，在产地批发商和最终消费者之间多了一个销地零售商，产地批发商将水果销售给零售市场的主体如大型超市、专卖店、连锁店。

（4）产地批发＋销地批发＋销地零售渠道。即水果种植者→产地批发商→销地批发商→销地零售商→消费者，在这种渠道类型下，产地批发商不需要面对众多的最终消费者，而只需将果品销售给销地批发商，销地批发商负责销地零售组织，地域之间的分工进一步细化，销售渠道比较长。

（5）产地批发＋各级中间批发＋销地批发＋销地零售渠道。即水果种植者→产地批发商→各级中间批发商→销地批发商→销地零售商→消费者，由于信息的不对称、地区市场封锁、交通运输的不便、交易市场建设甚至支付手段的落后，导致了果品流通中间环节的增多。流通环节的增多意味着物流环节的增多，从而导致物流费用在整个果品价格中的比重居高不下，价格居高不下，拉大了水果种植者与消费者的距离。

在以上五种流通渠道中，水果流通渠道主要以第四条渠道，即水果种植者→产地批发商→销地批发商→销地零售商→消费者渠道为主。水果流通渠道模式与国家的相关产业政策有关，目前在我国各级政府鼓励、支持的"菜篮子工程"中，承担零售环节流通任务的流通主体仍然是传统的农贸市场，国家也正在加大农产品流通三级流通市场的建设，即农产品产地批发市场、销地批发市场和零售农贸市场。

（四）促销策略

促销是市场营销的一个重要因素，其实质是卖方与买方之间的信息沟通，目的在于刺激消费者的购买欲望。在现代市场经济条件下，"酒香不怕巷子深"的信条已经过时，再好的商品如果不进行强有力的宣传，将难以被广大消费者所认知。促销方式主要有人员推销、广告、公共关系和营业推广。在广告宣传上，要加大投入力度，选择合适的广告媒体，在宣传上要突出水果的特色，以吸引消费者的关注。在改善公共关系方面，可以通过新闻单位或社会团体，无偿向国外公众宣传、提供相关信息，赞助目标市场的公益事业，开展各种有意义的特别活动等，如关心弱势群体、构建和谐社会、水果安全问题等。例如，首届中国品牌水果擂台赛邀请中国贡柑之乡——广东德庆县的德庆贡柑作为擂主参赛，同时也向国内种植柑类产品的县级以上政府发出邀请挑战擂主。大赛将对优胜者授予中国柑王称号，并设若干单项奖，鼓励水果种植标准化、规范化，协助打造国产绿色水果名品产区。这类新闻符合大众的兴趣，比较容易受到关注，对提升水果品牌知名度和美誉度都有帮助。当然，相关地方政府或水果企业必须进行立体化传播才能取得良好效果。而在国外也有成功典范，美国水果商做得就非常成功。例如，20世纪90年代初期，华盛顿苹果（蛇果）进入我国时，美国水果商就"从娃娃抓起"，在上海举办"美丽的果园——美国华盛顿儿童绘画大赛"，提供的各类彩照都是景色迷人的华盛顿果园,目的不言而喻。由于促销的作用,美国蛇果迅速占领了我国市场。

此外,水果的促销策略要遵循"四项基本原则":一是提高产品销量。促销的最根本目的是在不损害企业整体利益的基础上,快速提高产品或服务在某个阶段的销量,以帮助企业实现营销目标。这也是促销策略有效地服务于企业整体营销战略的根本原则,但是,不少水果超市在做促销活动时并没有认识到这一点,只是赚到吆喝,却对提升销量没有实质性的帮助,甚至让消费者产生种种疑惑。二是维护品牌形象。品牌作为企业营销的利剑,越来越引起企业的重视,许多企业都想以品牌的提升来带动营销工作的开展。例如,通过一些创新策略,提高品牌知名度,以期直接快速地提升销量。但是,水果企业必须严格遵循品牌战略,尽量避免促销中的短期行为,防止对品牌美誉度的伤害。品牌美誉度的提升需要长时间的积累和沉淀,因此,促销要有效地为营销服务,就一定要从品牌的层面来深入考虑,在实施促销活动的同时,能够积极维护水果企业的品牌形象,而后依靠品牌来保障企业的良性发展。三是保持价格稳定。促销降价必须有技巧,必须保持整体的价格稳定,避免出现消费者"心理失衡"的状况,尽量提高消费者的品牌满意度。因此,水果企业对促销方式要积极创新,避免随意压低价格的种种噱头,努力采用直接降价之外的促销策略。例如,一家水果连锁超市在开业之初举办了"买30元送30元"的优惠活动,这种活动在开业之初有助于提高水果超市的知名度,但不可避免的是,其负面影响也很大,消费者自然会认为,这家超市的水果价格一定很高,否则不会有这么大的让利活动。所以,水果企业在做促销时,必须努力规避此类的价格风险。四是认清并借助"四势":①社会发展之"势",即一个社会发展的总体趋势,如人们的生活水平日益提高、社会发展越来越以人为本,或者说越来越充满人文关怀等。②行业发展之"势",即一个行业发展的主要趋势,相对于社会发展之"势"来说,这一点对于水果企业营销的作用更加直接,因为一个企业的促销活动如果挖掘或顺应其所处行业发展之"势",那么其不仅容易得到媒体的高度关注,而且很容易得到广泛传播,大幅降低品牌传播成本。③企业发展之"势",即企业的发展态势,一个水果品牌的促销策略不能违背企业实际状况和发展远景,否则企业就会遭遇不能承受的重负,甚至生存和发展都会出现危机。④消费者兴趣之"势",即广大消费者的兴趣发展态势以及某个阶段的兴趣焦点,并且水果企业每一次具体的促销活动都能够给大众带来暗示:某某水果品牌的产品和服务能够为消费者带来十分明显的利益。这样的促销不仅能够切实提高水果品牌在社会大众或消费者心中的知名度和美誉度,而且可以提高消费者的忠诚度。

第二节　蔬菜市场营销

一、蔬菜的分类及其商品特点

1. 蔬菜的分类

(1) 白菜类:包括大白菜、小白菜、叶用芥菜、结球甘蓝、球茎甘蓝、花椰菜等。

(2) 直根类:以肥大的肉质根为产品,包括白萝卜、芥菜、芜菁、胡萝卜等。

(3) 茄果类:包括茄子、番茄、辣椒等。

（4）瓜类：包括黄瓜、冬瓜、南瓜、丝瓜、苦瓜等。

（5）豆类：包括菜豆、豇豆、毛豆、蚕豆、豌豆等。

（6）葱蒜类：包括洋葱、大葱、大蒜、韭菜等。

（7）薯芋类：包括马铃薯（土豆）、芋头、山药等含淀粉丰富的块茎、块根类蔬菜。

（8）绿叶菜类：绿叶菜食用部分以鲜嫩茎叶为主，包括菠菜、芹菜、莴苣、香菜、茴香、茼蒿等。

（9）水生菜类：包括藕、茭白、慈菇、菱角、荸荠等。

（10）多年生菜类：包括黄花菜、芦笋、竹笋、香椿、百合等。

（11）食用菌类：包括蘑菇、银耳、猴头菇、香菇、平菇、黑木耳等。

2. 蔬菜的商品特点

（1）品种繁多、生产的地域性和季节性强。根据蔬菜特性和栽培技术，蔬菜大致分为瓜类、绿叶类、茄果类、白菜类、块茎类、真根类、葱蒜类、豆荚类、水生菜类、多年生类、菌类和其他类12类。不同的蔬菜品种因种植时间、地域和方法以及储存方法、流通方式和市场价格等方面的不同而存在比较大的差别。由于蔬菜的品种多、生产的地域性和季节性强，不同地区的蔬菜品种存在差异，如我国北方因其干燥、雨量少的气候特点，则适合马铃薯、南瓜等蔬菜的生长，南方的气候温暖、雨量充沛，则适宜各种蔬菜生长，蔬菜淡旺季界限不明显，蔬菜品种丰富。

（2）鲜嫩易变质。与小麦、油料等农产品不同的是，蔬菜具有鲜嫩、含水量大、不耐运输、容易变质的特点，而且我国居民食用蔬菜以鲜食或直接消费为主，尤其随着我国居民生活水平的提高，蔬菜已经成为我国各地居民的主要副食品。为此，经济的发展和交通设施的改善，使得蔬菜在全国或跨国范围内的流通随之兴起，这是蔬菜商品性生产发展的重要特征之一。因此，加强蔬菜运储业是促进蔬菜产品大流通的重要环节。

（3）市场化程度高。因蔬菜易腐烂的特殊性以及市场对蔬菜品种及质量的要求，蔬菜市场的价格起落快，具有戏剧性变化。因此，快速地掌握蔬菜行业市场信息，了解蔬菜市场变化的总体规律，是调整蔬菜产销，保证获得高效益的重要条件。

（4）生产的适地性较强。蔬菜生产基地一般远离城市，向自然资源及劳力、土地、资金等生产要素较优越，交通比较方便的地区逐步转移，形成适地种植的格局，表现出蔬菜生产的集中性及专业性。其生产布局主要是：①城市郊区和工矿区附近，以常年性蔬菜生产为主，以鲜菜供应市场，是蔬菜生产最主要的形式。②城市远郊农业区，以季节性蔬菜生产为主导，多在栽种大田作物的同时兼营，是城市蔬菜供应的补充来源，目前也是我国蔬菜生产的主要供应地。③特色蔬菜生产区，由于某一地区独特的自然环境和社会条件而发展起来的蔬菜生产，种类少，但具有特殊的优良品质，如重庆涪陵的榨菜、广州的菜心，以及长江和珠江流域的水生蔬菜等。

（5）收入弹性指数较高。对德国、法国、荷兰、加拿大、美国、墨西哥、日本、泰国、土耳其、西班牙、意大利、英国12个国家人均谷物、蔬菜、肉类和蛋类的消费收入弹性进行计算，结果表明，蔬菜是收入弹性指数较高的食品，是各国收入弹性均大于0的食物。其中，最高的意大利，其收入弹性指数为4.59，墨西哥、西班牙和英国的蔬菜收入弹性指数都大于1，美国的也不低，为0.82，蔬菜收入弹性指数最小的泰国，也为0.19。

二、蔬菜的消费特点及其消费趋势

1. 蔬菜的消费特点

（1）追求"早"的消费心理。早，即想尽早尝鲜，以饱口福，如3、4月份的黄瓜、西红柿，不但销量很大，而且价格也都在6~8元/kg左右，经济效益较好。

（2）追求尝新的消费心理。近年来，一些大中城市中新品种很多，多受消费者欢迎，如一些南方城市中的北方菜、北方城市中的南方菜，以及一些进口菜，大都受消费者欢迎。特别是随着人们生活水平的提高，一些进口蔬菜、野菜不断增多，价格虽高，但购买者也大有人在，如荷兰豆、绿菜花、苦菜等均属此类。南方市场北方菜销售上升，由于人们对本地产蔬菜已大多无新鲜感，希望更换新口味。在北方市场出现的大量南方菜，如空心菜、苋菜、苔菜等，均属此类蔬菜。

（3）追求反季节的消费心理。夏季的黄瓜、茄子、番茄、青椒等，在冬季消费十分走俏，认为冬天的黄瓜好像比夏天的黄瓜要鲜要甜。而冬季消费的蔬菜在夏季也屡见不鲜。这一切都大大丰富了人们的餐桌，在冬季人们的餐桌上看见的不仅仅是过去的白菜、土豆了。在反季节蔬菜销售数量逐年上升的趋势下，正常季节蔬菜销售有所下降。例如，在华北地区冬季，以往每年冬季将至，几乎每个市民家庭都要储藏数百斤大白菜，而现在市民很少储藏，大多是现吃现买，其价格却接近反季节蔬菜，反季节白菜即春夏季白菜需求数量却不断增加。

（4）追求包装方便漂亮的消费心理。如今人们的生活质量在提高，蔬菜消费也在追求产地、品牌等。而且很多蔬菜已不仅仅停留在大街摆地摊的水平上，更多的是进入大超市、大商店。蔬菜包装花样多，精巧美观，拎起来方便，十分走俏。

（5）追求绿色食品的消费心理。由于人们对蔬菜中农药残毒量以及卫生等方面有了很高的要求，近年来很多大中城市的消费者，不再仅仅注重蔬菜的外在质量，如有无黄叶、烂叶等，而是更加注重蔬菜的内在质量，如有无污染、有无农药残毒、对人体有无伤害，更有很多消费者买菜时专门挑选那些略有虫害、病害的蔬菜，以免造成不必要的污染或农药伤害。

2. 蔬菜消费的发展趋势

（1）大路蔬菜逐渐下降。主要体现在人们的消费不仅仅面向大路蔬菜，而是呈现蔬菜消费的多元化。例如在天津市场，前几年夏季黄瓜的消费要远远高于其他季节，而近几年夏季黄瓜消费逐年下降，其主要原因就是夏季蔬菜品种日趋丰富，从而影响到黄瓜（夏季）的消费。其他类型的大路蔬菜的销售数量也都在不同程度上受到影响。

（2）蔬菜消费的地域差异逐渐缩小。蔬菜消费存在逐渐减少的区域差异。一个居住在北美洲的消费者与一个居住在亚洲的消费者在蔬菜消费上的支出无疑是不同的。这里要说明的是，居住在同一国家不同地区以及居住在城镇和农村的不同消费者蔬菜消费支出的差别，以美国和我国为例。总的说来，美国人均蔬菜支出在地区间的差别不大。1990年以前，东部蔬菜支出最高，从1997年起，西部超过东部，成为蔬菜支出最高的地区，中西部和南部地区的差别不大。我国不同地区间城镇居民蔬菜支出存在较大差异，东部地区城镇居民的蔬菜支出最高，西部地区居民的蔬菜支出最低。地区间蔬菜支出的差距正在逐步缩小，2005年，东部地区人均蔬菜支出比西部高80.9元，到2009年，这一差距减少到40元。

（3）新鲜蔬菜和冷冻蔬菜消费量增加。蔬菜消费及需求不仅表现出与谷物类和动物性食品不同的特征，而且随着经济发展和收入水平的提高，膳食中新鲜蔬菜和冷冻蔬菜的消费逐渐增加，而罐头蔬菜和脱水蔬菜在蔬菜消费中的比重逐渐降低。从20世纪70年代中期开始，美国居民的蔬菜消费倾向有了改变，新鲜蔬菜和冷冻蔬菜的消费量增加，而罐头制品和干菜的消费量降低。1977~2001年，新鲜蔬菜的人均消费量增加了55%。加拿大是世界上新鲜蔬菜消费比率较高的国家之一，而且新鲜蔬菜的消费量一直在稳定增加，2008年，人均鲜菜的消费量为79.6kg，比1973年的45kg增加了34.6kg；冷冻蔬菜的消费量也呈增加趋势，2008年加拿大人均冷冻蔬菜的消费量为7.6kg，比1973年增加4.7kg。罐头蔬菜的消费呈现减少的趋势，1973年人均消费罐头蔬菜15kg，到2008年只有11.9kg。

（4）对营养、保健型蔬菜的需求增加。蔬菜是重要的功能性食品，人体需要的六大营养素中的维生素、矿物质和纤维素主要来源于蔬菜，而且某些营养素还是蔬菜独有的。如果人体缺少蔬菜中的某种营养素，不仅影响健康，而且还导致某些疾病的发生。因此，在数量扩大和品种增加的情况下，蔬菜的消费向多样化、营养化和保健化转变。土豆在美国居民蔬菜消费中占有重要的地位，1977~2001年土豆的消费量一直稳定在60kg左右，2009年人均土豆消费量为66.32kg。随着膳食中芦笋、菜花、番茄、胡萝卜、芹菜、洋葱等蔬菜品种的增加，土豆在蔬菜消费中的比重已经下降。芦笋是加拿大消费量最大的新鲜蔬菜之一，此外，洋葱、胡萝卜、番茄和卷心菜在加拿大蔬菜消费中占据着越来越重要的地位。出于对健康的考虑，蘑菇、大蒜、洋葱、芦笋以及一些森林蔬菜的消费正在增加，特别是在发达国家。我国居民蔬菜消费已经改变了一年四季以白菜为主的局面，一度是城乡居民生活中重要内容的"冬储大白菜"活动早已成为历史。居民蔬菜消费中白菜所占比重迅速下降，已由1995年的27.4%降至2009年的13.84%；而番茄、黄瓜等多种蔬菜所占比重上升。蔬菜消费占比重较大的25种蔬菜是：白菜、番茄、黄瓜、白萝卜、豆角、油菜、大葱、茄子、青椒、卷心菜、芹菜、冬瓜、豆芽菜、韭菜、胡萝卜、菠菜、芦笋、菜花、空心菜、蒜薹、大蒜、洋葱、莲藕、丝瓜、生姜。2009年城镇居民家庭人均鲜菜购买量中，这25种蔬菜共占78.69%。

（5）对无污染、安全优质的有机蔬菜的需求越来越大。近20年来，随着世界经济的发展，国内外消费者对自身健康的考虑以及环保意识的增强，对无污染、安全优质的有机蔬菜的需求越来越大。同时，近几年，由于癌症的发病死亡率已跃居首位，食品安全越来越受到重视，对蔬菜等食品的要求越来越严格，对无农药、无化肥或减农药、减化肥的有机蔬菜的需求越来越旺盛。特别是欧盟、美国、日本等经济发达国家和地区的居民，对无污染和保健性蔬菜的需求日趋强烈。欧盟已成为有机食品需求最大的群体，年消费有机食品占世界总量的3/4；在瑞士的食品市场上，食品的价格、质量、新鲜度和便利性仍然非常重要，但是目前最重要的是食品的自然性、安全性和生态性状；77%的美国人表示，一个生产食品的公司的环境信誉会影响其对该公司产品的购买；日本有91.6%的消费者对有机蔬菜感兴趣。在我国国内市场，绿色食品的开发满足了高收入居民改善生活质量的需要，据调查，北京和上海有70%~84%的居民喜欢绿色食品。

（6）蔬菜消费趋于周年化。随着经济的发展和收入水平的不断提高，消费者对蔬菜的要求越来越高，特别是蔬菜不仅要求新鲜时令、营养健康，而且要求品种多样、周年均衡供应。为了做到这一点，各国一方面不断从国外引进大量蔬菜新品种，并进行试验研究，不断培育出新的蔬菜良种投入生产,另一方面大力发展设施栽培,尽可能做到各种菜的周年上市,对有些在国内难以周年生产或生产成本高保证不了供应的蔬菜则通过进口予以解决,因此,消费者对蔬菜的需求基本上不受季节限制。

(7) 向净菜方便型以及蔬菜工业食品型转化。随着城市居民生活节奏的加快和对周围环境质量的重视,对净菜的需求将持续增加。发达国家蔬菜工业食品在食品消费中所占的比例较大,一般达80%,有的更高,而我国只占25%。目前,我国蔬菜工业食品除传统的腌制成罐工艺外,已开发出半成品加工、脱水蔬菜、速冻蔬菜、蔬菜脆片等,一些新开发的产品也陆续问世,主要有汁液蔬菜、粉末蔬菜、辣味蔬菜、美容蔬菜、方便蔬菜等。与此同时,蔬菜面点、蔬菜蜜饯、蔬菜饮料等蔬菜深加工产品迅速兴起。由于蔬菜工业食品在品种、质量、卫生、安全、方便以及稳定供给方面更适应人们对现代食品的高要求和快节奏生活的需要,已经受到消费者的青睐。

三、蔬菜的生产与消费

1. 蔬菜的生产

世界蔬菜生产分布广泛,除南极洲以外的6个大洲均有蔬菜生产。其中,亚洲、非洲和欧洲是占世界蔬菜产量比重最大的三个生产地区,而亚洲无论从新鲜蔬菜产量还是种植面积来看,都是世界最大的生产地区。亚洲蔬菜产量占世界新鲜蔬菜总产量的80%~90%,亚洲蔬菜种植面积占世界的75%~80%,但是亚洲生产主要集中在劳动力资源丰富、工资成本低廉的发展中国家,亚洲发展中国家的蔬菜种植面积占世界蔬菜种植面积的90%以上。中国、印度、意大利、美国等是世界主要的生产大国。特别是中国和印度,这两国的新鲜蔬菜产量占世界新鲜蔬菜产量的70%~80%。其中,中国作为世界最大的蔬菜生产国,其新鲜蔬菜产量就占世界新鲜蔬菜产量的60%左右。目前世界主要种植和生产的蔬菜种类有马铃薯、红薯、番茄、甘蓝、洋葱、黄瓜、茄子、胡萝卜、辣椒、干菜豆、大蒜、菠菜、青豆、豌豆、芦笋、蘑菇等。在种植的各类蔬菜品种中,马铃薯是最大宗的蔬菜品种,其次是番茄、甘蓝、黄瓜等。

我国蔬菜生产主要分布在山东、河北、河南、江苏、湖北、四川、广东、湖南、辽宁、广西、安徽等省(自治区)。山东省为我国蔬菜生产第一大省,其次分别为河北、河南、广东、江苏、广西等省(自治区)。种植蔬菜品种以大白菜、黄瓜、萝卜、番茄、辣椒、茄子、大葱为主,尤其大白菜的生产最多。大白菜最主要的生产省份为山东、河南、河北。黄瓜的主产省份是山东、辽宁、江苏、河北、河南和广东。山东黄瓜产量占全国产量比例最高。萝卜在几个大省的分布比较均衡。茄子生产以山东、河北两省比较高。全国大葱生产主要集中在山东、河南和河北,其他省份产量比例较低。

2. 蔬菜的消费

蔬菜消费量的大小,在一定程度上和一个国家的膳食结构有一定关系。亚洲地区国家居民大多数是以植物性食物为主、动物性食物为辅的膳食结构,或者动植性食物合理搭配的膳食结构。亚洲地区国家对蔬菜的消费量大于世界其他地区的蔬菜消费量,是世界最大的蔬菜消费市场。就人均蔬菜消费量来看,亚洲国家人均蔬菜消费量排第一位,北美洲、欧洲人均蔬菜消费量分别列第二和第三位。

世界各大区域在对蔬菜消费的品种上有一定的差异:欧美国家习惯消费的蔬菜品种包括

洋葱、胡萝卜、花菜等；东欧和阿拉伯国家习惯食用的主要蔬菜有橄榄、番茄、甜椒、黄瓜、洋葱、胡萝卜等；马铃薯、番茄、橄榄、黄瓜和茄子等蔬菜在亚洲地区畅销，消费量最多；此外，近几年芦笋、蘑菇和菠菜等蔬菜消费量在亚洲增长速度快，发展前景十分广阔。

我国居民的膳食模式是以植物性食物为主、动物性食物为辅。蔬菜在我国居民食物消费构成中所占比重达到33.7％。由于蔬菜的生产供应方式以及居民饮食习惯复杂多样，各地居民对蔬菜的消费存在差异：城镇居民在蔬菜消费质量上优于农村居民。各类高档菜、进口菜、加工蔬菜的消费主要在城镇，城镇居民购买的新鲜蔬菜中有相当一部分是经过初步加工的蔬菜，如净菜。城镇居民到超市购买蔬菜正在逐渐成为时尚。相比之下，农村居民蔬菜消费主要是自给自足，以当地生产的蔬菜品种为主，仍停留在"吃得饱"的阶段。从消费习惯和烹饪方式上看，北方城市居民蔬菜消费量明显高于南方。我国12座大城市蔬菜人均年消费量位居前列的蔬菜品种构成为：①北方排在前七位的蔬菜是大白菜、黄瓜、番茄、甘蓝、茄子、芹菜、马铃薯，这与北京的排序基本一致，北京作为北方代表，大白菜占了绝对的第一位。②南方排在前七位的蔬菜是油菜、甘蓝、大白菜、黄瓜、茄子、芹菜、番茄。③全国排在前七位的蔬菜是大白菜、黄瓜、甘蓝、番茄、油菜、茄子、芹菜。④马铃薯消费量比较多的城市是大连、沈阳、哈尔滨。⑤广州蔬菜消费的品种结构完全不同于其他南方城市。从消费量上看，东北与华北地区蔬菜消费量最大，平均消费量达130kg以上；消费量最少的基本上为东南部地区，平均消费量只有100kg左右。其余地区蔬菜消费量处于这两个地区中间。由此大致可以判断我国居民蔬菜消费量北方量大，东南部量少。从购买蔬菜的支出金额上看，消费量最多的北方地区支出金额却不多，反而是消费量最少的东南沿海地区支出金额多。造成这种局面的原因主要有两点：一是由蔬菜消费品种差异决定的。我国北方与内陆地区白菜、萝卜等分量较重的大路蔬菜品种较多，东南沿海地区居民消费的蔬菜中名、特、优品种比较多，所以消费的分量较轻，但支出金额较多。二是居民收入也是形成这种状况的重要因素。东南沿海地区是我国经济发达的地区，该地区居民的人均收入在全国是最高的。

四、蔬菜的营销策略

（一）产品策略

（1）新型产品策略。蔬菜种植结构要积极引进和培育具有诱人的香味、鲜艳的色泽、独特的形状和风味的新型蔬菜，如微型蔬菜、彩色蔬菜及稀有蔬菜等。例如，桤芹菜、青花菜、樱桃番茄、荷兰豆、金瓜、藏菜、玉米笋等。稀有蔬菜的开发要正确定位，毕竟稀有蔬菜的需求量不大，主要供应宾馆、饭店及部分达到小康生活水平的消费者。同时要调整蔬菜种植的季节和上市时间，打品种差、季节差、地区差，抢占市场。

（2）品牌策略。品牌策略是指给蔬菜产品注册商标，进行质量标准认证，进而达到蔬菜产品销售增加的活动。蔬菜要想畅销国内外市场，首先应创立一个良好的品牌。山东、浙江等许多地方都为蔬菜注册了商标，创出了响亮的品牌，如上海的"高榕"蔬菜市场销量一直在上扬。这些蔬菜产品依托品牌效应，走进市场、走出国门，取得了很好的经济效益。品牌蔬菜已成为城市市场的消费亮点，因此要大力提倡无公害蔬菜的品牌战略，在让消费者认识的同时，增强生产者对蔬菜产品质量和信誉的责任心。在确立品牌后，蔬菜应该进行标准认证、包装重新设计和专柜销售工作。为了进入高端市场，应对国外市场的标准壁垒，首先要加大 ISO、HACCP 等质量标准认证力度，加强有机食品、无公害食品、绿色食品认证力度，使更多的蔬菜走出国门。同时为维持蔬菜品牌活力，防止假冒出现，应适时、适度更换包装，新包装应注重提升档次，并可辅以一些防伪手段。

（3）文化营销策略。中国文化在世界享有盛名，饮食文化就是其中之一，可以利用中国文化为蔬菜进行文化营销。蔬菜产品可在产品中融入文化，发掘历史文化遗产。丰富的文化内涵，能为产品打开更为广阔的销路。在设计和包装上，利用历史文化名城、著名人物、历史事件等，都能不同程度地增加文化附加值，使商品身价倍增，如四川麻辣火锅、客家梅菜等。

（4）产品加工策略。近年来，由于一些发达国家蔬菜生产成本加大，不少国家和地区都愿意从我国进口廉价的商品蔬菜。为推动我国蔬菜加工业由资源优质转变为产品优势与经济优势，蔬菜深加工发展可以向以下几个方面发展：脱水蔬菜、速冻蔬菜、洁净蔬菜、菜汁饮料、辣味蔬菜、粉末蔬菜和美容蔬菜，为此我国要努力提高蔬菜加工的腌制、脱水、冷冻、密封等技术。

（二）价格策略

（1）价格线策略。蔬菜由于其供给和市场的特殊性，无法对某种产品定制一个稳定的价格，有的产地或批发市场，蔬菜的价格每天都不同，而且一天价格从上午到晚上都不同，但作为配送企业，则要化解这部分价格波动带给顾客的影响。根据企业的产品定出一个相对稳定的价格线：高端产品价格不管经历何种因素的影响都确保"稳"和"平"；中低档蔬菜价格则根据产地进行地理价格定价，将企业的运营成本合理计入价格中，由顾客自由选择不同的产品和价格。

（2）周期价格策略。由于蔬菜受两个周期，即商业周期和价格周期的影响，从蔬菜市场来说，顾客可以自由选择各种替代品来弥补某种产品的价格上涨，但蔬菜配送企业为订购的顾客配送的产品却不能说是某种产品涨价；当然这可以作为一种补充的营销方式来弥补价格波动给顾客带来的麻烦，同时蔬菜配送企业由于为顾客提供了一定的服务，所以其产品价格有某种幅度的变动，顾客也是可以接受的。但对于每天或者经常的变动，大量的调查数据显示，顾客宁愿选择有上涨幅度但相对稳定的价格。蔬菜的价格周期基本是可以预测的，但没有完全的可控性。所以企业可以根据配送量的积累情况，定出产品价格的调整周期，在市场变动幅度较大且非常频繁时选择"周价格"，而由于季节变动时选择"月价格"或者"季价格"。

（3）善因价格策略。据市场调查部门统计，蔬菜配送企业在运营过程中每日占其成本支出 40% 的有：门对门的服务人力成本、客服信息反馈、配送损耗。要解决这一问题，善因价格是最好的解决之道，每个配送社区或者近郊均有一些退休、下岗、失业、弱势人群等需要得到社会帮助或支助，而蔬菜配送企业可以利用善因价格策略以"零价格或最低成本价"配送给这些人群，由他们帮助企业在社会内分发蔬菜、收集顾客真实和及时的服务信息，并及时配送或处理企业每日收尾蔬菜（减少企业损耗）。此部分费用只占企业当日成本的 10%，顾客既可得到及时和优质的服务，同时企业社会形象也会得到极大提升。

（三）渠道策略

1. 蔬菜流通的特点

（1）储藏运输的难度大。蔬菜的易腐性、季节性和原料性，使得蔬菜流通过程中的保鲜、储存、加工等环节具有重要的地位并具有很强的技术性。为了方便运输、储存和销售，在蔬菜进入流通领域之后，还需要进行分类、加工、整理等活动。蔬菜流通对技术要求高、专业性强、难度大。新鲜是蔬菜的生命和价值所在，但由于蔬菜的含水量高，所以，保鲜期短、极易腐烂变质，对仓储、包装、运输等环节的技术要求高。因此，蔬菜在运输储存过程中，许多种类蔬菜需要特定的设备。这使得蔬菜流通比工业品流通更具生产性，且有更强的资产专用性。

(2) 流通风险高。蔬菜生产的分散性、季节性，使得蔬菜流通风险大。蔬菜生产分散，市场信息更加分散，人们难以全面把握市场信息，容易造成供求双方信息不对称，出现供给不适应需求的状况；蔬菜生产受季节影响，不能连续不断地生产，有其特有生长过程，故无法按蔬菜价格的高低在短期内有所增减，供给难以在短时间内调节，导致市场价格波动大。过大的流通风险会降低经营者的未来预期值，往往会使经营者更多地采取短期的机会主义行为，不利于培育市场主体和形成有序的市场竞争。

(3) 蔬菜的"小生产"和"大市场"之间存在矛盾。蔬菜流通过程呈现出由分散到集中再由集中到分散的基本特点。就其农业生产一家一户的单个资源配置、生产能力、生产规模、蔬菜的产出量和商品量等而言，其水平都是较低的。这就决定了蔬菜的"小生产"特征，而蔬菜消费却分布极广。这种"小生产"和"大市场"的矛盾还表现在交易主体数量的对比悬殊，农户与中间商的数量对比是很明显的，从事蔬菜生产的农户数量远远多于中间商的数量。形成了农产品市场的单边垄断特征。

(4) 交易频率高。蔬菜易腐，蔬菜种植者一般是即采即卖，表现出交易频率高的特征。加工后的蔬菜则耐储存，一般是成批量交易，交易频率较低。这就决定了鲜菜交易需要内部化的交易制度，以降低交易成本。即蔬菜种植者与蔬菜市场、蔬菜中介商、蔬菜加工商或直接与消费者（如与餐馆、大型企业的职工食堂、学生食堂等）建立稳定的关系，减少新鲜蔬菜的流通环节。

2. 蔬菜物流渠道类型

(1) 农户→农村经纪人→批发市场→农贸市场/超市→消费者。这是目前最广泛的蔬菜流通渠道。农户收获蔬菜后，由农村经纪人小范围批量收购再转卖给批发商，进入批发市场。批发市场包括产地批发市场和销地批发市场。蔬菜经批发市场进入农贸市场，最终到达消费者手中，完成流通过程。这种渠道农户与农村经纪人的关系松散，不存在固定的契约关系。因此，虽然农户的进入与退出成本较低，但还是存在一定的风险。此外，这种流通渠道环节多、损耗大，不确定因素较多。

(2) 农户合作组织/龙头企业→农村经纪人→批发市场→农贸市场/超市→消费者。由于上述渠道中农户和收购商贩的关系松散，不确定因素较多，所以出现了农户合作组织及生产基地。在这条渠道中，合作组织将松散的农户组织起来，通过签订合约，统一组织生产、收购和销售。近年来，还出现一些龙头企业，通过向农户提供种子、技术指导等，与农户签订合同，要求农户按要求进行标准化生产，到期按照合同价格进行收购。通常，龙头企业与批发商也签订有合同。这就是"订单农业"。

(3) 农户合作组织/生产基地→采购供应商→超市→消费者。在这种流通渠道中，采购供应商连接着生产者和零售者。一方面，通过与超市达成协议，定向向超市供应蔬菜产品；另一方面，按照超市对蔬菜质量的要求，选择生产基地。采购供应商还在整个渠道中传递产品信息，保证渠道畅通，是该流通渠道的核心环节。

（4）农户合作组织/生产基地→超市→消费者。这是目前推广的新型蔬菜流通模式：农超对接模式。即一种蔬菜"从田间到餐桌"的直接流通渠道。在这种渠道中，大型连锁超市与农户合作组织签订合同，直接向蔬菜生产者进行采购，降低了农户的风险，保障了农户的利益。超市由于减少了流通环节，降低了流通成本，从而使蔬菜价格更具竞争力。消费者也能以较低的价格得到高品质的蔬菜产品。因此，"农超对接"是一种"三赢"的模式。

（四）促销策略

（1）人员推销策略。所谓人员推销，是指企业派出推销人员与一个或一个以上可能成为购买者的人交谈，作口头陈述，以推销商品，促进和扩大销售。目前我国蔬菜人员推销主要是依靠农民经纪人和销售大户进行的，如浙江省有近30万户农产品营销大户、经纪人队伍活跃在农产品流通领域。但是，在越来越多的农产品进入超市、专柜销售后，使用现场促销人员显得越来越重要了。目前的现状是蔬菜等农产品在超市现场促销的业务员较少。因此，蔬菜生产和经营者应该在稳定现有销售人员的基础上做到：①在销售终端包括超市、蔬菜专柜市场聘请现场促销人员。②在节假日进行现场促销，以刺激蔬菜产品的销售。③进行人员培训，提高销售人员的销售能力和水平。

（2）广告促销策略。通过广告传播市场商品信息，引导消费，刺激消费，甚至创造需求。在报刊、广播、电视、网络媒体或户外等各种场所为蔬菜产品做广告，让消费者了解蔬菜营养价值，同时也可以强化消费者对产品的感知度、对企业和品牌产生认可。可以根据蔬菜产品自身的特点在专业性报纸、杂志以及小区域范围的广播、电视等媒体进行广告宣传。蔬菜广告可以有直销广告和品名广告。直销广告是直接销售产品的广告，如山东寿光等地就做过蔬菜直接销售广告。品名广告是指产品名称和品牌名称的广告。名字，是一切广告的语言源，好名字本身就是优秀广告，因为一个好名字能使目标消费者在短时间内感动、想记且优先记住从而产生消费欲望，它是广告推广的中心词和支点。蔬菜生产企业在注册商标后要注重宣传，同时要根据蔬菜生产所在地的特点进行产品名字的策划，如湖北长阳的"高山蔬菜"等就大大促进了蔬菜产品的销售。

（3）营业推广策略。营业推广策略是指那些不同于人员推销、广告和公共关系的销售活动，它旨在激发消费者购买和促进经销商的效率。它一般只作为人员推销和广告的补充方式，其刺激性很强、吸引力大。农业部每年都安排农产品促销专项资金，组织国内农产品生产、加工企业参加国际农产品促销活动，支持在国内组织农产品展示展销推介会和公益广告宣传等活动。各地也开展了一些如莲藕节、高原蔬菜节等节庆促销活动，促进了蔬菜的市场销售。蔬菜营业推广最好的载体莫过于一年中的几大节假日，节假日的销售业绩通常是平日的2～3倍以上。因此，蔬菜除了参加各种农产品推介会、展销会和博览会外，应该大力开展节日促销活动。可在蔬菜上市季节、元旦、春节、五一、国庆节、中秋节等时候在超市、蔬菜专柜开展针对性的促销活动。平时还可以在超市中和其他产品生产企业开展联合促销，如和女性服装企业开展买服装送蔬菜活动，还可以在超市现场开展有奖销售、降价销售、折扣销售等促销活动。蔬菜产品旺季和淡季的价格往往相差很大。蔬菜生产和经营者应该掌握这个规律，努力发展早熟和反季节蔬菜品种，使产品上市时间提前或推迟，或者在旺季把一些蔬菜保鲜储藏等到淡季出售。

（4）公共关系策略。公共关系是指某一组织为改善与社会公众的关系，促进公众对组织的认识、理解及支持，达到树立良好组织形象、促进商品销售目的的一系列促销活动。蔬菜企业应充分利用广播、电视、报纸杂志、科普读物、广告及互联网等传媒，宣传无公害、绿色、有机、特色蔬菜的知识，帮助消费者树立自我保护意识和绿色消费观念。同时可以利用公关进行本企业品牌蔬菜的宣传，以消除人们对市场出现的同类毒菜、非安全蔬菜的恐惧，确保自己的品牌蔬菜稳定销售。

（5）网络营销策略。电子商务突破了时间、空间上的限制，而且成本低廉，比较适合蔬菜出口企业。有条件的中小企业可以建立公司的网站，并在YAHOO等搜索引擎上注册，这样所有的客户和潜在客户都能通过搜索找到公司的网站、了解公司及其产品；没有能力建立自己网站的企业可以在一些著名商业网站如阿里巴巴或者行业网站发布自己的公司和产品信息；此外，还可以到各国商会、协会及商业网站上找客户，通过商会的行业信息了解更多的当地商业资讯。例如，山东齐河县是脱毒马铃薯育种基地，该县利用互联网上的农产品供求信息平台收集市场信息，克服了以往信息不畅、对市场行情缺乏了解的弊端，建立网站常年开展蔬菜网上推介工作，并利用电子邮件进行蔬菜产品的销售工作。

第三节　花卉市场营销

一、花卉的分类及其商品特点

（一）花卉的分类

1. 根据生态习性分类

（1）一、二、多年生花卉：一年生花卉包括凤仙花、鸡冠花、波斯菊、万寿菊、半枝莲等；二年生花卉包括三色堇、紫罗兰、桂竹香、虞美人等；多年生花卉包括芍药、美人蕉、大丽花、水仙等。

（2）球根花卉：包括晚香玉、番红花、玉帘、百子莲、君子兰、仙客来等。

（3）宿根花卉：包括芍药、菊花、香石竹、非洲菊、红秋葵、天竺葵、文竹等。

（4）多浆及仙人掌类：包括玉树、豹皮花、吊灯花、仙人笔、芦荟、仙人掌、仙人指等。

（5）室内观叶植物：包括翠云草、铁线蕨、鸟巢蕨、凤尾蕨、苏铁、印度橡皮树、一品红、棕竹等。

（6）兰科花卉：包括春兰、惠兰、建兰、墨兰、万代兰等。

（7）水生花卉：包括荷花、睡莲等。

（8）木本花卉：即以赏花为主的木本植物，尤其是指一些乔木。

2. 根据园林用途分类

（1）花坛花卉：包括金盏菊、半枝莲、万寿菊、珍珠梅、凤仙花、一串红等。

（2）盆栽花卉：包括朱顶红、仙客来、倒挂金钟等。

（3）室内花卉：包括棕竹、龟背竹、文竹、君子兰等。

（4）切花花卉：包括越级、百合、马蹄莲、郁金香、满天星、康乃馨等。

（5）观叶花卉：包括花烛、万年青、南洋杉、虎耳草等。

(6) 棚架花卉：包括凌霄、紫藤、金银花等。

3. 根据贸易商业习惯分类

(1) 盆花类：各种盆花、各种室内观叶植物、观果植物。

(2) 切花类：包括月季、康乃馨、切花菊等。

(3) 球根类：包括郁金香、风信子、百合、大丽花、香红花等。

(4) 盆景类：各种树木、山水盆景。

(5) 香料花卉类：包括玫瑰、茉莉、紫罗兰、留兰香、桂花、晚香玉、白兰花等。

（二）花卉的商品特点

(1) 时间性、时令性。花卉是一种特殊的商品，具有极强的时间性、时令性，同样，由于花属于鲜活商品，质保期短，在一个季节是赚钱的，而在另一个季节则可能赔钱。销售出去是赚钱的而销售不出去则可能赔钱。消费者的爱好和需求是经常变化的，要在两年前就预测到现在的消费趋向和消费能力，提前准备好产品，对未来市场有正确的预测能力。

(2) 区域性强、生产周期长。花卉生产和销售具有很强的地域性。我国花卉种植面积广而分散，云南、广东、辽宁、四川等省为我国的鲜切花生产大省，广东、江苏、四川、河南为我国盆栽植物种植地，江苏、河南、浙江等地为我国观赏苗木生产地。花卉的生长受到气候、地理因素的影响，所以在生产方面，企业应因地制宜创建具有本土特色的品牌。另外，市场上销售的花生产周期长，一般都要经过最少三十几个月的时间，如果买来已经培育好的种子，到成花也得至少20个月的时间。

(3) 投入高，经济效益高。花卉生产的设施投入和技术投入在种植业中都比较高。对于一般的成花供应商，产品即使没有专门的技术人员来培育，也只能通过专业人员来操作、管理才能生产出高质量的花卉产品。花卉的盈利生产多是使用设施栽培，温室使用性能高，技术含量增加，各种功能设施配套均需较大投入。这些条件决定了发展花卉业要比发展传统种植业投入高，但是经济效益高。

(4) 消费弹性系数较大。花卉是一种精神消费品，相比其他必需的农产品如大米、食用油而言，花卉消费弹性系数较大，消费者很可能因花卉的提价降低对它的购买或转向其他地方购买；花卉之间差异小也导致了消费者对于不同花卉的价值体验差异较小。因而，这就为花卉品牌的形成造成了一定的难度，但也为品牌的形成和壮大提供了契机。

(5) 对自然资源依赖性强。花卉商品是鲜活的植物材料，其对自然资源的依赖性比较强，而且受气候环境影响比较大。自然资源的密集程度影响着资源性产业的成长。

二、花卉消费的特点及其影响因素

1. 花卉消费的特点

(1) 人均花卉消费水平较低。与其他国家相比，我国的人均花卉消费水平很低，我国人均花卉消费金额每年仅有0.7欧元，仅为世界人均水平的1/10。

(2) 花卉消费市场主要在大中城市。因为城市工商业发达，居民收入水平较高，整体消费水平高于农村。另外，城市居民对精神生活的追求程度要普遍高于农村，对花卉的消费较多。我国花卉消费主要集中在大中城市，农村花卉消费几乎为空白，中小城市的消费也比较少。在大城市的消费中，以东南部沿海居民收入高的城市为主，其中广州、上海、北京、深圳等地花卉消费居于全国前列。

（3）消费季节性明显。花卉消费主要集中在节假日，如元旦、春节、劳动节等重大节日，其次情人节、母亲节、教师节等也成为花卉消费的火爆节日。节日花卉消费火爆是我国花卉消费市场的一个显著特征，而又以春节花卉消费为甚，形成年花市场的特征，这是由于多年的消费习惯形成的。而且，节日里越是高档的花卉往往越好销售，即使是上千元，甚至数千元的产品，如大花蕙兰中的垂花种和带香味的品种、密花石斛、镰果杜鹃、火棘盆景等也畅销无滞。而平时则是物美价廉的花卉较为好卖。

（4）消费礼品性突出。"买花的人不看花，看花的人不买花"是对我国花卉消费礼品性的形象描述。据有关调查显示，在60位被调查者中有36位买花的主要目的是作为节日礼物送人，占了整个人数的53%；另有12人，即总人数的20%买花是为了在别的场合看望朋友；只有16位即26.7%的市民买花是作为家庭装饰或自我欣赏。花卉消费以礼品消费为主，城市居民是最大的潜在消费群体，通过花卉知识的传播，引导这一消费群体，将他们升级为参与消费群体，对花卉的生产和消费都有促进作用。

（5）集团消费仍是重点。从消费层次来分析，长期以来形成的以团体消费为主的花卉消费现象虽然发生了较大的改变，但并未发生根本性的变化，集团消费仍然是主流。全国各主要城市花卉消费调查表明，节日期间大约有65%~70%的花卉被单位集体购买，个人购买的只占30%~35%；而平时集团消费量更是高达75%~80%。因此，个体消费市场仍有待培育。

2. 影响花卉消费的因素

（1）消费者的收入水平。收入水平是影响消费者花卉需求的首要因素。在价格不变的情况下，收入水平提高将使消费者对一定价格下的某种商品的需求量增大。消费者对花卉的需求也遵循这样的规律。花卉产品作为一种商品，其需求量也将随着人们的收入水平的逐步提高而增加。

（2）消费者的偏好。消费者的偏好是影响商品需求量的一个重要因素。在其他条件如收入水平允许的条件下，消费者总是优先选择他所偏好的商品，以追求消费行为给他带来的最大效用或满足程度。花卉属于精神消费品，而不同的人对于不同的种类、不同的色彩、不同的姿态韵味的花卉有着不同的偏好，同样的月季切花，有人喜欢红色、有人喜欢黄色；对于盆花，有人喜欢喜庆猩红的一品红，而有人对形态奇特的仙人掌类情有独钟；不同的民族、地区由于受传统文化的影响，对于花卉的喜好也不尽相同，如欧洲等国家对于干花需求非常大，而我国居民目前更喜好色彩鲜艳的鲜花；在广东年橘、桃花非常畅销，北京人则喜爱节日气息浓郁的红色系列及大规格花卉产品，上海更青睐于造型小巧、色彩淡雅的花卉。在组织花卉生产时，应考虑消费对象，根据消费偏好选择适销对路的种类和品种。

（3）花卉价格。花卉价格是影响花卉消费的重要因素。据调查，花卉价格下降10%，大多数消费者并不能显著增加购花数量及次数；而价格下降20%，能较大幅度地刺激个人花卉消费量的增加。因此，随着花卉业的发展，花卉栽培技术的逐渐提高及生产效率的提高，花卉生产成本得到有效控制，大宗花卉产品的价格有望降低。实际上根据近几年花卉价格分析，鲜切花及盆花价格均有大幅度降低，降幅甚至达50%。因此花卉消费肯定会逐渐增加。

(4) 文化习俗。不同地区、不同民族有不同的文化传统、宗教信仰和风俗习惯，它们会影响产品的消费方式及需求的选择。花卉产品属精神消费品，文化习俗对其消费有着一定的影响。郁金香，在荷兰仅仅栽培了400多年，由于一开始荷兰人就十分重视对郁金香文化的宣传，赋予它勇敢、正义、胜利等含义及精神，"谁轻视郁金香，谁就是冒犯了上帝"，"没有郁金香，算不上真正的富有"等，郁金香文化极大地促进了郁金香的消费和需求，从而快速推动郁金香的生产及研究，郁金香热风靡了荷兰及全世界，并奠定了它作为世界名花的地位。正是由于郁金香文化的影响，郁金香现在风靡全球。

(5) 人口结构。人口结构也会对花卉的消费造成影响。随着近年城市化进程的加快，城市人口在不断增加，这在一定程度上有利于花卉消费总量的提高。在一定数量人口情况下，由于城市人口收入较高、消费观念等因素影响，城市居民花卉消费比农村居民要高，因此随着城市人口数量的增长，花卉消费也会随之增长。

三、花卉的生产与消费

世界的花卉生产与消费分为三大部分：南北美洲、非洲与欧洲、亚洲与远东。美国、欧洲、日本等世界三大经济体仍将是世界花卉生产和消费的主体，其花卉业是一个比较成熟的产业，将保持持续发展的趋势。但在产品生产方面，优势产品将有所上升，而生产成本偏高的劣势产品将被放弃或移至国外生产，即转移到具有比较优势的国家或地区生产，或者组织进口以满足国内消费需求。花卉生产总量长期保持上升势头，花卉产品生产以专业化、规模化为特征，而市场需求则具有保持地域文化及政策稳定性的特征，求新求异求变的多样化需求处于上升态势。即使世界仍笼罩在经济衰退的阴影中，但有一种产品——花卉，似乎永远不受影响。1997年全世界共售出价值约1400亿美元的鲜花，花卉这个行业不但成长快速，也在迅速变化，有越来越多的花朵由南半球源源不断地输出，哥伦比亚上升为全球重要鲜花输出国之一，仅次于荷兰。气候适宜，工资低廉的肯尼亚、墨西哥、秘鲁及厄瓜多尔，也是大宗鲜花供应国。荷兰因此不得不改变在北美洲的市场行销策略，改以销售高价格而风味独特的花卉为主。变化最大的莫过于美国市场。当地花卉销售额由1988年的100亿美元增加到1991年的130亿美元，1997年的200多亿美元，使得花卉成为农业部门扩张最快的一环，与往日美国人只在情人节、母亲节及特殊节日才买花的情况相比，简直不可同日而语。除了传统畅销花之外，天堂鸟与一些新品种也常被选购。但美国人还算不上对花特别钟爱，以个人平均购花量而言，他们买花的钱还不及意大利、德国、挪威及日本人的一半。在美国出售的康乃馨及菊花，每10朵中有7朵是进口的，大多来自哥伦比亚。

近20年时间，我国花卉业发展迅速，1998~2004年7年间，全国花卉种植面积增加了7倍，2004年全国花卉产品销售额达到431亿元。其中切花、切叶占总销售额的比例在15%左右，盆栽植物约占27%左右，观赏苗木约占40%左右，草坪约占5%左右，种子、种球、种苗约占4%，其他约占6%。我国花卉业以传统的绿化苗木和工业用花为主，尤其是鲜切花的发展落后，仅占整个花卉业的10%左右。但花卉出口增长缓慢，呈螺旋式上升趋势。我国对80多个国家（地区）出口花卉，出口额较大的国家（地区）主要有日本、荷兰、美国、韩国，出口额居前五位的省市是云南、广东、福建、上海、浙江，五省市出口额占总出口额的70%以上。随着经济全球化的逐步深入和我国花卉业国际竞争力的不断加强，我国极有可能成为新的世界花卉贸易中心。世界花卉贸易中以切花为主，我国云南已经具备成为这个中心所在地的基本条件，而且已被世界花卉界认同，所显趋势已不可逆转。

四、花卉的营销策略

（一）产品策略

（1）产品定位策略。注重花卉产品质量，重视对新品种知识产权的保护。引导花卉产品的组合盆栽、水培花卉、易拉罐花卉等新产品消费。注重不同群体的需求差别，如青年消费群体多在圣诞节、平安夜、情人节消费；集体消费群多在庆典方面消费；中老年消费群多以养花作为乐趣，注重趣味栽培产品。尊重中国传统的花文化理念，注重红色系花卉资源的销售。

（2）品牌策略。花卉从原产品质量到包装质量都应有自己的品牌。目前，国内外不少切花已有分级标准和级别层次，创品牌要求的是花卉本身的内在品质和外观，这是产品营销的核心和灵魂。对花卉进行产区规划和布局，以及进行保护地设施栽培，首先就是要保证产品的内在品质。其次是注重包装质量，盆花与观叶植物的套盆与组合、各种插花装饰等，是讲究包装的基本措施。切花的分等级包装，插花制品，花束花篮的附赠品包装，如贺卡、糖果、玩具等也是包装中经常运用的营销策略。此外，标签、使用说明、售后服务都是新的营销观念下创品牌讲究的服务质量策略，如高档盆花售后提供养护、说明书和电话跟踪服务与咨询等。

（3）租赁策略。花卉养殖，特别是一些名贵花卉的培养通常需要专业化的知识。很多买花爱花的人并不懂得如何养花，而且对于很多公司、单位来说，它们只是短时间地需求，当活动结束后，大批的花卉就无处摆放。而花卉租赁费用不太高，大厦大堂摆的大盆景一盆每个月只需几十元，家中客厅摆放的花卉每月租费则只需十几元，价格不高，花费不大，一些单位权衡买花、租花的利弊之后，多数还是选择了租花。在基本的现实条件下，花卉租赁满足了消费者的需求。北京、上海、广州、西安等城市的花卉租赁业务非常火爆，现在每年花卉租赁量的增长都超过了30%。

（二）定价策略

（1）节日定价法。花卉产品不像人们的必需品，在平常的日子它的消费量可能很少，但在一些特别的日子它们的销售量可能很大，因此它们的需求状况也是根据不同时期出现不同的趋势，例如，在春节、情人节、端午、国庆、元旦等传统节日，花卉的整体走势会趋高，定价可适当调高。

（2）分级定价法。在花卉销售中可以对花卉进行分级，从花的质量和数量上区分价格。有些花卉是名花，具有很好的观赏价值和药用价值；有些是从国外引进的花，技术含量高。这些都可以实行高价策略。在花卉的出售中可以通过包装的档次、产品的数量来定价，特别是作为礼仪性的花卉更适合分级定价。

（3）服务性定价。以在销售中服务量的多少来定价，如有些需要插花艺术设计服务的，可以适当高价。还有的可以根据时段服务来定价。特别是盆花产品，在养殖中需要一定的技术，加上现代核心家庭基本上没有时间和精力来照看花卉，花卉公司就可以通过对花卉产品的时段养护来对服务定价。

(4) 折扣定价策略。为了刺激花卉消费者的购买欲望，鼓励大量购买和旺季购买、提早付款，可以实行折扣和折让价格。通常工业发达国家如荷兰等会采用现金折扣、数量折扣、季节折扣、折让等方式赊销花卉商品。我国企业为了增加资金周转、减少成本，也可以鼓励消费者当场现金消费，薄利多销，实行交足一部分现金再赊销一部分商品，在交纳现金的基础上赊销一部分商品以增加销售量，并且如果是那些大宗买卖和集团消费，由于销量大，数量多，销售者也可以根据具体情况实行折让价格，多买多折让，当然，无论折价多少，商家一定要以不低于成本价销售。花卉经营者根据花卉生长的季节因素调整价格，在花卉的当月季节销售，折扣就多些，相反价格就高些。例如，那些在夏季生长的花卉，如吊兰等，在夏季买价格相对来说会便宜一些，但到了冬季，很多夏季的花卉就必须到温室里去栽培才能正常生长，所以在冬季买这些花卉产品，价格也就高些，因此，消费者或者商家根据具体情况可以作出适当的调整，进行协议定价，达到双赢的效果。

(5) 地区定价策略。为了灵活地处理花卉精品在异地销售时所发生的运输、装卸、仓储、保险等费用的支出，可以采用地区差别定价方式。即可以根据产地的不同而进行定价的一种价格策略，像一些名贵的国外的花卉品种，到了我国价格就会不同，且会上涨很多倍。但如果是那些批量大、花卉档次不高的品种和那些人们常用的花卉产品，则可以采用一种统一交货方式。例如康乃馨，价格不高，人们的消费量大，就可以采用这种统一交货交款的方式，并且根据该地的消费水平和人们的收入多少，确定该花卉的价格，就像同样的花卉产品，在沿海一带价格就会高出内陆3~5元，这是由于区域不同，采用的定价也就不同。有的商家为了多销售货物，或者吸引更多的消费者，采取免收运费定价策略，这会让消费者感到能够得到更多的实惠，商家又能多销售产品。

(6) 心理定价策略。这是根据人们的心理因素变化所采取的一种策略方式。心理学家认为，人的心理是复杂多变的，但只要迎合人们的这种心理，采取适当的方法就能得到意想不到的效果。一般来说，花卉销售者常采用非整数定价、整数定价、声望定价、单位标价等方式来满足人们不同的心理需要。有的商家采取小数点的方法，把价格从整数改成小数，像把10元改成9.9元，100元改成99元，这样让人们感觉不是那么贵，在心理上能够接受一些，特别是对于那些对价格敏感的人来说更有效，现在市场上就很流行这种方法，很多商家实施的特价行为就是这种方法的运用。但是有些消费者比较干脆利落，喜欢是多少就是多少，并且他们认为价格越高，表示花卉产品越有档次。因此商家可以采用高价位的整数标价来突显花卉产品的高贵，从而也让消费者感觉自己的消费档次很高。当然，针对那些上档次的花卉产品，还可以根据它们在人们心目中的地位和长久以来在市场上经久不衰的销售量采用一种声望定价方式，以突显产品的高贵，从而使商家获得更大的利润。另外，各商家也应该根据自己规模的大小和应对市场的能力作出自己的标价，可根据自己的实力采用适当的低于市场一定水平的价格去销售，从而增加销售量来获得收益，尽快实现资金的周转。商家可以根据不同的情况，或者结合几种情况作出一种差别定价。总之，花卉产品的价格应以成本为基础，按照季节、购买对象、购买数量、供需情况、地区差异等因素为各个细分市场制定灵活的、层次不同的价格，最终达到企业的营销计划目标。

(三) 渠道策略

1. 花卉主要分销渠道类型

在现有花卉市场中，花卉从生产基地进入消费者的所有环节及其中介机构，构成了花卉产品的分销渠道。其途径有如下几种模式：

(1) 生产者→消费者。这是指生产企业自己推销，或开展鲜花速递、电话、电视、电子商务销售，这是一种最短、最直接的分销渠道。盆花、观叶植物生产者上门租摆，也是采用的这种方式。

(2) 生产者→零售商→消费者。一些生产量不大、主要补充当地周年供花中旺淡季交替供花不足的中小型花店常选择这种方式。

(3) 生产者→批发商→零售商→消费者。这是一般消费品分销渠道中的传统模式，也是我国花卉市场目前广泛采用的分销渠道。许多中小型企业，尤其是生产基地规模较大、离消费者有一定距离时，采用这种方式比较经济可行。

(4) 生产者→代理商→零售商→消费者。用代理商代替批发商，也就是生产者委托代理商推销花卉。代理商代表生产者将产品出售给零售商，再由零售商卖给消费者。代理商不拥有商品所有权，也不承担经营风险。许多国外生产者推销进口产品如花卉种球、种子、种苗、切花常用这种方式。

(5) 生产者→代理商→批发商→零售商→消费者。代理商通过批发商把产品销售给零售商，再到消费者，是分销渠道中最长的一种形式，我国花卉种子如草花、草坪种子和水仙球等的出口一般采用这种渠道。

2. 国外渠道营销模式

欧美各国花卉及苗木消费的主要对象都是市民个体，这一点与我国区别很大。其在生产方面标准化程度很高，物流很发达，信用程度很高。其主要营销模式有以下几种：

(1) 园艺超市及花店。现代链以大型超市为主要销售渠道，广泛存在于欧美发达国家。具体销售环节为：生产商→园艺超市→消费者。现代链的特点首先是供应链短，花木新鲜程度有保障；其次是超市对花木品质可以充分把关；最后是在销售方式上有很多改革，如配送保鲜剂等。传统链主要是通过批发商再到花店，日本是典型的以传统链销售为主的国家。传统链的销售环节为：生产商→拍卖市场→进出口商→批发商→花店→消费者。传统链销售环节较多，若要保证品质的新鲜程度和一致性，就必须有高效的物流和严格的管理，否则很难确保消费终端产品的质量。

(2) 拍卖市场。目前全球最著名的花卉拍卖市场是荷兰的阿斯米尔（Aalsmeer）拍卖市场。阿斯米尔花卉拍卖行是荷兰5 000家经营花卉、盆栽公司组成的联合体，这些种植商必须按规定将自己的产品交拍卖行出售，并从经营额中拿出1%作为佣金上缴拍卖行，用于拍卖行的进一步开发及支付人员工资。产品的买方，即购买花卉的经销商，在拍卖行登记注册，但不是拍卖行的成员，他们使用拍卖行高度信息化的组织系统，并在成交额中拿出一定比例的款项交付拍卖行作为服务费。

(3) 电子交易。以丹麦为例，丹麦是欧洲第二大盆花生产国，盆花供应量占欧洲盆花总量的1/5左右，仅次于荷兰。DANPOT是丹麦唯一的盆花电子交易公司，运行这一电子交易系统的公司为股份制企业，由丹麦盆栽协会、丹麦种植者销售协会以及贸易公司共同组建，系统会员交纳的费用就是公司的利润来源。会员有三类：一是盆花生产商。目前，丹麦盆花生产商几乎都是DANPOT系统的注册会员，会员可以把产品信息发布到DANPOT系统。二是花卉经销商。经销商登录到这个系统后，可以看到不同生产商出售的产品信息。系统提供完备的查询功能，既可以按产品类别查询总的供应情况，也可以搜索不同的生产商。经销商根据需要在网上下订单,还可根据订货量选择包装箱和派送方式。三是物流合作伙伴。DANPOT电子交易公司有专业的物流合作伙伴,经销商的派送业务从开始受理一直到产品到达指定目的地,期间的进程都可以随时通过系统在线查阅,类似于目前我国的快递业务。

3. 国内渠道营销模式

(1) 花卉及盆栽观赏植物。目前,国内花卉及盆栽植物的主要对象为个人消费者。从销售的形式来看有以下几种:

1) 花卉拍卖市场。我国20世纪90年代末引入了花卉拍卖市场模式,然而现在除昆明国际花卉拍卖交易中心仍在运行外,其他市场均放弃了花卉拍卖形式。花卉拍卖在我国的尴尬境地与我国的市场理念、市场机制和文化氛围息息相关。鉴于目前我国的经济现状和市场体制,花卉拍卖市场要保持适度发展,有待今后一步步地完善。此外,有些花卉公司还专门成立了自己的拍卖市场,主要进行自产花卉的销售。

2) 花卉交易市场。这种营销模式是以个体营销商为主,他们从不同的生产商获取货源,进行销售,从中赚取利润。我国目前各地都有相当规模的花卉市场。花卉市场采取的是建场招商、摊位出租、经营和管理分离的方式,租赁各方没有共同的利益驱动,使市场组织化程度低,管理混乱,专业化分工欠缺,辐射半径小,集散能力弱,信息流通不畅。管理者一般不能准确把握市场供求状况,不能从宏观上指导花卉经营者,经营者之间不正当竞争现象突出。

3) 私人花店。私人花店是分散在各个消费终端的零售商,属于传统链范畴,目前仍是花卉产品流通的主要渠道。花店能迅速了解消费者的偏好与需求,经营形式多样,顾客能够便捷地购买商品,售后服务也更为到位。零售店在很大程度上刺激了花卉的消费,但随着人们生活水平的提高,消费者很难在花店买到齐全的新品种,而且消费者对购物环境也提出更高的要求,未来花店将在一定程度上被超市等现代链代替。

4) 超市、卖场零售。目前国内很多大型超市内都有出售鲜花的摊位,也就是店中店,花卉生产商与超市合作进行花卉销售。超市零售模式销售的关键在于价位低、购买方便,在一定程度上促进了花卉的销售。

5) 园艺超市。园艺超市不同于花卉市场,其采购经营由超市统一管理,可以把握市场走向,避免无序竞争,杜绝了花卉交易市场商品质量良莠不齐,销售和服务不成体系,购物环境脏、乱、差等现象。园艺超市通常直接到产地进货,属于生产者→零售商→消费者的物流形式,专业化程度更高,购物环境较好,产品门类齐全,目前做得较好的有北京世纪奥桥花卉园艺中心和上海溢柯花园。

6) 网上交易。与其他行业发展相同,我国的花卉也走上了网上直销的道路。各大电子商务网站都提供花卉的交易服务,包括花卉预定、网上订花、网上送花服务等。网上直销的本质在于速度和效率的革命,在价格、渠道、促销服务、沟通等方面具有明显的优势,能使消费者以比较低的价格、更为便捷的方式购买到满意的产品和服务。对于花卉生产者来说,能够及时了解客户信息,调整自己的产品结构,降低中间环节的费用,还减少了库存、市场推广费用,小企业同样可以把产品销售到世界各地。但消费者在网上买花只能凭商家提供的价格和一些参数进行选择,而我国花卉标准体系不规范,商家发布的花卉产品并无标准可循,这就大大降低了网上购花的可靠性。再加上国内尚未有专业花卉物流体系,故网上直销的只限于一些近距离的运输和便于运输的产品。

(2) 绿化工程用苗。国内绿化苗木市场很大一部分是用于工程绿化,因此采购苗木的主体主要是绿化公司及一些大型企事业单位。具体销售模式有以下几种：

1）苗木交易市场。苗木交易市场以个体营销商为主，与花卉交易市场类似，有时两者也在同一个市场，如浙江萧山花木城、江苏夏溪花木市场。苗木交易市场提供了一个苗木流通的大平台，实现了产销分离，同时有能力提供大单，解决了花农卖花难的后顾之忧，在很大程度上促进了当地的苗木业发展。与花卉交易市场一样，苗木交易市场需加强规范化管理和信息化建设。

2）苗木经纪人。经纪人模式在某些地区较为普及，如江苏、河南、浙江、辽宁等地，在辽宁省，经纪人每年销售的花卉产品已占到全省花卉销售量的近一半。经纪人模式与传统的销售模式一样成本较高，生产者利益被重新分配，另外，在一定程度上信息流通也不通畅。随着新的营销模式的出现，经纪人模式会日渐淡出市场，但在目前市场化程度还不太高的情况下，经纪人还会起到一定的作用。

3）苗木配送公司。苗木配送公司属于流通领域，其核心竞争力就体现在产品的质量和服务的细节上。这些企业的一个共同特征是自己有一个面积比较大的苗圃做依托，再联合一些中小苗圃组成一个供应系统，以实现跨区域、多品种的苗木供应。对于苗木质量，要有一套严格的质量保证体系，同时提供一整套的优质售后服务。例如，浙江绿源苗木配送公司，目前自有订单苗木基地 5 000 亩，并依托萧山的苗木产业优势，有苗乡 15 万亩苗木基地及众多加盟单位为稳定的供应渠道，销售覆盖整个华东地区的绿化工程公司。

4）自产自销。这是一种原始的交易方式，但它目前在国内仍占大多数份额。苗农自己卖苗看似物流链条短，实则因个体经营能力差、规模小、信息不通、营销物流不专业等原因，常常导致苗木跟不上市场需求，最后导致苗木积压和恶性竞争。各地苗木生产者协会、专业合作社的出现，在一定程度上增强了苗农抗风险和统筹全局的能力。

（四）促销策略

（1）人员推销。人员推销是最古老的传统促销方式，是销售人员与顾客面对面地接触。一方面，推销人员向顾客介绍产品信息，以此促销；另一方面，推销人员又可从消费者中了解他们对产品的质量要求、包装式样等反馈意见，供企业制定生产和销售策略时参考。

（2）营业推广。当生产基地推出某一新的花卉种类、新花色或花店推出新的花卉装饰品式样时，可采用这种方式，如在大型超市、百货商店、专业店特意布置门面吸引顾客，以有奖销售、让利等方式打败和抵御竞争对手。

（3）广告。广告具有传递信息、塑造产品形象、诱导和刺激需求等多种功能，故现代花卉企业很注重广告效应。零售商和批零兼营者对广告都有一定的需求，但做广告的效果如何，要考虑广告的媒体选择、辐射范围及其广告费用的承担等问题。

（4）公共关系。公共关系通常通过地方报纸、刊物、广播电台、电视台等媒体宣传市场，扩大市场影响，使人们了解市场，光顾市场。编印发送小册子宣传市场，经常向市场附近的居民发送宣传品，提供最新花卉产品情况和价格等。举办插花花艺、花卉养护、花卉室内装潢讲座等扩大市场的知名度。在节日举办小型花展和制作花卉景点等活动，以吸引消费者，同时宣传企业文化。随着时代的发展，花卉综合市场营销也将不断出现新的变化，这一研究主题应根据不同发展阶段不断充实新的内涵，进行动态的系统研究，从而不断完善、不断繁荣花卉市场。

重要概念

加工化策略　精品化策略　透明化策略　直销渠道　产地批发渠道　租赁策略　文化营销策略　善因价格策略　订单农业

复习思考题

1. 水果的营销策略有哪些？
2. 水果流通渠道主要以何种渠道为主？
3. 蔬菜的消费特点及其消费趋势是什么？
4. 蔬菜的营销策略有哪些？
5. 花卉消费的特点及其影响因素有哪些？
6. 国外花卉渠道营销模式有哪些？

技能训练

要求：
（1）浏览商务部"双百市场工程"信息服务系统。
（2）参观当地果蔬批发市场，了解价格走势。

第十章 畜牧类农产品营销

畜牧业是衡量一个国家和地区农业发展水平的重要标志，农业发达的国家，畜牧业产值一般都占到农业总产值的60%以上。随着人们收入水平的提高，畜牧类产品的消费比例将持续上升。本章介绍了畜牧类农产品营销的基本内容，并对经常消费的几种畜牧产品的市场营销原理进行了介绍。

第一节 畜牧类农产品营销概述

一、畜牧类农产品的概念

畜牧类农产品是指生产动物性产品，将已经被人类驯化的动物，如猪、牛、羊、马、骡、驴、鸡、鸭、鹅、兔、蜂、骆驼等各种禽畜，通过人工饲养、繁殖，利用其生理机能，将植物性产品转化为肉、蛋、奶、毛、绒、皮、丝、蜜等动物性产品。

二、畜牧类农产品的特征

畜牧类农产品市场作为整个国民经济的组成部分，它除了具备普通的市场特征之外，还具备以下特征：

1. 关系国计民生的重要性

畜牧业经过30余年的发展已成为我国农业和农村经济中的一个重要支柱产业，有效地带动了种植业、农产品加工业等相关产业的发展，促进了农业向深度、广度进军，加快了农业结构战略性调整的步伐。畜牧业的大力发展为更多地吸纳农业富余劳动力、增加农民就业机会、促进农民增收、合理配置农业资源开辟了重要途径。

2. 较强的永续需求性

畜产品消费在我国居民生活消费中占有重要地位。一个国家、一个地区的居民每日摄入的热量、蛋白质和脂肪来自畜产品比重的大小，是衡量该地区居民消费水平的重要标志。随着我国经济的快速发展，人们的生活水平有了一个较大的提升，但目前，我国居民收入水平和消费水平仍比较低。虽然我国目前的畜产品市场已处于暂时性的相对饱和状态，但从人口的增长、城乡消费水平比较、畜产品消费结构和动态发展的观点来看，随着经济的进一步发展、人民生活水平的提高以及购买力的增强，我国畜产品消费市场仍然蕴藏着巨大的潜力。

3. 较高的风险性

畜牧业不同于其他行业，不仅要面临市场风险，还要面临疫病风险。市场风险指的是由市场带来的、由于产品价格不好、销路不畅或是养殖户资金短缺等原因造成的经营风险。由于现代物流的发展和经营管理技术的进步，畜禽产品的流通范围逐步扩大，养殖户之间的竞争进一步加剧，市场风险也进一步增加。疫病风险主要是由自然因素造成的。畜牧业是禽畜生活习性、适应能力与社会经济环境的统一，这就决定了畜牧业生产经营活动对自然环境有着特殊的依赖性。

4. 较高的专业性和技术性

首先，从国际畜牧业发展形势看。随着全球经济一体化步伐加快，畜牧业发展将面临更加开放的市场环境和更加激烈的市场竞争。一方面，国外资本和产品大量进入我国畜牧市场。发达国家借助技术、资本方面的优势，不断在畜禽种质资源、畜产品销售等领域抢占发展制高点和市场。例如，目前畜禽种业研发几乎完全被发达国家控制；国际著名投资公司高盛、摩根士丹利等已经进入我国生猪、肉鸡、奶产品和祖代种猪行业。另一方面，我国畜禽产品出口难度越来越大。欧美、日韩等国际市场对畜产品要求标准和监控程序越来越复杂。同时，东南亚各国生猪业发展很快，不断与我国争夺畜产品出口市场份额，加之国内劳动力成本上涨等因素，我国畜牧业原有的人力资源、养殖成本等优势正在逐渐弱化。

其次，畜牧业生态化关系着整个生态系统的平衡与安全。当前，影响畜牧业稳定、和谐、持续发展的突出问题，诸如饲养动物的疫病问题、农药与抗生素残留问题、动物福利问题、动物食品质量安全问题、饲养动物的环境适应性与抗病力问题、生物多样性问题、草原超载过牧与退化沙化问题、土壤退化与水源污染问题等，只有通过专业化、技术化途经才能解决。

三、畜牧类农产品营销的概念

畜牧类农产品营销是市场营销的一个重要分支。畜牧类农产品营销是畜牧或畜牧相关经营企业开展的创造性的适应动态变化的畜牧市场活动，以及由这些活动综合形成的畜牧商品、服务和信息从经营者流向畜产品或是相关服务购买者的社会活动和管理过程。

四、畜牧类农产品营销的特点

在信息时代和网络社会的21世纪，市场营销继工业社会诞生以来产生了最深刻的变革，畜牧类农产品营销形成了新特点，其主要表现为：

1. **专业性**

畜牧类农产品营销需要非常熟悉专业知识的营销人员，对于产品的适应性、配伍禁忌、不良反应、药代动力学、半衰期、体内分布、用法用量等专业因素需要认真地掌握。它不像一般消费品营销，任何人只要掌握一定的营销知识、营销技能便可开展，畜牧类农产品营销人员必须是专业人士，这是由对消费者的社会责任感和生命价值所要求的。

2. **复杂性**

由于区域的整体消费水平、消费观念、生活习惯、社会风气的不同，导致区域养殖的品种、数量分布存在差异，加上兽药生产企业的局部分布情况等，都直接影响到兽药的销售。

当前我国的养鸡市场主要分布在山东、河北、河南、江苏、辽宁、黑龙江、四川、广东、广西、福建、北京和上海。养猪主要集中在湖南、湖北、四川、河南、江西等地，山东、河南、辽宁等地养鸡量大且技术比较成熟，四川、新疆、云南等地养鸡业处于发展时期。国内有兽药企业2 000余家，其中鸡、猪药几乎各占一半，生产鸡药为主的厂家主要分布在山东、河北、广东等地。生产猪药为主的厂家以四川、广西、云南居多。厂家规模大小不一，管理也不太规范。同类产品价格差别大，销售策略也千差万别，假冒伪劣产品很多，市场竞争无序。

综上所述，市场情况是非常复杂的，同时需求对象包含以下几方面：经销商、代理商、企业、养殖户等。由于受到产品类别的不同、兽药从业人员的习惯不同、终端客户的消费习惯的差异和养殖产品病情的差异，也使得畜牧类农产品营销变得越来越复杂。

3. 风险性

进入 21 世纪，随着国家对重大疫病的公开化和农产品贸易竞争的加剧，畜牧业的自然和贸易风险不断加大，且多种风险交织在一起，相伴而生。重大疫病的发生，引起畜禽及产品国内流通受阻、消费需求下降、出口遭遇封关，导致产品价格下跌、库存积压、生产效益下滑，畜牧业无法循环往复，生产力遭受极大冲击。近年来，许多国家特别是一些发达国家和地区纷纷设置绿色壁垒和技术壁垒，限制农产品贸易，保护国内生产。日本、欧盟对我国的肉鸡、肉兔多次封关、开关，对出口企业和畜禽养殖者造成重大影响和损失。另外，国内一些城市搞不切实际的市场准入，一些地区实行地方保护，也在一定程度上限制了畜产品流通。这些原因导致畜牧营销受外界的影响非常大，风险性也增大。

4. 差异性

过去的几年里，产生了大量的兽药饲料"新产品"。例如，市场型新产品，产品实体的主体和本质没有变化，只是改变了色泽、规格、含量、性状、包装等；技术型新产品，因技术进步而发明的全新产品，无论功能、质量等都有根本性的变化。绝大多数新产品属于两者的混合，即全新产品、换代产品、改进产品和新牌子产品，各种"新产品"充斥市场，产品良莠不齐导致在营销过程中的营销手段、价格体系、渠道策略等内容的差异。

5. 激烈性

厂家市场竞争的加剧、国家标准带来的产品高度同质化、企业之间资源整合态势的凸显、经销商两极分化趋势的渐现、市场环境的进一步净化、利润空间的进一步压缩、产品研发和差异化被提上日程、营销模式和手段多样化的趋势、与国际的接轨、从业人员素质的提升等导致了畜牧类农产品的竞争更加激烈。

第二节　猪肉市场营销

猪肉是百姓生活的必需食品，它的发展水平是衡量百姓生活改善程度的一个重要依据。随着我国人民生活水平的逐年提高，我国猪肉产品的增长率也出现了稳步增长的势头。猪肉制品加工业与农业关联度极强，相辅相成，相互促进，紧密相关，受到国家产业政策的大力支持和政府关注。

我国是世界第一大猪肉生产国和消费国，占世界总产量的一半以上，目前我国人均猪肉占有量和消费量已超过世界平均水平，生猪市场总值已超过 4 000 亿元，养殖企业和农户遍布全国。猪肉作为养猪生产的终端产品，是人类生存不可缺少的营养食品。在我国，猪肉更是人民传统的和主要的肉食来源。

一、猪肉市场供给

2010 年我国猪肉产量为 5 071 万 t，预计到 2015 年，猪肉产量将达到 5 360 万 t。生猪养殖对饲料消耗量大，因此其主产区都集中在粮食主产区。长江流域、华北、西南和东北地区这四大地区的生猪产量约占全国总量的 80% 以上，是我国主要的生猪、猪肉产区和调出区。

以出栏量计，2009年我国排名前三的生猪主产省分别为四川（11%）、湖南（9%）和河南（8%）。

生猪的主销区为长三角、珠三角和环渤海三大经济圈。由于生猪和猪肉的运输半径受新鲜度要求限制不能过长，因此各销区的猪源供给由相对应的产区供给。长三角地区的猪源来自长江中下游和华北地区，珠三角地区则主要来自湖南、广东、广西、四川和云南等主产区，而环渤海地区的猪源由华北和东北地区供给。

二、猪肉消费需求

猪肉是我国消费者日常饮食中最重要的蛋白质来源。2011年我国的猪肉消费量为5 258万t，占全球猪肉消费总量的50%，远高于第二大消费地区欧盟和第三大的美国。猪肉在我国消费者主要的肉类⊖消费中占比近六成，但随着人们生活水平的提高以及食物种类的多样化，猪肉所占比重呈现小幅下滑的态势，增速慢于其他肉类品种。

根据中国肉类协会发布的2010年中国猪肉行业发展情况报告及"十二五"期间中国猪肉行业发展规划报告，到2015年我国人均猪肉占有量平均每年增加1kg。各子行业中，稳步发展猪肉产品，重点发展牛羊肉、禽肉的生产。因此保守预计猪肉的人均消费量增速慢于平均的1kg。考虑到城镇消费日渐饱和，而农村消费量增速快于平均水平，假设农村未来5年的人均猪肉消费量每年增速为1kg，而城镇增速略低，为0.5kg。此外，假设总人口数每年以0.3%增长，每年城镇化推进速度为1%，测算的实际猪肉消费量2015年和2020年将分别达到4 575万t和5 257万t，推测接近的统计局统计数据分别为5 719万t和6 571万t，2010～2015年复合增速为2%，2015～2020年增速为3%。

未来提高猪肉销售量的影响因素主要有：

1. 人口基数自然增长

猪肉是必需消费品，其需求随着人口基数的增长有一定刚性。我国的人口基数在未来13年内（2013～2026）都将保持正增长，年均复合增速在0.3%～0.4%，这是奠定猪肉消费平稳增长的基础。

2. 农村需求受城镇化和购买力提升驱动

猪肉在城镇消费者肉类消费中占比为59%，而猪肉对于农村消费者的占比为71%。农村猪肉消费占比更高，主要是因为：①猪肉是劳动者补充体力的肉类首选，且价格较低。②很多农户自养自宰生猪。以统计局统计的人均消费量来看，城镇的人均猪肉消费约为20kg，在过去的近20年内，人均消费量也基本维持在这一水平。农村则为14kg，两者相差近40%。农村地区的消费量未来仍有较大提升空间。收入改善是拉动农村和低收入群体猪肉消费量的根本动力。随着农村经济的发展和城镇化进程，生活条件改善的农民会首先增加猪肉的消费，未来猪肉的销量将主要由农村和低收入群体驱动。

3. 猪肉消费升级和结构调整

对于城镇消费者而言，尽管猪肉消费已经步入稳定期，但随着消费者健康意识和消费能力的增强，以及现代流通渠道的快速发展，鲜肉和肉制品业也呈现消费升级和结构调整的趋势，表现为：①生肉产品由热气肉和冷冻肉向更新鲜、更高附加值的冷鲜肉升级。②肉制品

⊖ 肉类包括猪肉、牛肉、羊肉、禽肉和杂畜肉，未包括禽蛋、水/海产品及奶制品等。

从较单一的高温肉制品（HTMP）向低温肉制品（LTMP）转变。③企业将针对人们的快节奏生活推出大量高附加值半成肉制品及小包装产品。

三、猪肉流通状况

（一）猪肉市场流通主体构成

1. 集中交易市场

集中交易市场常指"当地市场"，由独立或合作所有者运营，或由猪肉生产公司运营来购买生猪。当乡村经销商有交易设施和大规模运营时，通常很难把这种市场与乡村经销商区分开。

2. 集散公共市场

这是一种大的中心市场。它收到生猪后加以管护，对所有愿意利用该市场的人都提供买卖方面的权益。市场设施通常由畜栏公司拥有，这种组织方式常被比做"生猪旅馆"，它不介入生猪买卖，仅提供交易设施并收取场地使用费。

3. 拍卖市场

拍卖市场（Auctions）在拍卖的基础上向公众销售，某些拍卖市场是育肥生猪和种畜的主要销路和货源，某些则是屠宰生猪的销路，并由猪肉生产商、经销商以及其他类型买主资助。

4. 地方合作协会

地方合作协会原来的职能主要是作为运输机构从畜牧生产者手中收集小批量生猪以整车批量运送到集散市场。许多协会从事更为广泛的服务，经常把他们的生猪直接卖给猪肉生产商或其他买主，某些生产者团体从事讨价还价活动。

5. 乡村经销商

乡村经销商是为获利而买卖生猪的独立运营商，又称贩运商。他们通常从农民手中购买生猪然后转卖给猪肉生产商或其他市场机构。某些经销商拥有小的营运场地，其他的则仅靠货车运营，从畜牧生产者手中收购生猪。

6. 佣金商

农民通常把他们的生猪委托给佣金商作为他们的销售代理商，这些代理商收取佣金费用作为工作的报酬，佣金机构可以是私人所有也可以是合作所有，有些私人佣金商组织为所谓的生猪交易所，这些组织对其交易惯例进行自律并从事成员互相关心的其他活动。

7. 订单买主

订单买主收取一定费用，从集散市场、拍卖市场或产地为其他买主购买饲料和需要饲养的生猪。

8. 猪肉生产与加工厂商的集货

某些生猪屠宰分割与猪肉加工厂位于大的集散市场附近，通过集散市场设施管护他们的绝大部分生猪。有些位于产地或中央市场的厂家，在工厂内或在产区内会拥有自己购买生猪的场地。有些厂家从经销商、集中交易市场、拍卖市场或从畜牧生产者手中直接购买所需的生猪。某些情况下零售商或冷冻食品加工厂也自己购买和屠宰生猪。

9. 其他形式

生猪从一个畜牧生产者到另一个畜牧生产者的销售也是重要销路，特别是为了饲养和繁育生猪。

绝大多数生猪买主和卖主利用多种市场和代理商。生产者关心的是当地买主和销售方式选择的数量对生猪价格的影响，当然生猪市场的竞争程度并不完全取决于生猪买主的数量，只有两家买主会与有十家买主一样激烈竞购。可以利用电子商务手段，如长途电话、传真、电子邮件、国际互联网，再加上现代运输，快速地扩展卖主的营销选择，进而维持当地市场的竞争状态。

（二）猪肉市场的两种营销模式：分散营销和集中营销

1. 分散营销和集中营销的含义

分散营销是指生猪销售在畜牧生产者与猪肉加工商之间直接进行，没有使用集散市场设施和服务，分散营销使生猪定价的地点由中央化的集散市场转移到众多的乡村地点。分散营销又称直接营销（Direct Marketing）。分散营销的代表情形是：猪肉加工厂商从畜牧产区拍卖市场、乡村经销商那里购买生猪。

某些畜牧生产者利用集散市场销售生猪，即集中营销。现代通信网络和电子商务，可以把所有当地市场与集散市场联结起来，成为一个虚拟的统一市场。

2. 分散营销和集中营销的比较

分散营销和集中营销两种营销模式并存，各有优点和不足，因不同原因对各种生猪买主和卖主各具吸引力，对畜牧生产者和猪肉加工企业来说，两种市场类型具有同等的但又不同的优势。

有许多畜牧生产者偏爱直接营销甚于集散市场销售，原因是直接营销只需要很少的营销服务，因此对畜牧生产者来说只有很少的个人营销费用支出；直接销售缩水较小（产品损失和营销的价值）；直接销售更加便利；利用分散营销，在生猪定价和出售前，畜牧生产者对生猪保持实际控制，这些也许是许多畜牧生产者偏爱这种营销渠道的原因。

某些畜牧生产者仍然利用集散市场，某些情况下也许没有别的选择，但是规模小的生产者常常需要和看重集散市场提供的服务。有些畜牧生产者认为，在集散市场上有更多的买主和卖主亲自光顾集散市场，竞争更加激烈。

分散生猪市场的价格形成效率也受到关注，对畜牧生产者来说，分散化加剧了市场信息采集处理问题，在众多的生猪分散市场上收集和发布价格方面准确有用的市场信息是困难的，人们建立了畜牧产业的电子商务和虚拟的统一市场，试图在分散化市场上保持集中交易的定价效率。

四、猪肉市场价格

（一）猪肉价格波动规律分析

猪肉价格的波动是影响产业链各环节盈利能力的重要因素。猪肉价格自1978年改革开放后，便显示出一定的周期性，而且经历了2~3个较平稳的周期后，会出现一个大幅的波动周期。自2000年以来几个周期的波动频率更接近，呈现出市场普遍认为的3~4年。

以波谷划分的周期来看，最短约为3年，最长为8年。最近的几个波动周期分别是

1999~2003年、2003~2006年、2006~2010年上半年（猪肉价格自2010年下半年起又步入新一轮上涨周期）。而从波峰来看，近年来出现在1997、2001、2004和2008年。

再从周期频率的近期数据来看，受饮食文化影响，中秋、国庆和春节为猪肉的重度消费期。因此，猪肉价格在每年的9~10月和1~2月都有明显的支撑，但在夏季的消费淡季多出现下滑。

（二）猪肉价格波动的影响因素

猪肉的需求基本保持稳定小幅增长的态势，因此猪肉价格波动更主要的是受供求端的波动所致，而大量外部因素将加剧或缓和供需矛盾。

1. 生猪规律的养殖周期和养殖户补栏积极性是产量波动的根本原因

猪肉的供给取决于市场上生猪的供应量，而生猪的供应则必须依靠能繁母猪（也称二元猪）的规模，并且遵循规律的生长周期。为了生产生猪（也称商品猪或三元猪），一头能繁母猪需要经过4.5~5个月的妊娠期和哺乳期，然后可生产9~10头仔猪，一月龄左右的仔猪可以供应到市场，为育肥场所采购，而仔猪再长约5个月就可以作为商品猪流通到市场上。因此正常的能繁母猪数量将决定正常的生猪供应，一旦能繁母猪出现了短缺，则生猪市场无论如何也不能保持稳定。要想实现生猪生产，一个真正意义上的养殖户的补栏积极性是决定能繁母猪数量的关键因素，也是决定后期生猪供应量和导致生猪价格周期波动的主要原因。由于国内养殖业过于分散，小规模的农户对猪肉价格走势的判断较短视，容易形成追涨杀跌的一致预期，导致看到猪肉价格上涨就补栏，下跌就加快出栏。当生猪存栏开始回升，猪肉价格就开始步入下降周期。受猪肉价格下滑影响，相应的补栏积极性减少，又导致一年半后的生猪出栏减少，从而使价格再次回升。

2. 生猪疫病导致猪肉供应减少，增加亏损、抑制补栏

生猪的主要疫病包括高致病性猪蓝耳病（高热病）、猪瘟和口蹄疫等。此外，一些低概率的疫病发生，也可能由于疏于防范导致高死亡率，影响猪肉价格周期。在生猪供给紧张时出现疫病大规模暴发，在猪肉价格走高时也不能拉动补栏积极性，而大量仔猪和母猪死亡也会加剧后期的供应缺口，拉长猪肉价格上涨周期和幅度，但在生猪价格上升阶段，由于盈利较好，养殖户对防疫投入相对较高，疫病暴发概率较低。而在生猪供应较充分，猪肉价格低迷时，再出现大量猪死亡，导致养殖户出现大规模亏损，很多散户无力医治或不再养猪，导致生猪供应提前出现缺口，后期猪肉价格快速上升。

3. 成本和养殖效益预期影响补栏积极性

真正刺激养殖户补栏积极性的是养殖户对未来效益的预期。养殖户根据未来生猪价格的预期决定能繁母猪和三元仔猪的补栏。养殖户中普遍流行"一年亏损，一年持平，一年盈利"的说法，与观察到的3~4年的周期也基本相符。由于以玉米和豆粕为主的饲料占养殖成本的50%~60%，国家以猪粮比（猪肉价格比玉米价格）为养殖效益主要参考指标。在绿色区域（猪粮比在9:1~6:1）区间，说明猪肉价格处于正常水平，农户养殖效益基本稳定。而当比价高于9:1时，说明猪肉价格过高，这会大大刺激农户补栏。若低于6:1，则说明猪肉价格过低而成本偏高，养殖户面临亏损。此外，随着打工工资的上涨，又脏又累的养猪工作显然更难留住农民，除了外出打工，有些农民也选择为规模养殖场打工，赚取稳定的收益，每年退出养殖业的农民和新建设的规模猪场的不匹配也会形成生猪供给波动。

五、雨润猪肉网络营销的讨论

2012年猪肉因为价格飙升成为市场的焦点，为了让网友购买到优质新鲜便宜的猪肉，淘宝聚划算与雨润联合推出了罕见的猪肉网购。

从团猪肉的页面上可以看到，此次"品牌猪肉团"于2012年12月19日10:00开团，共有三款优质雨润猪肉上线，全部按市场价7.5折销售，每份重2kg，1人1份起拍，每个ID限购10份。后腿肉49元一份，市场价为16.4元/斤，聚划算价每斤12.3元，肋排82.2元一份，市场价为27.4元/斤，聚划算价每斤20.5，里脊肉55.2元一份，市场价为18.4元/斤，聚划算价每斤13.8元。

"首批三天团购的上海地区猪肉的供应量包括2万斤肋排、10万斤猪蹄和4万斤精后腿肉，合计16万斤雨润优质猪肉。消费者可以到上海雨润的400多家门店领取新鲜猪肉。"聚划算工作人员表示，"聚划算运用团购强大的聚合效应，实现农产品和消费者的直接对接，通过中间环节的简化让消费者买到更便宜、更新鲜的猪肉。"

雨润"猪肉团"一经推出，立即受到市场热捧。有网友认为："每次过年买年货就像赶集，超市、商场人满为患，浪费时间又买不到合算的东西。今年就打算在网上买猪肉，价钱便宜不说，雨润又是大牌子，品牌让人放心，既省心又方便。"

雨润此次在淘宝聚划算推出的品质保障措施之一是雨润闻名业内的"全程冷链"体系。冷鲜肉是对严格执行检疫制度屠宰后的畜胴体，在0～4℃的条件下，迅速进行冷却处理，使胴体温度在24小时内由38℃左右降为0～4℃，并在后续的加工、流通和分销过程中始终保持在0～4℃冷藏范围的冷却链中。

为保障食品安全，雨润所有冷藏车辆全部采用进口制冷设备，可以根据产品所需温度先行设定，保障产品在途恒温运输。同时，通过温度跟踪仪车辆反馈的数据，对产品在途温度控制做到了全程监控。全方位的冷藏保障措施，使雨润冷鲜肉从原料检疫、屠宰、快冷分割到剔骨、包装、运输、储藏、销售的全过程始终处于严格监控下，防止了可能的污染发生。雨润也因此打造出"从源头到终端"的全程雨润食品安全监控体系，做到"源头有保障，全程有冷链"，也为雨润试水团购打通了品质保障的关键环节。

第三节 禽蛋市场营销

我国是世界上禽蛋生产与消费的第一大国。近年来我国禽蛋产量逐年增加，禽蛋市场的变化对居民食物消费生活产生了一定影响。

一、禽蛋市场供给

自1985年我国成为世界禽蛋生产第一大国后，禽蛋产量逐年稳步上涨，连续27年稳居世界第一。2011年我国禽蛋生产形势良好，全年禽蛋产量达到2811.0万t，同比增长1.8%。目前，国内的蛋鸡密集养殖区主要集中在河北、山东、河南、辽宁、江苏、吉林、四川等省。这些地区的优点有三个方面：一是位于粮食主产区，饲料价格低，有助于降低生产成本；二是靠近北京、上海、天津等主要交通枢纽城市，有利于蛋品迅速、集中销售到广州等大城市和南部销区省份；三是有更适合家禽生产的气候条件。

近年来，由于密集养殖区鸡蛋市场价格波动幅度大、禽流感发病严重、运输费用增加、沿海地区进口饲料便宜、养鸡设施的改善等因素影响，北方许多原来养蛋鸡多的地方存栏量在迅速减少，如河北同比减少了30%以上。过去调进鸡蛋的地区，由于养殖技术问题的解决和鸡蛋价格贵的原因致使养殖量大幅增加。随着我国蛋鸡养殖业的发展，目前正出现产区南移局面，由北方的"鸡蛋主产区"向南方的"鸡蛋主销区"转移，如湖北、两广地区。

目前主要的禽蛋生产企业及其布局为：咯咯哒在东北，以大连为核心市场，主要市场包括东北和华北，目前已经在华东、华南和中部布局，销售规模在2个多亿元；德青源以北京为核心市场，辐射天津、河北等地，筹划布局华东和华南，销售规模达1.5亿元；圣迪乐村以四川为核心市场，重点市场为重庆、武汉，已进入华东、华南和北京等地，销售规模达1.7亿元；展望以上海为核心市场，重点市场为江苏、浙江，销售规模近1亿元；神丹、梅香等蛋品企业，已经建立好了全国网络，生鲜鸡蛋也借网络进入了全国市场，其中神丹销售规模达3.2亿元（2006年）。

二、禽蛋消费需求

20世纪90年代以来，我国禽蛋消费总量基本保持上升趋势。2006年禽蛋消费总量是1990年的3.7倍，2007年达到人均占有量22kg。就消费增长率来说，禽蛋消费总量增长率除1997年是负值（-3.57%）外，其余年份都是正值。1978～1985年我国畜产品消费进入快速增长阶段。蛋不再是只有在逢年过节和婚丧嫁娶时才能吃到的奢侈品，人均禽蛋消费从1985年的3.19kg增加到1990年的3.69kg。20世纪90年代以来，禽蛋人均消费量表现出稳定增长的趋势，到2006年达到7.38kg，20年间年均增长4.07%。我国幅员辽阔，东部经济发达、人口密度大，中西部经济比较落后，少数民族地区自然条件复杂，地区间和省际禽蛋消费存在着明显的区域特征。禽蛋消费东北地区最高（13.56kg），西部最低（7.77kg），且这种消费的一致性在农村也表现出了相同的趋势。从禽蛋的消费支出情况看，除4个直辖市均高于全国平均水平以外，较高的省份有安徽、江苏、福建、山东，平均消费支出为91.76元，是全国平均消费额71.48元的1.28倍；鸡蛋消费额较低的地区是内蒙古、青海、宁夏和新疆等省（自治区），平均消费支出为48.73元，仅占全国平均消费额的68%，禽蛋消费额较东南沿海等地区少近一半。

影响我国禽蛋消费需求的因素主要有：

1. 消费者偏好

不同的消费偏好使消费者对禽蛋的需求有所不同，而消费者偏好是可变的，消费者偏好因年龄、职业、受教育程度、家庭背景而有所不同。此外，禽蛋消费随地区、人种、民族、性别、宗教信仰等情况而有所不同。

2. 营养知识和健康意识

随着经济发展和收入水平的提高，人们更加讲究生活质量，但在一些地区，尤其是在广大农村，农民购买力低下，营养知识和健康意识不强，不了解科学饮食的有关知识，价格高低往往决定了他是否购买某种商品。绝大多数居民对禽蛋在改善营养、平衡膳食结构和增强体质方面的作用还认识不清。

3. 居民收入水平

收入水平是影响消费者禽蛋需求的重要因素。1978年以来，我国城乡居民的人均收入水平逐步提高,但城乡经济发展不平衡,城市居民的收入水平高于农村居民,且这一差距有进一步扩大的趋势,这对我国城乡居民的禽蛋消费也有相当大的影响。即使是收入水平较高的城镇居民,不同收入阶层的禽蛋消费也是不同的。

4. 城市化水平

城市化水平是禽蛋消费需求增长的新动因。城镇居民在消费禽蛋时相对于农村市场有更好的消费环境,而且城市居民通常受到良好的教育,有较高的收入,他们比农村居民更注重生活质量的提高。城市化发展带来多样的外来文化和饮食习惯,如在外就餐增多,快餐消费增多,消费的花样增多,也使禽蛋消费增加。

5. 价格水平

禽蛋消费受自身价格的影响,不同收入水平的居民对禽蛋价格变动的反应有所不同,低收入国家的居民比高收入国家的居民对价格的变化更敏感。就同一个国家而言,低收入居民比高收入居民对价格的变化更敏感。另外,由于禽蛋有肉类产品可以替代,因此禽蛋消费还受交叉价格的影响。

6. 人口增长及人口结构

20世纪90年代以来,我国在控制人口数量、提高人口质量方面作出了极大的努力。1998年我国的人口增长率首次降低到1%以下,人口增长速度的减缓给人民生活水平的提高创造了条件。此外不同年龄的人群对禽蛋消费也表现出不同的特征和要求。

7. 宏观经济政策

我国政府对促进禽蛋消费作出了很大的努力。近年来,党中央国务院把家禽业作为重点鼓励发展的产业。在农村产业结构调整中,家禽业具有投资少、收益见效快等特点,它在解决"三农"问题,满足人民群众对蛋白质产品的需求方面扮演着越来越重要的角色。

三、禽蛋流通状况

我国的禽蛋营销渠道如图10-1所示。

我国的禽蛋营销渠道模式包括批发渠道、包装商渠道、加工渠道、出口渠道、零售渠道和直销渠道。

我国禽蛋的营销策略有以下几种:

1. 产品开发策略

(1) 鲜蛋必须拥有品牌意识。有品牌的禽蛋,不仅外包装上印有品牌,每

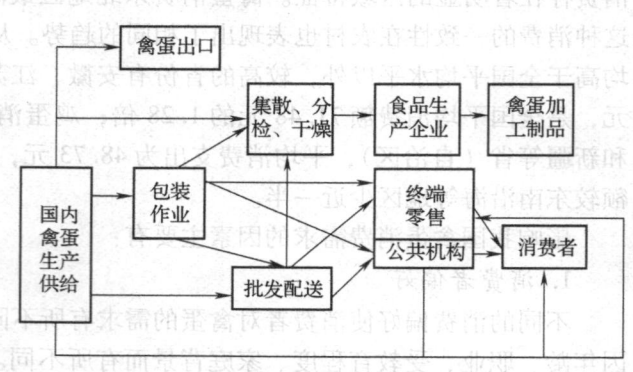

图10-1 禽蛋营销渠道

枚禽蛋上也应打上品牌的标志,提高认知度和商品档次,吸引消费者购买。有了品牌还要做到规格化,如洋鸡蛋和土(草)鸡蛋,要做到外观、大小、重量、色泽的完全一致,以此加深消费者的印象。

(2) 有品牌的禽蛋要逐步向"绿色"和"有机"过渡,除了在国内取得有关部门认证外,出口欧盟、日本等国家和地区还要取得进口国(地区)的认证。

(3) 大力发展特种蛋和保健蛋生产,如绿壳鸡蛋、双黄鸭蛋、乌鸡蛋、雉鸡蛋、鹌鹑蛋等。

(4) 开发生产补碘、补锌、补铁、补硒及某些维生素的保健蛋和低胆固醇蛋。

(5) 搞好无铅松花蛋、鹌鹑皮蛋、双黄咸鸭蛋、糟蛋及蛋松的生产。

2. 土特化策略

改革开放以来，为增加禽产品市场的有效供给，各地从国外引进了不少新品种，这些新品种大部分产量很高，但与国内的一些土特产品相比，品质、品位较低，已经不适应进入小康家庭的优质化新需求，成为不太受青睐的产品而大掉身价，最典型的莫过于"洋鸡""洋蛋"的失宠和掉价。应当看到，人们的消费需求开始崇尚自然野味、热衷土特产品，鸡要吃家养草鸡，鸭要吃野鸭，这就要求搞好地方传统土特产品的挖掘和提升工作，积极发展品质优良、风味独特的野生畜禽，以特色禽蛋产品抢占市场，以野生禽蛋产品开拓市场，不断适应变化了的新的市场需求。

3. 产品差异化策略

(1) 营造禽蛋产品提供给消费者的主要利益效用的差异，对普通禽蛋产品重新定位、发现，开拓禽蛋产品新的功能效用，满足消费者的需求。

(2) 运用禽蛋产品的形式，实现产品的差异化，在构成实体产品的质量、特征、式样、品牌和包装的独特性上进行改革：①质量差异，主要表现为提高禽蛋产品的科技含量，以提高禽蛋产品的质量，使自己的产品在同类产品中以质取胜。②模式差异，表现为禽蛋产品的品种、样式与众不同。③包装差异，禽蛋产品作为一种特殊的商品，包装主要满足两个方面的需求：一是满足人们在实用、运输等方面的需求，如手提袋装、网装、箱装等，二是满足人们心理、地位、享受、猎奇等方面的需求。

(3) 运用销售差异化，在销售时间和销售渠道的差异上进行改革：①利用生产的季节性，摸清行情，巧打时间差。②销售渠道的差异，主要包括有形渠道的差异和无形渠道的差异。在有形渠道差异方面，禽蛋产品销售应打破狭隘单一的观念，利用现代商业组织形态，采取多方式、多渠道销售产品；在无形渠道差异方面，禽蛋产品销售应充分利用现代信息社会的通信方式和网络设备，如进行电函、电话促销等。

4. 产品组合策略

所谓产品组合，是指营销产品在类型、品种和数量之间的组成比例关系。产品组合包括三个方面的因素，即产品线的广度、深度和相互之间的关联程度。

由于消费者对每一类型产品的需求量时多时少，价格也有升有降，盈利水平极不稳定，所以具有一定的风险。如果适当增加产品类型（产品线的广度），则有利于分散市场风险，稳定收益。在同一产品类型中，由于各产品具有相似的技术性能和用途，可以采用相近的工艺和设备进行储藏、包装和运输，如果适当增加产品项目（产品线的深度），则有助于降低销售费用，提高营销效益。同时还可以满足不同层次消费者的特殊需求，以扩大市场范围。科学地安排产品类型之间的关联性，有助于树立产品形象和提高营销者的声誉，同时还能起到买一捎二的促销作用。

实行禽蛋产品组合应遵循三条原则：一是服从消费者的需要；二是有利于促进销售；三是有利于提高营销经济效益。每个禽蛋产品营销单位都应掌握产品组合的常识，并根据自身条件和市场需要去选择适合自己的产品组合方式，以促进禽蛋产品营销工作的顺利进行。

5. 促销及沟通组合策略

消费需求是农业生产与发展的基础，禽蛋产品市场竞争实质上就是争夺消费者的竞争。

由于当今传媒及消费者接受信息的模式都发生了深刻变化，任何一种媒体都难以完全接触到所有的目标消费者，消费者也无法对大量信息进行深入分析，极易形成认知差异。因此，及时与消费者沟通，建立并维持良好的社会关系是禽蛋产品经营者营销成败的关键。在禽蛋产品市场营销中，经营者与消费者沟通的方式多种多样，但主要有以下几种：

（1）劝诱沟通，如设立免费咨询电话、上门走访、开座谈会、成立消费者联谊会、赠品赠券、提供购买便利条件等。

（2）媒体沟通，如利用广告、包装、展示会、陈列馆、销售辅助物（产品说明书、目录、录像）等促销工具。

（3）网络沟通，即利用互联网络的一对一和交互式功能实现经营者与消费者的组合沟通。

此外，还有人员推销、公共关系促销和服务促销等沟通方式。不论采用传统的还是现代的沟通方式，都要考虑预算投资的边际收益，经过各种组合试验，找到获取最大销售利润的最佳沟通组合。同时，经营者还应有目的、有针对性地向消费者传递理念性和情感性的产品形象和个性，通过诱导、提示、强调说明等策略来刺激消费者的购买欲望，最大限度地了解和满足消费者的需求，就能赢得巨大的潜在市场。

6. 价格策略

综合考虑价格总体水平和国际市场价格等，积极利用季节差价、区域差价和消费者求新求异求廉等不同消费心理，应用定价技巧，选择季节性调价、区域定价、折扣定价、理解价值定价、促销定价等不同定价方式进行定价，使禽蛋产品具有较好的市场吸引力和价格竞争力。

四、禽蛋市场价格

对于禽蛋养殖业来说，以往正常市场变化规律是三年为一个市场变化周期。就一年而言，受春节消费集中影响，价格节前先升后降，一般降至农历正月十五便有好转的迹象。受国际劳动节、端午节影响，一般从国际劳动节前开始上涨，至端午前夕出现一个高峰而后回落。历年麦收季节也是鲜蛋市场进入淡季的时期。历年上半年价格最高点出现在5月下半月，最低点出现在3月上半月；全年9月份最高，10月份次之，8月份是全年平均蛋价。

我国鲜蛋主产区为北方，主销区为南方，北方鲜蛋主要以汽运、海运等方式送至南方，由于运输等环节的成本因素，导致南高北低的鲜蛋批发价格差。南方养殖成本高于北方，目前蛋鸡不饱和状态仍较北方市场明显，从而导致南方蛋价高于北方。随着北方养殖量的减少，以湖北为代表的南方养鸡业的不断壮大，出现北方供应量相对减少、南方供应量增加的现象，当地鸡蛋的供应关系变化成为鸡蛋价格走势的杠杆，南方市场正向饱和状态发展。

影响禽蛋价格的主要因素有：

（一）养殖成本因素

1. 饲料费用

在生产成本费用构成中，主要是饲料费用支出，占总支出的60%~70%，第二项是雏鸡费，占15%~20%。最后是疾病防治费等。鸡蛋作为一种禽产品，实质上是饲料的转化物，对养鸡户的影响最大。其中，玉米和豆粕是鸡饲料中能量和蛋白质营养的主要构成原料，分别占全价料（蛋鸡料）的60%~65%和20%~25%。玉米价格和豆粕价格的变化将直接影响饲料成本的变化，进而影响鸡蛋价格的波动。而国家农业政策的改变、农业收成情况、饲料行业状况等因素的变化又将直接影响到饲料价格的变动趋势。

2. 鸡雏费用分析

鸡雏费用占饲养总支出的15%~20%。能够选择到适应自身饲养条件的鸡种，在不增加任何投资的条件下，就可增加10%~15%的经济收入。据调查，雏鸡价格一般均随蛋价的变化而变化，鸡雏费用对蛋价的影响具有潜在的长远性，因此，雏鸡成本所体现的鸡雏的品质高低关系到鸡群的生长速度、产蛋量、抗病力、成活率等经济指标的效益，是影响鸡蛋价格的一个重要因素。

（二）供需关系分析

1. 生产规模分析

我国蛋鸡养殖业之所以会出现大起大落的行情状况，很重要的一个原因就是农户在蛋鸡养殖规模上的盲目性。因为我国目前的养殖状况主要是以散户养殖为主，所以在统筹规划方面欠缺。很多养殖户看到别人养鸡赚了钱，不管自己条件是否允许，也不管全国整体养殖情况如何，也盲目扩大生产规模或出现蜂拥养殖，这样就大大超过了自身的承受能力及市场的承受能力，造成养殖户经济效益下降，同时致使市场蛋品供过于求，相互恶性竞争，鸡蛋价格下跌。

2. 市场需求因素分析

蛋鸡养殖的经济效益受市场供求关系的制约，供过于求时，蛋价下跌，相反则会提高。市场经济条件下，一切生产活动均以市场为中心，以社会消费需求为导向。鸡蛋目标市场的消费结构和消费水平的变动情况，决定了目标市场对鸡蛋的社会需求量和市场购买力的大小，从而决定了养殖户生产规模的制定。通过消费者的需求影响，直接影响到价格变化，这就如每年的5月份，8、9月份，几乎都会出现两个很明显的高起波段，其原因就是节前消费者（主要是大买家用户）对鸡蛋的需求量增加，所以带动价格上涨。

（三）出口情况影响

20世纪70年代，我国是蛋品出口大国，出口的品种中有鲜蛋、再制蛋和蛋制品，最高时期出口鲜蛋量曾达到10万t以上，80年代也还保持在8万t左右。但是进入90年代后，我国鲜蛋产量虽然逐年飞速发展，出口量却一直下滑，2001年出口量仅为5.8万t。鸡蛋市场长期存在"三多三少"问题，即普通蛋多品牌蛋少，带壳蛋上市多深加工蛋少，鸡蛋直接食用多开发利用少。近几年，我国蛋品生产企业虽然注重加强品牌意识，不断提升蛋品质量，力争抢占国际市场份额，但是毕竟出口数量有限，对国内鸡蛋价格并未带来很大影响。

（四）其他影响因素分析

1. 替代产品的价格影响

尽管鸡蛋是人们的生活必需品，但也有一定的需求弹性。肉鸡、猪肉、牛肉、羊肉、牛奶、蔬菜等其他替代品的价格变动也会影响消费者对鸡蛋的需求。秋天蔬菜价格低，人们就会大量购入蔬菜，减少对鸡蛋的购买量，鸡蛋价格就会下跌。反之，进入冬季，天气寒冷，大棚蔬菜价格高涨，也会带动鸡蛋价格上涨。

2. 消费习惯变化的影响

消费习惯变化主要受地区与消费季节的影响。季节因素的影响：夏季人们的饮食习惯是喜欢偏清淡的食物，对猪、牛、羊肉等替代品的消费会减少，对鸡蛋的需求增多，鸡蛋价格就会升高；反之，冬季消费量相对会减少，蛋价降低。消费旺季的影响：每年的春节、中秋节、国庆节、端午节等传统节日，无论是鲜蛋的直接消费，还是加工需求都显著上升，需求旺盛，使蛋品市场需求进入一个高峰期，鸡蛋价格升高。

3. 天气因素及运输成本的影响

天气变化会影响到鸡蛋储运情况，直接关系到鸡蛋价格的变化。例如，每年的夏季，天气炎热，蛋品储存难度增大，如遇多雨天气，则对交通运输会带来诸多不便；冬季，风雪天气也会影响交通运输。同时，随着国际原油涨价，运输成本会进一步增加，从而对鸡蛋价格及养殖户的收益情况带来影响。

4. 疫病的影响

目前，我国蛋鸡饲养场（舍）的布局弊端颇多，使用年代越长的鸡场（舍），环境污染越严重，尤其是一些养殖大村、大户。用于鸡病预防和治疗的各种疫苗、检疫、消毒、药品等费用增加。随着蛋鸡业生产的快速发展，饲养环境的逐步恶化，舍内有害气体浓度超标，种种因素诱发了一些非条件性疾病和非典型性传染疾病的发生，使得产蛋鸡死亡率上升、产蛋率降低、蛋品质下降，疾病发生的种类与频率都呈明显上升的趋势，导致疾病防治费占饲养总成本的构成比例出现了明显提高，养鸡户感叹鸡病太多药费支出大。

五、关于禽蛋营销的讨论

鸡蛋品牌目前主要有三类：一是厂家品牌，养殖企业经营的品牌；二是经销商品牌，经销商自己创造品牌，通过采购养殖场的鸡蛋进行销售；三是终端店品牌，乐购、万佳、银座这些大卖场自己塑造品牌，采购鸡蛋进行包装销售。

目前鸡蛋市场几个代表性品牌的状态如下：

（1）德青源。德青源是华北市场尤其是京津地区的领导者之一。德青源品牌创立以来一直采取单一品牌战略，以一个德青源品牌和高品质的承诺包打天下，并且自2009年以来，德青源逐渐收缩在全国的扩张，集中力量于北京、天津及周边市场。

德青源的品牌成功之路在于：其作为率先实施品牌化运作的鸡蛋企业之一，占据了市场的先机。以单一品牌策略逐步树立自己的中高端品牌形象，随着中高端品牌形象的树立，在品牌影响力和号召力下，德青源开始逐步向低端市场渗透，以高价值的品牌影响力影响低端市场，目前相继推出官厅水库、开心农场、蛋博士、农家香四大子品牌，以德青源企业作为背书，全面占有高中低市场。随着德青源品牌地位的建立和对高中低市场的逐步占领，德青源开始将自己塑造为中国鸡蛋品类的代表和领导者。目前在高品质承诺的一贯诉求下，开始诉求新的口号"鸡蛋当然德青源"，表现出明显的品类占位策略。

（2）神丹。神丹是湖北的鸡蛋品牌，一直以来走的是市场占有策略，即通过不断地扩展产品线、产品系列、产品品种来增大对市场的占有。目前，神丹已经构建了全国蛋品牌中最强大的产品线，有几十个单品。由于神丹采取的是市场占有导向策略，因此在品牌的塑造上建立了很强大的影响力和实力，但没有建立起自己的独特性。提到神丹，人们联想到的往往是它的咸蛋等系列，而不是鸡蛋，因此，神丹虽然市场占有率很高，但并没有占据到鸡蛋的品类。同时，神丹在大规模扩展其产品系列的同时也缺乏科学的系列规划，产品线的划分比较混乱，没有明显的标准，神丹和鸟王两个自有品牌区分不明显，导致自我竞争。

当前神丹借助已有的实力，正表现出两大特征：一是以完全的快销品模式做鸡蛋，神丹是第一个采取全方位广告传播的鸡蛋品牌，建立了从中央电视台的电视传播、生活小区的电梯广告传播到终端的宣传传播三位一体的模式；二是开始扭转盲目的产品线扩展的弊端，当前重点推广其保洁蛋，欲将保洁蛋打造为一个明星产品，成为其品牌的一个代表。

(3) 百年栗园。百年栗园采取的是单品突破策略，在鸡蛋品牌中，它的产品线最短，品种数量最少，集中资源于单品突破。百年栗园集中在有机鸡蛋，占据价格在1.5~2元/枚的中高端价位，主要产品为40枚礼盒装，12枚、15枚、18枚盒装。

(4) 万稚园。万稚园属于河北的品牌，是一个近年兴起的品牌，走的是品类突破的路线。

万稚园起步比较晚，但整体规划很统一，从品牌策略到品牌卖点、从产品系列到终端形象都有统一的规划和策略指导。万稚园在全国鸡蛋已经品牌林立、竞争激烈的情况下，采取了品类突破的策略，创立了一个新的类别——五谷蛋。围绕五谷蛋建立了优养五谷蛋、康硒五谷蛋、五谷咸蛋等系列。万稚园围绕五谷蛋提出了一枚抵四枚的核心诉求、四大保证体系的支撑体系、八大认证的背书体系。

(5) 小农。小农走的是典型的性价比路线。小农有比较强大的品牌背书资源——中国农业大学和中国农业科学院，以这种强大的背景资源来提升价值，同时销售的价格是1元/枚左右的低价格，给人感觉性价比高。同时，小农走了鸡蛋品牌中少有的农村包围城市的战略，以抢占农贸市场、便利店、社区超市为主，广泛布局渠道，将产品铺货到消费者身边的各个渠道，形成了强大的消费接触和认知。

(6) 乒乓QQ健康蛋。乒乓QQ健康蛋走的是人群细分路线。其率先在鸡蛋市场细分人群，针对关注鸡蛋安全的主力人群——孕妇和婴幼儿推出的品牌，是木鱼石的子品牌。该品牌在品牌塑造上并没有特别之处，主打新鲜、安全、营养、好吃的概念，定位于中国生态健康鸡蛋第一品牌。但该品牌在品牌背景的塑造上拥有很多硬性优势：一是有机产品；二是绿色食品金奖产品；三是上海世博会国际信息发展网馆指定供应商；四是"一颗鸡蛋工程"特许供应商；五是中国国际有机食品博览会金奖。

(7) 九珠。九珠走的是鸡蛋品牌中少见的多品牌塑造路线。公司拥有四大品牌，但四大品牌之间在对外信息传递中丝毫感觉不出是一个企业的，独立性很强。九珠、金珠、旺土、禾乐土，四大品牌价格相当，多品牌的方式增大了对市场的占有，满足了消费者喜欢比较选择的心理，但显然不太适合品牌的塑造，因为需要强大资源的支撑。

目前鸡蛋产品的卖点主要有以下两个方面：

(1) 围绕消费者关注的安全、新鲜、营养、健康的需求点不断地进行概念演化。

1) 卖环境。这是目前比较普遍的卖点，主要强调好的山、好的水、好的空气、好的温度才能出好的鸡蛋。例如，好山好水出好蛋，密云山水产好蛋，来自国家森林公园，土生土长土老帽等。

2) 卖饲料。由于喂养的物品直接影响到鸡蛋的营养状态和安全状态，因此，鸡所吃的物品也是主要的卖点思考方向，如吃天然食物、吃五谷、喝天然泉水、吃玉米、吃昆虫等。

3) 卖规模。规模代表实力，神丹主要诉求的是连续几年中国蛋销量市场占有率全国第一,德青源的亚洲最大生态农场等。

4) 卖营养。以鸡蛋所含营养元素为卖点。例如,富硒鸡蛋,富含维生素鸡蛋,含有昆虫活性蛋白鸡蛋,每枚蛋胆固醇降低30%,一样的蛋不一样的营养等。

5) 卖感觉。以难以标准化的,但可以感觉化的认知作为卖点,如回归自然香、品位时尚、好吃看得见等。

6) 卖新鲜。这主要是强调自己的日期打码技术等。

7) 卖安全。这是一个综合的概念,从环境的安全,饲料的安全,养殖过程的安全,蛋的清洁、消毒等各方面来体现。

随着行业品牌的增多和消费的成熟,通过品类细分来占位开始出现。德青源以"好鸡蛋当然德青源"来占大品类;神丹占"保洁蛋"品类;万稚园占"五谷蛋"品类。

(2) 围绕权威认证卖资质。

1) 与农业有关的研究院、科研机构、大学是最常见的权威卖点。例如,小农主打中国农业科学院、乓乓QQ健康蛋的生态农业研发基地等。

2) 鸡蛋评级的资质。主要是指有机蛋、绿色蛋、无公害蛋这些标准的有关安全与品质的级别;其次是省级名牌、国家名牌及权威性高的HACCP、ISO 9000等认证。

3) 企业自身塑造的一些权威背景。例如,农业博览会金奖,某事件的指定供应商,某种蛋标准的起草单位,如乓乓QQ健康蛋的"一个鸡蛋工程"。

第四节 奶产品市场营销

一、奶产品市场供给

我国的奶类生产以牛奶为主,牛奶产量占我国奶类总产量的95%以上,近几年个别牧区生产少量的羊奶、骆驼奶等,供给当地居民食用。2011年年末,我国液体乳及乳制品制造工业企业达644家,其中亏损企业104家,占16.15%;行业总资产达1 543.15亿元,同比增长18.88%。2011年,我国规模以上液体乳及乳制品制造工业企业实现主营业务收入2 315.56亿元,同比增长21.55%。2011年12月份,我国生产乳制品234万t,同比增长20.44%。2011年1~12月,全国乳制品的产量达2 387万t,同比增长13.99%。从各省份的产量来看,2011年1~12月,我国乳制品生产的前三个省份是内蒙古、山东和河北,分别占总产量的16.05%、13.05%和11.27%。从细分产品产量上来看,干乳制品产量同比增速最快,增长幅度达到17.36%,干乳制品的产量也超过了320万t。奶粉产量和液体乳产量也有较大幅度提升,增幅分别为13.7%和3.47%,产量分别为138.5万t和2 060.79万t。从各个省份来看,干乳制品和奶粉产量第一的省份均为黑龙江,液体乳产量第一的省份则是内蒙古,其产量占全国总产量的15.03%。

2011年,我国乳制品行业全面开始了企业诚信管理体系建设工作,乳制品行业技术装备水平、管理水平、产品质量进一步提升,消费者信心、市场销售情况进一步好转。目前,全国有乳制品生产企业715家,其中婴幼儿配方乳粉生产企业119家,乳制品工业产值占食品制造业总产值的16.52%,为食品制造业中的第三大产业。通过行业的清理整顿,加快奶源基地建设,自有奶源比扩大,原料乳质量提升,加强与完善企业管理和政府监管,乳制品的质量安全状况有了进一步提升。据统计，2011年国家质量监督检验检疫总局共抽检产品1 093个，合格品1 082个，合格率达98.99%。根据国家统计局的数据，2011年我国液体乳产量突破2 000万t，达到2 060.79万t，增长13.47%。从各省份来看，液体乳全年产量超过100万t的省份有6个，内蒙古排第一位，产量为309.71万t，增长13.66%，占全国的15.03%；山东的产量为286.35万t，增长19.26%，占13.90%；河北的产量为259.50万t，增长16.98%，占12.59%；河南的产量为157.25万t，增长26.02%，占7.63%；陕西的产量为126.89万t，增长14.12%，占6.16%；黑龙江的产量为103.57万t，下降7.99%，占5.03%。以上6个省份，只有黑龙江产量出现下降，6省份的产量占全国产量的3/5。

二、奶产品消费需求

我国奶类人均占有量近几年处于平稳增长状态，由2005年的21.97kg/人，增长到2009年的28.25kg/人。我国城镇居民年均鲜奶消费量从1990年的4.63kg/人，增长到2009年的14.91kg/人，净增长10.28kg/人。1995~2005年的10年间，城镇居民年均鲜奶消费量持续大幅增加，从1995年的4.26kg/人，增长到2005年的17.92kg/人，净增长13.3kg/人。2005年后随着酸奶等高附加值奶产品的推广和普及，有相当一部分城市中的年轻消费者对鲜奶的消费也同样受到"三聚氰胺"事件的影响，2009年奶类出现明显的减产，我国奶类人均占有量减少0.5kg，同比增长-1.8%。2009年我国奶类人均占有量排名前5位的省份是：内蒙古386.3kg/人、黑龙江139.76kg/人、宁夏130.57kg/人、西藏99.56kg/人、河北65.75kg/人。同年，奶类人均占有量排名后5位的省份是：海南0.42kg/人、贵州1.18kg/人、湖南1.50kg/人、广东1.50kg/人、广西1.67kg/人。我国奶类人均占有量表现出明显的地域特点，这与我国的奶牛存栏分布相一致。北方地区气候凉爽、四季分明，适合奶牛健康生长，并且北方饲草资源丰富，奶牛养殖成本明显低于南方地区。

我国虽然奶产品人均占有量持续增长，但奶产品整体消费水平仍然很低，年均奶产品消费量不足25kg/人（奶粉按1:8折合成液态奶），而周边发达国家如日本、韩国奶产品消费量均已超过60kg/人（奶粉按1:8折合成液态奶）。

我国奶产品消费中存在的问题主要表现为：

1. 奶类消费市场不均衡，城镇、农村奶类消费水平相差悬殊

2009年，我国城市人均消费奶及奶产品约22kg，农村人均消费奶及奶产品3.6kg，城市奶及奶产品消费量约为同期农村消费量的6倍。占全国人口不到45%的城镇居民奶类消费量占全国奶类总消费量的90%，农村居民奶类消费量仅占全国消费量的10%。

2. 全国人均奶类消费水平低，奶类食品消费支出占食品消费总支出的比例低

我国液态奶消费水平相比奶业发达国家差距较大，2008年我国年均液态奶消费量仅为10kg/人左右，而发达国家，如爱尔兰年均液态奶消费量为130.7kg/人，荷兰年均消费量为119.4kg/人，挪威年均消费量为116.2kg/人，澳大利亚年均消费量为107.2kg/人。我国干酪、奶油等深加工奶产品消费量很少，消费总量几乎可以忽略，而奶业发达国家，如法国干酪年均消费量为24.6kg/人，瑞士干酪年均消费量为22.7kg/人，意大利干酪年均消费量为21.4kg/人；法国奶油年均消费量为7.8kg/人，德国奶油年均消费量为6.2kg/人，瑞士奶油年均消费量为5.7kg/人。我国奶及奶产品消费支出仅占消费总支出的4.5%左右，城市居民人均奶及奶产品支出占消费支出的1.6%，占食品消费支出的4.38%。

3. 近几年我国奶类消费增长趋于平缓

我国奶产品消费量在经历快速增长后,近几年增长速度明显回落,奶类消费趋于低水平饱和。我国城镇居民液态奶的消费基本趋于饱和,而其他奶产品如干酪、黄油、奶油消费量又很少,不像奶业发达国家奶产品消费结构中液态奶消费量约占奶类消费总量的1/3,其他奶产品约占2/3,其中干酪、黄油、奶油占其他奶产品消费总量的绝大多数。我国奶产品消费结构的不合理严重制约了我国奶产品消费市场的发展。我国农村乳品消费市场发展缓慢,主要是受农村居民生活习惯的束缚,农村居民一般把奶产品视为老人、婴幼儿等弱势群体的营养品,而非日常生活必需品,致使农村奶产品消费市场很难快速打开,提升我国农村居民奶产品消费水平非常困难。

4. 我国奶产品质量问题严重

我国近几年奶产品频频被曝出质量问题,如2008年"三聚氰胺"事件,我国奶产品市场出现了严重的信任危机,品牌不再值得信任,导致奶产品消费陷入低谷,全国处于"谈奶色变"的尴尬境地,这种情况严重制约了我国奶产品消费市场的发展。

三、奶产品流通状况

1. 零售业态

快速消费品,销售渠道必须依赖零售渠道,即便利店、连锁超市、大卖场、网络销售。液体奶、酸奶和奶酪,依托连锁超市和便利店。奶粉目前越来越集中在大卖场和大型连锁超市。

婴幼儿奶粉还有两个渠道的发展也是值得关注的,那就是新兴渠道:一个是婴幼儿用品专卖店,另一个是网络销售。

2. 城市级别

一线城市(如北京、上海、广州),渠道渗透相对饱和基本上呈现出"无处不在"的地步,是高端产品的沃土,它们在这里生根发芽,茁壮成长。

二线城市(如武汉、福州、青岛),表现出"阵地"风范,以其庞大的市场容量和相对较强的顾客购买力,成为乳制品市场的核心市场。

三线城市(县、地级市、城乡结合部),相对比较复杂的"未来主战场"。

四、奶产品国际贸易

1. 出口方面

我国乳制品的出口量仍处于低迷的状态。2008年三聚氰胺事件的爆发对国内乳制品行业打击很大,再加上金融危机的影响,国际市场的乳制品价格暴跌,当时乳制品进出口情况也发生了巨大的转变,出口骤降。海关数据显示,2010年我国乳制品出口量只有3.4万t,2011年1~7月份出口量为2.5万t,主要的出口市场在中国香港。出口仍处在缓慢恢复阶段,因为国内生产能力有限,很多国家对我国乳制品和含乳食品都采取了限制措施,我国乳制品在国际上的竞争能力还有待提高和恢复。

2. 进口方面

近年来,我国乳制品进口量增幅明显,2011年的进口量已超过98万t,再创历史新高。

据海关统计，2006年以来，除了2007年乳制品进口量出现小幅下降之外，其他的年份均呈现增长的态势，2008年增长17.4%，2009年增长70.5%，2010年进口量达到74.5万t，增长24.6%。2011年1~7月份进口量为55万t，比上年同期增长16.6%。

乳制品进口量将继续呈现量价齐升的趋势。除了金融危机的个别年份，近年来乳制品的价格呈逐渐上涨趋势，2011年1~7月份，乳制品平均进口价格已经超过3 000美元/t，远远超过上年2 600美元/t的水平。在生产成本上升、产量增长放缓和需求持续增长的影响下，价格会在高位波动。由于消费水平的提高，国内的产区存在缺口，加上国产乳制品正处在消费者信心缓慢恢复的阶段，因此国内市场对进口乳制品存在强烈的消费需求，进口量也将保持高位。进口乳制品主要来自于新西兰、美国和法国，合计份额超过80%，进口品种以奶粉和乳清为主。值得注意的是，液体乳虽然绝对进口量很小，但是增长幅度却相当可观。2010年液体乳进口量增幅为24%，进口额增幅为43%。

在全球贸易中，欧盟和新西兰是乳制品最大的出口方，约占全球出口量的60%，中国、美国、墨西哥、俄罗斯和日本则是最主要的进口国。根据海关公布的数据显示，2011年，我国从新西兰进口的固状乳及奶油（主要为原料奶粉）和浓缩但未加糖的非固状乳及奶油，实际可进口的触发水平数量为10.9万t。而2010年，我国这类产品的实际进口数量为10.5万t。以乳制品进口大省广东省为例，2011年1~10月，广东省进口奶粉6.8万t，比2010年同期增加18.8%；价值2.6亿美元，增长31.6%；进口平均价格为3 823美元/t，上涨18.3%。其中，广州地区进口奶产品8 003t，同比增长13.3%；经深圳口岸进口乳制品6 729t，比2010年同期增加1.2倍；价值1 303万美元，增长1.5倍；进口平均价格为1 936美元/t，上涨14.1%。

五、奶产品市场营销讨论

1. 关于奶产品销售渠道的讨论

奶产品属于快速消费品，销售渠道必须依赖零售渠道，即便利店、连锁超市以及大卖场。液体奶、酸奶和奶酪，依托连锁超市和便利店（含奶亭、杂货店）较为普遍，尤其是液体奶对便利店的利用较为普遍。而酸奶和奶酪由于必须依托冷链的支持，只能在有冷链的零售商店销售，普通的便利店基本上没有铺货（当然也有非正规企业的非正规铺货）。

与它们三大品类有本质区别的品类就是奶粉。目前越来越集中在大卖场和大型连锁超市，而在便利店基本上没有奶粉销售，甚至有些连锁超市的奶粉销售也逐步下滑，超市里的货架空间也越来越小。这就说明，奶粉越来越失去快速消费品的特点，而呈现出"葡萄酒"、"高档白酒"以及"护肤品"的特征，从渠道驱动完全转向消费者驱动。

不过，对婴幼儿奶粉而言，还有两个渠道的发展也是值得关注的，那就是新兴渠道：一个是婴幼儿用品专卖店，另一个是网络销售。这两个渠道目前的绝对成交额虽然不是很大，但增长率却高得惊人，尤其是网络销售的增长率基本每年以翻番的速度增长。

2. 关于奶产品市场需求的讨论

从奶产品总体趋势上看，一、二、三线市场以及农村市场，都得到了良好的发展，可以说，乳制品正在被全国人民所接受。不过，不同层级的市场也呈现出不同的态势。

一线城市（如北京、上海、广州），渠道渗透相对饱和，以常温奶为例，其品类渗透率已经突破90%，基本上呈现出"无处不在"的地步。这是和二、三线城市最大的区别。此外,一线城市也是高端产品的沃土,无论是高端牛奶,还是高端奶粉,或是高端酸奶和奶酪,都在这里生根发芽,茁壮成长。

二线城市(如武汉、福州、青岛),则表现出"阵地"风范,以其庞大的市场容量和相对较强的顾客购买力,成为乳制品市场的核心市场。与一线城市相比,乳制品在二线城市尚有成长空间,尤其全国连锁超市在二线城市的发展以及国际性大卖场向二线城市的渗透,将这一空间变得更加可观。

三线城市(发达地区县级市(如江苏省常熟市)及欠发达地区地级市和县级市(如内蒙古乌海市、二连浩特市等)),相对比较复杂。因为不仅其发展不均衡,数量也庞大,划分上也非常复杂。做营销的人,对三线城市的划分,基本不按照行政级别划分,而是根据它的规模和发展程度划分,因此,欠发达地区的地级市也常常被划分为三线城市。从渠道业态的发展角度上看,三线城市相对比较简单,主要以连锁超市和便利店为主,乳制品无论哪个品类在三线城市都有着巨大的成长空间。正因为三线城市的数量庞大,而且承载着"城乡结合部"的功能,乳业巨头们把三线城市定义为"未来主战场"。而且,从乳制品的渗透率以及消费者购买力上看,三线城市确实不容忽视,成为"主战场"只是时间问题。

重 要 概 念

畜牧类农产品　畜牧类农产品营销

复 习 思 考 题

1. 畜牧类农产品营销的特点?
2. 影响我国畜牧类农产品消费需求的因素主要有哪些?
3. 结合所学理论,对于有机猪肉的销售,应该采用什么样的营销策略?

技 能 训 练

要求:
(1) 浏览中国生猪预警网、中国有机奶交易网。
(2) 了解鲜奶配送方式。

第十一章　水产类农产品营销

我国是一个人口众多、农业资源相对短缺的大国，农业和粮食问题始终是经济发展中的首要问题。同时，我国作为水域大国，有着丰富的渔业资源，海域总面积47 270万 hm^2，渔场面积28 000万 hm^2，海水可养面积260万 hm^2，鱼、虾、蟹、藻类生物资源上千种，能提供可观的食物来源，为农业和粮食安全另辟蹊径。因此，考虑我国的粮食安全问题必须着眼于大农业，即从农村耕地、牧场草地和内陆及海洋水域几个方面加以解决。而长期以来，我国在认识乃至实践上存在严重的误区，即谈及粮食便是五谷杂粮，水产品与此根本无缘；也正因为如此，农业经济领域对水产品的研究与其他农产品相比始终处于较低水平。2010 年，全球以渔业及水产养殖初级生产为生的人口约有5 480万人，其中约有700万人为临时从业的渔民或水产养殖户。亚洲占世界总数的87%以上，仅我国就有近1 400万人（占世界总数的26%）[一]从事渔业或水产养殖。水产品市场的重要地位正是由水产品在农业以及国民经济中的特殊作用决定的。具体而言，水产品在农业及国民经济中的特殊意义集中体现在以下三个方面：

第一，开发利用海洋和内陆水域发展水产品生产，既不与粮食争耕地，又不与禽畜争饲料，是增加食物总量的有效途径，同时还可获得较高的经济效益。2012年我国农民人均年纯收入为6 977 元，渔民人均纯收入达10 474 元，后者远远高于前者。

第二，水产品生产不消耗粮食或少消耗粮食，便可获取优质的动物性蛋白质。捕捞渔业直接利用天然渔业资源，养殖贝、藻类等的生产不需要消耗粮食，鱼类养殖多数使用低值鱼作为饲料，即使是少量使用粮食作为饲料的，饲料报酬率也高于肉禽生产。一般情况下，饲养肉牛的料肉比为7:1，养猪的料肉比为6:1，养禽的蛋料比为3:1，而养殖鱼类的报酬率则高达1.5:1~2:1。

第三，水产品是优质的食物蛋白源，与肉蛋类食物存在替换性，且在蛋白质、脂肪含量、营养结构等方面优于肉蛋类。增加国民对水产品的食用，可以丰富、改善膳食结构，提高营养水平和国民健康素质。早在20世纪90年代初，我国发布的《九十年代中国食物结构改革与发展纲要》中就对水产品生产和消费提出了具体要求。

第一节　水产品市场供给

水产品生产与供给是市场流通乃至消费需求的基础，是水产品市场构建与营销策略选择的基本组成部分。从供给角度看，全球渔业资源正步入衰退期。目前全球约有77%的渔业资源正面临着过度开发的阶段。联合国环境规划署在《全球环境展望2007年度报告》中指出，由于各国对海产品等水产资源的需求不断增长，加之气候变化可能会增加海水酸性，破坏珊瑚礁，导致了渔业资源的加速衰竭，如果不采取有效的保护措施，全球可供商业捕捞的

[一]　数据来源：联合国粮食及农业组织。

渔业资源将在 2050 年前枯竭。

一、水产品生产发展的历史

自 1949 年新中国成立至今，我国水产品生产得到了长足的发展，纵观其发展历程，可以划分为以下五个阶段：

第一阶段，1949~1957 年。新中国成立初期和第一个五年计划期间，我国进行了轰轰烈烈的社会主义改造，创建了自己的国营渔业，极大地解放了生产力，渔业生产得以恢复并迅速发展，以年均 13.3% 的速度实现了全面增长，水产品总产量由 1949 年的 52.40 万 t 增至 1957 年的 346.89 万 t；渔业生产结构日益健全，水产养殖业从无到有，1957 年水产养殖产量在水产品总产量中的比重已达 22.44%。

第二阶段，1958~1962 年。"大跃进"和第二个五年计划期间，由于政策上实行高指标、高征购，工作上瞎指挥和刮"一平二调"共产风，挫伤了农（渔）民的劳动热情和生产积极性，水产品产量出现了年均递减 5.07% 的逆转情况，由 1958 年的 310.76 万 t 减至 1962 年的 255.13 万 t。捕捞产量的增减弹性由于受渔船网具数量的限制较养殖业要小些，该时期养殖产量减幅较大，尤其是淡水养殖，年均递减 13.17%，致使水产养殖产量在总产量中的比重下降为 17.70%。

第三阶段，1963~1977 年。从 1962 年起，根据"调整、巩固、充实、提高"的八字方针，进行了三年调整，水产品产量开始回升。但是由于长期形成的"重海洋、轻淡水，重捕捞、轻养殖，重产量、轻质量"的指导思想，加上十年"文革"，使近海和内陆天然渔业资源遭到严重的破坏，尤其是传统的经济捕捞鱼类资源不断恶化，水产品产量始终处于徘徊状态。虽然 1977 年的总产量为 539.46 万 t，但 14 年的增产幅度还没有第一阶段 8 年的大，年均递增仅 4.43%，而且产量的增加主要靠增船添网和酷捕滥渔。该时期的捕养比例为 74.6∶25.4。

第四阶段，1978~1979 年。20 世纪 70 年代，由于近海和内陆渔业资源利用过度，江河湖泊普遍兴筑闸坝，盲目围湖垦殖，加之工业废水污染，导致天然渔业资源的严重衰退和养殖水平的下降。虽然该时期沿海和内陆农（渔）区逐步实行了各种形式的生产责任制，给水产业的发展带来了契机，但高度集中的水产品流通管理体制与渔业生产的矛盾日益突出，严重制约了渔业生产的发展。资源和流通的双重制约导致该时期水产品总产量的下降，平均每年负增长 4.19%。1979 年总产量为 495.19 万 t，比 1977 年减少了 44.27 万 t。该时期捕捞产量所占比例明显下降，捕养比例为 71.4∶28.6。

第五阶段，1980 年至今。从 1979 年 10 月开始，水产品流通体制改革循序渐进地展开，至 1985 年，水产品市场在农产品市场中率先放开，完全实行市场调节。市场机制刺激了生产者的积极性，促进了水产品生产的快速发展，水产品产量连续 20 年保持持续增长，年均递增 11.48%。1990 年总产量达 1 427.26 万 t，跃居世界第一位，此后一直稳居首位；1999 年总产量为 4 122.43 万 t，是 1980 年的近 8 倍，占世界水产品总产量的 1/4 左右；水产品人均占有量达 32.7kg，超出世界平均水平十几千克。同时，由于 1985 年以来"以养殖为主"发展方针的确立，使养殖区域从沿海地区和长江、珠江流域传统养殖区不断向内陆和"三北"（东北、华北、西北）地区扩展，捕养比例日趋合理，2012 年达到了 36∶64，成为世界主要渔业国家中唯一养殖业产量超过捕捞业产量的国家。

二、水产品生产的特征

1. 捕捞业发展停滞，养殖业增长迅猛

虽然我国水产品的产量和产值历年呈现稳步上升的趋势，但是在细分捕捞和养殖方面，产量和产值却有明显的差异。捕捞可分为海洋捕捞和淡水捕捞；养殖业可分为海水养殖和淡水养殖两大类。

从产值上看，以2008年为例，2008年全国渔业产值约5 521亿元，是由五部分组成，其中海水捕捞产值1 093亿元，占19.8%，海水养殖产值1 263亿元，占22.88%，淡水捕捞产值299亿元，占5.41%，淡水养殖产值2 566亿元，占46.48%，水产苗种产值300亿元，占5.43%。全国的养殖产值占比（75%）远远超过捕捞产值占比（25%）。

从产量上看，2008年全国渔业产量4 895.6万t，其中海水捕捞1 340.3万t，占27.38%，海水养殖1 258万t，占25.70%，淡水捕捞224.8万t，占4.59%，淡水养殖2 072.5万t，占42.33%，全国养殖产量占比（68%）同样超过捕捞产量占比（32%）。

全国渔业产量和产值组成部分如图11-1和图11-2所示。

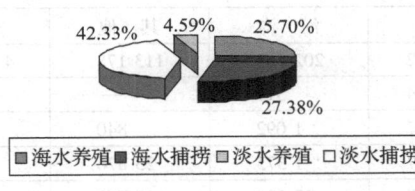

图11-1 全国渔业产量组成部分
资料来源：中国渔业年鉴2010。

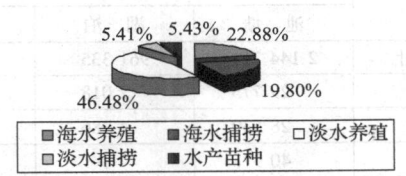

图11-2 全国渔业产值组成部分
资料来源：中国渔业年鉴2010。

通过对比可以发现，养捕产量比例为68∶32，产值比例为75∶25，养殖在我国渔业中占据着绝对主导地位。具体到各年的水产品总产量，同样也能发现各年水产品的养殖产量是一直稳定上升的，而捕捞量自1995年以来几乎停滞不前，如图11-3所示。

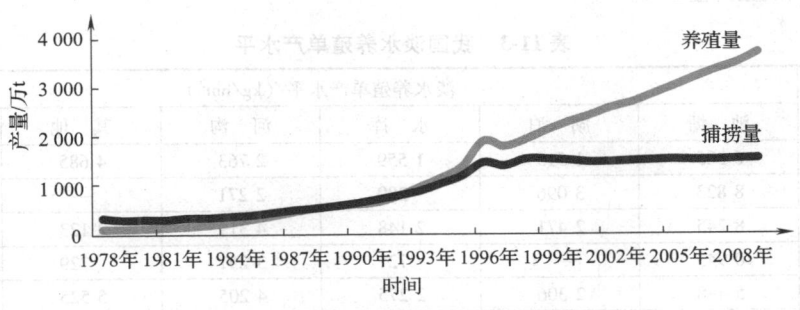

图11-3 各年的水产品养殖量和捕捞量

2. 淡水养殖和海水养殖各有千秋，海水养殖增长迅速

第一，在养殖部分，海水养殖和淡水养殖在产量增长方式上有较大不同（见表11-1～表11-3）：海水养殖由于其单产水平变化不大（全国平均为9 699kg/hm²），产量增长主要依赖养殖面积的扩大；淡水养殖产量的增长主要缘于池塘养殖方式比例增加（池塘养殖单产全国平均为6 805kg/hm²，较之湖泊/水库养殖单产约1 550kg/hm² 高许多）。

表 11-1 我国海水养殖面积及单产水平

地 区	海水养殖面积/hm²				海水养殖单产水平/(kg/hm²)			
	海 上	滩 涂	其 他	合 计	海 水	滩 涂	其 他	总 体
全国总计	694 668	641 429	242 812	1 578 909	9 699	8 055	6 174	8 489
河北	52 581	38 230	18 944	109 755	3 758	1 698	1 765	2 696
辽宁	262 090	105 079	44 387	41 1556	4 358	6 192	5 143	4 911
江苏	15 920	125 829	18 340	160 089	5 560	3 567	7 473	4 213
浙江	16 292	45 846	34 001	96 139	13 696	7 987	7 103	8 642
福建	51 543	48 111	21 050	120 704	32 930	18 713	8 563	23 014
山东	222 089	178 245	25 883	426 217	10 186	6 855	5 000	8 478
广东	59 128	71 212	59 377	189 717	14 930	14 168	5 694	11 753
广西	12 447	20 839	14 094	47 380	16 701	19 989	10 744	16 375
海南	2 578	8 038	2 367	12 983	14 050	10 983	19 243	13 098

资料来源：中国渔业年鉴2010。

表 11-2 我国淡水养殖面积

地 区	淡水养殖面积/hm²					
	池 塘	湖 泊	水 库	河 沟	其 他	合 计
全国总计	2 144 715	961 335	1 549 612	202 183	113 178	4 971 023
天津	29 773	2 018	4 134	517	—	36 442
河北	28 539	4 986	36 907	1 092	840	72 364
辽宁	40 978	—	88 187	1 375	23 876	154 416
江苏	346 482	123 920	33 580	27 630	11 769	543 381
浙江	69 116	6 491	92 486	39 265	4 658	212 016
福建	31 829	988	45 856	5 101	2 500	86 274
山东	107 013	13 583	107 804	5 060	2 624	236 084
广东	264 227	2 457	75 696	2 160	9 994	354 534
广西	74 627	—	80 555	5 219	1 613	162 014
海南	15 838	223	12 878	1	163	29 103

资料来源：中国渔业年鉴2010。

表 11-3 我国淡水养殖单产水平

地 区	淡水养殖单产水平/(kg/hm²)					
	池 塘	湖 泊	水 库	河 沟	其 他	平 均
全国总计	6 805	1 515	1 559	2 763	4 685	3 916
天津	8 823	3 096	289	2 271	—	7 445
河北	8 245	2 471	2 148	4 319	2 123	4 636
辽宁	10 943	—	721	3 291	729	3 957
江苏	5 488	2 306	2 275	4 205	5 525	4 476
浙江	4 927	1 248	755	1 748	8 284	2 349
福建	11 713	4772	2 722	6 935	10 760	6419
山东	6 717	6 158	2 216	2 225	9 754	4 509
广东	10 130	6 140	2 127	6330	4 126	8 319
广西	7 489	—	3 793	4 153	30 660	5 524
海南	12 127	21 511	4 853	41 000	36 006	8 964

资料来源：中国渔业年鉴2009。

第二，淡水养殖水产品主要以鱼类为主，2008年鱼类产量占整个淡水产品的比例为88.63%。而我国海水养殖业的特别之处是以贝类为主，占全部养殖产量的75.21%，其次是藻类，占全部养殖产量的10.34%，再次是甲壳类，占全部养殖产量的7.03%，鱼类产量列第四，仅占5.58%。可见，我国海水鱼类养殖远落后于淡水鱼类养殖。

第三，海水产品由于出口和内需的带动，海水产品加工总量占整个水产品行业加工总量的比例为85.31%，而淡水产品的加工比例仅为14.69%，淡水产品加工业的落后制约了淡水养殖业向上发展的空间。2008年海水养殖产值仅增长13.99%，而淡水养殖产值仅增长11.08%。可以看出，海水养殖增长的速度明显快于淡水养殖。

3. 天然养殖成为未来水产养殖模式的趋势

首先，海水养殖方面，北方海域底播和低密度围堰养殖具有发展优势。

与南方海域相比，北方海域温度偏低，因此水生物生长更为缓慢，个体更为壮实、肥硕，价格自然也更高。我国四大海水渔场中，只有黄渤海渔场位于北方海域，其中山东省和辽宁省附近海域的污染程度相对较小。好当家、獐子岛和东方海洋三家公司的养殖海域就位于该区域。

与底播和围堰养殖相比，工厂化和浮筏养殖密度更大。对藻类和浮游生物的过度捕捞造成生态链破坏，并且养殖户为了提高成活率，通常会大量投放药物，因此工厂化和浮筏养殖水体都不具有自身调节功能，易导致未知病害暴发。例如，2007年大连长海县浮筏扇贝暴发"单孢子虫"病害，针对该病害獐子岛所在地政府发布文件，要求严控并压缩浮筏养殖规模。

海水养殖模式及特征如表11-4所示。

表11-4 海水养殖模式及特征

养殖模式	养殖特点	常见养殖品种
工厂化养殖	养殖成本高，适合养殖利润高、比较娇贵的品种 依靠投放全价饲料满足水产品营养需求 产量高，污染大，易暴发疾病	鱼类
浮筏养殖	高密度下垂下养殖 由于离水面近且没有坝堰的保护，易受气候的影响 产量高，污染大，易暴发疾病	鲍鱼、贝类
围堰养殖、虾池养殖	养殖密度适中，成活率高，不易受风暴影响 产量适中，污染较大	海参、鲍鱼、海蜇、虾
底播散养	与野生环境较为接近，不需要投放藻类等饵料 产量低，养殖周期长，但品质好	贝类、海参、鲍鱼

资料来源：中国渔业年鉴2010。

其次，淡水养殖方面，倾向于发展湖泊和水库养殖。与湖泊和水库养殖相比，围栏、浮筏和池塘养殖也存在养殖密度过大的隐忧。例如，大闸蟹和珍珠的高密度围栏和浮筏养殖对水体生物链破坏极其严重，江苏阳澄湖和安徽黄湖已经开始压缩大闸蟹养殖规模，并通过放养鱼类来恢复水体环境。淡水养殖模式及特征如表11-5所示。

表 11-5 淡水养殖模式及特征

养殖模式	养殖特点	常见养殖品种
围栏、浮筏养殖	养殖密度大，需配合全价饲料和药物的投放，以保证育肥期的营养需求和成活率 产量高，水体质量欠佳，易暴发疾病	鱼类、虾、蟹、河蚌
池塘养殖	养殖密度大，需配合全价饲料和药物的投放，以保证育肥期的营养需求和成活率 产量高，水体质量欠佳，易暴发疾病	鱼类、虾、蟹
湖泊、水库养殖	以自然放养为主，无需投放饵料 产量低，养殖周期长，但品质最好	鱼类

资料来源：中国渔业年鉴2010。

从总体上看，天然养殖模式是未来水产养殖的主要模式。目前人工养殖扇贝、海参虽然存在养殖周期短、所需养殖区域小而养殖量大等优点，但是由于其并不存在明显的进入壁垒，新进入者多，竞争激烈。而天然养殖模式虽然养殖周期长，产量可控力度较小，但是其养殖海域资源是有限不可复制的，成为行业的最大壁垒，新进入者少，并且随着人民生活水平的提高，天然海珍品必然成为消费热点。

三、水产品产地与产量

我国是世界上最大的水产养殖生产国，水产品产量一直保持持续增长，未来我国水产养殖的空间依然巨大，据国家统计局资料显示，1999～2011年我国水产品产量年均增长率均超过3%，水产品产量保持持续增长，2011年我国水产品产量达到5 603万t，如图11-4所示。水产品总产量的增长与我国经济的快速增长、人均可支配收入的增加、水产品消费量的增加、强劲的水产品出口增长等诸多因素有紧密的关系。

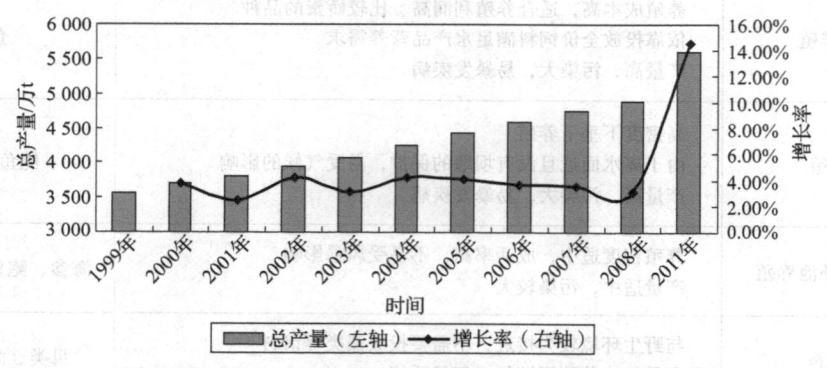

图 11-4　1999～2011年我国水产品总产量及年均增长率

同时，随着我国经济实力的上升，居民人均收入的增加，人们的消费习惯也在发生着转变，水产品因其有公认的高蛋白质、低脂肪等特点，被广大消费者接受。近20年来，一直保持着稳步上升的发展态势。城镇居民家庭水产品人均年消费量由1990年的7.69kg增加到2011年的14.62kg；农村居民家庭水产品人均年消费量由1990年的2.13kg增至2007年的5.36kg（见图11-5）。

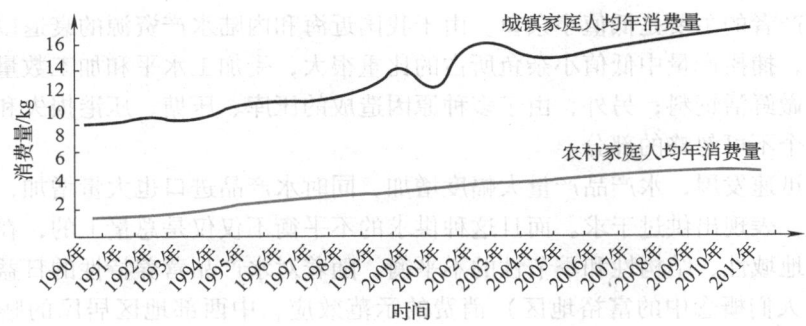

图 11-5　1990～2011 年我国城乡居民水产品消费量

第二节　水产品市场需求

水产品消费与需求是水产品供给和流通的终点,不仅对生产与供给有拉动作用,而且能够催育符合水产品特点和市场经济要求的新的流通渠道和营销方式,是水产品市场分析中同生产与供给相呼应的另一个基本组成部分。

一、水产品消费结构

从 1980 年到 2010 年,养殖食用鱼产量增长率远远超过同期世界人口增长率(1.5%),使人均消费养殖食用鱼提高了几乎 7 倍,从 1980 年的 1.1kg 到 2010 年的 8.7kg,年平均增长率为 7.1%。我国水产品市场的消费主要由以下四个部分构成:

(1) 城乡居民食用消费部分,具体包括城乡居民的家庭消费和社会消费。其中,城乡居民家庭消费是该部分消费的主要组成部分,约占居民食用消费总量的 50%;社会消费是指餐馆、饭店的消费和请客送礼等形式的其他消费,该部分消费占居民食用消费总量的50%。随着人们收入水平的提高和消费习惯的改变,家庭、亲朋好友出外就餐的机会日趋增加,社会消费部分所占比例有上升趋势。由于水产品市场供应充足,"吃鱼不再难",加之越来越多的消费者对水产品的青睐,城乡居民对水产品的食用消费量日益增加,2011 年达 4 260万 t。城乡居民食用消费的水产品主要是冷冻水产品、鲜活水产品和半成品、熟制品、干制品等加工水产品,其中鲜活水产品和加工品愈来愈受消费者欢迎,所占比例日益增加。

(2) 加工工业原料消费部分。水产品可用于加工动物性蛋白质饲料(包括鱼粉)、助剂、添加剂和医药保健品等。随着我国水产品产量的大幅度增加和水产品加工技术的不断提高,该部分消费量增加很快,年消耗水产品已达 1 000 万 t 以上。

(3) 出口贸易部分。海关出口、海上贸易、边境口岸易货交易等形式的出口贸易也是水产品市场消费的一个重要组成部分。由于我国水产品外贸体制的改革、对外经济关系的不断改善和水产品质量的日益提高,水产品出口贸易呈增长趋势,每年水产品的出口量已由 2010 年前的 50 多万吨增至 2013 年的 220 多万吨。

(4) 其他消费部分,具体包括自食消费、鲜活饲料消费和损耗。自食消费是指捕捞渔民在船上的自食部分和渔村、养殖场等生产单位的内部消费,该部分尤其是内部消费的弹性很大,数量的多寡因市场销售状况而异;作为鲜活饲料直接出售给海水养殖、淡水养殖和其他畜牧养殖生产者的主要是低值小杂鱼。由于我国近海和内陆水产资源的衰退以及捕捞作业方式的不合理，捕捞产量中低值小杂鱼所占的比重很大，受加工水平和加工数量的限制，绝大部分只能用做鲜活饲料；另外，由于多种原因造成的压库、压塘、压港损失和运输等环节的损耗也是一个不可忽略的部分。

养殖生产迅速发展，水产品产量大幅度增加，同时水产品进口也大量增加，水产品市场状况开始逆转，表现出供过于求。而且这种供求的不平衡不仅仅是总量上的，在总量不平衡的同时还存在地域性、结构性和季节性的不平衡。随着对水产品营养特性的日益认同和东部沿海地区（即人们概念中的富裕地区）消费的示范效应，中西部地区居民的膳食结构正在悄然地发生变化，对水产品的消费需求迅速增加。而我国水产品生产存在明显的地域性，且水产品加工、保鲜能力滞后，使得水产品市场供求表现出地域性的不平衡。如前所述，东部地区（广东、福建、江苏、浙江、山东、河北、辽宁、海南和北京、天津、上海）水产品生产占了全国的近80%，中部地区（湖北、湖南、江西、安徽、河南、山西、黑龙江、吉林、广西和内蒙古）占了18%左右，而西部地区（陕西、甘肃、宁夏、新疆、西藏、青海、云南、贵州、四川和重庆）仅占2%，且中部地区主要集中于湖北、湖南、广西、安徽四省，产量占中部地区的80%以上，西部地区主要集中于四川省和重庆市，产量占西部地区的60%多。随着水产品流通体制的改革，市场体系日益完善，水产品从东部流向西部的流量大大增加，但由于加工、保鲜能力滞后，流通费用高等因素的限制和影响，中部和西部的水产品需求尤其是海水产品的需求远远不能得到满足，水产品供需之间存在严重的地域性不平衡。海滨城市十几元一斤的对虾到了西部城市可达10元一只，"物以稀为贵"的朴素语言包含了最基本的经济规律。

随着人们生活水平的提高和膳食结构的改变，鲜活海水产品备受青睐。而海水产品生产发展的相对滞后使供求表现出结构性的不平衡。近年来海水产品产量虽然增加幅度很大，但由于海水资源的衰退和海水养殖的抗灾、防病能力较弱，产量波动较大，海水产品产量占水产品总产量的比重徘徊不前。在海水产品中，只有一多半是消费者喜食的鱼类和虾蟹类，贝、藻类占了较大的比重。休渔期间供应市场的养殖海水产品中，鱼类和虾蟹类的比重更小，不足海水产品总量的10%。近几年鲜活名贵海水产品的进口量迅速增加并且价格不菲，龙虾、甲鱼的价格均在百元以上，这与收入水平的提高等因素不无关系，但这也正是水产品市场供求结构性不平衡的一个佐证。

为了恢复和保护已经衰退的海洋水产资源，我国在东海、黄海、渤海和南海海域普遍施行了伏季休渔制度，使本已存在的海水产品供需季节性不平衡更加突出。在我国海水产品产量中，60%以上是海洋捕捞产品，因此休渔期间鲜活海水产品的产量明显减少。本来供给的缺口应该由冷冻、加工产品来弥补，但由于我国水产品加工企业的加工水平和加工规模都有限，市场供给状况并不能令人满意；而到了开捕期，捕捞产量大量增加，加工企业有限的吸纳能力又限制了市场的消化能力，水产品市场供过于求，甚至压船、压港，浪费严重。

二、水产品消费特征

鱼和渔业产品代表着多样化和健康食物的基本营养物质的有价值的来源。除了不多的几个物种外，鱼通常含有低水平的饱和脂肪、碳水化合物和胆固醇，不仅提供高价值的蛋白质，还提供广泛的必需微量营养素，包括各类维生素（D、A和B）、矿物质（钙、碘、锌、铁和硒)以及欧米伽-3多不饱和脂肪酸(二十二碳六烯酸和二十碳五烯酸)。尽管人均水产品消费量可能不高,但通过提供植物饮食中缺乏的必需氨基酸、脂肪和微量营养素,即使少量的水产品也具有显著积极的营养作用。有证据显示,消费水产品对冠心病、中风、老年性黄斑变性和心理健康具有有利的效果。有说服力的证据还显示,消费水产品在生长和发育方面也是有益的,特别是在妇女妊娠和孩子幼年最佳脑发育期间。

水产品平均每天为每人仅提供约33cal的热量,但在缺乏替代蛋白质食品以及喜好食鱼的国家,水产品每天为每人提供150cal热量(如冰岛、日本和几个岛国)。水产品在提供动物性蛋白质方面的贡献更为显著,为成人提供每天蛋白质需求的50%~60%,即150g。在一些人口密度大以及总蛋白质摄入水平低的国家,鱼蛋白质是关键成分。事实上,许多人(在发展中国家多于发达国家)依赖鱼作为日常饮食的一部分。对他们来说,鱼和渔业产品往往代表着能负担得起的动物性蛋白质来源,不仅比其他来源的动物性蛋白质便宜,还因为喜好以及是当地和传统食谱中的一部分。例如,一些发展中岛国以及孟加拉国、柬埔寨、加纳、冈比亚、印度尼西亚、塞拉利昂和斯里兰卡的总动物性蛋白质摄入量中水产品占50%,甚至超过这一水平。2009年,鱼在全球人口动物性蛋白质摄入量中占16.6%,在消费的所有蛋白质中占6.5%。在全球,水产品为约30亿人提供了近20%的人均动物性蛋白质摄入量,以及为43亿人提供了约15%的动物性蛋白质摄入量。

与水产品产量强劲增长以及现代化的配送渠道相关联,世界水产食品供应量在1961~2009年期间平均年增长率达3.2%,高于世界人口1.7%的年增长率;因此,人均供应量增加。世界人均水产品消费量从20世纪60年代的9.9kg增加到70年代的11.5kg、80年代的12.6kg、98年代的14.4kg、21世纪初的17.0kg,2009年达到18.4kg。2010年人均水产品消费量进一步增长到18.6kg。

尽管对多数消费者来说可以获得的水产品强劲增长,但国家和区域之间水产品消费在总量和人均增长方面均有相当大的差异。例如,过去20年,撒哈拉以南非洲的一些国家(如刚果、南非、加蓬、马拉维和利比里亚)以及日本的人均水产品消费量停滞或下降,而每年人均水产品消费量在东亚(从1961年的10.6kg到2009年的34.5kg)、东南亚(从1961年的12.8kg到2009年的32.0kg)和北非(从1961年的2.8kg到2009年的10.6kg)都有着实质性的增长。世界人均水产品消费量增长的大部分来自我国,原因是水产品产量的实质性增加,特别是水产养殖产量。我国在世界水产品产量中的份额从1961年的7%增加到2009年的34%。我国的人均水产品消费量也急剧增加,2009年达到约31.9kg,在1961~2009年期间平均年增长率达到4.3%,1990~2009年期间为6.0%。过去几年,在增加的国内收入和财富推动下,我国消费者经历了水产品类型的多样化,原来出口的一些渔业产品转向国内市场,并增加了渔业产品的进口。如果不包括我国,2009年世界其他区域的人均水产品供应量约为15.4kg,高于20世纪60年代(11.5kg)、70年代(13.5kg)、80年代(14.1kg)和90年代(13.5kg)。应当指出,在20世纪90年代期间,不包括我国在内的世界人均水产品供应量相对稳定在13.1~13.5kg,比80年代要低,原因是人口增长快于食用鱼供应量的增长(年增长率分别为1.6%和0.9%)。自21世纪初,这一趋势倒转,食用鱼供应量增速超过人口增长(年增长率分别为2.6%和1.6%)。

区域和国家之间水产品总消费量以及食用鱼供应量中的物种构成不同,反映了水产品和其他食品的可获得性的不同水平,包括在邻近水域对渔业资源的可获得性以及若干社会经济和文化因素的相互作用。这些因素包括食物传统、口味、需求、收入水平、季节、价格、卫生基础设施以及交通设施。每年人均水产品消费从一个国家不足1kg到另一个国家超过100kg。在国家内差异也可能很大，沿海、沿河和内陆水域区域的消费通常更高。在2009年供食用的1.26亿t水产品中，消费量最低的是非洲（910万t，人均9.1kg），而亚洲占总消费量的2/3，为8540万t（人均20.7kg），其中4280万t在我国之外消费（人均15.4kg）。大洋洲、北美洲、欧洲以及拉丁美洲对应的人均水产品消费量数字分别是24.6kg、24.1kg、22.0kg和9.9kg。

发达国家和发展中国家之间的水产品消费有差异。尽管在发展中国家（从1961年的5.2kg到2009年的17.0kg）和低收入缺粮国家（从1961年的4.9kg到2009年的10.1kg）每年人均渔业产品消费量稳定增加，差距在缩小，但依然远低于发达国家。由于对生存渔业和一些小型渔业的贡献情况不好记录，实际数值可能高于官方统计的数字。2009年，工业化国家人均水产品消费为28.7kg，而所有发达国家的预计数为24.2kg。发达国家消费的水产品有很大一部分是进口产品，由于稳定的需求以及国内渔业产量下降（2000~2010年期间下降10%），预期发达国家对进口的依赖将增加，特别是来自发展中国家。在发展中国家，水产品消费趋势基于当地和季节可获得的产品，水产品链受供应驱动，而非需求。但是，新出现的经济体已开始增加进口当地没有的渔业产品。

发达国家和发展中国家的差异还表现在水产品占动物性蛋白质摄入量的份额。尽管水产品消费量相对处于低水平，不过发展中国家的这一份额约为19.2%，低收入缺粮国家为24.0%。但由于其他动物性蛋白质消费量增加，最近几年这一份额稍有下降。在发达国家，水产品在动物性蛋白质摄入量中的份额在1989年之前持续增长后，从1984年的13.9%下降到2009年的12.4%，而其他动物性蛋白质的消费量在继续增加。

海产品领域依然很零散，特别是新鲜海产品市场，目前正处于巩固和全球化过程中。水产品因物种、产区、捕捞或养殖方式、处理习惯和卫生保障等原因，类型繁多并有很大差别。原料鱼可加工成范围更为广泛的产品，满足不同市场的消费者需求，并在供应量上充分、灵活，具有对供应商的信赖度以及适应对不同产品具体技术要求的能力。过去20年，鱼和渔业产品消费量也受到食品系统全球化以及加工、运输、配送、销售和食品科技创新与改善等的影响。这些因素极大地提高了效率、降低了成本，并提供了更多的选择和更安全及改善的产品。由于鱼易腐烂，远距离冷藏运输以及大型和更快速航运的开发促进了物种种类和产品类型增多的贸易和消费，包括活鱼和新鲜鱼。消费者得益于进口产品，丰富了国内市场，提高了鱼和渔业产品的可获得性，有了更多的选择。

当地消费者兴趣的增加也推动了亚洲以及越来越多的非洲和拉丁美洲区域水产养殖的发展。自20世纪80年代中期起，特别是在21世纪头十年，由于一些国家捕捞渔业产量停滞甚至下降，水产养殖对水产品消费量的贡献急剧增长。2010年，水产养殖约占供食用的渔业产量的47%，与1960年的5%、1980年的9%和2000年的34%相比，取得了令人瞩目的增长（见图11-6），1990~2010年期间年平均增长率为4.7%。但如果不包括中国，则水产养殖的平均贡献要低很多，2000年为17%，2010年为29%，对应的年平均增长率为5.4%。水产养殖推动了原来主要从野外捕捞而现在主要靠人工养殖的产品的消费，降低了价格，并使产品的商业化水平大大提高，如对虾、鲑鱼、双壳类、罗非鱼、鲶鱼和鱼芒。水产养殖还通过大量生产低价值淡水物种，在粮食安全方面发挥了作用。这些淡水物种通过综合养殖方式生产，主要在国内消费。

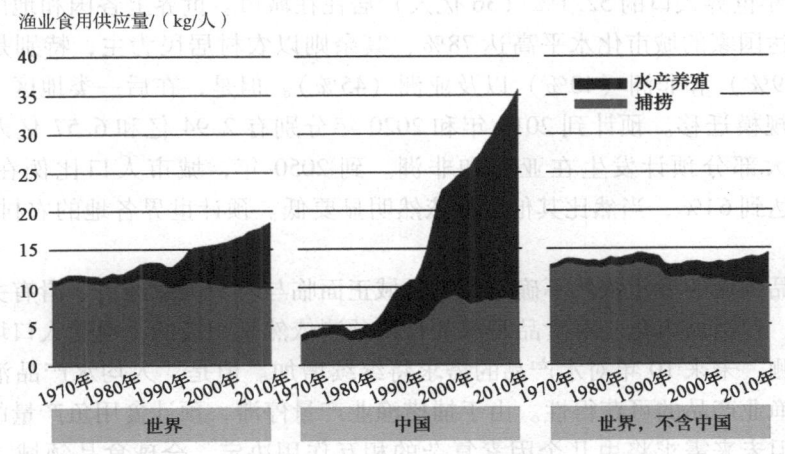

图 11-6　水产养殖和捕捞渔业对食用水产品消费量的相关贡献

按主要组别的消费量也可看到水产养殖贡献率的急剧增长。由于养殖的对虾、明虾和软体动物产量增加以及价格相对下降，每年人均可获得的甲壳类从 1961 年的 0.4kg 实质性地增加到 2009 年的 1.7kg，软体动物（包括头足类）同期从 0.8kg 增加到 2.8kg。鲑鱼、鳟鱼和若干淡水物种增加的产量使淡水和海淡水洄游物种在每年人均消费量中的份额显著增长，从 1961 年的 1.5kg 增加到 2009 年的 6.0kg。过去几年，其他更大组别情况没有大的变化。每年人均消费底层鱼和中上层鱼类物种的量分别稳定在约 3.0kg 和 3.4kg。底层鱼类仍是北欧和北美地区消费者喜爱的主要物种（2009 年人均消费量分别为 8.6kg 和 7.0kg），而头足类主要受到地中海和东亚国家消费者的喜爱。在 2009 年人均消费的 18.4kg 水产品中，约 74% 是鱼类，贝类占 26%（或人均约 4.5kg，其中 1.7kg 为甲壳类，0.5kg 为头足类，2.3kg 为其他软体动物）。

水产品消费的全球增长反映了总体食品消费的趋势。过去几十年人均食品消费量也在增长。除了粮食和经济危机期间外，包括鱼市场在内的全球食品市场经历了空前的扩张以及全球饮食方式的变化，更为均质和全球化。这些变化是以下一些因素影响的结果，包括生活水平提高、人口增长、快速的城市化、贸易机会以及食品配送形式的改变。这些因素的组合导致人们对蛋白质食物产品的需求上升，特别是饮食中的肉、鱼、奶、蛋以及蔬菜，同时减少了主食类的份额，如根茎和块茎类食品。在发达国家和发展中国家蛋白质的可获得性增加，但增长不平衡。例如，巴西和中国以及其他欠发达国家的动物源性食品的消费量显著增加。根据联合国粮食及农业组织统计，全球年人均肉的消费量从 1967 年的 26.3kg 增长到 1987 年的 32.4kg 以及 2007 年的 40.1kg。在发展中国家这种增长尤其显著，发展中国家年人均肉的消费量从 1967 年的 11.2kg 成倍增加到 2007 年的 29.1kg。发达国家的动物性蛋白质供应量仍明显高于发展中国家。但是，由于已达到动物性蛋白质消费量的高水平，更多的发达经济体达到了饱和水平，比低收入国家对收入增长和其他变化的反应要低。在发达国家，人均肉的消费量从 1967 年的 61.4kg 增加到 1987 年的 80.7kg，但在 2007 年达到 82.9kg 之前，1997 年曾减少到 75.1kg。

由于城市化是改变食品消费方式的因素之一，对渔业产品的需求也有影响。居住在城市的人们倾向于将收入中的较多部分用于购买食品，此外，更多地在外吃饭，并购买更多的即食和方便食品。另外，城市化给临近地区带来了满足大量集中人口需求的压力。根据联合国的资料，2011年世界人口的52.1%（36亿人）居住在城市。世界上各国和地区的城市化水平有差异，发达国家的城市化水平高达78%，其余则以农村居民为主，特别是不发达国家（城市化率约29%）和非洲（40%）以及亚洲（45%）。但是，在后一类地区，正发生着人口向城市的大规模迁移。预计到2015年和2020年分别有2.94亿和6.57亿人口迁移到城市，这些迁移大部分预计发生在亚洲和非洲。到2050年，城市人口比例在非洲将达到58%，亚洲将达到64%，当然比其他大洲依然明显要低。预计世界各地的农村人口将下降，但非洲除外。

对全球食品领域的展望依然不确定。该领域正面临与若干国家经济下滑有关的各种挑战以及人口问题，包括城市化。对食品需求的长期预测依然是积极的，也受人口增长和城市化的驱动。据预测，未来10年对水产品的需求将继续增加。但是，人均水产品消费量的未来增长将取决于渔业产品的可获得性。由于捕捞渔业产量停滞，预计食用鱼产量的主要增长来自水产养殖。但未来需求将由几个因素复杂的相互作用决定。全球食品领域，包括渔业领域，将不得不面对来自人口、饮食、气候和经济变化的挑战，如减少对化石能源的依赖以及对其他自然资源越来越多的限制等。特别是未来食品的供求，包括渔业，将受人口动态以及经济增长地点和速度的影响。未来10年，预期世界人口增长将放缓，而发展中国家将继续经历人口快速的增长。根据联合国的预测，全球人口将从2011年约70亿人增加到2015年73亿人、2020年77亿人以及2050年93亿人，增加的大部分人口在发展中国家。

第三节　水产品流通状况

一、水产品流通概述

水产品市场流通是连接生产与消费、供给与需求的纽带，是水产品市场分析不可或缺的组成部分。整个水产品物流体系建设是在政府统筹和推动下的一个系统工程，需要各相关主体参与和协调运作。在市场机制的作用下，由水产品的生产者、中介组织、加工企业、物流配送企业、销售企业、消费者形成一个农工商相结合的系统。

抽象地来看，可以将水产品物流体系简化为一个杠杆系统，政府的政策基础和市场运行机制是杠杆的支点，生产者在杠杆的一端，消费者在杠杆的另一端，中介组织、加工企业、物流配送企业、销售企业是连接生产者和消费者两端的桥梁，同时，具有杠杆游码的作用，可以在杠杆上进行调控，如图11-7所示。

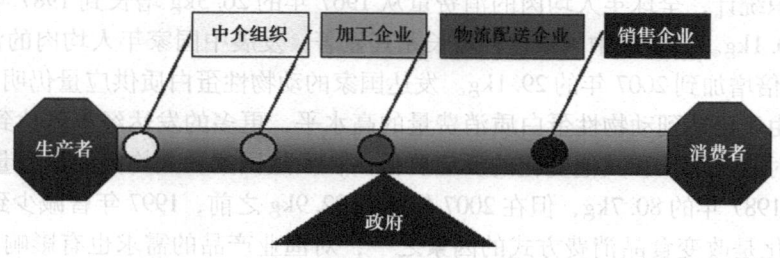

图11-7　水产品物流体系杠杆系统

图 11-7 中，随着杠杆系统撬动效应的发挥，农产品流通模式发生演化，水产品流通过程中的流通主体、流通渠道、流通环节以不同的组合并与各种技术、设备和设施匹配来完成商流、物流、信息流的转移，从而最终完成水产品的交换。

当生产主体的核心能力及谈判地位较强时，整个水产品供应链表现为生产主体主导型的物流模式，如常见的农业合作组织主导的物流模式；当中介组织地位较强时，表现为中介组织主导型的物流模式；当加工企业较强时，表现为龙头企业主导型的物流模式；当物流配送较强时，表现为物流配送主导型的物流模式；当批发市场较强时，表现为批发市场主导型的物流模式；当零售企业较强时，表现为商超主导型的物流模式。

(1) 水产品物流的货物品种多，批量少。水产资源丰富，品种繁多，各种鱼虾蟹贝等种类多达千种。一些大宗经济水产品亦达百余种，还有冷冻、干制、腌制、罐制、调味品、鱼糜制品、营养保健品等多种加工制品。

(2) 需要保鲜储存和运输。水产品在物流过程中需快速流转。因为鲜活性，部分水产品需要冷藏和冷链，按常温品、低温品和冷冻品不同属性进行储存运输和活水车带制冷充氧设备的运输。例如，从国外进口冷冻品从进一个标准低温集装箱一直到冷库/商店温度都要保持在-18℃以下，而生鲜高档金枪鱼的保鲜储存和运输，则需要-60℃的超低温冷库或设备。

(3) 需要防止腐变的良好包装。水产品由于含水量高、体组织霉类活性强，容易腐烂变质。水产业从生产一线开始，到船上保鲜、码头起卸、挑选加工、冻结入库、运输中转、市场销售都涉及包装问题，若水产品物流没有良好的包装/容器，则会导致到手的水产品变质。如按1%损失率计算，我国全年将损失水产品45万t，折合经济损失50多亿元。

(4) 水产品物流表现形式十分丰富。由于市场需求的发展变化，水产品来源渠道越来越多，相应的物流形式也越来越丰富。高档鲜活水产品从国外直接空运进国内；冷冻集装箱水产品通过海运、铁路运输和冷冻冷藏车长途联运；泡沫箱塑料袋活鱼包装零担运输和活水车运输等。根据水产品不同的特点和要求，配以相应的物流形式以实现货主满意。

(5) 水产品在物流过程增值幅度大。作为一种农产品，水产品不同于工业品的最大特点在于水产品的市场价值很大部分是在离开生产领域后得到提升，具有更大的加工增值潜力。一般来说，水产品物流增值环节主要包括以下几个方面：第一，水产品分类与分类包装增值服务；第二，水产品适度加工后小包装增值服务；第三，水产品配送增值服务；第四，特种水产品运输增值服务；第五，特种水产品仓储与管理增值服务。

(6) 水产品流通管理活动的技术密集性。GPS（全球定位系统）卫星定位技术和网络摄像头跟踪货物运输过程，使经营管理者在办公室中就可以方便有效地结合手机通信管理千里之外员工的装卸过程，远距离遥控变为现实，可防止由于员工的不规范行为而造成的人为损失发生，同时开发使用可集中处理资金流、人流、商流等共享数据的管理软件技术，能够使物流控制内容更加丰富，管理更加高效，减少人为出错率，规范物流运作行为，提高企业的管理水平和经济效益。

二、水产品流通渠道

水产品流通渠道是水产品从生产（养殖或捕捞）领域到消费领域所经过的途径或通道。完善的水产品流通渠道，既有利于形成合理的市场价格，促进消费者消费，又能刺激水产品生产的发展。我国自1985年取消水产品统购统销、1992年全面放开水产品经营，实行市场调节以来，水产品流通已形成了国有商业、集体和合作商业、个体商业多种经济成分共同参与竞争的多渠道经营格局。

国有商业主要包括国有水产供销企业及其下属的国有水产加工厂和国有副食商店等。很长时间以来国有商业在各种流通渠道中先天性实力最雄厚、体系最健全，具有其他流通组织难以比拟的资金、人员、技术和信誉等方面的优势，一直是水产品流通的主渠道。然而自水产品经营放开以来，国有商业显得愈来愈力不从心，在水产品流通中的优势弱化，流通主渠道的地位已经丧失。

集体和合作商业是小商小贩自发组织起来的集体所有制商业，他们实行资金入股、统一经营、统一核算、自负盈亏。他们不仅轻装上阵，而且经营机制比较灵活，极具活力，在水产品流通中发挥着越来越大的作用，大有与国有商业平分秋色之势。

个体商业主要包括个体加工户、个体贩运户、个体批发零售经营者以及自产自销户等，他们自筹资金，使用简单的设备和工具从事水产品的收购、加工以及水产品的批发和零售。由于其分布面广、经营方式灵活，或固定设点或上门收购，弥补了国有商业经营方式和地点分布的不足，市场占有率迅速提高。个体商业经营主体显示了其强劲的发展势头，尤其是鲜活水产品的经营，由于劳动强度大、风险性高、业务规模较小和不易管理等，传统上属于个体商业经营，国有商业少有涉足。随着市场竞争的加剧和国有商业经营机制改革的不断深化，虽然这一局面近年来有所改观，但起色不大。

流通是生产发展的产物，流通渠道的复杂程度和长短与一定的生产力发展水平相适应，正是生产专业化和分工的日益深化使流通完成了从简单到复杂的演进过程，也正是我国生产力发展的多层次性造就了多种流通渠道并存的局面。许多历史性的经济现象会浓缩在某一时点的一个截面上，我国水产品流通渠道的现状恰恰如此。水产品流通渠道按长短和复杂程度大体可分为三种类型：①生产者直接通过零售商将水产品送到消费者手中，中间环节较少。②在生产者和零售商之间加入了一级或多级中间批发商，中间批发商既可以是水产品加工企业，也可以是纯粹的流通组织。③渔民的自产自销和产销直挂。自产自销虽然带有浓重的自然经济色彩，但在生产力发展水平多层次并存的今天仍有其生存的空间。产销直挂则随着一种新的流通组织——产销联合体的产生而悄然兴起。产销联合体是将生产、加工、销售结合在一起，实行水产品生产、加工和销售综合经营的经济组织，其特点是生产、加工、销售一条龙。产销联合体在实践中主要有三种形式：①国有水产品加工企业与规模化的养殖场和批发零售经营组织组成的联合体。②乡镇企业和私营企业（加工企业或销售企业）与本乡镇的水产养殖场或渔业公司组成的联合体，如广东的玉记海产，除在广州和深圳市场内开设小型摊位，从事水产品销售外，还在广东省南澳投资建造网箱，进行石斑鱼、鲳鱼等多种海水鱼的养殖，将养殖生产和市场销售密切结合在一起。③水产品生产或加工企业与批发市场以契约形式组成的联合体，如江苏省的基地进市场就属此类。由于产销一体化经营将水产品生产、流通等各个环节有机地结合起来，打破了生产与流通的分割，打破了城乡界限，减少了中间环节，发展前景看好。

三、水产品流通环节

商品流通一般都要经过收购、批发和零售几个基本环节，然而水产业的生产特点使得收购与产地批发市场一体化的现象日益普遍，内陆和海洋捕捞业更是如此。储藏和运输是每一环节必要的辅助手段。由于水产品的鲜活易腐性，有时还需经过加工后才能进入批发和零售环节。下面从批发、零售、储运和加工几个方面对水产品的流通环节进行分析。

1. 水产品的批发

批发是生产者和零售商之间、产地和销地之间的流通环节，是较大规模的商品流通不可或缺的一环。我国在水产品流通体制改革之前，水产品由国有水产供销企业独家经营，由副食商店和供销社销售，水产品收购与零售之间实行分货制，无需批发环节。水产品经营放开后，多种经济成分共同参与水产品经营，除了一部分产销直挂和自产自销的水产品外，绝大部分需要在加工和零售之间、生产和零售之间进行批发交易。近几年我国水产品批发交易发展迅速，水产品批发市场发展也很快。除沿海主要港口城市外，重点大城市由于人口密集、交通便利，也都建立了适合本地特点的水产品专业批发市场，如大连国际水产品交易中心、广州黄沙水产交易市场等。目前我国的水产品专业批发市场，已发展到333个（其中城市169个，农村164个），其中主产区、主销区和主要集散地有13个农业部定点专业批发市场。这些批发市场集水产品冷藏、运输、批发、零售于一体，产品直接面向批发商、零售商以及最终消费者，对水产品市场的繁荣起了积极的作用。

2. 水产品的零售

零售是把水产品销售给最终消费者的流通环节，是水产品流通中最活跃的一环。我国水产品除国有副食品商店、个体水产商店和生产企业直销外，主要由遍及各地的城乡集贸市场销售。近年来我国城乡集贸市场蓬勃兴起，集贸市场数量逐年增长。在大大小小遍及城乡的集贸市场中几乎都设有水产品个体零售摊点，交易非常活跃，在广大的农村由于没有国有副食商店的竞争，个体零售商几乎占据了全部的市场。个体零售摊点除一部分由渔（农）民自产自销外，绝大部分货源都从批发交易市场或者国有水产企业批发而来。由于其经营方式灵活，分类计价，且零售摊点距居民区较近，方便购买，市场占有率提高很快。集市贸易零售所占份额远远超过了国有零售商店和其他流通渠道，在水产品零售市场中占据了重要的地位。成交金额所占比例高于成交量所占比例，说明集市贸易零售的水产品中鲜活名贵品种所占比重较大。

3. 水产品的储运和加工

水产品的特点决定了其特有的储藏与运输方式。我国沿海省市已在近海渔船上推广普及了隔热仓冰藏保鲜，国有和集体渔业公司的外海、远洋渔船上大多配有冷冻和冷藏装置，有的还配备了冷藏运输船，基本做到了近海渔船保鲜冰鲜化，远洋、外海渔船保鲜冷冻化，水产品的鲜度和质量明显提高。水产品运抵港口基地后，有的由加工企业收购，有的由冷藏运输车运到批发市场销售。

有关世界水产品产量的利用情况如下：2010年，40.5%（6 020万t）的水产品以鲜活或冷藏形式销售，45.9%（6 810万t）的水产品以冷冻、烟熏或其他方式加工后供人类直接食用，13.6%的水产品用于非食品用途。自20世纪90年代初起，用于人类直接食用的水产品比重一直呈上升趋势。20世纪80年代，约68%的水产品供人类食用，而2010年这一比例已升至86%，相当于1.283亿t。在2010年，有2 020万t用于非食品用途，其中75%（1 500万t）被制成鱼粉和鱼油，剩余的510万t主要被用于观赏、养殖（鱼秧、鱼苗等）、做饵料、药用和直接用做水产养殖、畜牧生产和皮毛动物养殖的饲料。在供人类直接食用的水产品中，最重要的产品形式是鲜活或冷藏水产品，这部分产品在2010年占46.9%，其次是冷冻水产品（29.3%）、经处理或加工的水产品（14.0%）和腌制水产品（9.8%）。冷冻是食用水产品的主要加工方法，2010年占食用加工水产品总量的55.2%，占水产品总产量的25.3%。

1970年，冷冻水产品在食用水产品总量中占33.2%，而2010年则达到52.1%的历史最高点。经处理或加工的水产品的比例同期基本保持稳定，2010年为26.9%。发展中国家冷冻水产品的比例已出现增长（在食用水产品总量中的比例从2000年的18.9%上升至2010年的24.1%），经处理或加工的水产品比例也有所增长（从2000年的7.8%增长至2010年的11.0%）。由于基础设施及加工设施不足，加上消费者传统习惯根深蒂固，发展中国家的水产品主要在上岸后或捕捞后不久以鲜活形式销售（2010年占食用水产品总量的56.0%）。腌制水产品（干制、熏制或发酵）仍是发展中国家水产品零售和消费的一种传统方式，虽然这部分在食用水产品总消费量中所占的比例呈下降趋势（从2000年的10.9%下降至2010年的8.9%）。在发达国家，食用水产品大多数以冷冻或经处理或加工的方式销售。

鱼粉用整鱼或鱼加工后的下脚料制作而成。小型中上层种类，特别是秘鲁鳀鱼，是造成水产品产量下降的主要原因之一，而世界上鱼粉及鱼油的产量也随着这些品种的产量因厄尔尼诺现象的严重影响出现波动。鱼粉产量于1994年达到3 020万t的峰值（活重当量），此后就一直延续波动的趋势。2010年，由于秘鲁鳀鱼捕获量下降，鱼粉产量跌至1 500万t，与2009年相比下降12.9%，与2008年相比下降18.2%，和2000年相比下降42.8%。供人类食用的商业化水产品的下脚料越来越多地进入饲料市场，很大一部分鱼粉的原料来自鱼片制作过程中的边角料等残留物。2010年世界鱼粉产量中约有36%是利用下脚料制成的。

四、水产品流通体制的演变

水产品流通体制受国家整体经济体制及水产品生产状况的影响，新中国成立以来，其购销政策、流通渠道和流通形式、经营主体的变化主要经历了以下三个阶段：

（一）水产品实行自由购销阶段（1949~1956年9月）

这一时期水产品流通体制是多种经济成分并存，多渠道、少环节、产销方直接见面，实行市场调节，经营主体多样。

新中国成立前，水产品的购销和渔用物资的供应主要操纵在渔行、渔霸和封建把头手中。所以新中国成立初期，为了发展渔业生产，改善渔民的生活，满足城乡居民对水产品的需求，在流通领域政府面临的任务就是改造封建渔行、渔商。为了完成这一任务，政府主要采取了以下三项措施：

第一，国家接管各主要产区和鱼货集散地的水产交易市场，进行政治和经济改革。在没有交易市场的地方，则根据需要建立起国营鱼市场。水产交易市场上的价格由叫卖方式改为在公定价格范围内的议价方式。

第二，在各大行政区和水产重点省相继成立了国营水产运销公司。由该公司经营水产品的收购和运输业务，调节地区间的产销关系，并负责组织渔商、渔贩进行加工、运销。由此逐步建立起社会主义水产商业。当时各公司对打开水产品销路，改变多年来产地鱼货积压变质、销地吃不到鱼的情况起了很大的作用。当时由于一方面水产资源丰富，另一方面人们生活不富裕，对海水鱼缺乏消费习惯，再加上保鲜加工及运输条件落后，海水鱼虾销售面比较窄，水产品市场供过于求。在这种情况下，国营水产商业部门为了支持生产，积极帮助渔区大力推销，动员广大内地群众吃"爱国鱼""爱国虾"，渔商关系融洽。

第三，在渔村组织渔民成立渔业供销社，代替已经被打倒的封建把头、渔霸，自己解决供销问题。渔业供销社实际上起着各地水产运销公司基层组织的作用。

这一时期，各种经济成分的关系比较和谐。1956年水产品社会商品量中，国营商业收购量占59%，合作社商业占9%，渔商渔贩占15%，渔民资产自销占17%。产销协调，市场供应良好，消费者也比较满意。

（二）以国营水产供销公司为唯一经营主体的计划管理阶段（1956年10月~1984年年底）

这一阶段的总体特征是：国营水产公司独家经营，流通渠道少、环节多，产销方不见面，购销政策高度集中。

1. 国营水产供销机构行政隶属关系的变化

1956~1984年，国营水产供销经营机构始终存在，但其行政隶属关系变动较大。1955年10月以前，水产生产、加工、运销企业曾隶属过中央农业部、食品工业部（下设水产组）、农业部（下设水产处）三个部门。渔业生产的迅速发展要求水产供销有一个全面的计划安排和更密切的协作。为了适应这一需求，1955年10月，国务院发布《关于将水产生产、加工、运销企业划归商业部统一领导的指示》，决定在商业部成立中国水产供销公司，统一领导水产供销工作。到1956年，全国除个别省份外，均成立了省、市、县级公司，形成水产商业网，有了全国的购、销、调、存计划，水产供销工作开始了一个新阶段。

1956年5月12日水产部成立，原商业部所辖水产行政管理和水产生产、供销企业移交至水产部管理。

1970年5月1日农林部成立，水产业务由水产部移交农林部管理，原水产部被撤销。

1978年3月，国务院决定成立国家水产总局，由农林部代管，5月又将国家水产总局改由国务院财贸小组代管，9月经国务院批准，恢复中国水产供销总公司，由国家水产总局管理。

1979年12月国家水产总局改由国家农业委员会代管。

1982年5月，经全国人民代表大会常务委员会决定，将农业部、农垦部和国家水产总局合并，设立农牧渔业部。

2. 购销政策和经营渠道方面的变化

第一阶段：1956年年底至20世纪60年代末期，对部分水产品实行派购政策。1956年国务院决定，对于若干渔区供应出口和供应北京、天津、上海的水产品，必须由国有商业或委托供销社统一收购。到1959年2月，国务院文件正式规定了21种水产品为二类产品，由国家统一收购，其余列为三类产品，由地方管理。这一政策一直沿用到20世纪60年代末期。

第二阶段：20世纪70年代初期至1979年，实行除渔民自食外，全部水产品交售给国家的统一收购政策。渔民自留部分比例不断缩小。这一规定强化了水产品的高度集中和独家经营的购销体制，导致产销关系非常紧张，影响了生产的发展，出现了派购难、上调难、城市平价鱼供应更难的局面。

第三阶段：1979年4月至1984年年底，对水产品实行派购和议购相结合的购销政策。党的十一届三中全会之后，针对"统得过多、管得过死"的情况，1979年4月，国务院第119号文件规定："国家对集体渔业的水产品试行派购和议购相结合的政策。派购比例一般为60%左右，其余部分实行议价收购或社队自行处理。对于特供和出口的水产品，一般应实行全额收购，国家给予专项加价和物资奖售等优待。"这一规定对发展生产和活跃市场起到了一定的积极作用。另外，中共中央1983年和1984年两个1号文件指出：要搞活商品流通，调整购销政策，打破城乡分割和地区封锁，广辟流通渠道。鲜活产品要尽量放活，减少环节，组织产区、销区直接流通。

（三）实行市场调节，多渠道、多形式、多主体的流通体制阶段（1985年至今）

这一时期逐步形成和完善多种经济成分、多条渠道、多种经营方式、少环节、产供销一体化的水产品流通体制。总体特征可以概括为：购销政策全面放开，实行市场调节，流通渠道和流通形式多样化，经营主体多元化。

1. 政策变化

1985年3月，中共中央以中发〔1985〕5号文件的形式正式发出《中共中央 国务院关于放宽政策、加速发展水产业的指示》，该文件规定："水产品全部划为三类产品，一律不派购，价格放开，实行市场调节。城市的水产品供应主要靠开放市场，议购议销。"渔民可以就地生产，就近销售，也可以长途运销，不受行政区划的限制，鼓励产需见面，放手让国营商业、合作商业及有证商贩参与市场调节。

2. 流通体制的变化

水产品流通主体的多元化。水产品流通不再由国营水产供销企业独家垄断经营，取而代之的是国营水产商业、集体商业、个体商业和渔民及其他组织的多家参与。水产品销售量中，国有商业销售量与集市贸易成交量之比，1981年为1:0.31，1984年为1:0.62，1985年为1:1.46，1990年为1:4.41[一]。由此可见，集市贸易成交量已大大超过国有商业的销售量。

经营方式多样化，国有商业获得了生机。国有商业改变了过去的官商经营方式，打破行政区划的限制，按照经济区域参与市场竞争，积极改善服务态度，提高服务质量。改变单一经商的方式，向生产经营型发展。许多企业开展批发为主、批零兼营，本地为主、跨地经营，以渔为主、多种经营等方式，从而获得了生机。

市场供应状况得到改善，品种增多，质量普遍提高。

第四节 水产品国际贸易

水产品是世界贸易中最常见的食品类商品，按价值计算约占世界农产品出口额的10%和货物贸易额的1%。水产品产量中，以各种食品和饲料形式出口所占比例已从1976年的25%上升至2010年的约38%（5 700万t）。同期，世界水产品贸易额也出现了大幅增长，从80亿美元上升至1 020亿美元。需求持续强劲、贸易自由化政策、食品体系全球化以及技术革新等都进一步推动着国际水产品贸易持续增长。2009年，主要市场的经济整体收缩影响了消费者的信心，贸易额由于价格下跌及加价空间缩小与2008年相比下降了6%，而以活重当量表示的贸易量则增加了1%，达到5 570万t。2010年，贸易额出现强劲反弹，达到1 090亿美元，与2009年相比增长了13%，而贸易量则增长了2%。贸易额增长和贸易量增长之间的差别反映出2010年水产品价格较高，同时鱼粉的产量及贸易量均有所下降。2011年，尽管世界上很多主要经济体仍面临经济不稳定，但发展中国家的价格上涨及强劲需求仍将贸易量及贸易额推至历史最高点。

一、水产品国际贸易的发展

捕捞渔业和水产养殖业2010年全球产量约为1.485亿t（总价值为2 175亿美元），其

[一] 姚今观，纪良纲，等. 中国农产品流通体制与价格制度［M］. 北京：中国物价出版社，1995：295.

中约 1.28 亿 t 供人类食用。而 2011 年的数据表明，产量已增加至 1.54 亿 t，其中 1.31 亿 t 供人类食用（见表 11-6 和图 11-8）。随着水产品产量持续增加和销售渠道不断改善，全球食用水产品供应在过去几十年中出现了大幅增加，1961 年到 2009 年间的年均增长率为 3.2%，高于同期世界人口年均 1.7% 的增长率。世界人均食用水产品供应量从 20 世纪 60 年代的 9.9kg（活重当量）增加到 2009 年的 18.4kg，2010 年进一步增加到 18.6kg。在 2009 年 1.26 亿 t 供人类食用的水产品中，亚洲消费量为 8 540 万 t（人均 20.7kg），占总消费量的 2/3，其中 4 280 万 t 在中国以外地区消费（人均 15.4kg）。

表 11-6　世界渔业和水产养殖产量及利用量　　　　　　　　　（单位：百万 t）

年　　份	2006 年	2007 年	2008 年	2009 年	2010 年	2011 年
产量						
捕捞						
内陆	9.8	10.0	10.2	10.4	11.2	11.5
海洋	80.2	80.4	79.5	79.2	77.4	78.9
捕捞合计	90.0	90.3	89.7	89.6	88.6	90.4
水产养殖						
内陆	31.3	33.4	36.0	38.1	41.7	44.3
海洋	16.0	16.6	16.9	17.6	18.1	19.3
水产养殖合计	47.3	49.9	52.9	55.7	59.9	63.6
世界渔业合计	137.3	140.2	142.6	145.3	148.5	154.0
利用量						
食用	114.3	117.3	119.7	123.6	128.3	130.8
非食用	23.0	23.0	22.9	21.8	20.2	23.2
人口（10 亿人）	6.6	6.7	6.7	6.8	6.9	7.0
人均食用鱼供应量/kg	17.4	17.6	17.8	18.1	18.6	18.8

资料来源：联合国粮食及农业组织。

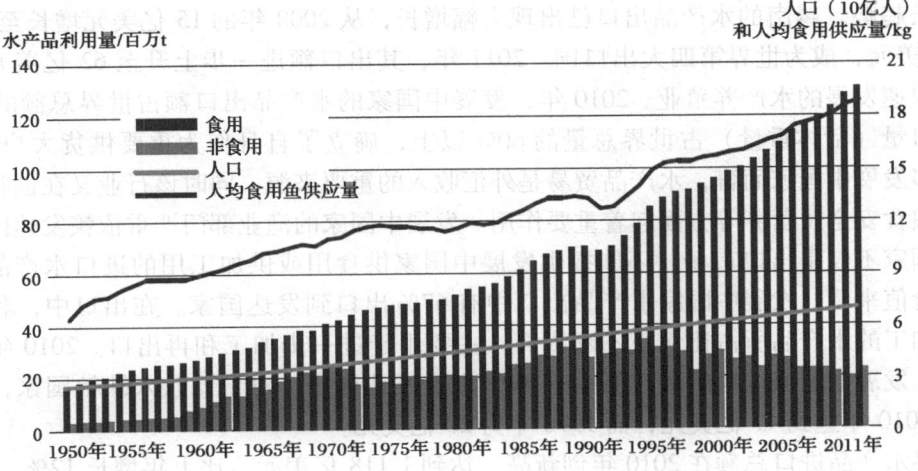

图 11-8　世界水产品利用量和供应量

资料来源：联合国粮食及农业组织。

虽然发展中国家和低收入缺粮国家的水产品人均年消费量已出现稳定上升（分别从 1961 年的 5.2kg 上升为 2009 年的 17.0kg 和从 4.9kg 上升为 10.1kg），但仍大大低于发达地区，尽管差距正在缩小。发达国家消费的水产品中很大一部分为进口，而由于发达国家国内对水产品的需求持续增加但产量却持续下降（2000～2010 年间下降了 10%），它们对进口的依赖性预计会在未来几年进一步加大，特别是对发展中国家水产品的依赖性。世界人均水产品消费量的增长大多要归功于我国。我国的水产品产量在大幅增加，特别是水产养殖产量，尽管对近年的产量数据进行了下调。我国的水产品产量占世界总量的比重已从 1961 年的 7% 上升为 2010 年的 35%。由于国内收入增长，市场上水产品品种日趋多样化，我国人均水产品消费量也出现了大幅增长，2009 年已达到约 31.9kg，1990～2009 年间年均增长 6.0%。如不包括中国，则 2009 年世界其他地区的年人均水产品供应量约为 15.4kg，高于 20 世纪 60 年代、70 年代、80 年代和 90 年代的平均值（分别为 11.5kg、13.5kg、14.1kg 和 13.5kg）。

自 2011 年年底和 2012 年年初起，世界经济进入了一个困难时期，经济面临巨大的下行风险，且水产品贸易的主要市场也出现了明显低迷。众多影响水产品贸易可持续发展与增长的因素包括生产和运输成本，以及水产品及肉类和饲料在内的其他商品价格的不断变化。在过去几十年中，水产养殖业的发展大大提高了原本主要靠从野生环境中捕捞的品种的消费量，并提高了其商品化程度。随之而来的是价格下跌，特别是在 20 世纪 90 年代和 21 世纪初，养殖水产品的平均单位价值及贸易额均出现了实际下降。此后，由于成本上升和需求持续强劲，价格再次开始上涨。在下一个 10 年，随着水产养殖在水产品总供应量中所占比例的加大，养殖水产品的价格波动可能对整个产业的价格形成产生巨大影响，很可能会导致波动幅度更大。

自 2002 年起，我国一直是最重要的水产品出口国，在 2010 年世界水产品出口总量中占了近 12% 的份额，出口额约为 133 亿美元，2011 年又增长至 171 亿美元。在水产品出口中，进口原材料再加工后出口占越来越大的比例。泰国主要依靠进口原材料已成功地成为了一个水产品加工中心，而越南则拥有一个不断增长的国内资源基地，只进口少量原料，但进口量仍呈增长趋势。越南的水产品出口已出现大幅增长，从 2000 年的 15 亿美元增长至 2010 年的 51 亿美元，成为世界第四大出口国。2011 年，其出口额进一步上升至 62 亿美元，主要归功于快速发展的水产养殖业。2010 年，发展中国家的水产品出口额占世界总额的 50% 以上，出口量（活体重量）占世界总量的 60% 以上，确立了自身作为重要供货大户的地位。对于很多发展中国家而言，水产品贸易是外汇收入的重要来源，同时该行业又在创收、就业和保证粮食安全及营养等方面起着重要作用。发展中国家的渔业部门严重依赖发达国家，因为发达国家不仅是出口市场，还能提供发展中国家供食用或供加工用的进口水产品。2010 年，从价值来看，发展中国家水产品出口中有 67% 出口到发达国家。在出口中，利用进口原材料加工的水产品所占比例正不断提高，主要用于进一步加工和再出口。2010 年，从价值来看，发展中国家进口的水产品中有 39% 来自发达国家。对于低收入缺粮国家，出口净收入在 2010 年达到 47 亿美元，而 1990 年为 20 亿美元。

世界水产品进口总额在 2010 年创新高，达到 1 118 亿美元，比上年增长 12%，比 2000 年增长 86%。2011 年的数据表明出现进一步增长，增长幅度为 15%。美国和日本是水产品的主要进口国，两国水产品消费中分别有约 60% 和 54% 依赖进口。我国作为世界上最大的水产品生产国和出口国，已大幅提高了水产品出口量，其中一个原因是外包，即我国的加工商从各大区域进口原材料用于再加工和出口，这些原材料主要来自南美洲、北美洲和欧洲。由于国内对本国不能生产的品种的强劲需求，进口也出现快速增长，2011年我国成为世界第三大进口国。由于内部需求不断增长，欧盟已成为水产品进口的第一大市场。但欧盟各国国情不同，内部存在巨大差异。2010年欧盟水产品进口达到446亿美元，占世界进口总额的40%。然而，如果不包括欧盟内部贸易，则欧盟从欧盟以外国家进口的水产品价值为237亿美元，比2009年增长11%。除了进口大国外，一些新兴市场也成为世界上各出口国的重要目标，这些新兴市场包括巴西、墨西哥、俄罗斯、埃及等。2010年，水产品进口额中76%为发达国家的贡献，与1990年的86%和2000年的83%相比已有所下降。从进口量（活重当量）看，发达国家所占比例较低，为58%，说明发达国家进口的是单位价值较高的产品。

由于水产品极易变质，90%的贸易量（活重当量）为加工产品。越来越多的水产品以冷冻形式贸易（2010年占贸易总量的39%，而1980年为25%）。在过去几十年中，经处理或加工的水产品所占比例几乎翻了一番，从1980年的9%上升至2010年的16%。鲜活和冷藏水产品在世界水产品贸易中所占比例从1980年的7%上升至2010年的10%，表明物流水平有所提高，且对未加工水产品的需求在不断增长。鲜活水产品贸易中还包括观赏鱼类，其价值高但数量微乎其微。2010年，水产品出口中71%供人类食用。2010年1090亿美元的水产品出口额中不包括水生植物（62%）、非食用水产品下脚料（31%）和海绵及珊瑚（7%）的13亿美元的出口额。在过去20多年，水生植物贸易已出现大幅增长，从1990年的2亿美元增长至2000年的5亿美元，又进一步增长至2010年的8亿美元，我国是主要出口国，而日本是主要进口国。

二、水产品国际贸易的特征

鱼和渔业产品是世界上贸易比例最高的食品。作为就业的创造者、食物的提供者、收入的产生者以及经济增长和发展的贡献者，贸易在渔业产业中发挥着主要作用。对许多国家以及大量的沿海、沿河、岛屿和内陆区域而言，渔业出口对经济至关重要。例如，2010年，格陵兰、塞舌尔、法罗群岛和瓦努阿图的渔业出口占其商品贸易总值的一半以上。同年，渔业贸易约占农业总出口值的10%（不含林产品）以及世界商品贸易值的1%。

用以出口的渔业产品大多用作食品和饲料。这部分的份额从1976年的25%增加到2010年的约38%（5700万t），反映了该领域对国际贸易的开放和整合程度增加。持续的需求、贸易自由化政策、食品系统全球化以及技术创新进一步整体增加了水产品国际贸易量。加工、包装和运输的改进以及分销和销售的变化显著改变了渔业产品的制作、销售和运送给消费者的方式。所有这些因素都推动和提高了产品从当地消费到国际市场的流动程度。渔业供应链复杂，商品在最终消费前几次穿越国境，由于增加了向具有相对低工资和低生产成本的国家的加工外包，提供了竞争优势。

1976~2008年期间，全世界鱼和渔业产品贸易值也显著增长，从80亿美元增加到1020亿美元，按标准条件增长率为8.3%，按真实条件增长率为3.9%。2009年，由于主要市场总体经济收缩影响消费者信心，与2008年相比贸易值下降6%。下降的只是贸易值，作为价格和利润降低的结果，而以活体等重表示的贸易量增长1%，达到5570万t。下降现象不是普遍的，许多发展中国家即使在困难的2009年，需求和进口也在增长。2010年，贸易强劲反弹，达到约1 090亿美元，比2000年的贸易值增长13%，贸易量增长2%。贸易值和贸易量增长的差异反映了2010年期间更高的鱼价以及鱼粉产量和贸易量下降。

渔业贸易与总体经济形势密切关联。过去几年，世界贸易受到一系列经济、金融和粮食危机的冲击。在2009年下降12%后，2010年世界贸易强劲恢复，根据世界贸易组织提供的信息，在3.6%全球国内生产总值（GDP）增长率的支持下，商品出口增加14.5%。2010年，发达和发展中国家经济条件反弹，但发达国家贸易和产出恢复更为缓慢。2011年全球贸易量（商品和服务）进一步增长了6.6%。但各年度表现不一。自2011年后期和2012年早期起，世界经济进入了困难阶段，具有显著下行风险和脆弱性，以及中期市场如何演化的巨大不确定性特征。欧洲财政危机加剧带来的金融混乱扩大到发展中国家和高收入国家。因此，尽管美国和日本有相对强的贸易活动，但渔业贸易的关键市场、全球增长和世界贸易急速放缓。此外，在其他风险方面，地缘政治和国内政治紧张的可能性将打乱石油供应，对增加捕捞渔业成本产生影响。因此，世界银行预计，2012年全球经济增长2.5%，2013年为3.1%。高收入国家增长率2012年为1.4%，2013年为2.0%，而发展中国家的增长2012年为5.4%，2013年为6.0%。对这一衰退的反映是世界贸易预期在2012年增长4.7%，2013年增长6.8%。尽管经济再次不稳定，水产品贸易在2012年头几个月在关键市场增长，水产品贸易的长期趋势依然是积极的，水产品进入国际市场的量将增加。

三、我国水产品贸易

鱼和渔业产品贸易的特征是广泛的产品类型和参与者。2010年，全世界有197个国家报告了有鱼和渔业产品的出口。渔业贸易在国家之间的作用不同，对许多经济体是重要的，特别是对发展中国家。表11-7和表11-8显示了2000年及2010年鱼和渔业产品前10位的出口国和进口国。自2002年起，我国成为水产品遥遥领先的出口国，占世界鱼和渔业产品出口值的近12%，为133亿美元，2011年进一步增长到171亿美元。自20世纪90年代起，我国的渔业出口有相当大增长，尽管目前其出口只占我国总商品出口的1%。

表11-7 世界鱼和渔业产品前10位出口国　　（单位：百万美元）

出口国	2000年	2010年	年均增长率（%）
中国	3 603	13 268	13.9
挪威	3 533	8 817	9.6
泰国	4 367	7 128	5.0
越南	1 481	5 109	13.2
美国	3 055	4 661	4.3
丹麦	2 756	4 147	4.2
加拿大	2 818	3 843	3.1
荷兰	1 344	3 558	10.2
西班牙	1 597	3 396	7.8
智利	1 794	3 394	6.6
前10位合计	36 349	57 321	8.1
世界其余合计	29 401	51 242	5.7
世界合计	55 750	108 562	6.9

表 11-8 世界鱼和渔业产品前 10 位进口国　　　　（单位：百万美元）

进口国	2000 年	2010 年	年均增长率（%）
美国	10 451	15 496	4.0
日本	15 513	14 973	−0.4
西班牙	3 352	6 637	7.1
中国	1 796	6 162	13.1
法国	2 984	5 983	7.2
意大利	2 535	5 449	8.0
德国	2 262	5 037	8.3
英国	2 184	3 702	5.4
瑞典	709	3 316	16.7
韩国	1 385	3 193	8.7
前 10 位合计	26 349	69 949	10.3
世界其余合计	33 740	41 837	2.2
世界合计	60 089	111 786	6.4

1. 市场前景

（1）国际市场需求仍保持继续增长势头。据联合国粮食及农业组织预测，未来二三十年全球水产品消费量将继续保持增长态势，日益扩大的新增市场份额主要靠进口水产品来弥补，这为我国水产品出口提供了广阔的空间。

（2）新增的市场份额主要靠养殖产品提供。由于环境污染和过度捕捞等原因，世界渔业资源衰退的趋势仍将继续。海洋制度变革促使各国进一步加强渔业资源保护，控制捕捞强度。因此，国际水产品新增的市场需求主要靠养殖产品供给。

（3）我国养殖水产品出口仍有较大潜力。目前，世界水产品总产量中约有 40% 的产品进入国际贸易，而我国水产品外贸依存度仅为 15%，水产品出口贸易仍有较大的发展潜力。

2. 竞争优势

（1）结构优势。自"控制捕捞、主攻养殖"的渔业发展方针实施 20 多年来，我国渔业产业结构调整步伐已走在世界前列。目前，我国是世界上唯一养殖产量超过捕捞产量的渔业大国。2006 年，优势区域内水产品养殖产量比重提高到 64%。优化的产业格局使我国渔业在未来国际竞争中占得先机。

（2）规模优势。我国渔业在产业规模上具有显著优势。2006 年全国水产养殖面积达到 552 万 hm^2，养殖水产品产量达到 3 118 万 t。全国水产品加工企业 9 549 个，年加工能力达 1 799 万 t。实际加工产量达 1 332 万 t，实现产值 1 543 亿元，成为世界上最大的水产养殖和加工基地。

（3）品种优势。我国水产养殖种类繁多，经过市场竞争和选择，主导养殖品种已经形成。既保证了我国水产品出口市场具有一定广度，又能为有针对性的出口市场提供特定产品，满足不同国家、不同地区和不同消费群体的需求。

（4）技术优势。我国水产养殖快速发展已近 30 年，在水产良种选育和扩繁、养殖技术和养殖模式等方面积累了丰富的经验。科研技术上的领先优势将会进一步推动水产养殖业健康发展，促进养殖产品国际竞争力的提高。

（5）劳动力优势。我国渔业劳动力资源丰富，2006年仅从事水产养殖的专业劳动力已达450万人，从事水产品加工、流通等渔业第二、三产业的专业劳动力达80万人。

我国优势水产品国际贸易产业体系建设进展顺利，产业规模跃居世界前列，基本实现了从"分散、个体规模扩张为主"的发展阶段向"相对集中、规模化、产业化开发为主"的整合阶段的跨越。以黄渤海、东南沿海出口水产品优势养殖带、长江中下游河蟹优势养殖区为主体的出口主导型优势水产品生产"两带一区"的格局基本形成。

（1）产业集中度不断提高。2006年，黄渤海、东南沿海、长江中下游等优势区域内鳗鲡、对虾、河蟹、罗非鱼、海水贝类、大黄鱼六大优势水产品养殖总产量达682万t，占全国同类产品的49%。优势水产品养殖聚集度明显提高，其中大黄鱼、罗非鱼和鳗鲡的集中度已超过80%。养殖优势区域布局带动了养殖产品加工和贸易的发展，实现了优势产品向优势区域集中的发展目标。

（2）产业结构不断优化。2006年，优势区域内养殖水产品产量达2 781.6万t，养捕比例由2002年的60:40提高到64:36。水产加工业尤其是深加工得到快速发展，较2002年增长9%。以水产品加工、渔用饲料为主的第二产业和以水产品流通、服务业为主的第三产业比重持续上升，第二、三产业产值占渔业经济总产值的比重为50%，比2002年增长了10%，成为促进产业升级和渔业经济快速增长的重要因素。

（3）组织化程度不断提高。随着出口养殖水产品优势产业带建设的不断推进和我国水产品进出口贸易快速增长，各级、各类渔业行业协会应运而生。目前，鳗鲡、罗非鱼、贝类和河蟹都已成立了国家级、省级的单品种行业协会。优势区域内的各级行业协会采取灵活多样的手段，以市场为导向，不断扩大行业服务领域，较好地发挥了行业指导、服务、自律、协调和监督等作用，促进了产品竞争优势的发挥。

（4）出口竞争力不断增强。养殖水产品的比较优势和规模效益逐渐显现，竞争力大幅提高。随着国际市场拓展，我国水产品出口的国家和地区由2002年的112个增加到2006年的143个，中东、南美等新兴市场也正在开拓之中，水产品国际市场多元化的格局基本形成。

3. 制约因素

虽然我国已成为世界水产养殖产品的主要出口国家，但继续推进养殖、加工和水产品国际贸易的稳步发展，尚面临以下突出问题：

（1）质量安全问题成为制约我国出口水产品竞争力进一步提升的主要瓶颈。虽然我国水产品质量安全总体水平逐年提高，但局部地区、个别品种暴露出来的质量安全问题仍阻碍着我国水产品出口贸易的平稳发展。近年来相继发生多起出口水产品氯霉素、孔雀石绿等药残超标事件，对我国水产品出口产生了一定的负面影响；部分主产省对虾出口受阻，斑点叉尾鮰出口因兽药残留问题退柜现象呈明显上升趋势。水产养殖产品质量安全，尤其是药残超标问题没有从根本上得到解决，成为影响我国水产品出口贸易的主要因素。

（2）国际贸易保护主义抬头对未来我国水产品出口贸易平稳发展增加了不确定性。随着我国水产品在国际市场份额的不断增加，进口国为了扭转贸易逆差、缓解对国内产业的压力，以各种方式对我国水产品进行限制。美国征收对虾反倾销税，欧盟和日本也相继颁布更加严格的质量安全法规和标准，对从我国进口的水产品在卫生要求、检验检疫制度、商品标记制度、进口企业的注册制度和认证体系等方面作出各种苛刻规定，导致我国水产品出口出现较大幅度的波动，损失较重。今后一个时期，我国与主要进口国的水产品贸易摩擦仍难以避免，这成为影响我国水产养殖产品出口最不确定的因素。

（3）出口市场过于集中，导致水产养殖产品抵御国际市场风险的能力较弱。目前，我国水产品出口的70%集中在日本、美国、韩国三国市场，出口市场过于集中。个别水产品出口市场单一，如鳗鲡90%以上出口日本市场，斑点叉尾鮰、罗非鱼主要出口美国市场。这种贸易格局极易形成买方市场，使我国的水产品出口受到进口国牵制，水产品贸易处于被动局面。

（4）发展中国家竞争日趋激烈对我国水产品出口提出挑战。近年来，泰国、印度尼西亚、越南、厄瓜多尔、巴西、智利等发展中国家相继开始实施与我国相类似的出口导向型渔业发展策略。这些国家与我国产业结构相似，部分出口品种相同，目标市场一致，造成部分产品国际市场供给急剧增加，产品价格急剧下降。同时，这些国家在对虾等部分品种上更具资源优势，加上我国养殖成本、出口成本呈上升趋势，保持和继续扩大我国水产养殖产品出口市场将面临严峻挑战。

（5）出口企业自主创新、主动开拓市场应对竞争的能力有待进一步提高。我国水产品出口的快速增长主要是依靠大规模要素投入、数量增长和价格优势实现竞争力的提升。虽然获得了巨大利益，但为此付出了资源、环境等方面的代价。总体上看，出口产品附加值低，具有自主知识产权的产品比重较低，缺乏自主品牌。我国加工出口企业在市场调研、把握和运用世界贸易组织规则应对贸易纠纷的能力上有待提高，市场营销手段需进一步加强。

第五节 水产品价格

价格是水产品市场活动中最活跃的因素，是生产与消费、供给与需求内在关系的外在体现，是水产品市场流通状况的直接反映，是水产品市场分析的重要组成部分。

一、水产品的价格体系

我国的水产品价格体系与其他农产品价格体系一样，比较复杂，包括政策价格、议购议销价格、国内市场价格和国际贸易价格。

政策价格是政府部门根据某种标准或者出于某种需要所制定的价格。这种价格既不是通过市场自发形成的，也不随市场供求关系的变化而自由涨落，一旦制定出来便具有一定的刚性。我国水产品的政策价格具体曾有过统购价格、统销价格、派购价格和调拨价格，又统称为计划价格。派购价格实质上是统购价格的延续：1979年以前国家对水产品实行统一收购政策时是统购价格，1979~1985年国家对水产品实行派购和议购相结合的政策时是派购价格。统销价格是政府对水产品实行凭票计划供应时实行的平价销售价格。调拨价格是国内水产系统内部按计划或协议，由产地企业将水产品调给销地批发企业或中转企业以及中转企业调给销地批发企业和特殊情况下销地企业相互之间的调拨，在调出调入双方结算货款时所依据的一种价格。调拨价格的高低直接关系到调拨企业双方经济利益的分配，因而只有在水产品实行计划调拨或实行统一财务管理时才便于制定和执行。我国自1958年由原水产部正式颁布《水产品内部调拨作价办法》时开始实施调拨价格。20世纪80年代初随着水产品购销体制的不断改革，调拨价格观念日渐弱化，尤其是财务下放、企业放权让利、价格放开和指令性调拨计划取消以后，企业之间的商品调拨关系逐步被商品买卖关系所替代，调拨价格也逐步演变为市场价格。

议购议销价格有以下三种不同的含义：第一种是理论上的议购价格，是政府给国有水产供销企业计算补贴时的一种依据，政府按照该价格和统销价格的差额对供销企业进行价格补贴，因而也称补贴价，这种议购价格本质上属于政策价格的范畴。第二种议购议销价格是国有水产供销企业对派购外品种和产品实际收购时或生产单位与零售单位直接交易时所实行的价格，这种议购议销价格本质上是一种市场价格。1992年水产品价格完全放开实行市场调节以后，国家取消了对国有水产供销企业的财政补贴，第一种意义上的议购价格便不复存在，第二种意义上的议购价格也逐步演变为市场价格。第三种议购议销价格，既非第一种意义上的议价，也非国有水产供销企业经营派购外品种和产品的价格形式；既非政府部门制定的指令性价格，也非经营企业自行其是的自由价格，而是在国家领导下，由行业性群众团体（如"同业工会"）共同协商议定、共同遵守的协议价格，即同行议价。该种议价在1956年私人水产商业的社会主义改造之前存在过，目前在某些产地和销地的水产批发市场也可见到。

国内市场价格是在有形的水产品批发市场或零售市场（包括集市贸易）上的价格。国内市场价格在不同地区、不同季节、不同质量以及不同流通环节又存在一定的价格差额，分别表现为地区差价、季节差价、质量差价和批零差价。

水产品的地区差价有两类：一类是收购价格的地区差价；一类是销售价格的地区差价。收购价格的地区差价主要指两种情况：一种是同一品种、同一规格、相同质量的水产品，同一时间处于同一条商品流通路线上的不同收购企业之间的价格差额。该差价体现了不同收购企业之间合理的运杂费和损耗，如海水鱼在海上收购与在岛屿港岸收购就存在差价。另一种是同一品种、同一规格、相同质量的水产品，同一时间不同收购企业之间，虽然处于不同的商品流通路线上，但它们是从不同方位向同一集散市场或消费市场顺流，也存在价格差额。该差价主要缘于各收购企业距离城市的远近不同和交通运输条件的差异。在国家计划定价时期，曾有过水产品划片定价和按渔场定价的做法，也属于地区差价范畴。对于产量大、销售面广、价格矛盾比较突出的水产品，国家曾以全社会平均生产成本为基本依据，按照商品的自然流向，采取划片定价的做法。例如，从20世纪60年代初开始原水产部根据海带的产销特点，把全国主产区的产品规格质量标准和收购价格水平划分为南、北两大片。南方片浙江、福建的规格质量标准与价格一致，北方片辽宁、山东的规格质量标准与价格一致，两大片的地区差价主要体现了质量因素；江苏作为中间地带，参照南北两片自行定价。又如，针对在有些大渔汛期数省渔民集中在一个大渔场生产，各省分别派船收购以及省际毗邻渔场渔民跨区作业的情况，国家曾采取按渔场定价、规定同一渔场同一价格的办法，对于维护海上生产秩序和收购秩序起到了积极的作用。水产品销售价格的地区差价是指同一品种、同一规格、相同质量的水产品，同一时间在不同城市和不同消费市场之间的销售价格差额。进销差价的不同和消费者承受能力的差异是导致销售价格地区差异的主要原因。

水产品季节差价是指同一品种、同一规格的水产品在不同季节和不同时间的价格差额。形成水产品季节差价的因素是多方面的。水产品是一种季节性很强的鲜活产品，虽然近年来水产养殖迅猛发展，但由于不同季节生产同一种产品因自然环境差异和劳动条件的不同生产成本也不同，不同季节生产同一种产品由于生长环境的差异质量差别也大，而且不同季节储藏、加工、运销同一种产品也会因气候条件的不同在成本和产品质量上也存在差异。对于海水产品，由于资源保护的需要国家实施了休渔政策，季节性生产与常年消费的矛盾也会导致价格的季节性差额。另外，市场消费的淡旺也是引起季节差价的一个重要因素。以上因素的交织作用，形成了不同的市场供求形势，最终决定了水产品的季节差价。季节差价在有些情况下也隐含了质量差价。

二、水产品的价格波动

影响渔业贸易可持续性和增长的因素有生产和运输成本以及渔业产品和替代商品价格的演化，包括肉和饲料。如同其他产品，鱼价也受供需因素影响。同时，该领域有数百种物种和数千种产品进入国际贸易，具有多样化特征，能够挑战预计的整个领域的价格发展。过去几十年，水产养殖产量增长对消费增长和商业化有显著贡献，并使价格下降。这类情况发生在20世纪90年代和21世纪头十年的早期，水产养殖产量和贸易量平均单价有规则地下降。随后，由于成本提高和持续的高需求，价格再次上涨。

未来十年，随着水产养殖占水产品总供应量的份额加大，水产养殖产品价格摇摆对该领域整体价格形成有明显影响，可能带来更多挥发性。与贸易情况相似，2009年鱼价也下降了，但此后反弹。2011年上半年鱼价强劲上涨，在该年年底和2012年早期稍有下降，但比以前的年份要高。上涨的能源和饲料成本在2012年使鱼价维持高位，特别是其他替代的蛋白质来源也受同样因素的影响，如肉。自2009年起，联合国粮食及农业组织一直在构建和推进水产品价格指数的工作，以展示相对和绝对价格的变化情况。其正在与挪威斯塔万格大学合作确立该指数，并得到来自挪威海产品理事会的数据支持。联合国粮食及农业组织水产品价格指数显示，2009年平均价格比2008年下降7%，2010年增长9%，2011年增长超过12%。2011年8月达到该指数的绝对高峰，为158.3（比2010年8月增加14%多）。来自捕捞渔业的物种价格比养殖物种上涨得多，原因是更高燃料的价格对渔船生产的影响大于对养殖物种的生产。

1. 水产品成本的详细构成

水产品的成本由生产、流通和销售三个环节的成本共同组成。生产环节成本包括捕捞、养殖过程中涉及的投入品、材料、人工、检测、信息、设备维护等费用，其中捕捞成本还包括材料费、燃料费、折旧费和维修费，海水养殖成本还包括材料费、苗种费、饲料费和维修费，内陆养殖成本还包括饲料费、苗种费、化肥农药费和维修费等；流通环节成本包括储藏、加工、包装、装卸、运输、分销过程中涉及的人工、材料、设备维修、燃料、技术专利、信息、检测等费用；销售环节成本包括储藏、加工、包装、装卸、运输等过程中人工、材料、设备维修、燃料、技术专利、信息、检测等费用。

2. 水产品成本—价格关系造成价格波动

基于经济学原理，如图11-9所示，图中横轴AC为平均生产成本，纵轴P为价格，L_i表示价格变化趋势。水产品的价格与成本之间存在较强的相互关系，且受养殖环境、区域、品种、内在品质和

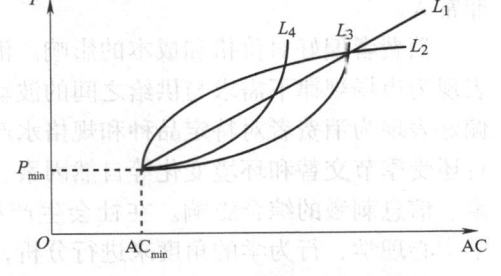

图11-9 水产品价格与成本关系

管理水平等的综合作用和影响,这种相互关系可能是线性的,也可能是非线性的,但整体是正相关的。

3. 水产品的价值特性造成价格波动

价值特性是指水产品自身和在产品流通中价值的高或低,其与流通价值链的价值相联系。例如,如果水产品的价值低,对温度等运输条件的要求低,则一般情况下,这种水产品的产品范围小,运输的路径相对短,装备较为单一,对流通过程中的标准要求体系化程度也相对较低。下面从价值来源、价值增值和价值实现三个层面进一步认识水产品的价值特性。

水产品特性与价值来源。水产品的易腐性决定了水产品流通过程中需要进行必要的包装,有严格的储藏条件,尽可能缩短运输时间,选择适合的运输半径,采用标准化的生产、加工、包装、运输、储藏、销售流程等。

水产品加工与价值增值。附加值低的水产品,对流通条件的要求比较高,其运输成本相对其价值来说也比较大。附加值高的水产品制成品的价值较高,而体积和重量相对较小,受运输距离和成本的限制相对偏小。流通体系各环节的技术、设备、设施和标准的完备性、先进性和利用效率直接影响着水产品的附加值水平。

水产品物流与价值实现。高价值水产品对流通的要求较高。参与贸易的水产品等级越高,对物流和运输服务的要求越高。如果没有匹配的技术、设备、设施和标准,那么即使某一地区高附加值水产品初、深加工业发展很成熟,也无法实现应有的价值。

4. 水产品特性之间的相互影响造成价格波动

产品稀缺性对价格和成本的影响。水产品的价格往往在其成本基础上受到区域、品种、内在品质和管理等因素导致的稀缺性影响,进而提高了水产品的流通成本和价格。稀缺性高的水产品,供给量往往较少,但在流通过程中对相关技术、设备和设施水平的专用性要求比较高,与其他运输工具兼容性不足,造成流通成本较高。因此,在水产品的价格成本的基础上相应提高。反之,若稀缺程度低,供给量往往较大,同时对相关技术、设备和设施水平要求比较低,则流通成本较低。

产品自然特性对价格和成本的影响。鲜活水产品的易腐蚀、易变质、易得病的产品特性造成水产品在流通过程中产品特性的维持具有很大的不确定性,对水产品价格和成本波动影响较大。不稳定的产品特性导致水产品在流通过程中储藏周期短、运输半径小,对相关技术、设备、设施和标准水平要求比较高,因此一般情况下成本较其他农产品要高,而作为鲜活产品,流通过程中时间、环境和技术上一旦不能满足保质保鲜的要求,产品的特性和品质会在短时间内发生改变,价格就会大打折扣,因此水产品的成本和价格之间的变化幅度往往非常大。

消费者偏好对价格和成本的影响。消费者偏好与生产者倾向之间的关系是动态变化的,表现为市场规律下需求与供给之间的波动关系,进而引发水产品的价格和成本波动。消费者偏好表现为消费者对特定品种和规格水产品的需求,消费者偏好不仅受经济因素的影响,而且还受季节交替和环境变化等自然因素、文化传承和食品质量安全事件等社会因素、心理因素、信息刺激的综合影响。在社会生产和消费水平达到较高程度时,必须从人类学、社会学、心理学、行为学的角度来进行分析,消费者偏好是影响水产品需求的重要因素,从而影响水产品价格和成本。生产者倾向,即生产者根据目标市场的消费者偏好并结合自身的资源、区位优势生产和加工水产品、制定价格、规划通路,从而获得收益。

定价模式对水产品价格的影响。我国水产品的定价模式主要包括政策定价(政策价格)、议购议销定价(议购议销价格)、国内市场定价(国内市场价格)和国际市场定价(国际贸易价格)四种。政策价格是政府部门根据某种标准或者出于调控需要而制定的价格,具有刚性;议购议销价格目前主要包含两种类型:一种是国有水产供销企业对派购外品种和产品实际收购时或生产单位与零售单位直接交易时所实行的价格;另一种是渔业合作社共同协商议定、共同遵守的协议价格,即同行议价。国内市场价格是在有形的水产品批发市场或零售市场上的价格。国际贸易价格是指进出口到岸价或离岸价。

区位状况对价格和成本的影响。区位主要包括产地区位(自然地理区位)、交通区位(交通地理区位)和市场区位(经济地理区位),由资源禀赋和经济状况决定。其中,产地区位与水产品养殖和捕捞有关,产地区位决定水产品流通过程中不同节点的产地属性;交通区位与交通状况决定的水产品物流中转和分销有关,交通区位决定不同节点的中转地属性;市场区位与消费需求有关,市场区位决定不同节点的销地属性。通常不同属性地区的水产品价格和成本存在差异,产地属性越强的地区,水产品价格和成本越低,销地属性越强的地区,水产品价格和成本越高,如表 11-9 所示。

表 11-9 区位属性与水产品价格和成本

项目 主导属性	产地属性	中转地属性	销地属性
价格	*	**	***
成本	*	**	***

注:用 * 来表示程度,* 越多表示程度越高,最高为 ***,最低为 *。

三、水产品的价格水平

中国农业信息网批发市场价格监测数据显示,2011 年重点监测的 31 种水产品成交总量为 108.12 万 t,平均价格为 14.16 元/kg,分别较上年同期增长 7.66% 和 17.64%。其中,海水产品平均批发价为 21.4 元/kg,淡水产品为 12.66 元/kg,同比分别增长 14.06% 和 23.36%。与 2010 年相比,批发市场价格整体高位运行(见图 11-10)。从类别看,淡水产品走势强于海水产品。

(1)城乡居民水产品消费价格平稳上升,涨幅与食品类总水平基本一致。以 2011 年为例,国家统计局数据显示,1~11 月水产品居民消费价格同比上涨 12.3%,与食品类价格涨幅基本持平。其中,城市增长 12.5%,农村增长 11.4%。从图 11-11 可以看出,水产品居民消费价格指数高于鲜菜,低于肉禽、蛋类等其他食品,1 月份价格指数开始攀升,7 月份增幅达到全年最高。从全年走势来看,虽然水产品消费价格走势与食品类总水平基本一致,每月上升幅度均

图 11-10 2009 年以来水产品批发市场平均价格

在10%左右,但与肉禽、蛋、鲜菜等产品相比,水产品无论在价格变化的速度上还是幅度上,都明显偏弱,基本维持在比较平缓的状态。

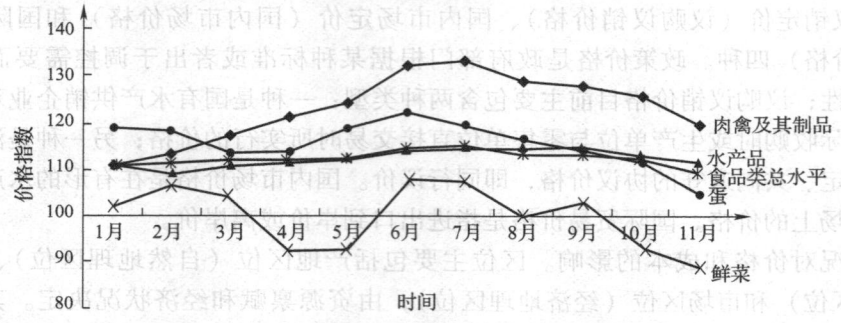

图11-11　2011年1~11月各类食品消费价格变化

(2) 淡水鱼价格涨幅创历史新高,大宗淡水鱼价格全面上扬。淡水鱼特别是大宗淡水鱼历来需求量大,价格平稳。2011年长江中下游地区的干旱灾害正值鱼苗投放时节,灾后补苗也未能挽回大规格鱼种损失,导致淡水鱼价格涨幅尤其突出,领涨于各类水产品。中国农业信息网批发市场监测数据显示,2011年淡水鱼成交量为89.08万t,同比增长12.28%,平均价格为12.4元/kg,同比上涨21.89%,年度涨幅创历史新高。8月份价格为近几年来最高值,达到13.85元/kg,如图11-12所示。

14个淡水鱼监测品种中,除罗非鱼价格下降4.99%外,其他淡水鱼价格均同比上升,其中6个大宗淡水鱼品种价格全部上扬,平均价格为11.14元/kg,同比增长

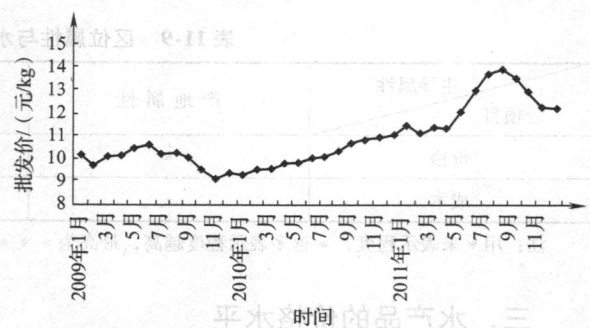

图11-12　2009~2011年淡水鱼批发价走势

16.18%(见表11-10)。从月度价格变化看,活鲤鱼和活鲫鱼价格走势相似,均在4~7月上涨,8月份起价格回落;活草鱼和活白鲢鱼的价格波幅最小,4月份以后价格平稳上升,9月开始逐步回落;活花鲢鱼价格的环比波动幅度小于往年,但同比涨幅达24.84%;武昌鱼价格在4~9月持续攀升,直至10月开始下降,如图11-13所示。

表11-10　2011年大宗淡水鱼批发市场交易情况

品　种	平均价格/(元/kg)	同比(%)	成交量/t	同比(%)
活鲤鱼	12.12	21.67	126 367.76	17.34
活草鱼	12.69	5.60	247 650.94	27.53
活鲫鱼	13.04	15.15	161 114.58	-0.38
活白鲢鱼	7.56	18.52	238 051.13	-1.28
活花鲢鱼	11.50	24.84	62 961.81	2.52
武昌鱼	15.57	11.63	4 175.50	148.11

(3) 海洋渔业发展面临资源与成本双重压力,利润率严重下滑,海水鱼价格震荡上行。根据山东省海洋捕捞生产管理站的资料,2011年捕捞渔获物个体小型化、低龄化和性早熟

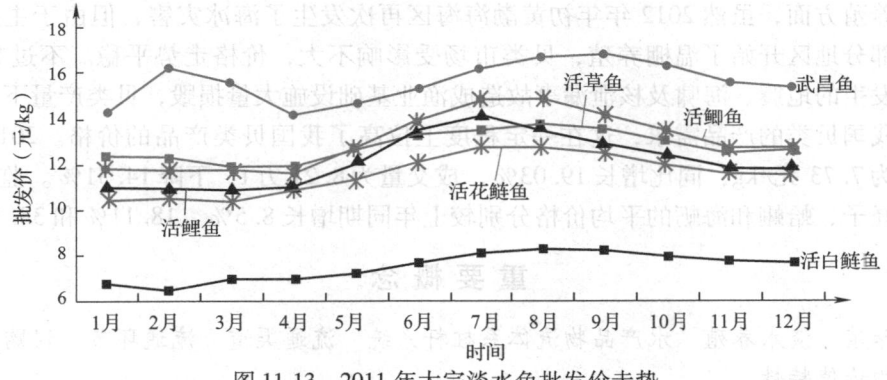

图 11-13　2011 年大宗淡水鱼批发价走势

现象普遍，传统经济鱼类比例下降，优质鱼类仅占渔获物 30% 左右，鳗鱼等低值鱼类已成为近海捕捞的主要对象。由于大型渔船所占比重逐渐增加，单位产值降低，捕捞业效益下滑。江苏省海洋渔业指挥部 2011 年 5 月开展的一项调查显示，生产成本增加导致海洋捕捞业利润率下滑，大约 63% 的渔船能够保本，亏本渔船占到 5%，只有约 30% 的渔船盈利。

受资源与成本的双重压力，2011 年我国海水鱼货源持续偏紧。中国农业信息网批发市场监测数据显示，2011 年大小带鱼、大小黄花鱼、大小平鱼、鲈鱼、鱿鱼和石斑鱼的成交量为 9.66 万 t，同比下降 6.61%，平均价格为 28.36 元/kg，同比增长 18.92%。从月度走势看，海水鱼价格自 2009 年年底起震荡上行，并于 2011 年 7 月达到历史最高值 29.95 元/kg，如图 11-14 所示。

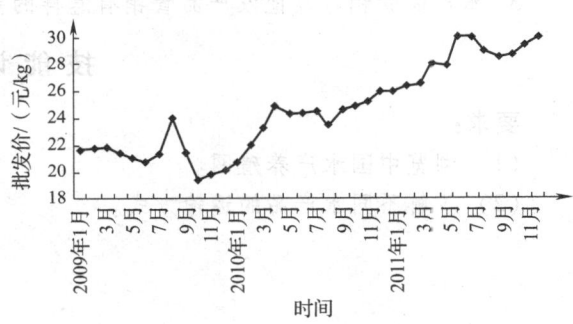

图 11-14　2009～2011 年海水鱼批发价走势

（4）虾蟹类价格波动与往年趋同，批发价先抑后扬；贝类批发价同比大幅增长，环比走势平稳。2011 年对虾、基围虾和梭子蟹总成交量达到 5 287.67t，同比下降 38.39%，平均价格为 96.08 元/kg，提高了 9.51%。其中，基围虾价格下调 22.69%，对虾和梭子蟹价格分别较上年同期增长 24.16% 和 18.58%。从图 11-15 可以看出，虾蟹类价格波动与往年趋同，基本呈现出先抑后扬的走势，2011 年价格水平明显高于往年。

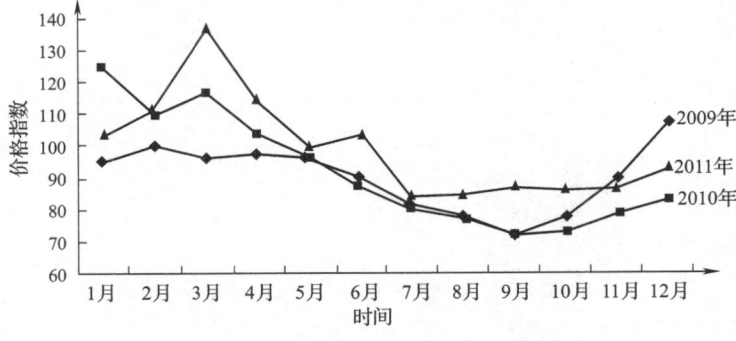

图 11-15　2009～2011 年虾蟹类平均价走势

贝类养殖方面，虽然2012年年初黄渤海海区再次发生了海冰灾害，但由于主要集中在近海，且部分地区开始了温棚养殖，贝类市场受影响不大，价格走势平稳。不过2011年3月份日本发生的地震、海啸及核泄漏事故造成渔业基础设施大量损毁，贝类产量下降，日本增加了对我国贝类的产品需求，这在一定程度上拉高了我国贝类产品的价格。2011年贝类平均价格为7.73元/kg，同比增长19.03%，成交量为8.21万t，下降14.51%。监测的3种贝类产品蛏子、蛤蜊和海蛎的平均价格分别较上年同期增长8.5%、18.11%和38.16%。

重 要 概 念

海水养殖　淡水养殖　水产品物流体系杠杆系统　流通渠道　流通环节　议购议销价格　水产品的价值特性

复习思考题

1. 我国水产品营销模式主要包括哪几种？各类模式的主要特点是什么？
2. 我国水产品营销体系的基本结构包括哪几个部分？各部分之间的关系是怎样的？
3. 水产品营销与其他农产品营销有怎样的差异？

技 能 训 练

要求：

（1）浏览中国水产养殖网。
（2）了解不同水产品的运输方式。

第十二章 农产品绿色营销

企业实施绿色营销可以改变经济的增长方式、创新企业的发展模式，重新定义企业与社会、自然的关系。绿色营销作为一个完整的概念是在20世纪80年代在欧洲被提出来的。当前，我国及世界食品安全受到了消费者的极大关注，绿色消费意愿、绿色消费需求逐年提高，尤其是对农产品的绿色消费逐渐成为主流，因此，现代农业企业必须不仅重视绿色广告、绿色公关等，同时还要重视绿色技术、绿色产品等，从而真正做到绿色营销。

第一节 农产品绿色营销概述

一、绿色营销的概念和特点

（一）绿色营销的概念

"绿色"的含义是多方面的，既不能简单地认为"绿色—植物—农产品"，也不能将绿色理解为"纯天然""回归自然"的代名词，它泛指保护地球生态环境的活动、行为、计划、思想和观念等。具体地讲，绿色的含义包括两方面内容：一是创造和保护和谐的生态环境，以保证人类和经济的持续发展；二是依据"红色"禁止、"黄色"示警、"绿色"通行的惯例，以"绿色"表示合乎科学性、规范性、能保证永久地通行无阻的行为，彰显其"生命力"和"活力"。

所谓绿色营销（Green Marketing），是指企业以环境保护和生态平衡理念作为其经营哲学思想，以绿色文化为其价值观念，把消费者利益、企业利益、社会利益和环境利益四者有机结合统一起来的有利于人类社会可持续发展的一种新型的营销活动过程。

上述定义强调了绿色营销的最终目标是可持续发展，而实现该目标的准则是注重经济利益、消费者需求和生态环境保护的统一。所以，企业无论在战略管理还是战术管理中，都必须从促进经济可持续发展这个基本原则出发，在创造及交换产品和价值以满足消费者需要的时候，注重生态环境的要求，保持自然生态平衡和保护自然资源，为子孙后代留下生存和发展的空间。实际上，绿色营销是人类环境保护意识与市场营销观念相结合的一种现代市场营销观念，也是实现经济持续发展的重要战略措施，它要求企业在营销活动中要注重地球生态环境的保护，促进经济与生态的协同发展，以确保企业的永续性经营。

绿色营销以"绿色"为中心，其内涵至少有以下四个方面：

（1）市场营销的观念是"绿色"的。它以节约能源、资源和保护生态环境为中心，强调污染防治、资源的充分利用、新资源的开发和资源的再生利用。

（2）绿色营销企业的所属产业是绿色的，或者说其生产经营的产品是绿色的（如无烟工业）。其产业或产品应该有节约能源、资源，或新型资源利用，或促使资源再生利用等特点。而一般企业如钢铁厂、石化厂防止污染和对"三废"的整治只能算作"绿色措施"，而不能算作一种完备的绿色营销（但并不否认这些"有烟工业"应该采取绿色营销行为）。

（3）绿色营销强调企业服务的不仅是顾客，而且还包括整个社会；考虑的不仅是近期，更包括远期。

（4）绿色营销不仅意味着从自然界索取，更要强化对大自然的保护，即企业从生产技术的选择、产品的设计、材料的采用、生产程序的制定、包装方式的确立、废弃物处置、营销策略的运用直到产品的消费过程，都必须注意对环境的影响，体现市场营销过程中全方位的"绿色"形象。

（二）绿色营销的特点

绿色营销是传统营销的延伸和发展，具有一般市场营销的共性，又有其自身不同的特点，主要表现在以下几个方面：

1. 绿色营销是"可持续发展"的产物

可持续发展是当今社会一种全新的长远的发展观，而绿色营销正是应运而生的时代产物。它注重产品在生产和使用中降低消耗、节约能源，以及废品的回收处理，尽可能地减少对生态环境的不利影响，使得经济、社会、环境和资源能相互协调，既能满足当代人的需求又不对满足后人需求的能力构成危害，形成可持续发展的良性循环。

2. 绿色营销强调产品供应全过程的绿色化

要实现绿色营销，企业必须从技术的选择、产品的设计、资源的获得、进入市场载体的选择与包装宣传、广告策划直到售后服务、消费者的使用都必须注重对环境的影响，做到安全、卫生、无公害。

3. 绿色营销突出了"以顾客为中心"的营销理念

人们生活消费水平的提高和消费层次的递进使得人们的健康意识、环保意识大大增强，他们在购买产品时不仅考虑对自身利益的影响，也考虑对生态环境甚至后代的影响。企业要想在新的角逐中立于不败之地，就必须迎合消费者这种更长远、更深层的需求，才能让顾客真正地满意。

4. 绿色营销对科学技术有更高的要求

科学技术是第一生产力，历史上每一次技术革命都极大地提高了生产力和生产效率。但在21世纪，科学技术的运用不仅仅只是为了促进生产力的发展，更应该考虑有限资源的使用方式和使用效率，生产技术、产品设计等对环境的影响，销售过程中渠道的选择、策略的运用是否有利于环保与效率提高，是否有利于绿色营销的开展。

二、绿色农产品的定义和需求

（一）绿色农产品的定义

1. 农产品绿色营销的定义

农产品绿色营销是指绿色农产品经营企业在可持续发展观念的要求下，从承担社会责任、保护环境、充分利用资源和长远发展的角度出发，在绿色农产品的研发、生产、销售和售后服务全过程中，引导和满足消费者对绿色农产品的需求，促进企业的可持续生产，实现企业绿色营销目标，追求企业、消费者和社会三方面利益的平衡。

2. 广义绿色农产品的含义

目前，学术界没有一个关于绿色农产品的统一定义。根据绿色营销所涉及的绿色产品概念和内涵，可以将无公害农产品、绿色食品和有机食品，归入绿色农产品这个统一的定义里面，即广义的绿色农产品。广义绿色农产品的基础和起点是无公害农产品，核心和重点发展方向是绿色食品，高端是有机食品。这三类农产品像一个金字塔，塔基是无公害农产品，越往上要求越严格。

3. 广义绿色农产品的主要范畴

（1）无公害农产品。无公害农产品是指农产品的产地环境、生产过程和产品质量符合国家有关标准和规范的要求，有害、有毒物质含量控制在安全允许范围内，由法定职能部门进行产地认定，产品认证合格，获得认定、认证证书并由国家法定职能部门批准，允许使用统一无公害农产品标志的，未经加工或者初加工的农产品。其标志如图 12-1 所示。

图 12-1　无公害农产品标志基本图案

标志图案说明：无公害农产品标志图案主要由金色麦穗、金色对钩和绿色的无公害农产品字样组成，麦穗代表农产品，对钩表示合格，金色寓意成熟和丰收，绿色象征环保和安全。整个标志图案直观、简洁、易于识别，含义通俗易懂。

（2）绿色食品。绿色食品是指遵循可持续发展原则，按照特定生产方式生产，经国家专门机构认证，许可使用绿色食品标志的无污染、安全、优质、营养类食品。之所以称为"绿色食品"，是因为自然资源和生态环境是食品生产的基本条件，而且与生命、资源、环境保护相关的事物，国际上通常冠之以"绿色"。为了突出这类食品出自良好的生态环境，并能给人们带来旺盛的生命活力，因此将其定名为"绿色食品"。

"绿色食品"是在我国注册的第一例质量证明商标。绿色食品商标已在国家工商行政管理总局注册的有以下四种形式：①绿色食品标志图形。②中文"绿色食品"四个字。③英文"Green food"。④上述中英文和标志图形的组合（见图 12-2）。

图 12-2　绿色食品标志

其中，绿色食品标志图形由三部分构成：上方的太阳、下方的叶片和蓓蕾，象征自然生态；标志图形为正圆形，意为保护、安全；颜色为绿色，象征着生命、农业、环保。整个图形描绘了一幅阳光照耀下的和谐生机，告诉人们绿色食品是出自纯净、良好生态环境的安全、无污染食品，能给人们带来蓬勃的生命力。绿色食品标志还提醒人们要保护环境和防止污染，通过改善人与环境的关系，创造自然界新的和谐。

绿色食品追求的目标，就是保证两个安全：一是环境的安全；二是产品的安全。环境的安全就是要在生产过程中防止污染，减少资源的浪费，达到可持续生产的目的；产品的安全就是要满足消费者在较高层次上对安全、优质食品的需求。

绿色食品涵盖的范围，按照目前的分类标准可划分为五大类，分别是农林产品及其加工产品、畜禽类产品、水产品、饮品类产品和其他产品。可以看出，绿色食品是一个大食品概念，涵盖了全部的食用初级产品和加工产品。

（3）有机食品。有机食品是国际上普遍认同的叫法，这一名词是从英文"Organic Food"直译过来的，包括有机农产品、有机畜禽产品、有机水产品等。它是指根据有机农业原则和有机食品生产、加工标准生产加工出来，经过授权的有机食品颁证机构颁发证书，供人们食用的一切食品。国际有机农业运动联盟对有机食品有下列要求：一是有机食品原料必须是来自有机农业的产品；二是按照有机农业生产和有机水平加工标准而生产加工；三是加工的产品必须由经过授权的颁证机构进行质量检查，符合有机食品生产、加工标准并颁发证书。它是安全、优质、营养类食品的顶级产品，相当于我国绿色食品中的AA级绿色食品。有机食品标志图案如图12-3所示。

有机食品标志采用人手和叶片为创意元素。我们可以感觉到两种景象：其一是一只手向上持着一片绿叶，寓意人类对自然和生命的渴望；其二是两只手一上一下握在一起，将绿叶拟人化为自然的手，寓意人类的生存离不开大自然的呵护，人与自然需要和谐美好的生存关系。有机食品概念的提出正是这种理念的实际应用。人类的食物从自然中获取，人类的活动应尊重自然的规律，这样才能创造一个良好的可持续的发展空间。

图12-3　有机食品标志图案

（4）无公害农产品、绿色食品和有机食品的区别与联系。总体上讲，无公害农产品、绿色食品和有机食品三者之间既有联系，又有区别。

无公害农产品、绿色食品、有机食品的生产都是以农产品的供需矛盾基本得到解决为前提的，同属安全农产品范畴，都是"无公害食品行动计划"的一部分和农产品质量安全管理的重要内容及农产品认证体系的重要环节。但三者又各有侧重，在质量安全水平、消费定位和推进方式上，都有自己的特点。无公害农产品的质量水平是解决基本安全问题，适应我国农业发展新阶段和当前整个农产品的质量安全状况，满足的是大众消费，即保证人们对食品质量最基本的需要。无公害农产品是"市场准入"的最基本条件。绿色食品在整体上达到发达国家普通食品的质量安全水平，主要满足人们对食品质量更高层次的要求，其目标市场主要为我国大中城市中等以上收入人群及产品出口。有机食品（AA级绿色食品）不以评价安全为最终取向，是一种替代农业生产方式的最终产品，它强调常规农业向有机农业转换，注重人与自然的和谐共生，注重生产过程，把拒绝使用化学合成品作为基本理念。目前我国有机农产品主要满足国际贸易的需要及国内部分对农产品质量有较高要求的顾客。三者相比较而言，无公害农产品突出安全因素控制，绿色食品既突出安全因素控制，又强调产品优质与营养，而有机食品则注重对影响生态环境因素的控制。

（二）绿色农产品的市场需求

从市场层面上得到公认的绿色产品标准包括：在生产过程中不造成污染的商品；自身不会污染环境的商品；自身洁净、安全的商品；利用废旧物品生产的商品；产品在生产过程中少用能源和资源并且不污染环境；产品在使用过程中不污染环境并且能耗低；产品使用后可以易于拆解、回收翻新或能安全废置并对环境无害。

就国际市场而言，一些发达国家对绿色产品的需求量极大。我国的绿色产品市场建立于1990年，还是一个新兴的市场，存在着许多问题亟待解决。我国在可持续发展战略的引领下，各项环保法律法规逐步健全，消费者生活质量大幅度提高和社会责任感增强，国内绿色产品市场得到了一定程度的发展，而且呈现出良好的发展态势。北京、上海、广州、深圳等大中城市相继组建了绿色食品专业营销网点和流通渠道，绿色食品市场覆盖面日益扩大，市场占有率稳步提高。而且，我国有相当一部分绿色食品成功地进入了日本、美国、欧洲、中东等国家和地区的市场,展示了绿色食品广阔的出口前景。

但是,就我国绿色产品市场总体来看,在发展的广度和深度上与发达国家相比还存在一定的差距。在广度上,国外对"绿色"这一概念几乎涉及社会生活的各个方面,每一行业都有自己"绿色"发展的目标和计划,而国内则相对集中于农产品、电器等少数几个行业。在深度上,国外对"绿色"的理解已不再只是对产品的理解,而是在企业的经营管理上融入可持续发展观念,把它上升为一种经营理念和经营哲学。而在国内,生产者对"绿色"的理解普遍还停留在产品阶段,绿色价值观还只是表现在绿色产品所能带来的利润上,并没有深入到生产经营者的经营理念中去。因此,无论从量上还是质上,目前我国的绿色产品市场都远远不能满足经济发展和消费者的需要,还有待于进一步的开拓、发展和完善。

对于绿色需求的概念,可以理解为市场需求的生态化,即人们的生态需求在具体市场中的体现,或是人们的生态需求与物质需求在现代市场条件下的一种耦合。但是,绿色需求与一般意义上的需求相比还是有自己的特点:首先,绿色需求集中体现了消费者的健康需求和生态需求;其次,绿色需求是一种现代文明需求,是一种前瞻性需求——这种需求是建立在较高的环保意识和绿色消费意识的基础上,基于人们的生态道德观和社会责任感而产生的。

三、影响绿色农产品消费者行为的因素

对营销者而言,了解影响绿色消费者行为的各种因素,并进而理解这些因素是如何影响其顾客的消费行为的,这是极其重要的。影响绿色消费者行为的主要因素有:

(一) 个人因素

1. 收入因素

收入是实际购买选择的重要制约因素。因为绿色产品在定价时要把保护环境所支出的成本纳入其中,或者采用新工艺、新材料,所以价格相对较高。许多消费者并非不关心环境问题,但由于收入有限,在实际作出购买决策时,实用主义就会占上风。美国芝加哥大学哈里斯学院的顿·考西(Don Coursey)的一项研究成果表明,在影响人们绿色消费的诸因素中,收入是最重要的因素。一旦人均月收入达到5 000美元以上,人们就会在改善环境方面花钱,进行绿色消费(鲍伦斯基(Polonsky),2001)。我国学者的研究也有同样的结论。在北京的一项调查显示,家庭月收入在1 000元以下的人对5%的绿色产品溢价一般不接受。而家庭月收入在8 000元以上的人100%购买绿色产品,其购买行为明显表现出绿色消费者的特征(程红,2001)。

2. 教育水平

教育水平对人的行为影响巨大。一般来说,受过良好教育的人更能正确认识人类与环境的关系,更具有社会责任感,更能接受绿色消费的观念。国外学者的研究成果也表明,年轻、受过良好教育、政治上比较自由的人群比其他人群更关心环境(范·里拉(Van Liere)和邓拉普(Dunlap),1980)。我国的研究也表明,受教育水平最高的一群消费者对绿色产品溢价接受能力最强,对以往购买绿色产品的价格满意度最高。

3. 个性

个性也能影响消费者对绿色消费的态度和行为。一个人的个性可以划分为内在控制型和外在控制型。外在控制型的人相信命运或运气,而内在控制型的人相信自己可以掌握更大的

控制权。在关心生态问题上，内在控制型的消费者可能会积极看待绿色生活方式，从而更可能购买绿色产品。相反，外在控制型的消费者面对污染问题会有无助的感觉，认为自己买不买绿色产品对整个环境的改善于事无补。

(二) 心理因素

1. 动机

绿色消费行为源于消费者追求生活品质的动机。当消费者基本的生理需求得到满足以后，他们开始追求超越"物质"的生活，向往美好的生活品质，关心我们赖以生存的地球，关心人类与自然的可持续的、协调的发展。

2. 学习

学习对绿色消费行为的产生、强化有极大的影响。人们绿色消费意识的产生和绿色消费的实践行动，主要来源于以下两个方面：一是日益严重的环境问题损害了人们的正常生活，引起了人们的密切关注；二是环保知识的普及推广，全社会对环保运动的推动，提高了消费者在环保方面的素质；三是消费者的个人绿色消费经验的积累，从中感受到绿色消费对自身和社会的好处。例如，一个消费者开始尝试了绿色食品，出现了好的效果，就会产生强化作用，增强他对绿色产品的好感和信心，然后也许会扩大绿色消费的范围，如购买节能家电、绿色家具等。

3. 态度

人们的态度与绿色消费行为之间存在着复杂的关系。态度是一个人对某些事物或观念长期持有的好与坏的认识上的评价、情感上的感受和行为倾向。德国学者巴得加（Balderjahn）的研究认为，一个消费者对污染问题的认识程度会影响他对环保的态度，对环保的态度又会影响他对绿色生活方式的态度，对绿色生活方式持积极态度的人会参与绿色产品的购买和消费活动（巴得加，1988）。简单地表示，即对污染的认识—对环保的态度—对绿色生活方式的态度—绿色消费行动。

但是我们常常发现，积极的态度并不等于积极的行动。从心理学上说，这与态度的形成过程有关。在态度的形成过程中有两种情形：一种是消费者对宣传的一般性观点接受了，引起对环境态度的改变；另一种是消费者对宣传问题的相关细节进行了更深层次的思考，然后形成新的态度。这两种方式形成的态度中，后一种更强有力，更可能引导行为选择。所以，企业在宣传、沟通中就需要提供详细的生产过程和绿色产品的信息，促进消费行为。

第二节 农产品绿色营销策略

一、绿色产品策略

具体包括以下几个方面：

（1）开发和生产绿色农产品。例如，利用边远地区山清水秀、未受污染的自然条件和丰富资源，开发绿色产品。在保护生态环境的前提下，充分利用和开发这些资源，如采集野生植物加工成天然或绿色食物，利用森林资源开发绿色家居用品和家居装饰材料。

（2）发展生态农业和有机农业，推进绿色农产品科技进步。发展绿色农产品要从生产基地选择开始,避免污水灌溉或用被污染的河水灌溉、大气污染等。在农业生产中切实控制化肥农药的施用,采用生态方法防治病虫害,以有机肥料取代化学肥料,逐步实现果、瓜、菜等的无农药栽培,开发生产绿色农产品。

(3) 做好绿色农产品的分级、加工、包装工作。企业应创新绿色农产品的物流技术,在进行分类、包装、加工时,要保证加工场地的清洁卫生,进行清洁生产,防止绿色农产品在这些环节被污染。包装材料应选择可分解、无毒无味的包装材料,避免过度包装。要把以促销为主的包装观念转变为以保护生态环境为主的包装观念,应增加对消费者使用和处理包装物的宣传及处理方法说明。

(4) 采用绿色产品标志。目前,我国的绿色产品标志有两种:一种是绿色标志,也称环境标志或生态标志,由"环境保护部环境认证中心"认证和授权使用;另一种是绿色食品标志,由中国绿色食品发展中心认证和授权使用。它们都是一种产品质量的证明性商标,表明该产品不仅质量合格,而且从原材料的采掘或生产,到最终废弃物的处置,整个生命周期过程均符合特定的环境保护要求。采用绿色产品标志的基本目的是引导消费者,提高消费者的环境保护意识;通过消费者的选择和市场竞争,引导企业自觉改进,生产对环境友好的产品。

(5) 创建绿色农产品品牌。现代经济属于"注意力经济",品牌不仅可以提高消费者对绿色农产品的认知程度及忠诚度,还能提高品牌所有企业的知名度和经营效益。绿色农产品要同普通农产品区别开来,其方法是使用品牌并注册为商标。因为消费者在购买农产品时,虽然可以对产品外观进行选择,但对内在品质无法鉴别,消费者只能凭品牌进行选购。

例如,为了提高海南省冬季瓜菜在国内外市场的竞争力,海南省大力发展绿色食品、有机食品和无公害农产品,积极推进名牌战略。据有关部门统计,海南省已建成万亩以上的瓜果菜基地 20 多个,绿色食品生产和加工企业规模不断壮大。截至 2010 年年底,据中国绿色食品发展中心最新统计,目前我国绿色食品企业总数已达 6 418 家,比 2009 年年底增长 6.9%。

二、绿色价格策略

一般而言,绿色农产品的生产对环境和管理要求较高,生产过程所付出的成本较普通产品要高。同时,绿色农产品又需要拥有那些有比较稳定的高收入和一定购买能力的消费群体,他们愿意以较高的价格购买绿色健康产品。据有关资料显示,德国的绿色食品价格比一般食品高 50%~200%,日本的高 20% 以上,而我国无公害蔬菜比普通蔬菜高 5%~10%。在欧美国家,半数以上的消费者在购买产品时要考虑绿色因素,并愿意多支付 30%~100% 的费用。另据调查,在发达国家,75% 以上的消费者在购物时会考虑消费安全。

绿色农产品的定价应着重考虑的因素有:①产品成本,即生产经营者为研发、生产、配送和销售绿色农产品所花费的综合成本。②消费需求,即目标市场的购买者的消费偏好、购买行为、收入水平。③市场竞争,即根据市场竞争的激烈程度以及竞争对手的同质产品的价格水平来定价。

在定价策略方面,绿色农产品可供选择的策略有:①薄利多销策略。这种策略一方面可以让更多的消费者能买得起绿色农产品,通过提高市场占有率来实现规模经济,从而获得更大收益;另一方面,还可以阻止竞争对手的进入,防止同业之间的过度竞争。②厚利适销策略。利用消费者求新、求异、崇尚自然的心理，采用"理解价值"来定价，对部分稀缺的绿色农产品采取高价销售的策略。

我国绿色农产品出口价格也不宜过低，可高于进口国一般农产品的价格而低于国外同类的绿色农产品的价格，以利于增加出口创汇。

三、绿色渠道策略

绿色营销渠道的畅通是成功实施农产品绿色营销的关键，既关系到绿色农产品在消费者心目中的定位，又关系到绿色营销的成本。为此，设计和选择绿色农产品的营销渠道时，一是要考虑绿色农产品的有效配送和快速分销；二是要实现绿色农产品与普通农产品的差异化，体现其"绿色"特征；三是所选定的中间商一般要不经营与绿色农产品相互排斥或相互竞争的非绿色农产品，以使中间商诚心地分销绿色农产品；四是要考虑不同的农产品特性。

农产品的储藏性较差，容易受到污染，因此，在选择销售渠道上，必须遵循保鲜、快速的原则，从田头到餐桌的各个环节都要"清洁生产""清洁物流"和"清洁分销"。如使用"绿色通道"保证产地与销地的畅通，采取保鲜交通工具封闭运行，努力降低销售过程中的浪费和污染。对于鲜活农产品或大批量农产品，可在大型农贸批发市场进行批发或与大型零售商店、专业商店签订合同直接销售；对保质期较长的农产品，可通过中间商进行销售或利用农民贩运组织进行销售，也可与各地批发商和加工企业签订合同直接销售。具体而言，绿色食品销售可以选择以下分销形式：

（1）采取"农户+中间商"的形式，即农户成为中间商的绿色农产品生产基地。农户根据中间商的订单要求组织绿色农产品生产，由中间商负责销售。例如，海南的冬季无公害瓜菜和香蕉就是农户按中间商的订单来组织生产，并按订单的协议价格由中间商到田间负责收购和分销。

（2）采取"农户+龙头加工企业"的形式，即农户与绿色农产品加工企业组成一体化经营组织，农户按绿色产品加工企业的要求，为其生产绿色产品的加工原材料。例如，海南的"龙泉"文昌鸡、"绿潮"乳鸽就是农户和龙头加工企业结成农业产业化经营组织，按加工企业的要求来开展家禽养殖的。

（3）采取独家分销或选择性分销策略。对于那些具有一定规模的绿色农产品生产经营者，可采取这两种策略之一。独家分销策略就是在一定地区只选择一家经销商来负责销售其绿色农产品，选择性分销策略则是在一个地区选择少数几家经销商负责销售其绿色农产品。绿色农产品企业选择的经销商必须是关心环保、在消费者心中有良好信誉的大经销商，借助该经销商本身的良好信誉，推动绿色农产品的销售。

（4）采取直接分销策略。包括生产者自己设立绿色农产品专卖店，或在超市设立专卖柜、在大中型居民小区内设立绿色农产品固定或流动销售网点，以及对大型宾馆、酒店和机关食堂、学校、厂矿开展绿色农产品直接配送业务等。

（5）采取特许加盟连锁经营的分销策略。绿色农产品的生产者允许他人使用生产企业的企业名称或品牌开设专卖店，销售生产者的绿色农产品，专卖店的资本全部由他人投资，但所有专卖店的名称统一按生产企业的名称或品牌取名，统一产品价格、店面装修风格和企业CI设计，集中配送生产企业的绿色农产品。

(6) 利用互联网开展网上分销。在当前信息化时代，企业要充分利用电子商务信息技术，搭建绿色农产品交易平台，通过网上贸易，形成绿色农产品营销网络。

四、绿色促销策略

绿色促销是指通过绿色媒体，传递绿色农产品及绿色企业的信息，从而引起消费者对绿色农产品的需求及购买行为。在绿色促销中，绿色广告、绿色公关等具有重要的作用，它们同传统广告、公共关系、人员推销不同，营销人员必须了解消费者的绿色消费兴趣，回答消费者所关心的环境问题，掌握企业产品的绿色表现，通过多种形式展示绿色农产品的优势。农业企业或营销者应大力宣传绿色消费时尚，劝告消费者使用绿色农产品，宣传支持绿色营销就是对社会、自然、他人、未来的奉献的理念，提高公众的绿色意识，引导绿色消费需求。

销售绿色农产品必须加大促销力度，开展适当的促销活动，刺激绿色农产品的需求。

(1) 人员推销。绿色农产品与普通农产品有许多不同的地方，因此绿色农产品经营者可以派出推销人员直接与目标客户接触沟通，通过人员推销可以加深消费者对绿色农产品的认知程度，及时反馈消费者对绿色农产品的偏好、意见和建议，激发消费者对绿色农产品的购买欲望，提高其对企业品牌的忠诚度，并可取得长久的促销效果。在进行人员推销时，农产品经营者要对推销人员进行绿色促销的培训，使推销人员真正认识到生产经营绿色农产品的重要性，树立为消费者提供"绿色服务"的企业精神，并通过人员推销提升企业的绿色形象。

(2) 广告。在广告宣传中既要突出绿色农产品的特点，也要注意品牌推介。新的绿色农产品上市，企业首先应考虑的是如何让消费者接受这种绿色农产品，因而宣传的重点是该绿色农产品有什么优点、有什么特色，同时强化品牌推广。广告宣传要有创意，广告信息要有明确的主题，表现形式要有独特性，如通过公益广告和扶贫广告促销边远山区的绿色食品。

(3) 公共关系。借助公关策划手段，宣传推介绿色农产品，倡导绿色消费。企业要通过在报纸杂志上刊登大量的宣传文章、播放影视资料、组织参观绿色农产品生产基地等活动，拉近消费者与绿色农产品的距离，引导全社会公众都去关注、支持绿色农产品的生产和消费。农产品经营者要积极参与各种与环保有关的事务，如举办环保新闻发布会、捐助慈善事业、资助希望工程等，以实际行动来强化企业在社会公众心目中的地位，树立良好的"绿色企业形象"。

(4) 参加各种展览会、商品交易会，或利用"文化搭台，经贸唱戏"的办法开发生态旅游和田园旅游，推销和扩大绿色农产品销售范围。例如，在2006年中国（海南）国际热带农产品冬季交易会上，海南东方市的无公害瓜果菜和海产品深受各地客商欢迎，共与客商签订各类产品订单106万t，协议金额达2.76亿元。在交易会上，东方市祥麟菜果基地与美国易宝国际贸易有限公司签订了3 000t龙眼和荔枝销售合同，合同金额为6 000万元，该基地已连续四年将1万多吨水果出口到美国市场。

(5) 举办各种绿色农产品的现场销售咨询活动，直接向消费者讲解、对比绿色农产品的优势。例如，举办农产品栽培技术和绿色营销培训班来传播绿色营销知识，借助各种优惠手段引导和促进绿色农产品消费。

（6）体验促销，即从生活与情境出发，营造感官体验、情感共鸣及思维认同等，以此吸引消费者并与消费者共同构建产品的新价值，同时创造新的市场需求。例如，农产品经营者可以诚心邀请当地的消费者到绿色农产品的生产基地，自己采摘绿色农产品，既满足了消费者的好奇心和游玩兴趣，又节省了企业的采收时间和人工费用，同时加深了消费者对绿色农产品的了解程度，树立了企业的绿色形象，促进了绿色农产品的销售。

第三节 农产品绿色营销的发展

一、农产品绿色营销发展的现状

1. 无公害农产品的发展

我国无公害农产品由农业部负责管理和实施。作为食品质量安全的最基本要求，无公害农产品的发展在我国是从 1999 年开始得到重视的。为了推动无公害农产品的发展，2001 年 4 月，农业部启动了"无公害食品行动计划"，并在北京、天津、上海、深圳四个城市试点推行"农产品市场准入制度"，规定不符合质量安全标准的农产品不得进入市场销售。通过对农产品实行"从农田到餐桌"全过程质量控制，计划用 8～10 年时间，基本实现主要农产品生产和消费无公害。2001 年 9 月，农业部发布了首批《无公害食品 韭菜》等 75 项无公害食品行业标准，涉及蔬菜、水果、茶叶、蛋、鱼等 15 种关系到城乡居民日常生活"菜篮子"的产品，内容包括产品产地环境条件、生产技术规范、质量安全标准及相应检测检验方法标准。同时，农业部还发布了 8 项关系到农产品安全质量的国家标准，它们分别是《无公害蔬菜安全要求》《无公害蔬菜产地环境要求》《无公害水果安全要求》《无公害水果产地环境要求》《无公害畜禽肉产品安全要求》《无公害畜禽肉产品产地环境要求》《无公害水产品安全要求》《无公害水产品产地环境要求》。上述标准已于 2001 年 10 月 1 日开始实施，为全国范围内无公害农产品（食品）的监督管理提供了统一的技术依据。2001 年 8 月 29 日，农业部发布了《关于抓好无公害农产品生产有关的通知》；2002 年 4 月 29 日，农业部和国家质量监督检验检疫总局发布了《无公害农产品管理办法》；2002 年 6 月 5 日，农业部公布国家明令禁止使用的农药和不得在蔬菜、果树、茶叶、中草药材上使用的高毒农药品种清单；2002 年 7 月 1 日，农业部印发无公害农产品生产推荐农药品种和植保机械名单；2002 年 7 月 23 日，农业部发布《全面推进"无公害食品行动计划"的实施意见》；2002 年 7 月 25 日，农业部发布第 2 批《无公害食品 黄瓜》等 137 项标准的公告；2002 年 8 月 16 日，农业部发布了《无公害农产品质量安全监测专项资金项目管理办法》；2002 年 11 月 25 日，农业部、国家认证认可监督管理委员会发布了《无公害农产品标志管理办法》。

2. 绿色食品的发展

绿色食品由我国农业部于 1989 年首次提出并于 1990 年正式实施。按照是否有化学合成物质的投入，可以将绿色食品分为两个技术等级，即 A 级绿色食品标准和 AA 级绿色食品标准。A 级绿色食品以有机生产方式为基础，适当保留了常规生产方式，生产过程中严格按绿色食品生产资料使用准则和生产操作规程要求，限量使用限定的化学合成生产资料，并积极采用生物学技术和物理方法，保证最终产品质量符合绿色食品产品标准要求。A 级绿色食品是在向有机食品的过渡阶段中产生的，是典型的可持续农业产品。AA 级绿色食品完全按照有机生产方式生产，在生产过程中完全不用或基本不用化学合成的农药、肥料、食品添加剂、兽药、生长调节剂、畜禽和水产养殖饲料添加剂、食品添加剂和其他有害于环境和身体健康的物质，而是通过使用有机肥、种植绿肥、作物轮作、生物或物理方法等技术，培肥土壤、控制病虫草害、保护或提高产品品质，从而保证产品质量符合绿色食品产品标准要求。我国 AA 级绿色食品标准与国际上有机食品标准接轨，等同于有机食品。

我国从推出第一批绿色食品到目前虽然只有 20 余年的历史，但发展异常迅速。截至 2012 年年底，全国有效使用绿色食品标志企业总数达到 6 862 家，产品总数达到 17 125 个。在北京、上海、天津、广州、深圳等大中城市已经出现了一大批绿色食品专销连锁店。

1992 年组建的我国绿色食品的组织实施机构——中国绿色食品发展中心（CGFDC）于 1993 年加入国际有机农业运动联盟（IFOAM）。自成立以来，中国绿色食品发展中心已在全国组建设立了 42 个地方绿色食品管理机构，定点委托了 38 个绿色食品产品质量检测机构、71 个绿色食品产地环境监测机构，形成了覆盖全国的绿色食品质量管理和技术服务网络。中心的职责主要是制定绿色食品发展方针、政策及规划，组织制定和推行绿色食品的各类标准；依据标准，认证绿色食品；依据《中华人民共和国农产品质量安全法》《中华人民共和国商标法》，实施绿色食品产品质量监督和标志商标管理；组织开展绿色食品科研、示范、技术推广、培训、宣传、国际交流与合作等工作；指导各省、直辖市、自治区绿色食品管理机构的工作；组织、协调绿色食品产地环境和产品质量监测工作。

1996 年 5 月，中国绿色食品协会在北京成立，并定期编印会刊《绿色食品通讯》。一个由政府部门统一领导、规划，由科研部门进行技术指导和由企业实体参与的绿色食品开发热正在全国各地兴起。我国比较有规模的绿色食品基地分布在海南、黑龙江、辽宁、内蒙古、四川、河北等地，但主要分布在中西部地区。

3. 有机食品的发展

（1）有机食品发展的国际背景。目前，有机食品的发展和消费主要集中在西方发达国家。据新华社有关资料显示，20 世纪末，欧盟 11 个成员国已注册登记专门从事有机农产品生产的农场达 1.7 万多个。其中，德国的有机农业发展较快，有机农场占全国农场总数的 10% 左右，部分地区有机农场的比例达到 20%～30%。美国的有机农场约占农场总数的 1%。亚洲大约有 2 万个有机农场。

欧盟、美国、日本是目前世界上主要的有机食品消费市场。其中，西欧国家对有机农产品的需求量最大，其有机食品的销售量已占整个食品销售量的 5%～10%，且呈现供不应求的势态。欧洲国家进口有机食品份额较大的品种有蔬菜、水果、油料和葡萄酒。丹麦、英国、卢森堡有机食品水果的进口额均占其国内市场份额的 90%，而丹麦、瑞士、卢森堡的有机食品油料 100% 全是进口。法国每年进口大量生态谷物，以满足国内日益增长的需要。美国有机食品的销售量虽只占整个食品的 1%～2%，但其绝对数较大。

据估计，在 21 世纪初，有机食品的销售量将占世界全部食品销售量的 10%～20%；而英国、瑞士、丹麦、瑞典等许多国家的有机食品销售在 21 世纪中期年增长率将达到 30%～40%。

（2）我国有机食品的发展。20 世纪 80 年代末，国外认证机构开始进入我国，启动了我国有机食品的发展。1989 年，我国最早从事生态农业研究、实践和推广工作的国家环境保护局南京环境科学研究所农村生态研究室加入了国际有机农业运动联盟，成为我国第一个国际有机农业运动联盟成员。1994年,经原国家环境保护局(现为环境保护部)批准,国家环境保护局南京环境科学研究所农村生态研究室改组为"国家环境保护总局有机食品发展中心"(Organic Food Development Center of SEPA,OFDC),2003年又改称为"南京国环有机产品认证中心"。该中心自1995年开始认证工作以来,截至2005年,先后认证的有机农场、加工或贸易单位已达到400多家,认证产品涵盖面广,许多产品已成功地进入了国际市场。

根据农业部"无公害食品行动计划"关于绿色食品、有机食品、无公害食品"三位一体,整体推进"的战略部署,按照农业部的要求,中国绿色食品发展中心于2002年10月组建了"中绿华夏有机食品认证中心"(COFCC),并成为在国家认证认可监督管理委员会登记的第一家有机食品认证机构。中绿华夏有机食品认证中心根据国际有机农业运动联盟的基本标准以及欧洲、美国、日本等国家和地区标准制定的《有机食品生产技术准则》,被列入2003年农业部行业标准制定项目。同时,中绿华夏有机食品认证中心为扩大企业的影响力,增加农产品的出口创汇,积极开展对外合作,已经和欧洲的瑞士通用公证行、日本的日本有机和自然食品协会与日本海外货物检查株式会社签署了全面合作协议。截至2010年年底,通过中绿华夏有机食品认证中心认证的企业数达到1 202家,产品数达到5 598个。

自2003年国家颁布有机食品的相关法律法规以来,除了中绿华夏有机食品认证中心外,国家陆续批准了二十几家有机产品认证机构,如北京五洲恒通认证有限公司、辽宁方园有机食品认证有限公司等。此外,我国香港特别行政区和台湾省也有几家,如香港有机认证中心(HKOCC)、台湾省有机农业生产协会(TOPA)。还有一些国外的认证机构也参与了我国的认证业务,如欧盟国际生态认证中心(ECOCERT)、德国BCS有机食品认证等。

目前,已通过认证的有机产品主要有茶叶、大豆、粮食、蔬菜、水果、奶制品、禽畜产品、蜂蜜、水产品、调料、中草药等100多个品种,其中大部分销往日本、美国、加拿大及欧洲等国际市场。目前在国内市场上销售的有机食品有蔬菜、粮食、茶叶、蜂蜜、奶粉等五大类几十个品种。

二、农产品绿色营销发展中存在的主要问题

1. 农产品的绿色消费意识未被充分唤醒,绿色消费需求未被充分挖掘

主要有两个方面的问题:一是客观上经济发展程度的影响,相对发达的地区消费能力要强一些,绿色消费的需求相对较高,相对落后的地区则需求相对较低,绿色消费市场有限;二是绿色消费的环境不成熟与不规范导致绿色消费需求不能被充分挖掘出来,如绿色产品检验、绿色标志使用不规范、执法不力引起绿色产品市场管理混乱,鱼目混珠,最终导致绿色消费意愿下降和消费市场的萎缩。

2. 农产品绿色生产技术落后,生产布局不合理

绿色生产技术是绿色产品生产的基础,它包括绿色技术的研发、推广和应用等环节,其中主要问题表现为对绿色技术开发重视和支持的力度不够、技术应用中劳动者的素质不高等。在生产布局上表现为区域特色不够突出,规模化、产业化和专业化程度不高,生产与市场联系松散,生产企业的收益不稳定影响了生产的积极性。

3. 绿色生产与营销的环境因素需要进一步完善

环境因素主要包括自然环境因素与社会环境因素。在自然环境因素方面主要表现为农业

生态环境的破坏导致了绿色产品生产的基础环境的恶化，如大量农药、化肥、除草剂的使用，乡镇企业的"三废"污染等。在社会环境因素方面主要表现为人们的绿色消费意识不强，绿色农产品的标准化程度不高、质量认证体系也不完善影响了绿色产品的生产。与之相配套的管理制度、监督机制、法律环境还需要进一步健全与完善，以提升绿色标志的权威性，提高和增强我国农产品在国内外的信誉与竞争力。

4. 绿色营销的措施不力

从整体上看，表现为绿色产品品牌意识不强，即生产的不稳定性、主动适应市场的能力低，对产品品牌战略考虑更少，从而影响了农产品生产企业的长期发展。产品流通渠道不畅，即绿色农产品的生产分散、规模偏小影响营销渠道的形成，对于鲜活类农产品要求的短渠道往往也无法满足，最终使绿色农产品的成本与价格上升，失去市场竞争力。市场运作的现代化程度较低，即由于农业企业普遍缺乏营销方面的专业人才，很少利用计算机网络建立自己的市场信息资源库，用于市场分析与决策，同时也较少引进代理、配送、拍卖和网络交易等现代营销方式去主动地适应市场。

三、农产品绿色营销策略选择

1. 转变旧的营销理念，树立新的绿色营销观念

传统营销注重农产品的生产者、消费者与竞争者构成的利益关系，这类营销主要通过协调这三者间的关系来获取利润。而农产品绿色营销充分考虑与自然环境的关系，既注重自然环境对农产品的价值影响，又注重生产活动对自然环境的冲击，把外在的自然环境因素补充到三者的利益关系之中，体现绿色价值，用绿色赢得顾客，提高市场占有率。

目前，各大城市在城郊区域纷纷创建无公害农产品的生产示范基地，各种地方性无公害农产品、绿色食品、有机食品的认证工作也在有序展开，但农产品的绿色营销策划总体仍处于发展的初始阶段，存在着观念认识程度偏低、缺乏综观全局的前瞻思想，生产经营规模小、成本高，农产品检测及认证标准实施滞后、监督管理不够规范，农产品品质低、缺乏竞争实力，市场开拓力度不够，还没有形成全方位、宽领域的市场局面等问题。这些问题，事实上已成为我国加入世界贸易组织后，如何进一步调整农业结构、发展效益农业、提升产业层次、增强市场竞争力的瓶颈。各级政府应充分认识到发展绿色农产品已成为今后调整农业产业结构、增加农民收入、增强农产品竞争力的必由之路，要大力创建无公害农产品生产示范基地，大力培养无公害农产品、绿色食品、有机食品认证和管理人才；引导农民和生产企业更新思想观念，突破传统思维定势，真正认识到推广实施农业标准化和无公害生产的好处，并自觉参与执行。

2. 选准目标市场，搞好产品定位

不同的目标顾客对产品的要求是不一样的。从总体来说，目前绿色产品的目标顾客是具有一定的购买能力、一定的文明程度和一定素质的消费者群体。这部分消费者注重产品品质，不会执著于追求价格低廉，比较关注品牌。作为农产品的生产经营者，必须认真分析研究目标顾客的消费需求特点和购买行为，在农产品的生产、加工、包装、销售等方面，更好地满足这些人的需要，从而促进产品销售。

另外，经营者要强化绿色农产品市场信息的收集，及时了解绿色农产品的需求规模和发展趋势，分析研究同行竞争者的产品开发和经营状况，选择既适合本地资源条件，又为目标

市场所需要的产品作为开发方向和重点，制定切实可行的产品开发策略。绿色农产品的产品定位宜选择在国内具有一定技术优势、资源相对充足而又有较强民族特色的劳动密集型产业。具体而言，应把农家畜产品、果品、蔬菜、茶叶、花卉、园林园艺、竹木产品及制品以及各地山珍和土特产品作为发展绿色农产品的主攻方向，突出绿色农产品的自然性和稀缺性，选准当前绿色农产品发展的重点主攻方向。只有确立了产品定位的方向，绿色农产品这个新型产业的发展才有行动指南。

重 要 概 念

绿色营销　无公害农产品　绿色农产品　有机农产品

复习思考题

1. 简述绿色营销的内涵及其特征。
2. 讨论我国企业绿色营销的实施现状与应对策略。
3. 简述农产品绿色营销的兴起。
4. 试述我国绿色农产品发展概况。
5. 讨论农产品绿色营销模式的主要内容。
6. 试述我国农产品绿色营销策略选择。

技 能 训 练

要求：
(1) 浏览中国绿色食品网。
(2) 参观当地绿色食品生产基地。
(3) 查阅绿色食品认证程序。

第十三章　农产品网络营销

我国是个农业大国，农村人口占总人口的 50% 左右，但农业又是弱势产业，受资源环境约束强烈。如何使农业增产、农民增收、缩短城乡差别等"三农"问题得以解决，农产品营销是农业产业发展的关键环节。随着计算机技术和网络通信的飞速发展和广泛应用，现代社会已经进入信息时代，信息网络正在深刻地影响着农业的发展。随着我国信息化工程的不断推进，农产品的网络营销越来越被广大的农产品生产者与经营者所接受。网络营销作为一种新兴的营销手段有很多的发展机遇，但同时也面临着许多困难与挑战。

第一节　农产品网络营销概述

一、网络营销的概念和特点

1. 网络营销的概念

网络营销是 20 世纪末出现的新营销方式，是营销实践与现代通信技术、计算机技术和网络技术相结合的产物。随着互联网技术日渐成熟、互联网的成本大幅度降低，以及其用户的逐渐普及，互联网能把从近在咫尺到远隔天涯的有着潜在交换需求与欲望的组织和个人跨时空联结起来，其独特的超越时间约束和空间限制进行信息交换的特点与优势，使得营销活动脱离时空限制达成交易成为可能。这种没有物理距离的时空观，即人们常说的电子时空观（Cyber Space）。时空观念的重组，使得经营者与顾客可以在更大的空间、更多的时间，有更多的交换机会进行营销活动。例如，经营者与顾客间通过网络可以每周 7 天、每天 24 小时随时随地进行商品交换活动。

2. 网络营销的特点

在网络化时代，通过网络营销这种手段，产品的生产者会更多地直接面对消费者，而以往那种层层批转的中间商业机构的作用将逐渐淡化。

（1）生产者和消费者直接网上交易。在网络环境中，生产厂家和消费者可以通过网络直接进行商品交易。这种交易避开了某些传统的商业流通环节，因而更加直接和自由化。它对传统的商业市场运作模式产生了巨大的冲击。

（2）市场的多样化、个性化和时代化。传统的商业运作模式将部分地被基于网络的电子商贸所取代，市场将趋于多样化。不同的企业、不同的系统、不同的产品将千方百计地在网上营造自己的营销模式来吸引客户。由于当代信息网络具有互动性的特点，这时的市场会更显个性化和时代化。

（3）市场细分彻底化。随着市场环境和运作方式的发展，目前市场经历了同质市场到市场细分的变化。主要体现在市场的划分越来越细和越来越个性化。只有在网络的环境下，才可能把这两个方面的优势发挥出来，演变成为一场针对每一个消费者的营销模式。

（4）商品流通和交易方式改变。在网络环境下，商品流通和交易方式将发生一系列的改变,主要体现在中间商地位的逐渐弱化、营销活动的日益全球化、实物交易操作的无纸化等。

二、农产品网络营销的定义和特征

1. 农产品网络营销的定义

网络营销是指以互联网为媒体,以新的方式、方法和理念实施营销活动,更有效地促成个人和组织交易活动的实现。把网络营销运用到农产品的经营活动中,称为农产品网络营销,即在农产品销售过程中全面导入电子商务系统,利用计算机技术、信息技术、商务技术对农产品的信息进行收集与发布,依托农产品生产基地与物流配送系统,开拓农产品网络销售渠道,以达到提高农产品的品牌形象、增进与顾客的关系、完善顾客服务方式,最终扩大农产品销售。明确农产品网络营销的内涵要注意以下几个方面:

(1) 农产品网络营销是整体营销战略的组成部分。网络营销活动不可能脱离一般营销环境而独立存在,许多情况下网络营销理论是传统营销理论在互联网环境中的应用和发展,因此,农产品网络营销也不可能离开农产品集贸市场、农产品超市、农产品商贩等传统营销方式而独立存在。

(2) 农产品网络营销不仅仅是网上销售。网络营销是实现农产品销售目的而进行的一项销售活动,但并不等于网上销售。农产品网络营销的作用表现在多个方面,如提高农产品品牌价值、加强与客户的沟通、改善服务质量等。网络营销的目的并不仅仅是为了促进网上销售,很多情况下,网络营销活动不一定能实现网上直接销售的目的,但是能促进网下销售的增加,并增加顾客的忠诚度等。

(3) 农产品网络营销是经营创新。网络技术的发展和网上市场的迅速扩展,给企业营销创新留下了广阔的空间:一方面是营销业务创新,网络创造了大量的新型业务,如网上目录和搜索引擎成为网上热门的业务类型;另一方面是营销手段,电话直销迅速被网上直销业务超过,网上分销合作方式正在兴起。

2. 农产品网络营销的特征

(1) 网络铺设跨时空,营销机会成倍增长。互联网超越时空约束和限制进行信息交换的特点,使得脱离时空限制达成农产品的交易成为可能,经营者能有更多的时间和更大的空间进行营销,如每周7天、每天24小时提供全球性的营销服务。

(2) 网络连接一对一,营销沟通可互动。网络互动的特性使消费者真正参与到整个营销过程之中成为可能,消费者参与的可能性和选择的主动性得到提高。在这种互动式营销中,买卖双方可以随时随地进行互动式双向交流,而非传统营销的单向交流;互联网上的促销也可以做到一对一的供求连接,使得促销活动顾客主导化、理性化,并能通过信息与交互式交谈,与顾客建立长期良好的关系;网络营销可以以连接传送信息的数据库等方式向顾客提供有关农产品的信息,供顾客查询;同时,传送信息的数量与精确度远远超过其他媒体,并能适应市场需求及时更新产品或调整价格,能更及时、有效地了解并满足顾客的需要。

(3) 网络介入全过程,营销管理大整合。互联网是一种功能强大的营销工具,它同时兼具市场调查、农产品推广与促销、电子交易、互动式顾客服务,以及提供市场信息分析等多种功能。网络营销从农产品信息的发布,直至发货收款、售后服务一气呵成,因此是一种网络介入全过程的营销活动。

(4) 网络运行高效率,营销运作成本低。首先,网络媒介具有传播范围广、速度快、无时空限制、无版面约束、内容详尽、多媒体传送、形象生动、双向交流、反馈迅速等特点，有利于提高农产品营销信息传播的效率，增强农产品营销信息传播的效果，大大降低农产品营销信息传播的成本。其次，网络营销无需店面租金成本，能减少农产品流通环节。再次，利用互联网，农户只需极小的成本，就可以迅速建立起自己的销售网，将农产品信息迅速传递到市场中去。最后，购买者可根据自己的特点和需要在全球范围内不受地域、时间的限制，快速找到能满足自己需要的农产品并进行充分比较与选择，较大限度地降低了交易时间与交易成本。

三、影响农产品网络消费者行为的因素

1. 文化因素

文化因素主要包括文化、亚文化和社会阶层，可以说民族文化、地域亚文化、籍贯亚文化、年龄亚文化的不同，都会影响到农产品的需求。收入水平上的上、中、下层消费差异也表现得非常突出。

2. 社会因素

（1）参考团体是所有能对消费者的态度和行为产生直接或间接影响的团体，包括直接参照群体（家庭成员、亲戚朋友、同事、宗教组织等）和间接参照群体（体育明星、影视明星等）。

（2）家庭是以血缘或财产继承关系组成的社会生活的最基本单位。一般来讲，在核心家庭中，夫妻子女在产品购买和作出购买决策上是不同的，根据其影响可分为：

1）丈夫支配型，如汽车、计算机、电话等。

2）妻子支配型，如食品、洗衣机、地毯、厨房用品、儿童用品、一般儿童教育等。

3）协商型，如卧室用品、住房、度假用品、子女高等教育等。

（3）角色与地位。角色是周围人对一个人的要求，要求一个人在各种不同的场合中应起的作用。角色影响人的行为，包括购买行为。每一种角色都伴随着一种地位，地位着重反映了社会对一个角色作用的总评价，有高低之分。产品和品牌往往可以成为地位标志。

3. 个人因素

个人因素主要包括年龄与生命周期、职业、个人经济、生活方式和个性与自我概念等，农产品网络营销人员应尽量开发符合目标市场顾客自我形象的品牌形象或产品来。

4. 心理因素

心理因素主要是动机、知觉、学习和信念与态度等，基于亚伯拉罕·马斯洛的需要—动机理论，人们可以了解特定产品对处于哪种生活阶段、有什么生活目标的消费者是主要的潜在购买者。人的行为，除很少的一部分属于先天的"本能"行为，其余的都是通过后天学习得到的，即是"习得性"行为。显然，购买行为是"习得性"行为。

第二节 农产品网络营销策略

一、农产品网络营销产品策略

一般而言，只有标准化程度高、信息化程度高，便于包装、仓储、加工、运输的产品才

适合网络营销。农产品生产的区域性、季节性、产品的标准化程度低、易腐性等制约了农产品开展网络营销。实施农产品网络营销的产品策略可以从以下几个方面进行：

（1）广泛推广现代农业生产新技术，提高农业的生产水平，将农业生产的全过程纳入标准化生产和管理，这样不仅提高了农产品生产的品质与数量，更有利于农产品的标准化生产。

（2）发展相关农产品的加工企业，实施对农产品的再加工，改变农产品不利于网络营销的属性，使其适合在网上销售。其优点主要体现在两个方面：一是增加了农产品的销售渠道，通过搞好农产品的挑选、分级等工作可缩小农产品之间的差异，有利于农产品在网络上的标准化销售；通过包装保鲜处理，可以克服农产品易腐性的缺点，包装好的农产品不仅可以减少储存、运输过程中的损失和散落，还便于储藏和搬运，而且有利于易变质农产品的保存，同时还具有促销作用。二是农产品加工可以进一步增加农业收入。农业最大利润领域是加工开发运输环节，发达国家把农产品加工作为农业的重中之重来抓，它们平均将农业投资的70%用于农产品产后的加工处理，结果使农产品的加工率达到了80%~90%，农村人口的收入与城市人口收入接近，并为此带动了农业产业的升级和农业的持续发展。目前，我国农产品加工转化正处于起步阶段。农产品的加工量只占其总生产量的25%左右，加工转化后只增值30%左右，发达国家农产品加工产值与农业产值之比大都在2.0~3.7。由此可见，我国发展农产品加工转化业，有着巨大的市场空间。

（3）创建农产品的品牌。品牌是一个综合、复杂的概念，是集商标、名称、包装、价格、历史、声誉、符号、广告风格的无形价值的总和。通过建立一种清晰的品牌定位，利用各种传播途径形成受众对品牌在精神上的高度认同，所以品牌化的产品更利于网络营销。新疆的"库尔勒香梨"和"吐鲁番葡萄"、重庆的"涪陵榨菜"、湖南的"石门柑橘"等，这些品牌产品都创造了农产品网络营销的成功案例。例如，被称为"柑橘之乡"的湖南石门县是全国最大的柑橘生产出口基地，拥有40万亩果林，年产量高达30万t，占湖南省总产量的70%。为了进一步促进"石门柑橘"的销售，当地政府通过"中国柑橘网""中国惠农网"等网站发布销售信息，通过网络销售的柑橘每年以超过40%的速度增长。

二、农产品网络营销价格策略

网络营销价格策略简而言之，就是网络营销产品价格的制定。价格对消费者心理始终有着重要的影响，只要价格超过消费者的心理界限，消费者可能就会怦然心动地改变既定的购物原则。在网络条件下，网络交易成本较低、网上交易的互动性、顾客选择余地的增大、交易的形式多样化，造成商品的价格弹性较大。因此，企业应充分审视所有销售渠道的价格结构，设计合理的网上交易价格。

1. 个性化定价策略

个性化定价策略是利用网络互动性和消费者的需求特征来确定商品价格的一种策略。消费者对产品外观颜色、式样等方面的个性化需求在不断地创新。

2. 自动的调价议价策略

根据季节变动、市场供求状况、竞争状况及其他因素，在收益的基础上设立自动调价系统，自动进行价格的调整。同时建立网上协商价格的集体议价系统。

3. 竞争定价策略

通过顾客跟踪系统经常关注顾客需求，时刻注意潜在顾客的需求变化，才能保持网站向顾客方向发展。

4. 竞价策略

厂家可以给出一个最低价，然后让消费者竞拍。采用这种方式，厂家的销售成本会相当的低。

5. 集体砍价策略

参加购买的人越多，价格就越低。这是网上出现的一种新业务，销售量达到不同数量时，厂家制定不同的价格。

6. 特有产品特殊价格策略

有以下两种类型：

（1）创意独特的新产品，它是利用网络沟通的广泛性、便利性，满足了那些品位独特、需求特殊的顾客的"先睹为快"的心理。

（2）纪念物等有特殊收藏价值的商品，如古董、纪念物或是其他有收藏价值的商品，在网络上，世界各地的人都能够在网上目睹其"芳容"，这无形中增加了商机。

7. 折扣定价策略

（1）数量的折扣策略。数量折扣也称批量折扣，即根据购买者购买数量的大小给予不同的折扣。

（2）现金的折扣策略。现金折扣也称付款期折扣，其目的在于鼓励购买者尽早付款，加速企业资金周转。购买者如以现金付款或提前付款，可以在原商品价格的基础上享受一定的价格优惠折扣。

8. 捆绑定价策略

捆绑定价策略就是将不同的产品打成一个包裹，以一个价格出售。

9. 声誉定价策略

声誉定价策略是将一些高档消费品、奢侈品、有观赏价值的名人名画、古董等的价格，定得比产品的实际成本、一般利润高得多，以吸引少数经济条件比较优裕的消费者购买的一种定价方法。

10. 产品循环周期定价策略

网络营销中根据产品周期所处的投入期、成长期、成熟期、衰退期四个阶段的不同，制定不同的价格。

11. 品牌定价策略

产品的品牌与质量成为影响价格的主要因素，会对顾客产生很大影响，同时产生品牌效应。

12. 撇脂定价和渗透定价策略

（1）撇脂定价。撇脂定价是指新产品一投入市场就以高于预期价格的价格销售，迅速赚取利润，收回投资，再逐步降价。

（2）渗透定价。即新产品一投入市场就以低于预期价格的价格销售，力争获得最高的销售量和最大的市场占有率，以尽快地占领市场。

三、农产品网络营销渠道策略

网络分销渠道则是借助互联网,以合理的方式选择分销渠道和组织产品、服务信息流通的方式,满足消费者信息沟通、产品转移和支付清算要求的一整套相互依存的中间环节。合理的分销渠道,一方面可以最有效地把产品及时提供给消费者,满足用户的需求;另一方面也有利于扩大销售,加速物资和资金的流转速度,降低营销费用。农产品网络营销通常采用"双道法"的渠道策略。"双道法"是指同时使用网络分销渠道和传统分销渠道,以达到最大销售量的目的。农产品网络营销是传统营销方式与现代网络工具的有机结合,这种分销方式不仅为买卖双方带来了直接的经济利益,合并了中间分销环节,为消费者提供了更为详尽的商品信息,而企业几乎不需要分销成本;同时还使买卖双方的互动性增强,可即时地利用网络交流信息。在买方市场的现实情况下,通过两条渠道推销农产品比通过单一的渠道更容易实现"市场渗透"。

云南省的花卉网络营销是成功运用"双道法"的案例。云南是我国植物种类最多的省份,素有"植物王国"美称,也是全国最大的鲜花生产基地,鲜切花销量占全国市场的50%左右,80%的花卉销往全国70多个大中城市,10%出口到日本、泰国、新加坡等国。目前云南花卉主要的流通渠道方式有两种:一种是中间贸易商从呈贡县斗南花卉批发市场组货,发往各消费地代销点、批发市场或零售商;另一种是花卉生产企业根据花卉网站上的网络订货,直接把产品发给自己的固定客户。这两种营销方式现在都成了云南花卉业不可缺少的销售营销渠道。

四、农产品网络营销促销策略

农产品网络营销促销策略是指农产品经营者利用现代化的网络技术向网上虚拟市场传递有关农产品的信息,以激发需求,引起消费者购买欲望和购买行为的各种活动的总称。农产品网络促销的形式有多种,如网络广告、网站推广、网络服务、网络公共关系、网络营业推广等方式,网络广告和网站推广是两种主要的网络促销方式,特别是网络广告已成为一种新兴的产业。

(1)网络广告。网络广告是指特定的农产品经营者或生产者利用网络对农产品的介绍和推广,其目的在于引起消费者的共鸣,促使消费者产生试用、购买等直接反应。现在与农业有关的网站几乎都有表现形式多样的农产品营销广告,如横幅广告、链接广告、旗帜广告等。

(2)网站推广。网站推广是农产品网络促销的重要方式,只有通过推广才能使农产品网站在浩瀚如海的互联网中被人注意,使更多的消费者能够利用浏览器很方便地进入农产品的网站。推广农产品网站一般有两种途径:一是通过传统广告媒体,如报纸、杂志、电视、广播等来宣传网址;二是通过网络上的一些著名农产品营销网站(如中国农产品信息网)来"曝光"和推销网址。

(3)网络服务。与传统的人员推销由营销员直接拜访潜在顾客不同,网络服务不是面对面而是在虚拟网络由网络服务人员给顾客或潜在消费者提供咨询、培训和解决方案等服务。例如,利用网络聊天室、常见问题回答(FAQ)等工具,举办消费者与农产品生产者情感交流会或及时回答顾客的问题等,增进感情,达到稳定顾客群的目的。

（4）网络公共关系。网络公共关系是指企业以网络为主要手段争取对企业较为有利的宣传报道，协助农产品生产企业与各界公众建立和保持良好关系，建立和保持良好的形象，以及消除和处理对农产品营销不利的谣言、传说和事件。

（5）网络营业推广。网络营业推广是指除了网络广告、网络服务、网络公共关系以外的其他网络促销方式。网络营业推广方式多种多样，如在农产品营销网站上开展网上抽奖、网络会员制、开办优惠酬宾活动、提供免费农业科技信息等。

第三节　农产品网络营销的发展

一、农产品网络营销发展的现状

我国的网络营销起步较晚，直到1996年我国企业才开始尝试。据媒体报道：1996年山东青州农民李鸿儒首次在国际互联网上开设"网上花店"，年销售收入达950万元，客户遍及全国各地，并且公司没有一名推销员，大大地降低了花卉的营销成本。现在从事农业的管理部门、农产品加工企业、农产品经营大户，以及个别农民都越来越重视农产品的网络营销。

现在，我国30多个省级政府都建立了本地的农业信息网，从农业部到基层也大都开通了农产品的网上展厅，用多种文字展示各地名优特新产品，有很多地方利用网络平台进行网络营销的尝试，均取得了很好的效果。例如，农业部在2007年1月16日至2月16日期间举办的"全国冬菜网上促销月"活动中，受到了鲜活农产品生产者、经销商和消费者的广泛关注，成交意向总额达5.1亿元，其中实际成交金额3.2亿元，意向成交金额2.8亿元；作为基层单位的湖南省宁乡县建立了县、乡农产品批发市场和农户农业信息四级网络，已有100多户农民成为"网上农业信息工程"的入网示范户；长沙县黄兴镇桂花村农民通过蔬菜信息网络了解到无公害蔬菜不仅好销，而且价格也比普通蔬菜高出30%~50%，当地农户种植无公害蔬菜后，通过网络销售，年收益提高了60%。这说明现在农产品的网上销售已成为了农产品的销售策略之一。

网络营销是农业企业促销工作的发展方向。国际促销、国内促销和以中国农业网上展厅为主要平台的网络促销，是农业部开展营销促销工作的三项重要内容。目前农业部已把农产品网络营销工作摆在了非常突出的位置。农业部要求各省农业厅（农委）市场信息处要深化对农产品网络营销工作的认识，强化自身的网上推介工作职能，把网上展厅的推广应用作为重要职责；同时，要把农业部信息中心纳入营销促销工作体系，做好包括农产品交易会在内的各种网络营销服务工作。网上展厅工作要严格管理、建立健全制度、确保网络发布农产品信息的质量。

目前，全国各省、直辖市、自治区政府都已建立了具有本地方产品特色的农产品信息交流网站，特别是吉林省、浙江省、上海市、广东省等地区的政府农业网站提供的信息丰富，功能齐全，大大促进了当地农产品的销售与流通。例如，吉林省农业厅建立农产品的网上展厅后，两年来，通过网上促销农产品，销售额达到近10亿元（2007年吉林省农业厅公布）。

网络用户数量迅速增长和基础设施不断增强。

1. 用户数量快速增长

中国互联网络信息中心（CNNIC）2012年发布《第29次中国互联网络发展状况统计报告》显示，2011年我国网购用户规模达到1.94亿人，其中，团购用户规模达到6 465万人。网络购物使用率提升至37.8%。与2010年相比，网购用户增长率为20.8%。

近五年来，我国电子商务类应用稳步增长。除了网购用户增长外，使用网上支付的用户也大幅攀升。中国互联网络信息中心数据显示，截至2011年12月底，我国使用网上支付的用户规模达到1.67亿人，使用率提升至32.5%。与2010年相比，用户增长2 957万人，增长率为21.6%。但是，与发达国家相比，我国网络购物的渗透率较低，网络购物的增长还远没有触顶，尤其是对于将成为未来网民增长重要群体的中年人群，还有较大的渗透空间，未来网络购物用户和市场增长空间十分巨大。

按照中国网络用户发展规划，今后最大的潜在网民是农村人口，随着网络工程的实施，越来越多的农村人口即将成为网民，会大力推动农产品网络营销的发展。

2. 农业网站发展迅速

随着互联网的发展，信息技术在我国农业上的应用越来越广泛，农产品的网络营销也逐渐被广泛认识和推广。农业网站是农产品进行网络营销的信息平台，是进行农产品网络营销的基础。近几年，各级政府部门十分重视农业信息网站的建设，虽然农业信息网站建设起步较晚，但是发展速度很快。据农业部信息中心统计，我国农业网站已由1998年的不足200个，发展到2000年年底的2 200余个，2011年已经达到2.2万余个。

据有关数据显示，我国农业网站大体分成三类：一是各级农业政府部门建立的农业信息网站，主要是对本地区的农业发展进行宏观指导，提供农业实用技术、市场信息，宣传农业政策法规，介绍农业招商引资项目等信息服务，具有信息权威性、服务综合性、辐射地域性的共同特点。二是农业科研和教育部门建立的农业信息网站，主要提供农业科技相关信息，具有专业权威性的特点。三是涉农企业建立的信息网站，一般是围绕企业经营范围，宣传与推销自身产品及技术服务，开展农产品的网络营销活动，具有广告性、服务性的特点，以为企业自身盈利为最终目标。从各类农业网站近几年的发展情况对比数字看，国内涉农网站总数增长较快，但主要集中在公司企业所建立的自我宣传网站，占国内农业网站的82.56%，农业政府部门对农业网站给予了相当多的资源，建立的网站数量也有明显的增长，占国内农业网站总数的11%。从2000年年底到2011年6月，农业科研机构建立的网站数量几乎没有增长，仅占国内涉农网站总数的2.6%，这与广大用户对农业科技信息日益增长的需要形成了强烈反差。国内农业网站信息内容涵盖农业和农村经济各个主要方面，涉及13个大类127个子类，有的网站涉及多个类别。农业网站提供的分类内容前5位是：农村与农业经济、政策法规与管理、种植业、林业和农产品加工。大部分网站涵盖多类别信息。

二、农产品网络营销发展中存在的主要问题

（一）农产品网络营销的相关法规有待完善

从目前我国网络营销实践的角度看，有几个方面的法规问题迫切需要得到解决，包括：网上交易的市场准入、安全认证、电子支付、用户隐私权保护、税收征管等问题。以网络交易安全为例，随着网络经济信息化进程加快，计算机网络犯罪日益猖狂。据报道，美国每年

因网络安全问题造成的经济损失有近百亿美元,因此各国政府对网络交易安全都高度重视。此外,由于互联网是一个开放互动的媒体,人们可以在其上自由发布信息并从事商务活动,因而就存在着个人信息被他人盗用、从事非法交易、违约等问题,为此,政府部门应及时通过立法,以法律的形式来保护网络营销的开展。2004年我国通过《中华人民共和国电子签名法》,赋予可靠的电子签名与手写签名或盖章具有同等的法律效力,从根本上解决了网上交易发展所面临的一些关键性法律问题,大大推进了电子商务在我国的推广。但仅有这一点还远远不够,政府还必须对网络营销所涉及的各个方面都制定相关的法律,使每一个从事网上交易者的权益得到保障。

(二) 农产品营销的基础设施急需加强

1. 电子支付体系建设滞后

电子支付是指从事电子交易活动的当事人使用安全电子手段通过网络完成货币支付与使用价值的转移。电子支付作为信息经济时代的主流支付模式,与传统的支付方式相比,具有数字化、开放性、高技术、超时空等特征,适应了网络营销活动对货币支付的要求,但也正是上述特征使一个安全高效的电子支付体系的构建有一定的技术障碍,也要求有必要的资金投入和被广大消费者认识与接受。而从我国当前的情况来看,电子支付无疑是网络营销的重要瓶颈之一,许多网络客户依然是网上订购,网下支付,这使得网络营销的方便性没有完全体现出来。电子支付体系的建设,必须是政府主持、金融机构积极参与、用户接受三方合力才能建成的金融电子化系统。

2. 农产品的物流配送体系不完善

在网络环境下,农产品的信息传播范围远大于传统媒介,因此,农产品的供应范围也将远大于在传统营销方式下的供应范围;同时,农产品生产的季节性、区域性、不易保存性、易腐烂性的特性,以及物流量大而生产规模较小、点多面广不利于农产品迅速集中、加工增值、运作相对独立等特点,对现代物流提出了更为严格的要求,所以农产品的物流要求技术高、专业性强、难度大。物流配送体系不完善的地方主要体现在以下几个方面:

(1) 农产品物流个体和组织规模小、层次低、离散性强、联合性差、组织化程度低。在以美国、加拿大等为代表的农业发达国家,农产品的流通主体主要是企业化经营的农场、农产品批发与零售企业以及农户联合起来的协同组织(如农协、合作社),农工商一体化经营的程度较高;同时,这些农产品的生产与经营机构几乎都建立了自己的农产品营销网站,统一在互联网上发布和收集农产品的相关信息,在网上达成交易条件意向,再通过物流公司集中运输把农产品送到消费地,大大提高了农产品的经营效率。我国目前农产品流通的主体主要是农户和进行农产品批发或零售的个体户,而农业企业非常少。虽然日本农户的经营规模也非常小,所不同的是发达国家的农户大都加入了各种各样的合作经济组织或协会,组织化程度高,有利于农产品的网上统一销售与网下统一运输。所以我国农产品的生产与经营个体组织规模小、联合性差、组织化程度低,这些都不利于物流的开展,也就制约了农产品网络营销的发展。

(2) 物流配送系统和服务体系不完善。发达国家便捷的交通网、完善的服务体系和配送系统、有效的保鲜设备、快速的信息处理网络,为农产品实现货畅其流创造了良好的条件。例如,日本批发市场实现了与全日本乃至世界主要农产品批发市场的联网,即利用互联网实现了农产品的信息共享,批发市场能够发挥信息中心的功能,不必进行现场看货、实物交易,而实行只看样品的信息交易,实物则由产地直接向超市等配送中心运送,实现了商物分流。而我国尚未建立全国统一的农产品交易市场信息网,就无法建立完善的物流配送系统与服务体系,也就制约了农产品网络营销的发展。

（3）物流技术落后、人才缺乏、管理水平低、损耗大。农产品大多具有生鲜的特点,尤其是鲜活农产品含水量高、保鲜期短、极易腐烂变质,因此对物流运输工具的流通保鲜提出了很高的要求,保证农产品的品质不会因物流运输而下降。受我国现有物流技术水平与物质条件的约束,目前我国农产品物流是以常温物流或自然物流形式为主,中国农产品信息网公布的数据表明,我国水果、蔬菜在采摘、运输和储存等环节上的损失率为25%~30%,而发达国家的果蔬损失率控制在5%以下,美国的果蔬损失率仅为1%~2%。同时因农产品的物流管理人才缺乏、运营水平低下,农产品物流的经济性、便捷性、安全性等都有待提高。

3. 农产品网络营销信息化平台建设有待完善

在国内现有的提供农业信息服务的网站中,内容基本上已经涉及"三农"的各个方面。在已建立的农业信息网站中,大部分已经建立了较好的内容结构,并建立了自己的信息资源数据库,但其不足之处主要表现在以下几个方面：

（1）农村网络建设落后,农业网站地域分布不均。目前国内的农业网站数量比较多,且主要分布在经济比较发达的山东、浙江、江苏、广东等沿海省份,但农业生产大户主要集中在经济欠发达的内陆省份,且这些地区由于经济基础比较差,农村网络基础建设落后,绝大多数的农户没有条件上互联网,严重地制约了这些地区农产品网络营销的发展。

（2）信息资源规模小,服务功能弱,缺乏信息的深层次挖掘与开发。现在大多数农业网站缺乏高质量的数字化的农业信息资源,内容泛泛,面孔雷同,许多信息浅尝辄止,有用的、针对性强的特色信息缺乏,无效链接多。现有的农业网站数据库种类数量较多,但大多规模较小,有些数据库只有几十~几百条信息,数据库的质量及标准较差,不能保证信息的查准率,缺乏利用价值。网络数据库资源的标准化问题突出,影响信息资源共享。

（3）农业信息的时效性差。网络商务信息的特点是要求及时、准确、经济、适度,也就是能够为网络信息的需求者以最小的经济成本准确提供最新的信息资源,农业网站的信息提供也一样,但国内现有的农业网站大多内容更新不及时,或提供过时的信息,这类信息对农产品的网络营销并没有起多大的促进作用。

（三）农产品网络营销的社会环境需要净化

1. 传统营销观念制约农产品网络营销的发展

网络营销作为一种新型的营销方式是20世纪90年代才开始传入我国,直到2000年才被电子产品、书籍、日用品的经销商广泛利用,而农产品进行网络营销则是近几年内才出现的新事物。网络营销这种新型的营销方式,不但需要经营者改变营销观念,而且需要消费者的认同。在当前的农产品经营环境下,网络营销要被广大的农产品生产者和经销者完全接受还有一定的困难。首先从利益角度来看,目前我国农产品经销者（包含农产品的生产者）更多考虑的是短期利益和自身利益,开展农产品的网络营销活动,需要一定的资金、技术和人才投入，因此在农产品进行网络营销的初级阶段可能是低利润甚至是亏损的经营，短期利益不佳，会使一部分的农产品经营者望而却步。

2. 管理层对网络营销的认识有待加强

从农产品的生产与加工企业的管理层来看，大多数企业领导没有认识到网络营销的重要性，甚至不能正确理解什么是网络营销，仅仅认为网络营销就是网上销售等，有的管理者在了解到某些网络商店亏损累累的现象后，更丧失了开展农产品网络营销的信心。

3. 农产品网络营销市场有待培育

从消费者来看，不成熟的市场经济中出现的某些弊端，使人们对新的东西总是过分理智化或带有一种不信任感，同时，中国人的虚拟时空观念尚没有充分树立，人们宁可多花钱、多跑路、多费时间，也要"眼见为实"，这种心态制约了网络营销活动的发展。从事农产品的生产者和经营者愿意接受网络营销的人较少。

4. 农产品网络营销人才缺乏

网络营销是整体营销战略中的一个组成部分，是为实现整体经营目标而进行的以互联网为基础、以新的经营理念和经营方式来促进买卖双方的交易活动。从事农产品网络营销需要的最基本的能力有：①熟练掌握信息收集、分析、处理、存储、传输、发布等基本计算机应用知识。②能运用网络信息交流工具，如论坛（BBS）、博客（Blog）、电子邮件（E-mail）等，并能处理计算机最基本的通信故障。③掌握利用搜索引擎、网络营销工具、电子刊物专业媒体网站等网络资源的能力。④不断学习新技术和新知识的能力。⑤灵活地与客户进行商务信息交流和情感沟通的能力。这些能力对一名普通的主要从事农业生产为主、销售为辅的农民来说，借助ICP（网络内容服务商）或政府部门提供的农产品专业网站从事农产品的网络营销已经完全够用了，但如果作为一个专业的从事农产品网络营销的技术人员则还要具备熟练掌握FrontPage、Dreamweaver、Flash、Fireworks等各种网页制作工具，并能利用SQL（结构化查询语言）等数据库技术建设交互式农产品网络营销网站的技能等能力。但是，当前绝大多数农民的知识水平显然达不到从事农产品网络营销的要求。

5. 农产品网络营销的信用体系建设落后

在现时的经济生活中，利用网络进行违约、欺诈、假冒伪劣、走私骗汇等的案件不胜枚举，在农产品的经销过程中以次充好的现象也非常普遍。农产品网络营销是一种不见面的、在虚拟空间中进行的农产品交易活动，那么更容易出现这种"反经济信用行为"。出现这种情况的根本原因是客观上我国尚未形成健全的经济信用监管系统，主观上行为人对"反经济信用行为"的后果缺乏理性认识。目前我国的农产品网络营销还处于起步阶段，国家对网上进行信用欺诈的违法行为的监督与处罚力度小，甚至没有建立起相应的法律制度和处罚条例。为此，国家要健全网络交易的监控体系，并以法律的形式对这种"反经济信用行为"作出明确的规定，以保证农产品网络营销的健康发展。

三、促进农产品网络营销发展的相应策略

（一）加强农村信息网络建设

当前我国农业生产水平差异较大，经济发展不均衡，在农村信息网络建设上，应有针对性。在经济发达、农民素质较高的地区，应积极发展互联网络，采取各种措施，鼓励和帮助

农民上网，接受网络信息服务。在农民素质较差，经济较落后地区，应依托目前较为普及的电话网、电视网、广播网，大力发展广播电视和通信工程，进行农村三网（计算机网、电话网、电视网）合一的研究与示范。在此基础上，开发依托于上述网络的、农民适用的信息获取技术，搭建多种形式的信息服务平台，直接面对农民，提供信息咨询服务，提高农民的信息应用能力。

（二）政府引导发展农产品网络营销法律法规以及示范体系

发达地区的经验表明，没有政府的参与和大力支持，农产品网络营销是难以顺利推进的。我国台湾省在21世纪初就制定了"一加五"计划。其中，"一"是指构建包括花卉、蔬菜、水果、家禽、肉类和渔产品等六大类农产品行情报道全球资讯网。"五"是指选定台北农产运销公司网络批发交易系统、台北县"农会超市联采系统""真情百宝乡"农产食品行销资讯网站系统、台湾省观赏植物运销合作社网络交易系统、桃园县农会网络商城系统等五个系统，构建网络营销示范组织体系。通过示范体系建设，可以由点及面，逐渐改善农产品交易品质，建立分级标准化与商品化制度，促成形成现代化交易市场。

（三）采取各种措施培养新一代"电农"

农民素质是我国农业现代化的关键，也是农产品网络营销发展的重要因素。首先，要从农业现代化的长远目标出发，制定详细的规划，采取具体措施，有步骤、分阶段，踏踏实实地提高农民的文化知识水平和农业技术水平。在此基础上，对农民进行信息技术和网络营销培训，教育农民使用和掌握检索网络信息和网上交易的方法和技术，提高农民的信息素质和技术水平，改善农产品网络营销应用的社会基础。

（四）发展无站点农产品网络营销

在网络营销中，根据有无网站可以将网络营销分为两类：无站点网络营销和基于网站的网络营销。也就是说，即使没有自己的网站，农户和企业也可以利用互联网上的资源，开展初步的营销活动。这对于缺少资金实力和互联网知识的农户和小企业来说，主要是利用无站点网络营销方式。采取这种方式，只要拥有上网的条件，学会一般上网的方法就可以。无站点网络营销在农产品营销中的应用主要包括：通过互联网调查市场情况、免费发布农产品信息、加入专业经贸信息网和行业信息网、网上拍卖、发布网络广告等。

1. 通过互联网调查市场情况

在农产品营销过程中，了解农产品的价格、需求等市场信息是非常重要的环节。在传统方式下，了解市场信息工作量大、时间长，而利用互联网，这个过程可以很方便地完成。在调查过程中，可以将市场信息来源分为第一手资料和第二手资料：第一手资料是调查者直接向有关调查对象收集的资料；第二手资料是通过他人收集、记录、整理所积累的各种资料。互联网不但为获得第一手资料提供了良好的途径，而且增加了获取第二手资料的渠道，同时也更方便，成本更低。

（1）登录农业信息网站。可以通过登录农业信息网站获得相关市场信息。例如，可以登录"中国农业信息网"（www.agri.gov.cn）来获得国内和国外的农产品价格信息、农产品的需求信息。同时，通过网站的"超级链接"登录相关的其他农业信息网站，如通过"中国农业信息网"，还可以进入各省市的农业信息网和相关的农产品交易网站，获取农产品市场方面的信息。

(2) 网上搜索法。网上搜索利用的工具是搜索引擎，网上搜索通常被作为收集第二手资料的手段，但是利用搜索引擎强大的搜索功能也可以获得大量的第一手资料。还可以通过搜索获得一些相关网站的地址，因为一些企业建立了农产品网站之后，通常会在搜索引擎进行登记。目前国内主要的搜索引擎有：百度（www.baidu.com）、搜狐（www.sohu.com）、新浪（www.sina.com）等。国际主要的搜索引擎有：YAHOO（雅虎）等。

2. 免费发布农产品信息

在互联网上，有许多网站为农户和企业发布供求信息提供了平台，一般可以免费发布信息，可以根据产品的特性发布在相关类别的网上。有时这种简单的方式也会收到意想不到的效果。例如，可以在阿里巴巴全球贸易网（www.alibaba.com）免费发布信息。除了阿里巴巴网站，可以发布农产品信息的网站还很多，"中国农业信息网"的"供求一站通"上也可以发布信息。

农户和企业也可以直接向潜在的客户或合作者发送信息。互联网是一个信息的海洋，农户和企业可以利用互联网寻找潜在的客户，然后，有针对性地向潜在客户发送信息，达到宣传的目的。

3. 加入专业经贸信息网和行业信息网

这种方式在某些方面类似于第二种方式"免费发布农产品信息"，不同之处在于一些专业网站可以提供更加专业的信息，访问者与产品的相关程度较高，信息更容易受到关注。

行业信息网是一个行业的门户网站，由于汇集了整个行业的资源，为供应商和客户了解行业信息提供了巨大的方便，形成了一个网上虚拟的专业市场。如果农户和企业所在的行业已经建立了这样的专业信息网，假如行业信息网是网络营销的必要手段，则即使已经建立了自己的网站，也仍有必要加入行业信息网。专业信息网和行业信息网有时需要交纳一定的费用，只要可以带来潜在的收益，这些投入也是值得的。

4. 网上拍卖

网上拍卖是电子商务领域比较成功的一种商业模式，国外一些知名网站如 eBay（亿贝）等已经取得了很好的经营业绩。在国内也有几家具有一定规模的网上拍卖网站，如易趣网（www.eachnet.com）、淘宝网（www.taobao.com）等。这种方式比较简单，只要在网站进行注册，然后按照提示，很容易就可以发布产品买卖信息。不过网上拍卖的成交率和价格水平等评价指标现在还没有统计数据，而且拍卖经历的过程较长，最后的结果又具有较大的不可预测性，加之农产品电子拍卖目前还处在探索阶段，如山东寿光蔬菜批发市场在 2003 年 5 月首次推行电子拍卖，所以农产品网上拍卖还处于尝试过程中。

5. 发布网络广告

为了推广农产品，树立农产品的品牌，农业企业可以投入一定的成本，向一些知名的网站投放广告（网络广告主要针对农业企业而言，农户往往实力弱，做网络广告并不现实）。这也是一种重要的营销手段。

在基于互联网的广告测量中，很容易记录观众访问次数及点击广告的次数。网络广告最直接的评价标准是显示次数和点击率，即有多少人看到了此广告，又有多少人对此广告感兴趣并点击了该广告。

（五）建立基于网站的农产品网络营销体系

农产品网络营销可以应用无站点的方式，但无站点营销毕竟功能有限。有一定资金实力的企业、农民合作组织以及乡镇村社区组织可以根据自身的需要建立网站，进行农产品营销。下面内容主要针对农业企业而言，其他营销主体也可以参照。

建立一个网站，不是为了赶时髦，也不是为了标榜自己的实力，重点在于让网站真正发挥作用，让网站成为有效的网络营销工具和网上销售的渠道。网站可以实现的功能主要表现在以下几个方面：

（1）品牌形象。网站的形象代表着企业的品牌形象，人们在网上了解一个企业的主要方式就是访问该企业的网站，网站建设的专业化与否直接影响企业的网络品牌形象，同时也会对网站的其他功能产生直接影响。

（2）农产品展示。顾客访问网站的主要目的是为了对企业的产品进行深入的了解，企业网站的主要价值也就在于灵活地向用户展示产品说明及图片甚至多媒体信息，即使是一个功能简单的网站至少也相当于一本可以随时更新的产品宣传资料。

（3）信息发布。网站是一个信息载体，在法律许可的范围内，可以发布一切有利于企业形象、顾客服务以及促进销售的企业新闻、产品信息、各种促销信息、招标信息、合作信息、人员招聘信息等。因此，拥有一个网站就相当于拥有一个强有力的宣传工具。

（4）顾客服务。通过网站可以为顾客提供各种在线服务和帮助信息，如常见问题解答（FAQ）、在线填写寻求帮助的表单、通过聊天实时回答顾客的咨询等。

（5）顾客关系。通过网络社区等方式吸引顾客参与，不仅可以开展顾客服务，同时也有助于增进顾客关系。

（6）网上调查。通过网站上的在线调查表，可以获得用户的反馈信息，用于产品调查、消费者行为调查、品牌形象调查等，这是获得第一手市场资料的有效调查工具。

（7）网上联盟。为了获得更好的网上推广效果，需要与供应商、经销商、客户网站以及其他内容互补或者相关的企业建立合作关系。没有网站，合作就无从谈起。

（8）网上销售。建立网站及开展网络营销活动的目的之一是为了增加销售，一个功能完善的网站本身就可以完成订单确认、网上支付等电子商务功能，即网站本身就是一个销售渠道。

作为农产品营销企业在规划自己的网站时，首先应明确建站的目的，然后还要对网站功能需求进行分析，网站的功能也决定了网站的规模和需要投入的资金。现实中的情形是，有的企业并不清楚网站的目的，也不了解需要哪些功能，却往往注重实际价值不高的内容，如网页美观性、价格等。由于网站功能设计先天不足，结果既浪费了金钱，又贻误了时机，如果对网站功能有充分的认识，可以少走很多弯路。

重要概念

网络营销　农产品网络营销　农产品网络营销产品策略　农产品网络营销价格策略　农产品网络营销渠道策略　农产品网络营销促销策略　无站点农产品网络营销

复习思考题

1. 简述农产品网络营销的含义和特征。
2. 农产品网络营销有哪些优势？
3. 我国发展农产品网络营销有哪些障碍？应采取哪些对策？

4. 农产品网络营销应考虑哪些因素？
5. 简述农产品网络营销的策略。
6. 无站点农产品网络营销包括哪些内容？
7. 设计一个农产品营销网站的建设方案，并说明理由。

技 能 训 练

要求：
（1）模拟开设某种农产品销售网店（结合农产品营销模拟软件实际操作使用）。
（2）对以下案例进行分析。

阿里巴巴与农产品网络营销

阿里巴巴（www.alibaba.com）于1999年3月10日在杭州创办，创办人马云在短短两年间带领阿里巴巴成为国际贸易领域最大、最活跃的网上社区之一，拥有来自202个国家和地区的70多万名会员，库存买卖商业机会信息达50万条，每天新增买卖信息超过3000条，平均每条买卖信息得到7个反馈。

阿里巴巴开创的企业间电子商务平台，被国内外媒体、硅谷和国外风险投资家美誉为与YAHOO、Amazon（亚马逊）、eBay比肩的互联网第四种模式。1999年10月，美国著名投资公司高盛（Goldman Sachs）牵头的国际财团向阿里巴巴注入500万美元风险资金；2000年1月，日本互联网投资公司软库（Softbank）以2000万美元与阿里巴巴结盟。软库公司首席执行官、亚洲首富孙正义亲自担任阿里巴巴的首席顾问。2000年1月，中国互联网络大赛组织委员会将阿里巴巴评为商务类优秀网站。2000年6月，财经杂志《福布斯》将阿里巴巴选为全球最佳B2B站点之一。2000年11月被《远东经济评论》读者评为全球最佳B2B网站。

阿里巴巴的目标是将传统的国际性采购及贸易活动转变成一个高效率、高效益、低成本的新型电子商务模式，促进并扩展世界贸易，引导中小企业参与全球市场的竞争，为全球商人服务。阿里巴巴愿为我国中小企业进入海外市场全面铺开道路，为它们提供基于各自行业特点的专业化电子商务解决方案，这其中当然也包括广大的农产品生产销售企业。

农业，一种源于人类生存的最古老的行业。电子商务，一种人类趋于突破现有发展空间的最先进的方式。由于受到了行业环境、技术因素和应用层次等各方面的局限，二者似乎很难直观地糅合在一起。但对于农产品电子商务的概念，大家依然充满了希望和祝愿，毕竟这是为我国最大部分的人口群落造福的一件大好事，而阿里巴巴也正在为此目标的实现尽一份微薄之力。

现在不少人的认识都存在一些偏差，但凡说到农业就会直观地与农村和农民联系起来。这一点固然没错，毕竟它牵涉的是一个客体和载体的关系。但现在就把农业电子商务和农民都使用计算机上网查资料、找信息做交易等同起来显然是不现实、不恰当的。

阿里巴巴现在做农业电子商务就是想利用先进的科技来为百姓实实在在地做一些好事，因此，怎么做农业电子商务成了最重要的因素。在我们的认知中，阿里巴巴就是一个广大的农业信息平台，农业企业和个人可以利用这个平台输入或者输出信息，并从这些信息中获取价值。

现在已有不少颇具信息意识的农产品生产、销售企业建立了自己的网站，但相当多的公司认为，网站的建成就是农业电子商务的关键，至于如何让更多的客户分享到网站的信息却并没有得到足够的重视，从而使这种并不符合中小企业特点的农业电子商务概念直接造成信息资源的极大浪费。

对于国内绝大多数农业中小企业而言，其特点是数量大、实力弱、信息化程度低、采购或销售渠道不畅。面对日益激烈的市场竞争，迫切需要通过全球化、低成本的电子商务来帮助他们扩大销售和创造商业机会。即使已经建立了企业网站这个"点"，在较长时间内，他们对电子商务的需求也仍将停留在利用第三方专业平台查找信息、宣传品牌、扩大商业机会，以及通过专业的电子商务公司进行网站宣传推广等阶段。因此，帮助中小企业正确拓展农业电子商务的专业商务网站将受到普遍的欢迎，而阿里巴巴眼下正努力扮演这一角色，并且收到了较好的效果。

山东省金乡县某农贸公司虽然早就建立了自己的网站，但苦于信息渠道的匮乏，金乡县的优质大蒜和生姜依然"藏在深闺无人识"。该公司朱先生经朋友介绍成为阿里巴巴会员后，在阿里巴巴发布农产品供求信息，很快得到了巴基斯坦客户的回复。通过一段时间的接洽，朱先生与巴基斯坦客户第一笔就签订了价值67000美元的大蒜订单。双方之后的合作顺利愉快，到目前为止该公司已向巴基斯坦客户出口了近200个货柜的农产品。朱先生不由慨叹："阿里巴巴帮助我们把产品信息延伸到世界各地，如今网络对于我们而言不再是虚拟的空间，而是意味着真正的商机。"

农业信息渠道的通畅不仅能够让较上层的销售企业得到益处，甚至连最基层的老百姓都能够受惠。衢县安仁镇某村计划生育联系员周某就已经深刻地认识到这一点："网络这东西可真是神奇，它可以把你带到任何一个地方。特别是还可以在阿里巴巴上做生意，像做广告一样把你家的棉花、柑橘、生猪等销到外面去，真是太好了。"

周某到村民林某家，正遇上他家夫妻吵架，问明原因，原来他家苦苦饲养的190头种猪和300多头小猪都可以上市了，可偏偏遇到行情差，眼看就要亏本了，还是找不到合适的买主，心烦了就相互埋怨争了起来。她了解到这个情况后，就请相关的同志帮着在阿里巴巴网上发了条信息。没想到几天后，就从福建招来大老板，把他家的猪收购一空，后来，夫妻俩一算账，比原来估计的足足多卖了5000多元。从此，周某利用走家串户访问计划生育户的同时，兼做起了采集信息的"二传手"的行当，没想到又做成了几次。一次，她把从网上看到的价格信息告诉村里的柑橘贩销户，他们就把柑橘贩往长春，稳稳地赚了一笔。村里的毛竹贩销户，也是通过网上得到的信息，把货运往青州市，赚了不少钱，还与对方建立了长期合作关系。周某的娘家湖西村姜家兄弟做棉花纱网加工，也是她建议从网上查询信息，使产品的销路更好了。后来，姜某索性买了计算机，自己天天上网，查信息，阿里巴巴从此在当地农民心中成了致富的法宝。

请思考以下问题：

1. 你对阿里巴巴搭建农产品信息平台的实践有何评价？
2. 你认为农民使用阿里巴巴进行农产品网络营销有哪些优点和缺点？

第十四章　农产品国际营销

我国作为一个农业大国，农产品贸易一直是我国国际贸易的重要组成部分。"十一五"期间，我国已实现农产品供求基本平衡、粮食基本自给。特别是从2004年开始，我国粮食生产连续九年丰收，粮食安全基础得到进一步强化。我国农产品进出口品种中，如粮食、蔬菜、水果和水产品等出口增长较快，但是，大豆、油脂和棉花进口较多。我国农产品的主要出口市场为亚洲地区；其次，是欧洲市场；对北美洲、非洲、南美洲、大洋洲的出口较少。近年来，农产品的出口不仅仅是数量的增加，出口农产品的质量、市场开拓等其他方面也有了很大的提升，这些进步让人欣喜。但同时，我国农产品出口仍然面临着技术含量低、技术创新能力不足、营销技能及管理都很落后的问题，频频遭遇"绿色壁垒"和反倾销等障碍，因此，在农产品国际营销实战中我们还要学习、借鉴他国的经验。

第一节　农产品国际市场营销环境

一、国际市场营销的含义

国际市场营销是指企业超越本国国界的市场营销活动，它是企业将产品或服务由一个国家或地区销售给本国或本地区以外的消费者或用户的商业行为。国际市场营销与国内营销相比较并无本质的不同，国际市场营销在内容上也包括市场细分、市场定位、目标市场战略、目标市场营销组合等，在营销活动开展前也要进行市场调研、可行性分析、消费者行为模式研究，制定营销计划、战略、策略等。国际市场营销与国内市场营销的唯一区别在于国际营销活动是在一个以上国家进行的。"在一个以上国家"，表面上看只有地域上的差别，其实，在政治、经济、文化、需求等诸多方面存在差异，使得国际营销活动的复杂性和多样性远远大于国内营销。

二、农产品国际市场营销的特征

（一）市场进入阻力大

1. 政策障碍

不同国家和地区制定的本国（地区）贸易政策的基点不同、目的不同，造成政策差异性较大。更重要的是农业及农产品关系到一个国家的安全和稳定，无论是发达国家还是发展中国家，都千方百计地保护本国农业及农产品市场，因此，进入国际农产品市场的政策障碍很多。例如，美国、日本、欧盟等发达国家和地区常常使用一种传统的农业保护政策——"农业补贴"。美国、欧盟及日本的农业补贴约占世界补贴总额的80%，美国、法国、澳大利亚等经济合作与发展组织国家农民收入中的40%来自政府的补贴，而日本、挪威和瑞士等国家农民收入中的66%来自政府的补贴。2008年5月，美国出台了新《农业法》，推动高额补贴继续进行，这些农业补贴让高成本的发达国家农民和粮食公司以低于成本价的价格销售农产品，使其农产品在国际市场中占有优势。

2. 绿色壁垒

绿色壁垒（Green Barriers），通常亦称"环境壁垒"或"生态壁垒"，是指在国际贸易活动中一国以保护环境和人类健康为由，通过立法或制定严格的强制性技术法规，对国外商品进行准入限制的贸易壁垒。乌拉圭回合谈判结束以后，作为主要贸易壁垒形式的关税一步步降低，新贸易保护主义与环境保护运动结合的产物绿色壁垒，成为农产品市场营销中不能回避的现实问题。绿色壁垒涉及范围非常广泛，贯穿产品生产、流通、消费等各环节，从原材料生产流程、加工工艺、包装标签、卫生安全、技术标准到环境保护等方面。

目前国际上使用的绿色贸易壁垒主要有以下形式：
（1）绿色关税制度。
（2）绿色市场准入制度。
（3）"绿色反补贴""绿色反倾销"以及环境贸易制裁。
（4）强制性绿色标志（签）、强制要求 ISO 14000 认证等。
（5）烦琐的进口检验程序和检验制度。
（6）要求回收利用、政府采购、押金制度等强制性措施。

我国具有比较优势的出口农产品主要属于劳动密集型产品，包括水果、蔬菜、水产品和畜产品，但由于受国际贸易绿色壁垒的影响，我国的优势很难发挥出来。例如，2002 年前，我国对日本冷冻菠菜的市场份额一度高达 99.84%，但在 2003 年遭遇日本绿色壁垒后，这一市场份额缩小了近 45%，为智利、泰国、印度尼西亚等国让出了大量市场份额。又如，2006 年 6 月，由于日本实施"肯定列表制度"提高蜂王浆技术指标，2007 年 1～5 月，我国对日本的蜂王浆出口与 2006 年同期相比出现较大下滑，下降了约 40%，蜂王浆成为最早遭受这一制度影响的我国商品。不仅绿色贸易壁垒所涉及的规定、标准对我国农产品出口产生影响，而且，这些规定的执行过程也严重阻碍我国商品进入国外市场，导致成本大大增加、延误良好商机。

3. 沟通障碍

沟通是农产品进入国际市场的又一障碍。沟通过程的基础是信息的传递与理解，由于语言及文化存在巨大差异，信息传递的过程中可能产生歧义，因此，国际营销活动谈判时间长，成交程序烦琐复杂，还存在技术性解释上的困难。

（二）市场竞争激烈

对于很多发展中国家来说，农产品出口是其外汇的主要来源方式，因此，农产品国际市场有一百多个国家及地区、成千上万家公司参加竞争，竞争十分激烈。例如，2004 年，在美国这一世界最大的海水虾进口国用绿色壁垒将中国排挤出美国市场之后，中国丢失的市场份额旋即被泰国、印度尼西亚和厄瓜多尔等国占领。再如，近两年，世界大米出口市场竞争日趋激烈。大米是世界上超过半数国家、60% 以上人口的主食，在国际农产品贸易中占有重要地位。世界大米出口国主要集中在 7 个国家：泰国、印度、越南、美国、巴基斯坦、中国、埃及，这 7 个国家的稻谷出口量占世界出口量的 95% 左右。大米出口量低于百吨的国家还有澳大利亚、埃及（2009 年发布大米出口禁令）、意大利等国。但是，世界大米进口国则相对比较分散。进口国主要有日本、菲律宾、印度尼西亚、尼日利亚、沙特阿拉伯、科特迪瓦、伊朗、伊拉克等，欧盟作为一个整体进口110万t左右，非洲、拉丁美洲的一些国家也进口少量大米。并且，菲律宾、尼日利亚、印度尼西亚等大米进口大国（如菲律宾2010年进口245万t大米）都不同程度地减少大米进口数量（菲律宾2011年进口110万t大米）或者调高进口关税、宣布停止进口大米（尼日利亚宣布在2015年停止进口大米），这使得大米国际市场竞争更加激烈。

（三）波动性大

相对于国内市场，国际市场的农产品供求关系不稳定、农产品价格的波动大且频繁。农产品供求受到自然环境、耕种面积、政府宏观调控等条件制约。例如，我国的蚕丝业受国际茧丝市场波动影响很大，茧丝畅销时，国内各地都有缫丝厂，而现在大多数都已经倒闭破产了。

（四）国际营销风险大

无论农产品市场还是工业品市场，其国际营销风险主要包括资讯风险、商业风险、价格风险、汇率风险、运输风险、政治风险这六点。农产品市场存在以下四点特殊性：①农产品生产周期长、对自然依赖性较大，生产及销售过程中存在许多不可控因素。②农产品是具有生命的产品，在运输、储存、销售中会发生腐烂、霉变等，易造成巨大损失。③农业生产的周期性，使农业生产有淡旺季之分，数年之中也有丰产、平产、欠产。④农产品市场受政府宏观调控较大，因此，农产品市场较难维持产品的均衡供应。与工业品市场相比，农产品国际市场营销的风险更大。

三、农产品国际营销环境分析

国际营销环境是指影响和制约农产品生产、经营企业进行国际营销活动的一切外部因素，主要包括国际政治、法律、经济、文化环境。

（一）国际政治、法律环境

政治与法律是影响企业国际营销的重要的宏观因素。政治因素指导企业营销活动的方向，法律为企业规定商贸活动行为准则。政治与法律相互联系，共同对企业的市场营销活动发挥影响和作用。

1. 国际政治环境

政治环境是指企业市场营销活动的外部政治形势和状况以及国家政策的变化对市场营销活动带来或可能带来的影响。主要包括对企业的国际营销活动有着直接或间接影响的政治的稳定性、农业方针政策和政治风险等。

（1）政治的稳定性。政局的稳定与政策的连续性是增强投资者信心与信任感的重要因素。这主要包括政局的稳定性和政策的稳定性两个方面。政局的稳定性主要看政权更替是否频繁、目标市场国是否频繁发生各种政治事件、文化是否分裂、宗教是否对立；政策的稳定性主要看政府的政策是否朝令夕改。例如，农产品经营企业不仅要考虑国际间或目标市场国目前的政治气候，还要考虑其将来的稳定性。

（2）农业方针政策。农产品经营企业在准备进入某一国际市场之前，必须充分了解该国或地区的农业政策，如欧盟的共同农业政策、日本的新经济政策等，应该充分利用行业协会和本国政府的谈判力量,为我国农产品出口创造一个好的外部环境。

(3) 政治风险。分析目标市场所在国的政治风险,预计进入该市场的可能性及前景。农业是国民经济的基础产业,是弱势产业,历来是各国重点保护的部门。农产品特别是粮食作物,不仅属于一种生活物资,也属于一种国家战略物资,受到各国政府高度关注。尽管当前贸易自由化呼声越来越强,世界农产品贸易自由化步伐加快,但世界上没有哪个国家真正实行过纯粹的自由贸易政策。各国政府采用各种手段、措施保护本国农产品市场,如外汇管制、提高进口关税、限制进口配额、制定各种规章制度及技术标准等,特别是日本、美国、欧盟等发达国家和地区。

2. 国际法律环境

一个国家对外来农产品的态度往往是通过法律来体现的,法律具体地规定了企业竞争和经营的"游戏规则"(李崇光)。但是,世界由各主权国家组成,不存在一部统一的"国际法律"。国际法律环境主要由国际通行规则、目标市场国法规、本国法律三部分组成,这三方面内容对企业进行农产品国际营销活动有着巨大的影响。下面侧重说明国际通行规则和目标市场国法规。

(1) 国际通行规则。国际通行规则包括国际公约和国际惯例。国际公约又称国际条约,它是两国或数国之间缔结的关于确定、变更或终止它们权利或义务的协议。国际公约因其缔约国的数量不同而分为双边或多边条约。涉及农业方面的重要国际公约有:我国与美国签订的《中美农业合作协议》、世界贸易组织成员方通过多边贸易谈判签署的《乌拉圭回合农业协议》(即世界贸易组织农业协议)等。国际惯例是指在长期国际经济贸易实践中形成的一些通用的习惯做法与先例。它们通常由某些国际性组织归纳成立,并加以解释,被许多国家认可。

(2) 目标市场国法规。企业到目标市场国从事营销活动,必须对当地的法律进行研究,了解其对营销决策的影响。其目标市场国的法规包括:

1) 基本法规:商标法、专利法、反倾销法、产品责任法、反垄断法、环保法、保护消费者权益法等。这些法规对农产品国际营销活动都会产生直接的影响。

2) 关税政策:关税是进出口商经过一国关境时,由该国政府设置的海关对商品征收的一种税收。按征收目的划分,关税主要包括三种:财政关税、保护关税、其他关税。①财政关税,主要以增加国家财政收入为主,经济发展水平落后的国家对于关税等进出口税收的依赖性强。例如,我国从20世纪90年代开始关税税率不断下降,降幅高达76.3%;2013年我国继续对原产于东盟各国、智利、巴基斯坦、新西兰、孟加拉国等国家的部分进口产品实施协定税率,部分税率水平进一步降低。②保护关税,以保护本国工农业贸易为主要目的而征收的关税。通过各种关税来鼓励出口和限制进口,如最惠国税率、年度暂定税率、协定税率和特惠税率,以及2009年欧盟推行、美国于2020年实施的"碳关税"(也称边境调节税,对进口的排放密集型产品,如钢铁、水泥等产品征收特别的二氧化碳排放关税)等。如此名目繁多的税率,称为"关税壁垒"。③其他关税,主要指报复性关税和惩罚性关税。例如,墨西哥于2009年3月宣布,由于美国单方面取消了美墨边境货车运输项目,违背了相关条款,墨西哥将提高90种从美国进口的农产品和工业品的关税,这些产品来自美国40个州,价值约24亿美元。发展到今日,关税已经成为各国政府维护本国政治、经济权益,进行国际经济斗争的一个重要武器。

3）非关税壁垒：又称进口限制，是指一国政府采取除关税外的各种办法来对本国的对外贸易活动进行调节、管理和控制的一切政策和手段的综合。非关税壁垒包括进口配额、自动出口配额制、进口许可制、外汇管制、进出口的国家垄断、歧视性政府采购政策、各种国内税、最低限价和禁止进口、进口押金制、技术性贸易壁垒、绿色壁垒等。非关税壁垒名目繁多，且隐蔽性很强，是从事农产品国际营销企业的最大障碍。我国所遇到的非关税壁垒主要是技术性壁垒和绿色壁垒，根据统计，我国90%的农业及食品出口企业受国外技术性贸易壁垒影响，每年损失约90亿美元。

（二）国际经济环境

研究农产品外销市场，必须对国际经济状况及目标市场所在国家的经济状况有所了解。因为一个国家经济状况的好坏，会影响该国人民对产品和服务的需求量，因此，农产品国际市场营销人员应对目标市场所在国家的经济发展水平、经济特征（人口、收入）、自然资源、经济基础结构等进行认真的研究。

1. 经济发展水平

各国的国民经济情况按其发展水平大致可分为原始农业型、原料输出型、工业发展型和工业发达型四类。这四类国家对于农产品的进出口种类不同，要使某产品进入某国市场，首先就需要了解该国的国民经济发展情况。对于农业发达的国家，如美国，传统农产品可能很难进入，只有品质好的有机食品及土特产品才可能进入。而对于自然资源不丰富的中东地区某些国家，则需大量进口农产品。

2. 经济特征

（1）人口因素。一般来说，市场大小取决于人口的多少。尽管人口不是构成市场的唯一因素，但却是一个极为重要的因素，因为总的需求量同人口的数量成正比。人口因素主要有：总人口、人口增长率、人口的区域分布、人口的年龄结构、人口的性别结构及家庭数目，等等。一方面，人口总数的增加意味着市场规模的扩大，农产品需求量的增加，另一方面，对于发展中国家来说，如果人口总数增加过快，也会限制经济发展、降低人民对于农产品的需求量。

（2）收入因素。收入是一个非常重要的经济概念，是决定市场购买力高低的一个重要因素。国民生产总值反映一个国家或地区的国民经济发展水平，反映该国或地区的总体市场规模；人均收入可用来衡量一个国家的消费者的平均购买力，人均收入水平越高，消费者用于日常生活支出的费用比重越低，消费水平越高，对商品的需求档次越高；个人的收入，则构成消费的基础。一些重要的收入概念有：家庭收入、可任意支配收入、绝对收入、相对收入、实际收入、名义收入和预期收入，等等。从不同的角度所取得的收入指标，对于企业制定市场营销战略、评估需求与销售潜量都有重要意义。

3. 自然条件

自然条件是指一个国家自然界的实际状况和潜在的财富，如土地面积（特别是可耕种土地面积）、水利资源、地形地貌和气候等。自然条件对农产品市场营销的影响也是一个不可忽视的问题。自然条件差、资源分布不均对消费结构和对外贸易中的进出口产品结构都有重大影响，所以，企业利用当地自然资源优势发展生产并占领相对应的市场是非常明智的。例如，日本是一个典型的农业资源紧缺的国家，其农业生产受到资源条件的限制。同时，日本又是一个典型的发达国家和消费大国,因此日本需要进口大量农产品,以弥补本国农业生产的不足,满足国内消费者的需求。日本农产品市场空间很大,但进口限制较高。我国对外企业要在保证农产品质量安全的前提下,发展具有特色的产品,积极开拓日本农产品市场。

4. 经济基础结构

经济基础结构指的是一国的资源供应、交通运输和通信设施、商店、银行、金融机构、经销组织等作为国民经济基础的结构状况。其数量越多,业务量越大,业务水平越高,整个经济的运行就越顺利有效。只有了解一个国家的经济基础结构,才能顺利开展国际市场营销活动。以前,我国长期处于二元经济结构,严重影响了农业经济的发展。现在要加强农业基础设施的建设并加快农业战略性结构调整的步伐,提高我国农产品国际营销的竞争力。

(三) 国际文化环境

文化环境对农产品国际营销活动也有一定的影响。影响农产品国际营销的文化环境因素主要有消费者的消费习惯、信仰与态度、审美观等。

1. 消费习惯

首先,要掌握传统的消费习惯。不同的文化风俗会造成人们差异很大的传统消费习惯。例如,亚洲人以米饭为主食,世界大米的60%都被亚洲人消耗,亚洲是世界上最大的大米出口地区同时也是最大的进口地区,而欧洲和美国等西方人则以面包为主食,如欧盟大米的人均消耗量不到中国人均大米消耗量的一半,葡萄牙、法国等一些国家把土豆作为主食。其次,跟上消费习惯的革新可以给企业带来新的营销机会。例如,日本的饮食文化从高脂食品发展到现在崇尚低脂、低胆固醇的绿色食品,而中国的一些进出口公司就抓住了这一机会,大量组织野生菜出口。

2. 信仰与态度

宗教信仰是一种重要的意识形态。不同的宗教有不同的文化倾向,影响人们的世界观、价值观、行为准则。世界上有三大宗教:佛教、基督教和伊斯兰教。每种宗教都有其流行地区。长期以来,这些宗教在不同的国家或民族中起着主宰生活的作用,几乎形成了难以动摇的生活习惯。宗教在农产品国际营销中有重要作用,宗教上的禁忌制约着人们的消费选择,如印度教教徒不吃牛肉、犹太教教徒禁食猪肉和马肉等。

3. 审美观

审美观又称美学,它包括文学、音乐、舞蹈、戏剧、民间传说、雕塑、造型、色彩等。对于农产品国际市场营销来说,了解目标市场国家的人们对于颜色的喜好可以帮助企业在农产品的包装、广告上迎合该当地人的审美观。例如,欧洲人偏爱淡素色,北美人偏爱鲜艳色,美国人将其国旗的红、白、蓝三色称为美国色,绿色在中国代表生机盎然,在日本却代表不吉利。可见颜色对企业国际营销活动影响很大,企业在产品设计、广告及包装上的色彩选择都要考虑到各民族对色彩的偏好和禁忌问题。

第二节 农产品国际目标市场的选择

农产品国际市场是指一个国家或地区与其他国家或地区进行农产品交易的场所及领域。其内涵非常丰富,有广义与狭义之分:广义的农产品国际市场既包括农产品的国际贸易市场,也包括与农业领域有关的科技、劳务、外汇和信贷资本等的国际流通市场;狭义的农产品国际市场仅指各个国家或地区之间的各种农产品交换关系的总和。近几年,我国农产品进入国际市场不仅仅是商品数量的增加,商品的质量、市场开拓等其他方面也有了很大的提升,但同时,我国农产品进入国际市场仍然面临着产品的技术含量低、技术创新能力不足、频频遭遇"绿色壁垒"和反倾销等障碍。要克服这些障碍,促进我国农产品快速进入国际市场,需要进行以下步骤:

一、农产品国际市场营销细分

1. 农产品国际营销调研

农产品进入国际市场之前,必须首先进行国际市场营销调研。所谓农产品国际营销调研,是以国外农产品市场为对象,用科学的方法,系统地、客观地收集、分析和整理有关农产品市场营销的信息和资料,用以帮助管理人员制定有效的营销决策。一般的市场调查包括以下内容:

(1) 世界上对某产品的市场需求情况。
(2) 世界潜在市场的份额和开发潜在市场的可能。
(3) 竞争者的情况和竞争情况。
(4) 国际市场经营的机会情况并与国内的机会作比较。

这些资料可从实地考察获得,也可从联合国、世界银行、世界贸易组织、统计局以及行业记录等资料中寻找。

2. 农产品国际市场细分

农产品国际市场是一个庞大的、多变的市场,不同的市场其环境各具特点,当然也存在着一些共同或相似的因素。为了识别企业应进入的市场,进而拓展农产品国际市场,就必须对农产品国际市场进行细分。所谓农产品国际市场细分,就是根据国外消费者需求的差异性,把一种农产品的消费市场划分成若干消费者群,进而选择、确定自己国际目标市场的过程。与在农产品国内市场开展市场营销活动相似,农产品国际市场细分也要有选择地依据收入水平、家庭规模、气候条件、职业、文化程度、宗教、民族、社会阶层、爱好程度、个性、生活方式等因素作进一步区分,使其成为一个个具体的、有局限的、有特性的农产品市场。

二、国际目标市场选择

目标市场营销要求在市场细分之后,进行目标市场的选择。在国际市场营销实践中,选择目标市场需考虑如下因素:

1. 目标市场的市场规模和增长速度

首先,考虑目标市场规模。要选择有一定规模的市场,没有规模的市场,就不存在规模经济;没有市场规模,市场的发展便非常有限,特别是大宗农产品出口更要选择有一定规模市场的海外市场。考察市场规模,主要看两点内容:人口、收入水平。从世界现状来看,发达国家的人口占世界总人口的1/6,它的进口额却占世界总进口额的2/3,可以说,这是世界上最大的市场。

其次,考虑目标市场增长速度。有吸引力的目标市场不仅仅要具有一定市场规模,还要考虑其他因素，如产品竞争、政治气候、地理、人文环境等因素，这些因素影响市场的增长速度。

2. 目标市场的地理位置

既要考虑目标市场的远近距离、交通条件、运输成本，又要考虑其消费习惯、文化传统。在中国进口总额中，日本一直居于领先地位，除了政治、经济、文化等因素外，地理因素使日本占绝对优势。在其他贸易条件相同的情况下，中日两国的成交机会要远远多于中美两国的成交机会。

3. 目标市场的贸易风险

在国际贸易中，贸易风险是一个很突出的问题。贸易风险主要包括：目标市场国家或地区与本国的政治经济关系、目标市场国家的政局稳定程度、自然灾害、原料供求变化、货币贬值、通货冻结等都会造成合同作废、交货不及时、被没收财产等事实，在农产品国际营销中这些风险都要考虑到。

4. 目标市场的竞争相对优势

国际市场的竞争优势主要反映在以下三个方面：首先，是所进入市场的国别。其次，是进入市场的农产品种类。例如，我国出口的农产品主要集中在劳动密集型产品，如蔬菜、水果、花卉等园艺产品在国际市场上具有一定竞争优势。最后，是利用某些国家间市场分割的缺口，利用自己的优势，将产品打入目标市场国家。

第三节 农产品国际营销策略

国际企业经过市场调研和细分，确定了目标市场、选择了合适的进入方式后，就必须从营销战略上找到一条适合我国农产品企业国际化竞争的道路，即我国农产品进入国际市场的营销策略选择。国际市场营销策略的内容与国内市场营销策略大体相同，也包括产品策略、定价策略、促销策略、分销策略，以及这些策略之间的协同作用等。但是由于国际市场比国内市场的市场环境复杂得多，所以，这些策略中又有一些新的内容、新的问题需要说明。

一、农产品国际营销产品策略

（一）产品和信息直接延伸策略

国内外消费者对于产品基本用途、使用方式完全相同，又具有相近的价值观、审美观时，可以直接将产品出口，在国际市场推销相同的产品、使用相同的产品信息传递方式，树立统一的产品形象。这种策略的好处在于：可以取得规模经济效益；有利于顾客识别，扩大销售额；容易在世界市场上树立统一的产品形象，产品的市场信誉较高。缺点是范围小，风险大。

（二）产品和信息改造策略

1. 产品直接延伸，信息传递改变策略

国内外消费者都会使用同一类产品，但对同一产品的需求有不同的侧重点。在产品出口到国外时，产品可保持不变，需修改信息传递内容及方式，以适应国外消费者需求并被当地消费者所接受。

2. 产品改造和信息延伸策略

国内外消费者对于产品基本用途完全相同，但由于地域文化差异、价值观差异，国外消费者对于同一产品的审美要求不同，产品出口到国外时，企业主要改变产品的式样、包装、色彩等。而产品信息传递的内容则不需要改变。

3. 产品和信息传递双重调整策略

国内外消费者对于产品的效用和使用条件都不同时，应对产品和信息传递两者都进行调整。导致产品和信息传递改造的原因主要有：不同的气候条件、收入水平不同、价值观不同、审美观差异巨大、技术水平和技术标准各异。

（三）开发新产品策略

为了适应国外目标市场的需要和偏好，企业可以开发全新的产品占领市场。这是一种风险和回报都很高的国际市场营销产品战略。例如，现今，人们对不污染环境的绿色产品的需求日益增长，发达国家市场上兴起了"绿色消费"的热潮，开拓了需求旺盛的广阔市场。据调查，80%左右的德国人在购物时考虑环保问题，77%的美国人认为企业的环保形象会影响他们的消费倾向，66%的英国人愿意付高价购买绿色产品。我国农产品加工出口企业应该及时调整产品定位，开发新产品来满足消费者需求，适应绿色消费趋势。

新产品开发的主要方式如下：

（1）结合资源条件，发展特色产品。在参与市场竞争时，一定要充分发挥各地的特色优势，寻求各地的最大比较优势，定位农产品的最佳发展品种，把资源优势变为市场优势。

（2）产品结构层次差异化。根据国外消费者对产品的需求不同、收入水平的差异、技术标准各异，调整产品结构，提高农产品的专用性，实现农产品竞争的多层次性和多样性。

（3）产品用途差异化。通过给农产品寻找新的用途，改变其基本效用、迎合市场需求。目前我国的粮食生产（如玉米、小麦等）各具优势，要针对各种用途而生产不同的农产品，经合理调配就可拥有广阔的市场，如不同的玉米品种，有的只能用作饲料，有的则可以提取生物保健品等。

（四）品牌差异化策略

品牌是代表着产品特征、利益和服务的一贯性的承诺，久负盛名的品牌就是质量的保证。品牌有助于树立产品形象，促进产品销售；有利于保护品牌所有者的合法权益；有利于督促经营者着眼于长远利益，规范自己的营销行为；有利于带动新产品的销售，扩大产品组合。例如，全球最大的奇异果营销公司之一 ZESPRI（佳沛）新西兰奇异果营销公司是新西兰奇异果业为应对市场的无序竞争、国际推广的成本压力以及美国的反倾销而成立的。奇异果就是我国的猕猴桃，传说100多年前由新西兰 Wanganai 女子学院的女校长伊莎贝尔带回第一批中国的猕猴桃的种子，并由新西兰知名园艺专家亚历山大培植成功，其独特风味吸引了大量果农栽种。现在进口"佳沛"奇异果的售价是我国国产猕猴桃的4～5倍以上，这就是品牌的力量。

二、农产品国际营销定价策略

（一）国际市场的产品价格构成

由农产品进入国际市场，产生了产品分销渠道延长、关税、运输和保险费用、汇率差价等一系列的问题，同一产品的国际市场价格与国内市场价格有较大的差异。一般来说，国际产品价格较国内产品价格增加了以下几项构成：关税、国际中间商成本、运输和保险费、汇率变动。

（二）国际营销定价策略

1. 分级分等，差别定价

我国许多农产品等级缺乏细分，结果导致好坏一个价，不利于产品价值的实现。对同类产品实行分级分等，按照不同等级分别定价，能使消费者产生货真价实、按质论价的感觉，比较容易为消费者所接受，从而有利于扩大产品的销量。在对产品分级分等时，除考虑产品的内在品质即提供给消费者的基本效用外，还应考虑产品的包装、装饰、附加服务等能给消费者带来延伸效用的因素。许多国际农产品经销商注重产品延伸效用的创造，为购买者提供比同类产品更多的购买利益，而从产品高位定价中获取更高的附加收益。例如，日本"越光"牌大米在我国市场备受青睐，价格是国产品牌大米的4倍以上，其产品的内在品质与国内产品差异并不大，主要是日本经营者注重在产品色泽、包装和品牌上创造价值，使消费者获得更多的延伸利益。

2. 国际市场细分，区域差别定价

农产品国际营销者应对全球市场进行细分，根据不同国家和地区的不同关税、不同运输费，特别是消费者的不同收入水平、不同消费习惯、不同消费心理等因素，实行区域差别定价。虽然，2008年由美国次贷危机所引起的全球经济危机，使得世界很多发达的经济体纷纷陷入停滞甚至是衰退，发达国家的消费者购买力下降，但是，欧美等发达国家和地区的消费者对农产品的消费特点及消费心理并没有太大的变化。主要特点包括：①天然、安全。②简单、方便。③异国风味。根据这些特点，销往欧美的农产品就应采用高品质配以高价格的策略，相反，销往发展中国家的产品则只能采取适当的低价策略。

3. 国际转移定价

国际转移定价是指跨国公司的母公司与各国的子公司之间，或各国的子公司之间转移产品和服务时采用的国际定价方法。许多跨国公司都把国际转移价格作为国际市场营销的重要定价战略，实际上都把国际转移价格定得偏离正常的国际市场价格，以实现其利润的最大化。跨国公司人为地操纵国际转移价格，虽然有利于其整体利益的最大化，却损害了某些国家的民族利益。

三、农产品国际营销分销策略

选择和建立分销渠道是农产品国际市场营销中极其重要也是十分困难的环节之一。一般来说，分销渠道是由其所处的特定环境所形成的。由于各国环境差异很大，各自的农产品分销渠道也相差甚远。在不同的国度，应针对其市场特点采用不同的渠道战略。

1. 联合分销策略

要迅速打开国际市场，一个重要的办法就是与国际经营企业开展联合分销，外联国际市场，内联国内生产基地，努力参与国际市场经营。跨国公司已成为推动全球经济增长的一种动力，它们都在努力寻找合作伙伴。例如，沃尔玛、家乐福等跨国企业，通过采购、联销等手段，把我国大批农产品推向国际市场。

2. 代理分销策略

利用经纪人和代理商也是开拓国际农产品市场的有效途径。以赚取佣金作为报酬的国际农产品经纪人和代理商主要分为产品经纪人、销售代理商、佣金商、拍卖行等。代理双方是委托与被委托的关系，代理商只收取佣金而不承担国际市场风险。

3. 直销策略

直销策略是指出口商在国际市场上直接与零售商或该产品用户从事交易的渠道战略。这一策略包括以下两种形式：

（1）出口商越过中间环节，直接与物资经销商、大百货公司、超级市场、大连锁商店等从事交易，降低产品成本，让利于零售商和消费者。

（2）出口商直接在世界各地建立自己的直销网络，让利于消费者，以低价策略开拓国际市场；但出口商自营直销网络常常受企业的人、财、物的规模限制，只有少数跨国大企业能够采用。

四、农产品国际营销促销策略

（一）国际广告促销策略

在国际市场上销售产品，也要通过"广告"这一最普遍的大众传播方式，来提高企业的声誉，增进顾客对产品的了解，以达到增加产品销量的目的。但由于国际市场的市场环境比较复杂，各个国家对广告所持的态度也不一样，所以在制定广告策略时，要视不同国家的具体情况而定。

1. 广告的标准化及个性化策略

国际广告标准化是指在不同的目标市场国，使用相同的广告主题或相同的广告形象、塑造相同的广告风格。这种策略要忽略各国市场的差异性，突出基本需求的一致性，进而提出鲜明的主题。其优点在于：①可节约广告费用，降低广告风险。在国内提出较有成效的广告主题、形成鲜明的广告风格后，可以推广到其他国家，这样可以减少广告费用的投入，减小或避免广告投资风险。②可利用国内广告公司已获得的广告技能和经验。③在世界范围内塑造统一、鲜明的形象，避免由于语言、文化上的差异损害产品形象。

个性化广告战略是指同一产品在不同的国家和地区，传递不同的广告主题，突出各国市场的差异性。主要依据是不同的国家和地区在经济发展状况、消费行为方式、社会文化、政治法律等方面存在着巨大的差异，广告主题的传递应针对这些差异作出调整。这一策略的特点是广告成本高，但是针对性强，广告促销效果较强。

国际农产品广告活动究竟是采取个性化广告，还是标准化广告，应根据消费者对于农产品的需求、各国市场的同质或异质性、各国政府的限制、社会文化差异的大小等来决定，绝对的标准化广告战略或绝对的个性化广告战略都是不可取的。

2. 广告主题的选择策略

广告主题就是广告所要表达的重点和中心，是广告活动的灵魂所在。一个完整的广告主题应该包括广告目标、信息个性、消费心理三要素。目标市场所在国人民生活水平、生活方式、消费需求的不同，广告主题也将不同。广告主题的挖掘主要在于寻找信息个性，广告主题的信息个性可以从两方面挖掘：一是针对农产品的物质利益，也就是产品和服务的实用价值来挖掘；二是针对消费者的心理利益，也就是农产品给消费者带来的主观价值和社会价值，这些价值就是农产品的附加价值。例如，"佳沛"牌金色奇异果，就把消费人群锁定在女性白领，宣传的广告主题也是消除疲惫、助消化、美容。

3. 广告媒体的选择策略

国际广告媒体种类繁多，如四大传统媒体广告（电视、广播、报纸、杂志）、网络广告、微电影广告、直邮和户外广告等，各有其特点和不同效果。国际市场营销应根据产品的性质和各国市场的特殊性，选择不同的广告媒体传递产品信息。

4. 各国对广告的限制

很多国家对于企业制作及播放广告的限制较多。例如，法国每天只允许有几分钟的广告播放时间；德国禁止播放竞争性广告；在印度，政府规定企业广告费不得超过销售额的4%等。

（二）人员推销战略

国际市场营销中，人员推销特别受到目标市场国家的社会、文化和语言等因素的制约。虽然能够驾驭两种特定语言的销售人员比较难以培训，但是人员推销在缺乏广告媒体的外国市场或工资水平较低的发展中国家作用较大。

1. 销售人员来源策略

销售人员的来源主要有三种渠道：①在企业内部选择掌握目标市场国语言并愿意到国外工作和生活的懂得营销的人才，这类人才易与母公司沟通，忠诚度较高，会在新市场上加强公司的外来形象。②在目标市场国家选择能驾驭两种特定语言的当地人，最好是具有销售经验的人才，既可利用他们在当地的社会关系资源，又能减弱国际企业在当地的外来形象。③在目标市场国家选择从企业所在国家移居到目标市场国家的人才，他们懂得两国的语言和文化，只要学习销售技术和公司的政策，就可能成为优秀的销售人员。

2. 销售人员培训策略

企业在招聘不到理想的销售人才时，必须选择基本素质较好的人员进行培训，如社会文化和语言培训，或者市场营销技能培训。各跨国公司开拓国际市场成功的经验表明，培训效益十分高。

（三）公共关系促销策略

在国际市场营销中，公共关系促销策略的地位越来越高。农业企业开拓和发展海外市场特别是一些封闭性较强的市场，就应该主动与当地政府、农业协会、社会团体和传播媒体接触，了解当地的经济文化，应用各种公关策略，开展各种公关活动，在东道国树立良好的企业形象。

第四节 我国农产品国际营销的发展

我国是传统农业大国，农业是国民经济的基础，对我国的经济发展和社会稳定具有重要作用。尤其是在加入世界贸易组织后，面对更加开放的市场环境，提高我国农产品的国际竞争力，在国际竞争中取得优势，是我国农业面临的一个现实问题。

一、我国农产品国际营销的发展现状

2009～2011年我国农产品进出口金额上升。2008年的金融危机虽然对我农产品出口造成了巨大的影响，但2010年形势好转，在2011年农产品进出口金额出现较大幅度上升。据海关数据统计，2011年我国农产品进出口贸易总值为1 540.3亿美元，比2009年上升68.5%。其中，出口601.3亿美元，上升53.3%；进口939.1亿美元，上升80%；贸易逆差337.8亿美元，比2009年增加208.2亿美元，连续九年呈逆差走势。

（一）我国农产品出口市场现状

1. 出口产品来源

从出口产品的来源地看，我国农产品出口主要集中在东部沿海地区。2011年我国农产品出口金额为601.3亿美元，其中来自东部沿海7个省份的农产品，其出口金额共为410亿美元，占总出口金额的68%，这主要是受气候、土地、交通及国家政策等多方面因素影响。近三年，因为中国—东盟自由贸易区的建设，也促使我国西部省份农产品的出口增加。

2. 出口产品流向

从产品流向来看，2009～2011年我国农产品出口市场的分布比较稳定，出口市场主要集中分布在亚洲（日本、中国香港、韩国等）、欧盟（德国）、北美地区（美国），其中我国农产品出口到亚洲国家或地区的最多。从2009～2011年来看，出口额超过百万美元的国家和地区有日本、美国、中国香港、韩国、印度尼西亚、马来西亚、越南、德国、俄罗斯、泰国，并且这十大农产品出口市场占我国农产品出口总额的比重比较稳定，占到58%。2009～2011年我国农产品出口市场前五名依次为日本、美国、中国香港、韩国、印度尼西亚，这些国家或地区的农产品出口额占我国农产品出口总额的52%。

近年来，我国农产品出口市场的变化主要有以下几点：①我国农产品出口市场集中度呈持续下降趋势，例如，2005年我国农产品前五大出口市场依次为日本、美国、中国香港、韩国和德国，占农产品出口总额的61%，而2011年这五大农产品出口市场占我国农产品出口总额的52%。②日本是我国农产品第一大出口目的地，但对日本的出口额占总出口额的比例由2005年的28%下降为2011年的18%，这是由于日本对我国农产品实施了绿色贸易壁垒。③由于经济危机对欧洲国家的影响以及欧洲农产品质量标准的提高，对欧盟国家的农产品出口额降低。

（二）我国出口农产品的结构及竞争力

近几年，我国农产品出口的种类主要包括：水（海）产品、蔬菜和水果、畜类产品、加工产品等。劳动密集型农产品已成为我国主要出口农产品，远高于其他农产品，例如，2011年，水（海）产品、蔬菜和水果（及其制品）、畜类产品的出口金额占总出口金额的59.8%。随着我国出口农产品的加工程度的提高、农产品加工工艺的逐步成熟、产业链条的逐步延长，加工农产品出口会进一步加强，而传统的土地密集型农产品稻谷、大麦、小麦、玉米、油料作物及其制品已丧失出口优势，出口金额明显下降。随着我国劳动力成本的逐步提高，属于劳动密集型产品的出口优势也会随之减少。

由于我国出口农产品中初级农产品和劳动密集型加工农产品占绝大多数，而国际市场上来自各国的初级农产品差异不大，多半以低价竞争方式来占领进口国市场，因此，我国农产品在国际市场上竞争力不强。

（三）我国农产品出口企业的规模

我国农产品出口经营主体主要包括：国有企业、外商投资企业、集体企业、私营企业、个体工商户等。近几年，我国农产品出口主体发生变化，外商投资企业和私营企业发展较快，逐步成为农产品出口的主导力量，而国有企业的出口地位于2005年后大幅下降。2011年在我国各类农产品出口企业中，以私营企业为出口主力，其全年出口农产品286.0亿美元，上升30.4%，占同期我国农产品出口总值的34.9%；外商投资企业出口217.7亿美元，增长16.4%，占同期我国农产品出口总值的26.5%。

外商投资企业和私营企业的发展在改变我国农产品出口经营主体格局的同时，促进了我国农产品流通体制改革，激发了各类农产品贸易主体的经营活力。但是，由于我国出口企业中私营企业规模小，多数是生产初级加工的农产品，而深加工能力较差，使得国际市场竞争能力弱、农产品附加价值低。

二、我国农产品国际营销发展中存在的问题

1. 我国出口农产品附加值低，同质化严重

产品的价值包括核心产品、形式产品和附加产品三个层次。我国农产品企业在国际营销过程中更多地停留在核心产品这一层次上，即注重农产品的基本效用，而忽视形式产品和附加产品的价值。我国农产品附加值低，主要表现在两个方面：首先，我国农产品在出口时很少重视产品包装及产品品牌塑造，大多以低廉的价格吸引消费者；其次，尽管我国加工类农产品出口增加趋势明显，但多为初加工农产品，产品附加值较低，科技含量少，无品牌优势。附加值低的加工农产品不具有精深加工农产品新、奇、特或差异化的特征，除了价格低廉，在国际市场没有其他竞争优势。

2. 我国农产品国际营销目标市场定位狭窄

目前，我国农产品的国际营销目标市场的分布比较稳定，主要集中分布在亚洲、欧洲、北美洲，主要国家包括日本、美国、印度尼西亚、越南、荷兰、英国、德国等。但是，日本、韩国、美国等国市场恰恰是几个热门市场，它们都是实行严格农业保护的国家，其主要依靠绿色壁垒、非关税壁垒、技术壁垒来控制国外农产品进口（主要是我国农产品），这就在很大程度上限制了我国农产品出口的发展空间。这种过分集中的市场定位还容易遭到贸易保护的打击，对于农产品国际营销必然会带来影响。而东欧、中东、拉丁美洲、非洲等地的市场进入门槛较低，市场容量也较大，但却因为缺乏这些市场中农产品的需求信息，被我国大多数农业企业所忽视。

3. 我国农产品国际营销定价策略单一

我国幅员辽阔，而且东西南北各个地区的气候等条件相差巨大，因此出产的同种类农产品的品质大不相同。但因为我国劳动力价格低廉的优势，使得我国出口农产品（主要是蔬菜、水果等劳动密集型农产品）价格较国际市场上其他同类产品普遍偏低。这种不分产品品质而一味以价取胜的低价策略，有时会引起竞争对手为保护本国农产品进行强烈的贸易反击、采取贸易壁垒等。同时，大部分出口农产品价格单一，没有体现出农产品的附加价值。

4. 我国农产品国际品牌数量相对少，科技含量及个性化程度低，发展速度缓慢

我国农产品出口规模虽然不断扩大，但由于品牌建设及保护不力，缺乏在国际市场知

的农产品品牌，贴牌生产是目前农产品的主要出口方式。因此，虽然农产品出口的量很大，但利润微薄，绝大部分利润被进口商和零售商获得。农产品品牌问题主要集中在以下几点：首先，从农产品的相对量看，我国注册农副产品商标量在我国商标注册总数中份额少；其次，从发展速度看，农产品增长速度仅为商标总数增长速度的45%；再次，从科技含量方面看，我国加工农产品品牌多，初级农产品品牌少，初级农产品的产业链较短；最后，我国农产品品牌建设大部分停留在品牌及商标的认识程度上，缺乏对品牌内涵及核心价值的培育、品牌个性的塑造，逐渐演变成了一些小而杂的品牌，毫无竞争力可言。

5. 我国农产品国际营销的促销手段单一

我国农产品进入国际市场的时间不长，农产品的国际市场占有率低，农产品出口企业缺乏国际营销经验，促销手段过少并且形式较为单一，仅表现为传统的广播、电视等媒体手段，且宣传力度较小，国际消费者对我国农产品的认知度还很低，从而增加了我国农产品进入国际市场的难度。

三、农产品国际营销发展的策略

1. 加大科技投入，提高农产品附加价值

通过科技创新提升农产品新、奇、特或差异化的特征，提高农产品的附加价值。主要是注重技术改造、技术创新和技术引进，不断提升产品的高科技含量，开发同一产品的不同用途，以满足差异化的需求。可以针对各种用途而生产不同质量标准的农产品。例如，不同品种的柑橘，有专门用来榨果汁的，有专门供应水果市场的；不同的玉米品种，有的只能做饲料，有的则可以提取生物保健品。

2. 加强国际市场调研、建立数据库营销信息平台、扩大出口

（1）做好国际市场调研工作，加强了解和掌握国际市场对农产品需求的信息。特别是对农产品进入市场门槛较低的国家，如东欧、中东、拉丁美洲、非洲等地的各自市场农产品销售情况、需求状况和发展趋势的信息。销售情况包括：销售价格和品牌、畅销和滞销的产品、销售产品的科技含量。需求状况的信息包括：需求种类、对农产品的质量标准、需求结构和方向等。

不同国家的发展战略不同，对农产品的需求也会有不同的方向性问题及发展的走势，农产品国际营销企业要时刻了解和掌握这种信息。

（2）建立数据库信息平台。要有效使用上述国际市场的调研数据，就必须建立有效的信息平台，以市场调研为基础，形成收集信息、分析整理信息、综合有效利用信息这一系统流程，为企业快速、准确地制定国际营销战略提供保证。但是国际市场调研对于企业来说难度非常大，特别是对规模相对较小的大多数农产品企业来说，因此，国家应予以扶持和帮助。

3. 摒弃低价策略、运用差别定价策略

价格是国际市场营销中十分敏感而又难以控制的因素，它直接关系着市场对产品的接受程度，影响着市场需求和产品利润的多少，涉及生产者、经营者、消费者等各方面的利益。农产品在国际营销中要注意差别定价策略的运用，形成自己的价格特色，坚决摒弃低价策略。产品差别定价主要从两方面入手：一方面，对产品分级分等，实行产品差别定价。对同类农产品按产品的基本效应和延伸效用来给农产品定价。农产品按产品的基本效应即农产品

品质，根据农产品的品质分级分等，按照不同等级分别定价，使国外消费者产生货真价实、按质论价的感觉。农产品的延伸效用主要包括农产品的包装、装饰、特色的品牌内涵及广告宣传带给消费者的购买利益，也可以根据延伸效用带给消费者的利益定价。另一方面，对国际市场细分，实行区域差别定价。农产品国际营销者应对全球市场进行细分，根据不同国家和地区消费者的收入水平、消费习惯、消费心理等因素，实行区域差别定价。例如，我国传统国际营销目标市场，如日本、韩国、美国、欧盟等国家和地区的大部分消费者不仅对产品的品质要求严格且苛刻，并且还要求农产品有环保、新颖、美观的包装和装饰及具有特色的品牌，这些能够给购买者提供比同类产品更多的购买利益。对于这些国家和地区的这部分消费者可以实行产品高位定价并从中获取更高的附加收益。而对于中东、拉丁美洲、大洋洲等区域的发展中国家市场可以实行低价位策略。

4. 加强我国农产品品牌差异化建设

我国作为农业大国，农产品是我国传统的出口产品，为我国的出口创汇作出过巨大贡献。但是总的来说，我国农产品在国际市场上的竞争力是非常有限的，主要以低廉的价格吸引经销商及消费者。随着经济危机的爆发，各国对农产品贸易保护主义的抬头，造成我国出口农产品的比较优势得不到充分发挥。因此，现如今只有建立个性化程度较高的知名品牌，才能在竞争如此激烈的国际市场生存。并且要意识到即使是初级农产品也要建立品牌。例如，国外一些优质农产品通过品牌营销，以高价在我国农产品市场获得很好的销路，如新奇士橙、都乐菠萝、奇昆特香蕉、越光大米等。因此，农产品要想在国际市场上占有一席之位，就必须把开展品牌经营作为自己的战略目标之一。

农产品品牌差异化建设的主要内容：①改善和提高农产品品质，农产品的品质是建立品牌个性及特色的基础，要坚持以优良的品种、优秀的品质去拓展市场。②创新农产品，在农产品的使用方法、用途及使用效果上都要有创新，满足消费者日益提高的物质需求。③要给产品注册一个新颖、易懂的品牌名称，使消费者区别于其他产品。④统一标准，生产过程的标准化管理和形象品质的高度统一，也是农产品在全球市场畅行无阻的重要保障。⑤加强品牌管理，这是一项长期的工作，因此要注重品牌的长期培育及注意品牌的法律保护。

5. 加大农产品的宣传力度，采用各种方式的国际市场促销活动

促销是农产品企业在国外市场条件下占领市场的金钥匙。农产品经营者在促销手段的运用上要避免雷同、缺乏特色，要采用灵活多样、针对性强的促销方式，使促销活动成为强有力的竞争武器。在广告宣传上，要扩大使用多种媒体手段，加强宣传力度，提高国外消费者对我国农产品的认知度。另外，也要充分利用网络，开展B2B（商家对商家）、B2C（商家对顾客）业务，拓宽销售领域。公共关系也是必不可少的一项促销手段，政府也可以以官方或半官方的形式向国外消费者宣传我国农产品的营销策略，以扩大影响力。

附录 A

世界贸易组织《农业协议》的主要规定

《农业协议》是在乌拉圭回合谈判的后期签署的，共有13部分、21个条款和5个附件。该协议规定了农产品的范围、贸易规则、发达国家承担义务、给予发展中国家特殊和差别待遇以及在世界贸易组织中建立农业委员会等内容。其目的是建立一个公正的、以市场为导向的农产品贸易体系。

《农业协议》管辖的农产品范围主要有以下几类：①粮食类产品，如小麦、大米、玉米、大麦等，粮食类产品都属于世界贸易组织管理的范围。②棉花。③油料，如大豆、油菜籽及其加工品。④畜产品，其中还有蔬菜、水果。简单来讲，就是粮、棉、油、糖，加上畜产品、园艺产品，都属于世界贸易组织管理的农产品范围，它唯一不管的就是水产品。

协议的主要内容是对农产品三个领域的问题加以规定，即市场准入、国内支持和出口补贴。

1. 市场准入

市场准入的核心是建立单一关税制（关税化）。对市场准入的限制常常是以关税和非关税措施的形式出现。这些非关税措施包括数量限制、进口差价税、最低进口价格、随意性进口许可、以国有贸易企业形式出现的非关税措施、自愿出口限制以及类似的边境措施等。农产品市场准入的核心是建立单一关税制，关税化（将非关税措施以等效的关税代替）。非关税措施的关税化就是将现行的非关税措施转化成相应的关税值。关税值的计算方法是将该产品的国内市场平均价格减去该产品或相近产品的国际市场平均价格。农产品加工品的关税等值一般等于农产品原料的关税等值乘以农产品原料占农产品加工品的比重。关税削减具体如下：①关税削减基期，1986～1988年，实施期限从1995年开始，发达国家为6年，发展中国家为10年。②关税削减幅度，从1995年开始分年度削减关税，按简单算术平均计算以1986～1988年平均水平为基础，发达国家削减36%的普通关税及关税化的关税，发展中国家削减24%，另发达国家对每个关税税目至少削减15%，发展中国家削减10%。③约束所有农产品关税（包括关税化的关税）。

2. 国内支持

国内支持的核心是由原来的支持逐步转向对生产和贸易扭曲尽可能最小的措施和政策支持。农业国内支持是指支持国内价格或以某种其他方式对农业生产进行补贴的政策。为消除世界贸易组织成员的国内农产品支持政策对农产品市场产生的不利影响，《农业协议》把国内支持措施分为两类：一类是不会引起贸易扭曲，被免于削减承诺措施的，称为"绿箱"政策；另一类是产生贸易扭曲，要求各国以削减和约束承诺措施的，称为"黄箱"政策。协议还专门规定了对发展中国家农业国内支持与补贴的特殊差别待遇。《农业协议》规定：政府执行某项农业计划时，其费用由纳税人负担而不是从消费者转移而来。没有或仅有最微小的贸易扭曲作用，对农产品生产影响很小的支持措施以及不对生产者提供价格支持作用的补贴措施，均被认为是"绿箱"措施。属于该类措施的补贴被认为是"绿色补贴"。要求削减承诺的国内农业支持措施主要指的是那些容易引起农产品贸易扭曲的政策措施，包括政府对农产品的直接价格干预和补贴，对种子、肥料、灌溉等农业投入品补贴、农产品营销贷款补贴、休耕补贴等，一般称"黄色政策"。属于"黄色政策"范围的农业补贴，叫"黄色政策"补贴。该协议还规定，自1995年开始，发达国家在6年内逐步削减20%的综合支持量；发展中国家在10年内逐步削减13%的综合支持量。对具体农产品的支持，只要其综合支持量不超过该产品生产总值（或农业生产总值）的5%（发展中国家为10%），就无须削减其国内支持。

3. 出口补贴

《农业协议》确定了适用于农产品出口补贴新的基本规则。《农业协议》在出口补贴方面规定了两条纪律:一是没有出口补贴的国家不能采取出口补贴;二是有出口补贴的国家要削减出口补贴。削减既包括用于出口补贴的资金,也包括接受补贴的出口数量。以 1986~1990 年的平均量为基期数量,发达国家从 1995 年开始,在 6 年内削减出口补贴资金额的 36%,发展中国家在 10 年内削减 24%,发达国家在 6 年内将受补贴的出口数量削减 21%,发展中国家在 10 年内削减 14%;最不发达国家不必进行任何削减。列入削减承诺的出口补贴措施范围包括对农产品出口的直接补贴、以低于国内价格销售或处置政府库存、资助生产者的出口补贴、市场营销补贴、交通运输补贴和根据农产品纳入出口产品范围而定的补贴。

资料来源:http://www.mzb.com.cn/zgmzb/html/2001-10/02/content_50307.htm.

附录 B

"绿箱"措施与"黄箱"措施

1. "黄箱"措施

乌拉圭回合谈判产生的农业一揽子方案改变了 1947 年《关贸总协定》中在国内支持方面有利于生产者待遇的方式。其主要目的是为实施规定时减少各国的国内保护措施而制定的。主要考虑两种情况的国内支持:一个是 Green Box,即没有贸易扭曲影响或仅有名义上的贸易扭曲影响,通常称为"绿箱"措施,例如,政府所提供的农业研究或培训;另一个是 Amber Box,即贸易扭曲支持,通常称为"黄箱"措施,例如,政府以保证价格即"市场价格支持"的国内支持,"黄箱"措施总的货币价值除某些例外情况外,需受提供这种支持的世界贸易组织成员方时间表所规定的减让承诺的限制。在农业协议项下,所有有利于农业生产者的国内支持均受规则的约束。

2. "绿箱"措施

《农业协议》规定了许多一般和特定性措施标准,当满足这些标准时允许将这些措施划入"绿箱"。包括政府服务计划、向生产者的直接付款。例如,发展中国家政府实行的以食品安全为目的的仓储计划和给予贫穷城镇与乡村的食品补贴价格等方面,可以提供特殊待遇。"绿箱"为各国发展生产开展的政府性的研究、计划、服务性措施等开了绿灯。包括一般性的研究;与环境计划有关的研究;与研究有关的计划或措施,如某项产品有关的研究计划;害虫与疾病控制计划,包括一般性和特定产品方面的害虫与疾病控制措施;农业培训服务与延伸和咨询服务、检验服务,包括一般性检验服务和健康、安全、分级或标准化目的而进行的特定产品检验;营销和促销服务;基础设施服务,包括供电网、道路和其他运输工具、市场与港口设施、供水设施等;与以食品安全为目的的公共仓储而实行的积累和保持有关的开支;与需要提供国内食品援助的部分人口有关的开支。这些措施不受减让承诺的约束,并且确实还能够增加而不受世界贸易组织中任何金融方面的限制。"绿箱"既可适用于发达国家成员方,也可适用于发展中国家成员方,但是就一般性标准而言,措施不得有贸易扭曲效果或者至多是名义上的贸易扭曲效果,或者对生产产生影响。因此严格规定,这些计划或措施必须通过一项公开资助的政府计划方式提供(包括过去的政府收入),不涉及从消费者的转移并且不得有向生产者提供价格支持的效果。

3. 其他例外措施

"蓝箱"措施,即为得到付款需要有生产,但实际付款并不直接与该生产的当前数量产生关联。生产限制计划项下直接付款（即"蓝箱"措施）不受承诺的约束，如果该种付款是根据固定领域和产出或者固定数量的牲畜而作出的支出。这种付款还适合该种类型，即如果在确定的基期是生产数量的85%或者低于生产数量的85%。"绿箱"措施包括脱钩的付款，而"蓝箱"措施则可被视为部分地脱钩。

重 要 概 念

绿色壁垒　国际公约　关税壁垒　非关税壁垒　经济基础结构　联合分销　广告主题

复习思考题

1. 国际市场营销的内涵？
2. 我国现阶段农产品国际市场营销的特征是什么？
3. 农产品国际营销环境包括哪些内容？
4. 农产品国际目标市场选择的方法是什么？
5. 企业应如何制定农产品国际市场营销策略？
6. 现阶段我国农产品在国际营销中存在哪些问题？

技 能 训 练

要求：对以下案例进行分析。

黑龙江蔬菜如何进入俄罗斯市场

黑龙江省毗邻俄罗斯，拥有延绵3 000多公里的边境线和25个对俄口岸，发展对俄经贸具有得天独厚的地缘优势。俄罗斯气温低，无霜期短，劳动生产率低，劳动力短缺，蔬菜市场广阔。从市场需求上看，俄罗斯居民对蔬菜需求旺盛，常年食用甘蓝、洋葱、马铃薯、西红柿等。

饶河口岸于1993年开通，饶河县为发展县域经济增加农民收入，依托口岸优势，在对俄罗斯远东市场进行调研后，决定以发展对俄出口蔬菜为重点，大力发展外向型农业。饶河县1996年开始对俄蔬菜出口，经过10余年的发展，目前全县有蔬菜种植面积近万亩，其中大棚800栋，高效日光节能温室200栋，已形成以饶河镇的饶河村、振兴村、镇北村和财政局蔬菜基地为中心，辐射周边乡镇的出口蔬菜基地格局，年产绿色无公害蔬菜1万余吨，每年可对俄出口蔬菜300~600t。

饶河县政府根据俄方市场对蔬菜的需求，采取三管齐下的方式不断发展和壮大对俄出口的蔬菜产业。首先加大龙头企业建设力度。通过招商引资引进实力雄厚、有从事蔬菜精深加工和销售经验的大公司、大集团来饶河投资，建立强大的龙头企业，促进外向型蔬菜产业的发展。健全企业加基地带农户的产业化运行机制，规范合同管理，引导企业建立生产基地，发展订单种植，由公司负责生产环节的管理和质量监控，在生产环节全面推行标准化，并通过龙头企业实现生产和市场的对接，实现公司化、市场化运作。其次，加强基地及附属配套设施建设，实行区域规模化种植。在发展方向上，以保护地蔬菜为主，建成一批高效益生产示范基地，用效益带动、吸引农民发展蔬菜生产，通过与周边的农林场进行区域合作，加快蔬菜生产基地建设。通过招商引资加快保鲜库建设，提高反季节销售能力，实现效益翻番。

规划建设一批规模大、档次高的专业批发市场，形成一个大的市场群，聚集人流、物流、信息流，逐步形成交易、服务、加工、管理四区分明，初步具备产品集散中心、信息传播中心和价格形成中心三大功能的蔬菜中心批发市场。通过加强配套设施建设，逐步把饶河县建成一个对俄出口蔬菜的供求集散地。最后，还要健全销售网络。重点扶持一批民营龙头企业从事对俄罗斯蔬菜出口，建立饶河自己的对俄罗斯蔬菜出口经贸队伍，使之长年在俄从事经营活动。让俄罗斯经销企业与该县的基地、供应商直接见面，共同确定蔬菜的品种、质量、分级、商品化处理和包装标准化，签订长期购销合同，进行产销合作。通过规范贸易，使饶河县生产的蔬菜进入俄罗斯市场正规的流通渠道。

2012年7月13日，"黑龙江省商务厅——东北农业大学蔬菜生产基地"对俄罗斯出口项目对接会在双城市兰陵镇蔬菜生产基地举行。对接会上，1.5万斤新鲜蔬菜将运往东宁口岸，次日报关、换装后出口俄罗斯。会上，绥芬河市宝福经贸有限公司、黑龙江佳进国际贸易有限公司、同江市新远东国际贸易公司等8家企业与该基地签署了长期供货协议。宁安市源丰经贸有限公司现场订购了2车共计1.5万斤的黄瓜、西红柿，准备当天运往东宁口岸，次日报关、换装后出口俄罗斯。

对接会前，各出口企业在东北农业大学蔬菜生产基地负责人的陪同下，在田间地头考察了蔬菜生产、分拣、包装全程后，供需双方开始就产品价格、检验检疫、运输等一系列出口事宜进行磋商。

资料来源：http://www.hlj.xinhuanet.com/news/2012-07/14/c_131715870.htm.

参考文献

[1] 秦守勤.我国粮食安全的忧思及其法律对策[J].农业经济,2012(8):49-51.
[2] 高璐,高云龙.我国粮食安全问题研究[J].价格月刊,2012(8):39-43.
[3] 韩俊,徐小青,于保平,樊雪志.我国粮食供求现状、前景及对策[N].中国经济时报,2010-4-14.
[4] 黄季焜,杨军,仇焕广.新时期国家粮食安全战略和政策思考[J].农业经济问题,2012(3):4-8.
[5] 欧胜彬,苏雪华.粮食安全:耕地质量保护是关键[J].农业经济,2012(8).
[6] 林艳兴.中国粮食安排存三大隐忧[J].瞭望新闻周刊,2012(35):51.
[7] 李钧德,等.粮食生产"九连增"在望[J].瞭望新闻周刊,2012(43):8-10.
[8] 姜法竹,周静.市场营销学[M].北京:中国农业出版社,2008.
[9] 樊宝洪.关于当前水产品质量安全管理工作的几点思考——以江苏省泰州市为例[J].中国渔业经济,2004(6):38-39.
[10] 郭可汾,林洪.基于信息不对称理论的水产品质量安全监管[J].中国渔业经济,2010(5):65-73.
[11] 王杜春.市场营销学[M].北京:机械工业出版社,2012.
[12] 涂平.市场营销研究方法与应用[M].北京:北京大学出版社,2012.
[13] 柯炳生.农产品市场流通与政府职能[N].农民日报,2012-3-29(7).
[14] 曹玲.我国农产品营销政府扶持政策研究[D].武汉:武汉科技大学,2012.
[15] 郭华,罗从清.我国农产品促销策略分析[J].农村经济,2006(11).
[16] 葛深渭.营销致富:农产品营销策略论[M].上海:上海三联书店,2005.
[17] 徐丽艳.现阶段我国农产品流通体制存在的问题及完善对策[J].商业时代,2010(2).
[18] 王曦.近年国内乡村旅游研究概述[J].成都教育学院学报,2006,20(10):118.
[19] 王一,张法瑞.可持续发展视角下的观光旅游农业[J].安徽农业科学,2008,36(16):6899-6900.
[20] 于大林,冷占有.发展水产养殖认真抓好水产品质量安全关[J].中国商界:上半月.2010(11):372.
[21] 双继文.农业部农产品质量安全中心检查组考察我市无公害水产品认证工作情况[J].渔业致富指南,2010(23):6.
[22] 林辉,金颖若,何玲玲.国内外乡村旅游对比的启示[J].山西农业大学学报:社会科学版,2009,8(4):357-358.
[23] 郭丽,章家恩.关于乡村旅游概念及其内涵的再思考[J].科技和产业,2010,10(5):58-59.
[24] 陶益清.农产品市场营销基本知识[M].北京:中国农业出版社,2007.
[25] 陈蓉.绿色壁垒与农产品国际市场营销[J].漳州师范学院学报:哲学社会科学版,2009(2).
[26] 张真.浅析我国农产品国际营销环境[J].中国农业资源与区划,2008(3).
[27] 佚名.我国农业生产率徘徊难进—专家称需要制度革命[J].当代畜牧,2012(6).
[28] 温庭海.我国农产品国际竞争力比较研究[J].中国证券期货,2010(10).
[29] 徐玲.中国农产品出口价格汇率传递效应研究[D].北京中央财经大学,2011.
[30] 杨丽华.绿色壁垒下中国农产品贸易竞争力提升探讨[J].中国流通经济,2011(5).
[31] 高媛,李莉,李阳.非关税贸易壁垒对我国农产品出口的影响[J].农业经济,2006(4).
[32] 方成民,李玉清.农产品网络营销发展研究[J].中国商贸,2011(11).
[33] 李艳华.国际广告:标准化与地方化[J].中国广告,1997(6).
[34] 王溶花,朱国平.我国农产品出口结构问题探讨[J].农业经济,2011(5).
[35] 孟蝶,韦恒.黑龙江省农产品国际市场营销现状及对策分析[J].黑龙江对外经贸,2008(2).
[36] 雷银生.差异化战略在农产品国际营销中的运用[J].乡镇经济,2008(2).
[37] 张永强.农产品市场营销学[M].哈尔滨:东北农业出版社,2009.

[38] 李淑卿，孙华玲．农产品市场营销［M］．济南：山东人民出版社，2006．
[39] 龚国光．我国农产品期货市场存在的问题及对策研究［J］．南京农业大学学报：社会科学版，2005，5(4)．
[40] 周应恒．农产品运销学［M］．北京：中国农业出版社，2008．
[41] 郭晓利．我国农产品期货市场发展现状与趋势展望［J］．中国流通经济，2009(1)．
[42] 徐一丁，赵昌文．中国农产品期货市场发展评论［J］．社会科学研究，1995(6)．
[43] 毛文坤，杨子刚．对"农超对接"的冷思考［J］．中国农民合作社，2012(6)．
[44] 杨子刚，郭庆海．发展吉林省农产品现代物流的思考［J］．物流技术，2007(2)．
[45] 毛文坤，杨子刚．吉林省农民合作社发展的制约因素及破解思路——基于对吉林省90个农民合作社的调查［J］．经济视角：下，2012(2)．
[46] 理查德·库尔斯，等．农产品市场营销学［M］．孔雁，译．北京：清华大学出版社，2006．
[47] 赵晓飞，李崇光．基于关系视角的农产品渠道模式选择研究［J］．中国流通经济，2008(6)．
[48] 李岩，傅泽田，刘雪．农产品供应链管理问题初探［J］．农村经济，2008(3)．
[49] 郭素贞，唐立新．农产品销售渠道模式及其参与成员的分析［J］．长江大学学报：自科版，2006(3)．
[50] 曹艳媚．我国农产品供应链管理研究［D］．无锡：江南大学，2009．
[51] 夏瑞洁．我国生鲜农产品渠道成员冲突管理［D］．湘潭：湘潭大学，2010．
[52] 安玉发，臧日宏．农产品市场营销理论与实践［M］．北京：中国轻工业出版社，2005．
[53] 王文壮．我国农产品分销渠道及发展趋势探讨［J］．当代经济，2009(6)．
[54] 程祥．农产品冷链物流库存管理应用研究［D］．武汉：华中农业大学，2010．
[55] 辛德麟．中国农产品价格支持政策研究［D］．沈阳：东北大学，2008．
[56] 邵晴芳．浅谈降低农产品物流成本［J］．当代经济，2011(12)．
[57] 孟志兴，王广斌．我国农产品物流渠道分析及对策建议［J］．中国流通经济，2012(4)．
[58] 杨子刚，郭庆海．吉林省农业物流的现状分析与发展对策［J］．商业研究，2007(10)．
[59] 陆长松．农产品供应链浅析［J］．物流工程与管理，2011(5)．
[60] 郭庆海．发展多种类型的农民合作经济组织［J］．新长江，2010(10)．
[61] 供昌元．集体行动逻辑视角下合作社原则的变迁［J］．中国农村观察，2008(5)．
[62] 柯文．从日本水产品质量管理和监控体系看我们的发展方向［J］．中国水产，2004(4)：16-18．
[63] 崔坤．园艺产品营销［M］．北京：中国农业出版社，2006．
[64] 刘继芳．环境与我国农产品国际竞争力：园艺产品实证分析［M］．北京：中国农业科学技术出版社，2007．
[65] 张西华．农产品营销［M］．杭州：浙江工商大学出版社，2011．
[66] 李季圣，李志荣．农产品营销理论与实务［M］．北京：中国农业大学出版社，2005．
[67] 于是．欧盟对我水产品出口全部解禁——生产企业质量控制不可懈怠［J］．中国水产，2004(8)：5-22．
[68] 于秀娟．关注水产品质量安全——食品法典委员会鱼及鱼制品专业委员会第26届会议报告［J］．中国水产，2004(4)：13-25．
[69] 乔娟，李秉龙．中国农产品国际竞争力研究［M］．北京：中国人民大学出版社，2006．
[70] 刘雪．中国蔬菜产业的国际竞争力研究［D］．北京：中国农业大学，2002．
[71] 庞守林．中国主要农产品国际竞争力研究［M］．北京：中国财政经济出版社，2006．
[72] 韩世栋．出口蔬菜生产与营销技术［M］．北京：中国农业出版社，2010．
[73] 戴强．蔬菜市场营销一本通［M］．郑州：中原农民出版社，2010．
[74] 鲁怀坤．水果市场营销一本通［M］．郑州：中原农民出版社，2010．
[75] 郑贵军，邓德胜，杨丽华．花卉业的市场营销策略分析［J］．中国市场，2006(7)．

[76] 亨克·德·格鲁特，谯德惠. 荷兰花卉出口及市场营销 [J]. 中国花卉园艺, 2003(9).
[77] 马立新. 优质高档果蔬生产与营销 [M]. 北京：化学工业出版社, 2000.
[78] 杨顺江，朱信凯，陈劲松，周向阳. 中国蔬菜产业竞争力研究 [M]. 北京：中国农业出版社, 2006.
[79] 刘芳，何忠伟. 中国鲜活果蔬产品价格波动与形成机制研究 [M]. 北京：中国农业出版社, 2012.
[80] 刘瑞涵，陶志强. 中国蔬菜产业外向型发展研究兼析北京蔬菜产业外向型发展现状与对策 [M]. 北京：中国农业出版社, 2006.
[81] 吴婷. 4月生猪价格持续走低 逼近生产盈亏平衡点 [N]. 上海证券报, 2009-5-8.
[82] 巴陵. 为农副产品找销路：蔬菜 [M]. 武汉：武汉大学出版社, 2010.
[83] 黄林生. 果品加工新技术与营销 [M]. 北京：金盾出版社, 2011.
[84] 罗宁. 花卉国际贸易实务 [M]. 北京：中国林业出版社, 2010.
[85] 王敏. 商品花木养护与营销 [M]. 北京：中国农业出版社, 2003.
[86] 林建文. 水产品加工企业安全质量控制 [J]. 中国水产, 2004(12)：70-72.
[87] 李崇光. 农产品营销学 [M]. 北京：高等教育出版社, 2010.
[88] 丁丽芳. 农产品市场营销策略 [M]. 北京：中国社会出版社, 2008.
[89] 李东升，高彦彬. 差别定价在鲜活农产品销售中的应用 [J]. 江苏商论, 2005(5).
[90] 邓秀丽. 关于农产品价格补贴问题的几点思考 [J]. 山东省农业管理干部学院学报, 2010, 27(3).
[91] 吴瑛. 基于蛛网理论的我国近10年生猪价格波动分析 [J]. 广东农业科学, 2011(3).
[92] 王家显. 探析我国农产品价格"过山车"现象 [J]. 价格理论与实践, 2011(11).
[93] 高劼祎. 我国蔬菜价格波动的经济学分析 [J]. 人民论坛, 2012(8).
[94] 刘同山，吴乐. 我国蔬菜价格形成及对策研究——基于经济学的视角分析 [J]. 价格理论与实践, 2011(2)
[95] 李崇光，包玉泽. 我国蔬菜价格波动特征与原因分析 [J]. 中国蔬菜, 2012(9).
[96] 王平. 建立科学完善的农产品定价体系迫在眉睫 [N]. 东方城乡报, 2012-5-31.
[97] 孔婷婷，许北鸥. 农产品价格变动的因素及影响分析 [J]. 农机化研究, 2009(1).
[98] 庞凌霄. 农业价格保护的必要性和可行性 [J]. 长春大学学报, 2006(3).
[99] 张宁. 浅议农产品品牌的定价策略 [J]. 时代报告：学术版, 2012(5).